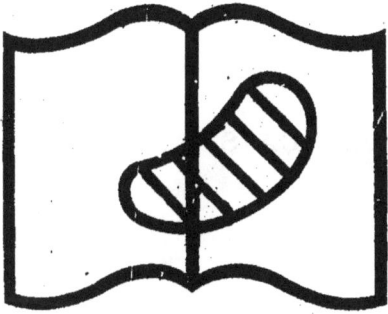

Illisibilité partielle

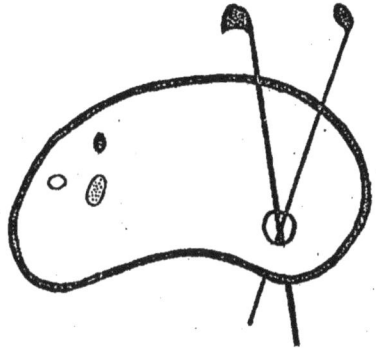

DEBUT D'UNE SERIE DE DOCUMENTS
EN COULEUR

ALABLE POUR TOUT OU PARTIE DU
JCUMENT REPRODUIT

DE

L'ACCUSATION PUBLIQUE

CHEZ LES ANCIENS PEUPLES,

A ROME,

ET DANS LE DROIT FRANÇAIS.

PAR

Emile FABRE,

DOCTEUR EN DROIT,
AVOCAT A LA COUR D'APPEL.

Si pœnas scelerum expetere fas non est,
propre est ut scelera ipsa permissa sint.
(CICÉRON, *pro Roscio.*)

PARIS
A. MARESCQ AINÉ, LIBRAIRE-ÉDITEUR
17, RUE SOUFFLOT, 17

1875

CHEZ LE MÊME ÉDITEUR

ALGLAVE (Émile), Professeur agrégé de la Faculté de droit de Douai, ACTION DU MINISTÈRE PUBLIC et Théorie des droits d'ordre public en matière civile, 2° *édition*. 1874, 2 vol. in-8° raisin......... 16 »

TISSOT (J.), Doyen honoraire de la Faculté des lettres de Dijon, Correspondant de l'Institut. INTRODUCTION PHILOSOPHIQUE A L'ÉTUDE DU DROIT PÉNAL et de LA RÉFORME PÉNITENTIAIRE. 1874, un vol. in-8°.. 9 »

— LE MARIAGE, LA SÉPARATION ET LE DIVORCE, considérés au point de vue du droit naturel, du droit civil, du droit ecclésiastique et de la morale, suivi d'une étude sur le MARIAGE CIVIL DES PRÊTRES. 1868, 1 vol. in-8°.................................. 6 »

— PRINCIPES DU DROIT PUBLIC, 1re *Partie*. Introduction philosophique à L'ÉTUDE DU DROIT CONSTITUTIONNEL, 1872, 1 vol. in-8°........ 9 »

— 2° *Partie*. Introduction philosophique à L'ÉTUDE DU DROIT INTERNATIONAL. Application à la Question romaine et de la Question franco-allemande. 1872, 1 vol. in-8°.......................... 9 »

ORTOLAN, ÉLÉMENT DE DROIT PÉNAL. 4° *édition* revue et mise au courant, par M. BONNIER, professeur à la Faculté de droit de Paris. 1875, 2 vol. in-8°... 18 »

DIEUDONNÉ (Alfred), RÉPÉTITION DE DROIT CRIMINEL (Code pénal et Code d'instruction criminelle), 1 vol. in-18 jésus............... 4 »

RIVIÈRE, Docteur en droit, conseiller à la Cour d'appel de Riom. HISTOIRE DES INSTITUTIONS DE L'AUVERGNE, contenant un essai historique sur le droit public et privé dans cette province. 1874, 2 beaux vol. in-8° raisin............................... 18 »

ROLLAND DE VILLARGUES, Conseiller à la Cour de Paris. LES CODES CRIMINELS, interprétés par la jurisprudence et la doctrine, suivis du formulaire de la Chambre des mises en accusation et de la Cour d'assises, du Code des lois de la Presse et des lois sur la Police de la médecine et de la pharmacie, du CODE DE L'ORGANISATION JUDICIAIRE, annoté, suivi des Tarifs des frais en matière civile et criminelle, 1875, 4° *édition*, mise au courant jusqu'au 1er janvier 1875, 2 vol. grand in-8°............................... 30 »

BONNIER, Professeur à la Faculté de droit de Paris. TRAITÉ THÉORIQUE ET PRATIQUE DES PREUVES en Droit civil et en Droit criminel. 4° *édition*, 1873, 2 vol. in-8°............................. 16 »

ACQUIER, Docteur en droit, avocat à la Cour d'appel de Lyon. DES PREUVES DE LA RECHERCHE DE LA PATERNITÉ NATURELLE. 1874, un vol. in-8°... 3 »

MERCIER, Juge au Tribunal civil de Melun. TRAITÉ THÉORIQUE ET PRATIQUE DES ACTES DE L'ÉTAT CIVIL. 1874, un vol. in-8°...... 9 »

BRET (P.), Docteur en droit, avocat à la Cour d'appel de Paris. Histoire et Critique des RÈGLES SUR LA PREUVE DE LA FILIATION NATURELLE en droit français et étranger. 1872, un vol. in-8°......... 5 »

Paris. — Typ. A. PARENT, rue Monsieur-le-Prince, 29 et 31.

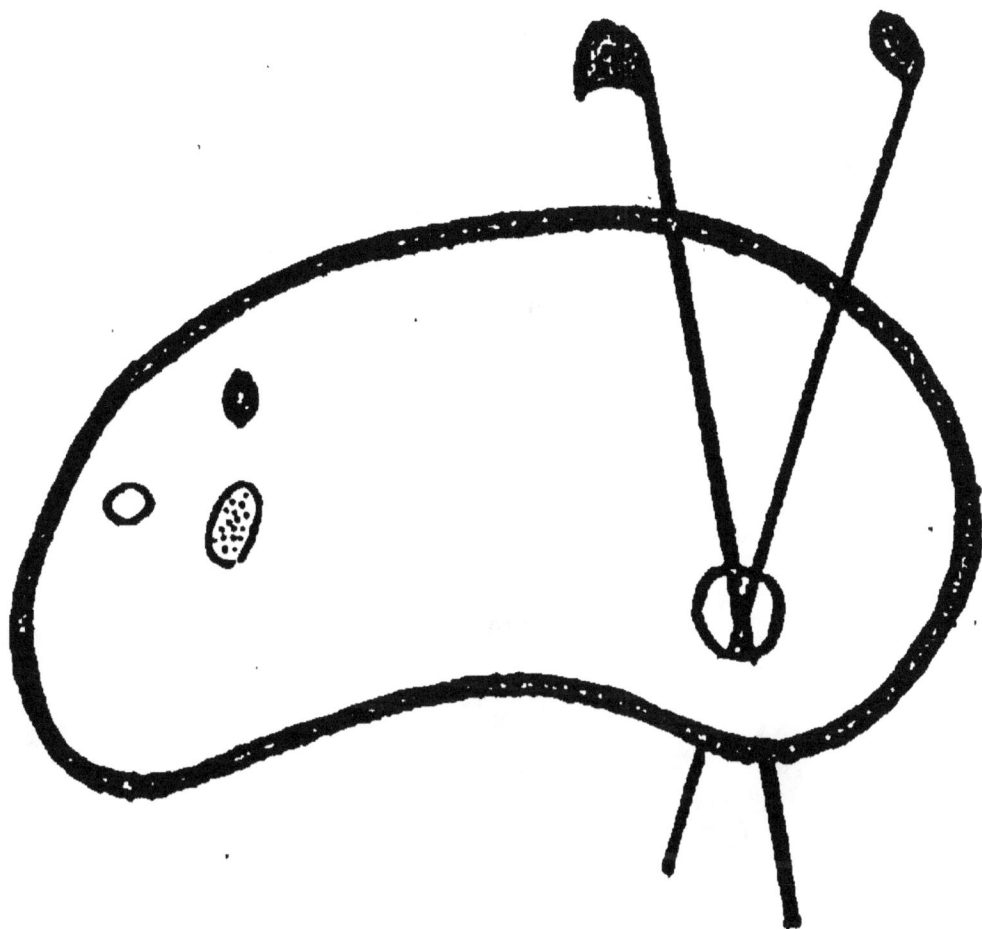

FIN D'UNE SERIE DE DOCUMENTS
EN COULEUR

DE

L'ACCUSATION PUBLIQUE

CHEZ LES ANCIENS PEUPLES,

A ROME,

ET DANS LE DROIT FRANÇAIS.

Paris. A. ..... imprimeur de la Faculté de Médecine, rue M.-le-Prince, 31.

DE

L'ACCUSATION PUBLIQUE

CHEZ LES ANCIENS PEUPLES,

A ROME,

ET DANS LE DROIT FRANÇAIS.

PAR

Emile FABRE,

DOCTEUR EN DROIT,
AVOCAT A LA COUR D'APPEL.

> Si pœnas scelerum expetere fas non est,
> propre est ut scelera ipsa permissa sint.
> (CICÉRON, *pro Roscio.*)

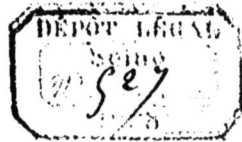

PARIS

A. MARESCQ AINÉ, LIBRAIRE-ÉDITEUR

17, RUE SOUFFLOT, 17

1875

DE

L'ACCUSATION PUBLIQUE

CHEZ LES ANCIENS PEUPLES,

A ROME,

ET DANS LE DROIT FRANÇAIS.

Si pœnas scelerum expetere fas non est,
prope est ut scelera ipsa permissa sint.
(CICÉRON, *pro Roscio.*)

AVANT-PROPOS.

Le sujet choisi par nous, pour en faire l'objet de recherches sérieuses, nous a semblé digne de toute notre attention et de tous nos efforts, autant par son importance pratique que par le vif intérêt qu'y attache la méthode historique que nous avons suivie. Il ne faut pas oublier, en effet, quelle est, dans la législation répressive, la large place que tient l'accusation publique, et il est bon de se souvenir que cet élément considérable de la procédure criminelle est trop intimement lié au jeu du système politique de chaque peuple, pour ne pas devoir,

Fabre.   1

agrandissant ainsi notre sphère d'observation, mêler et
poursuivre, pour ainsi dire côte à côte, l'étude de ces
deux choses, en les rapportant l'une à l'autre, comme on
rapporte un effet à la cause dont il dérive. C'est cette
nécessité d'observer, dans la succession des temps, le
système politique des peuples qui vont nous occuper,
avec ses transformations, son développement et ses progrès, qui nous a imposé la méthode historique; et, du
reste, même en l'absence de cette considération forcée,
il eût été indispensable, ce nous semble, dans une matière
de droit, par conséquent de tradition, de suivre à travers
toutes ses phases et jusqu'à sa réglementation parfaite et
définitive, pour en avoir une connaissance exacte et ap-
profondie, ce droit public d'accusation qui a donné naissance à une des plus belles institutions des temps modernes. C'est surtout dans la période romaine, quand nous
serons en face de ce peuple prodigieux, qui est demeuré
pour tous les autres comme un éternel enseignement;
c'est en montrant, à côté de l'enchaînement des faits et
des événements, les causes, les motifs, les raisons de tel
système ou de telle forme de procédure, dans la situation,
des mœurs, la transformation des institutions, les révolutions politiques, modifiant si fréquemment, à Rome,
la forme du gouvernement, que nous pourrons apprécier
toute l'utilité de la part que nous aurons faite à ce qu'on
appelle si justement la philosophie de l'histoire. De plus,
l'accusation étant, nous venons de le dire, un droit public, dont le rôle est marqué dans le jeu régulier de
toute constitution sociale, et ceux qui l'exercent, surtout
quand c'est par délégation spéciale, remplissant une
magistrature qui a sa place dans l'organisation judiciaire, il est impossible de présenter l'histoire et les

règles de l'accusation publique, sans parler en même temps des pouvoirs de juridiction et de l'administration de la justice, dont elle est une partie intégrante et pour ainsi dire la branche exécutive. D'ailleurs, dans ce travail méthodique, l'historien n'absorbera pas le juriste, et la première place restera toujours à l'étude théorique de cette importante matière, dont nous exposerons toute l'économie.

Voici tracées en peu de mots les grandes lignes qui forment le cadre de notre ouvrage. Après avoir, dans quelques notions préliminaires, soigneusement défini l'accusation publique, et précisé le sens juridique de ce mot, nous exposerons, dans une introduction à notre étude, la nature et les caractères particuliers de cette accusation, au sein des sociétés les plus anciennes; puis, venant à la période romaine qui nous occupera davantage, nous y étudierons attentivement cet ensemble systématique de règles qui a servi si longtemps de type et de modèle à notre ancienne législation criminelle. L'époque barbare attirera notre attention et, sans nous arrêter beaucoup aux peuples de la grande famille germaine qui occupèrent la Gaule après la conquête, nous nous attacherons aux Francs, nos ancêtres, et les suivrons à travers les siècles, depuis le berceau de leur monarchie et son développement rapide, pour arriver, par l'âge féodal, les temps modernes et la législation intermédiaire, jusqu'au dernier état du droit français.

Telle est l'intéressante étude que nous nous proposons. Nous voudrions pouvoir y consacrer plus de travail et plus de temps, et si, devant le vaste champ à parcourir, il est une chose qui fût de nature à exciter notre ardeur et à augmenter notre confiance, ce serait sans doute de sentir nos forces à la hauteur de cette tâche; mais, nous ne pouvons que nous défier de nous-même, et notre seule ambition est qu'on nous tienne quelque compte des efforts tentés dans la poursuite d'une œuvre qui aura, du moins, le mérite d'avoir été consciencieuse.

NOTIONS PRÉLIMINAIRES.

DÉFINITION, CARACTÈRE ET BUT DE L'ACCUSATION PUBLIQUE.

On peut envisager l'accusation publique à un double point de vue, celui du droit et celui du fait. En l'étudiant comme droit et en elle-même, il est naturel de rechercher de quel ordre de principes elle tire son origine et dans quelle sphère d'idées elle a son fondement, quelles circonstances extérieures ou, du moins, paraissant telles au premier abord, sont de nature à en restreindre ou à en élargir l'étendue, en dernier lieu, quelle fin rationnelle et directe est la sienne. Si maintenant, descendant des hauteurs du droit spéculatif sur le terrain plus ferme de l'application pratique, nous voulons apprécier le fait juridique dans sa manifestation complète, c'est par la connaissance des règles qui le gouvernent et des principes qui le dominent que nous devons procéder. L'étude du premier point de vue aurait sa place marquée dans un traité philosophique de législation criminelle; mais, pour nous, qui n'avons pas à viser aussi haut et qui voulons rester le plus possible dans le domaine du droit pur, c'est à l'étude du second surtout qu'il nous importe de nous appliquer. Ce n'est pas qu'il nous soit possible et permis de scinder brutalement la matière et de laisser tout à fait de côté tout ce qui n'est pas immédiatement de notre compétence. Notre travail, en effet, ne serait ni complet dans son ensemble, ni compréhensible dans bon nombre de ses détails techniques. Mais, nous ne donnerons à ces principes théoriques qu'une place secondaire, quoique indispensable, ayant bien soin d'ailleurs, pour garder de toute mésaventure notre inexpérience en pareille matière, de marcher modestement à la suite de ceux qui nous ont ouvert la voie et dont quelques-uns furent des maîtres dans l'art de penser.

L'*accusation publique*, telle que nous l'entendons ici, est l'imputation en justice d'un fait que prévoit la loi pénale, par un membre du corps social ou par le magistrat qui représente le corps social, et en vue d'en provoquer la répression. On le voit, ce n'est pas dans le sens plus restreint, auquel on pourrait songer tout d'abord, d'une *déclaration* faite contre quelqu'un, devant le magistrat ou en justice, pour provoquer une poursuite ou pour satisfaire à une interpellation, que nous prenons l'accusation. La réduire ainsi à un rôle étroit et très-secondaire, ce serait aboutir à une double inconséquence : celle de rétrécir d'abord considérablement notre cadre d'étude, en ramenant ce droit aux simples proportions d'une dénonciation ou d'une plainte ; et, ensuite, celle de ne paraître viser qu'une législation bien plus moderne, à l'économie compliquée de laquelle sont dues les nombreuses distinctions de fond et de forme introduites par une jurisprudence nouvelle et inconnue des temps anciens. Nous reviendrons sur ce point, que l'on comprendra mieux alors, quand nous rencontrerons sur notre route cette nouveauté juridique qui fut, dans sa sphère, la plus pacifique et la plus bienfaisante des révolutions.

Nous ne voyons pas davantage l'accusation dans le seul fait, simple et nu, de l'imputation portée par l'accusateur, quel qu'il soit d'ailleurs, devant la juridiction répressive, ce que semblerait faire entendre notre définition précédente. Cette imputation est bien le fait qui la constitue essentiellement, et en l'absence duquel elle n'aurait plus de raison d'être; mais il ne faut pas perdre de vue que ce fait n'est que le complément nécessaire et, pour ainsi dire, le signe extérieur et sensible d'un état de droit qui existe indépendamment de lui et bien avant lui. Ainsi, et pour nous faire mieux comprendre par des applications, l'accusation avait une existence légale, à Rome, et produisait des effets de droit, comme nous le verrons, bien avant la communication officielle qui en était faite aux comices par le magistrat compétent, ou bien avant qu'elle fût soutenue devant les juges des questions par le citoyen qui en avait pris en mains la poursuite. Il en est de même chez nous, et l'on peut aussi bien affirmer qu'il y a un accusateur aux yeux de la loi, bien avant que le ministère public élève la voix, à l'audience, pour faire entendre son réquisitoire. Cet état antérieur de droit, dont l'accusation tire son existence légale, avant même qu'elle soit effectivement exercée, est manifesté par cet ensemble de règles, de conditions et de formalités qui précèdent et préparent l'acte essentiel et dernier de l'imputation judiciaire, et cet ensemble de règles, de conditions et de formalités constitue une branche importante de la procédure criminelle, laquelle comprend en outre l'instruction et le jugement. Et il est si vrai que le fait de l'imputation en justice est loin de constituer à lui seul toute l'accusation, que, dans le système romain des jugements populaires, dont nous étudierons, en temps et lieu, le mécanisme et le fonctionnement, le droit d'accuser était, le plus souvent, exercé par un simple citoyen, quoique, le jour des débats venu, la poursuite devant les juges, l'imputation n'appartînt qu'à un magistrat, et à un magistrat investi, d'après les règles de l'organisation politique, du droit de convoquer et de réunir les comices. La même observation peut être faite, à l'époque bien différente et bien postérieure de notre monarchie française, après l'institution du ministère public. Malgré le partage d'attributions que nous verrons fait par les usages en cette matière, entre les deux magistrats investis des fonctions du ministère public, nous constaterons que partout et toujours le titre et la fonction d'accusateur demeurent sur la tête du procureur royal, chargé de l'instruction écrite, qui constitua d'ailleurs longtemps toute la procédure et sur laquelle intervenait le jugement, et que le rôle de l'avocat du roi se borna à porter, dans des circonstances fort rares, la parole à l'audience, pour soutenir quelque acte de l'accusation. Si nous descendons au droit intermédiaire, ne trouvons-nous pas, pour confirmer notre assertion, l'accusateur public, en titre, qui n'est en quelque sorte que l'avocat de l'accusation, et le commissaire du roi, qui participe à l'exercice de l'action publique, quoique investi surtout d'un pouvoir de surveillance sur tous les actes de la procédure? Enfin, en observant ce qui se passe aujourd'hui dans notre pratique criminelle, ne pouvons-nous pas dire, sans paraître vouloir forcer en rien nos moyens d'analogie, que l'acte par lequel le ministère public saisit le pouvoir judiciaire, dans la personne du juge d'instruction, n'est, en définitive, que la première manifestation de son rôle d'accusateur, si elle n'en est pas la plus éclatante?

Quant au caractère et au but de l'accusation, ils nous semblent ressortir assez manifestement des termes mêmes de notre définition. Car, si le fait d'imputer en justice un délit à celui qui s'en est rendu coupable peut être le fait de tout membre du corps social, ou d'un magistrat spécial chargé de le représenter, cela ne se conçoit qu'en vertu d'un droit antérieur et primordial qui, résidant sur la tête de tous, implique pour tous la faculté de le faire valoir. En d'autres termes et plus simplement, si le droit est public, l'exercice de ce droit ne saurait avoir, au fond et dans la rigueur des principes, un autre caractère, et voilà la raison du qualificatif formel joint par nous au mot accusation, qualificatif qu'il n'était pas indispensable d'y ajouter et que cette rigueur des principes eût parfaitement suppléé. Ce droit primordial et présupposé d'où découle le caractère public de l'accusation, nous serons tantôt amené à l'étudier dans sa nature intime et dans ses fondements, quand nous le découvrirons en germe et à l'état de faculté naturelle au sein des sociétés les plus anciennes et dans leur organisation même la plus primitive.

Enfin, dire que l'accusation dénonce à la justice l'acte délictueux commis par autrui, en vue d'en provoquer la répression, c'est assez montrer à côté du but immédiat, mais secondaire, qu'elle poursuit, et qui consiste dans le châtiment du coupable, le but suprême et plus élevé de la sauvegarde de l'ordre social.

INTRODUCTION.

DE L'ACCUSATION PUBLIQUE CHEZ LES ANCIENS PEUPLES.

Quand il arrive à pouvoir s'appeler vraiment de ce nom, l'état social, pour lequel les hommes ont été faits par la nature et par Dieu, et qui trouve alors son fondement dans la convention tacite qu'ils sont consés faire entre eux, dès qu'ils forment une vraie société, crée pour ces mêmes hommes des devoirs et des droits réciproques. De cette convention naît, comme première condition d'existence et comme garantie constante de ces devoirs et de ces droits, le pouvoir social, sinon dans son essence, au moins dans sa manifestation extérieure, pouvoir dont l'un des attributs essentiels est la faculté incontestable de réprimer tous les faits qui portent atteinte à l'ordre public ou aux principes qu'il a mission de défendre. Mais, pour exercer cette faculté et se servir de l'arme défensive que le pacte social a mise entre ses mains, ce pouvoir doit être saisi, pour ainsi dire, par le fait d'une action extérieure, qui peut être celle de tout membre du corps constitué, et que l'on appelle pour cela, dans la langue du droit, l'action publique. De là à l'accusation il n'y a qu'un pas; car, c'est par l'accusation qu'est mise en mouvement et introduite devant l'autorité judiciaire l'action publique, dont elle est le premier acte et le plus important.

Les restrictions peut-être un peu vagues dont nous

avons entouré cette exposition sommaire des principes
sociaux, nous ont été inspirées par le désir de marquer
tout d'abord notre séparation d'avec une école, dont les
trop célèbres théories ont dû tomber devant les affirma-
tions autorisées de la science historique. En effet, le système d'après lequel les sociétés humaines auraient commencé par une convention et par un artifice, ne peut
plus aujourd'hui être sérieusement soutenu. La forme
patriarcale, que nous découvrons à l'origine des sociétés
qui ont donné naissance aux peuples modernes, et dont
nous retrouvons des traces non équivoques au milieu
même des temps historiques, établit assez clairement
qu'il faut chercher le fondement primordial de l'état ori-
ginel de société plutôt dans le lien naturel que dans un
semblant d'opération contractuelle, et que le principe
d'autorité découle essentiellement de la loi naturelle,
dont Dieu est l'auteur, et non de la loi positive, produit
de la volonté humaine, qui ne fait que la reconnaître et
la consacrer. Mais, si l'état domestique, qui fut et demeurera toujours comme le prototype de l'état social,
put être celui de longs siècles, par suite de circonstances
favorables à sa persistance, il vint un temps, fatalement
marqué par la fin de ces circonstances, où les familles,
rapprochées et réunies, en arrivèrent à former ce que
nous appellerons du nom générique de groupe ou tribu.
Or, dans ce second âge, qui est en réalité pour nous le
premier âge de la véritable société, il faut bien reconnaître que, les familles étant distinctes et indépendantes
les unes des autres, constituant des unités sociales de
même ordre, par conséquent égales entre elles, leur rapprochement et leur union en un groupe collectif n'ont pu
résulter que d'un accord tacite, que les instincts, les in-

térêts, les besoins d'alors ont provoqué, et que, l'autorité
de chacun de leurs chefs rencontrant une autorité égale,
comme de même origine et de même nature, dans celle
des autres, ce même accord a été nécessaire et a dû être
formel, cette fois, pour en tirer un pouvoir unique, supérieur, qui dominât toutes les autorités et pût donner
des lois au groupe collectif. C'est en ce sens et sous
l'empire des conclusions que fournit l'étude de l'histoire
primitive de l'humanité, que nous avons pu présenter le
contrat comme le fondement du véritable état social, et
le pouvoir comme une suite naturelle et directe de ce
contrat. Qu'on nous pardonne cette courte digression en
faveur du sentiment qui l'a dictée, et revenons à notre
sujet.

Dans une société déjà avancée et dont l'organisation
est acquise, les rapports entre le pouvoir établi et les
membres du groupe collectif, qui est devenu peuple, étant
parfaitement réglés, et le rôle de l'un et des autres par
suite bien défini, il en résulte, en ce qui nous occupe, que
le jeu du système que nous avons plus haut esquissé à
grands traits, a lieu d'une façon régulière et sans aucune
confusion. Rome nous offrira le spectacle de ce fonctionnement presque parfait, dans le mécanisme compliqué
de sa procédure criminelle. Mais, dans les sociétés en
enfance, où les rapports de droit et de fait sont bien
plus restreints, et où la sphère d'activité est très-bornée,
cette procédure ne nous offre forcément que quelques
règles étroites et sommaires, suffisantes aux besoins sociaux dont elles sont nées, et gardant toute la rudesse de
leur origine primitive. C'est ce que nous allons observer
bientôt, au sein de l'association constituant le groupe ou
la tribu, et qui n'a dû être partout que le produit du dé-

veloppement lent et graduel d'un état antérieur des sociétés humaines.

Nous avons dit que la famille, vivant indépendante et
isolée, dut être la première des formes de société humaine.
A ce titre, elle doit fixer notre attention, et il peut être
utile de nous arrêter quelques instants à son organisation intérieure, en ce qui concerne la seule branche des
rapports sociaux qui nous intéresse, nous voulons dire la
justice. L'idée religieuse, dont l'influence servit de règle
à cette organisation, en faisant du chef de famille le centre du gouvernement domestique, en fit à la fois un pon-
tife, un maître de la propriété et un juge. Ce fut donc à
son tribunal que durent comparaître ceux des membres
de la famille qui avaient en quelque chose compromis la
dignité sainte du foyer, ou porté quelque atteinte au jeu
régulier de son gouvernement. D'ailleurs, on le comprend,
ces faits coupables, ces sacrilèges atteintes durent être
des accidents bien rares, et, si l'on peut ainsi parler, s'offrir comme de monstrueuses exceptions, présentant toutes, comme nous allons le voir, le même caractère, le seul
qu'elles pussent alors revêtir. En effet, quoique la famille
des anciens âges ne fut pas réduite aux proportions de la
famille moderne, produit des grandes associations qui
démembrent et amoindrissent le groupe domestique, quoiqu'elle se composât de l'assemblage de toutes les branches cadettes, groupées autour de leur aînée, et absorbât
en elle deux autres éléments importants de la société antique, la domesticité et la clientèle, les rapports des individus, entre eux ou avec l'être moral résultant de leur
réunion, ne pouvaient être que peu nombreux et concen-
trés dans une sphère d'activité fort étroite. Par suite, la
surveillance du chef de famille s'exerçant d'une façon

constante et immédiate sur tous ses membres, l'acte coupable commis par l'un d'eux ne pouvait lui échapper et, en vertu de son autorité despotique, il lui était facile d'en appeler l'auteur devant lui, afin de le juger et de le punir. N'y eut-il pas cependant, dans cette procédure si expéditive, quelque place pour l'accusation devant le tribunal domestique ? Cette accusation fut-elle un véritable droit exercé ou un simple fait d'usage ou de tolérance que justifiaient certaines circonstances de l'acte coupable? Chacun des membres put-il l'exercer, ou dut-on tenir compte des inégalités de condition qui se présentaient parmi eux? Toutes ces questions sont autant de problèmes qu'il est difficile, pour ne pas dire impossible, de résoudre aujourd'hui. Mais, on peut y répondre, dans une certaine mesure, après avoir découvert quel fut le caractère commun à ces actes coupables, attentatoires à la sainteté du foyer.

L'idée religieuse, nous l'avons dit, fut la première assise de la société domestique. De cette idée dut en découler tout naturellement une autre : c'est que tout fait de nature à en troubler l'harmonieuse unité était une offense contre la divinité, toujours présente aux moindres actions, offense qui relâchait, s'il ne le brisait pas le plus souvent, le lien sacré qui unissait, dans un seul et même culte, tous les membres de la famille. Il n'y eut donc pas tout d'abord des délits et des crimes; il n'y eut, à proprement parler, que des « *péchés*. » Le sacrilége, sous ses diverses formes, l'adultère, l'inceste, l'homicide, tels durent être les premiers péchés, et comme le résumé de tous les autres, et nous voyons que les plus anciens codes, qui sont tous d'ailleurs des codes religieux, depuis les antiques préceptes des Noachides jusqu'aux lois appliquées par l'Aréopage athénien et au droit pontifical de Rome, ont commencé par la punition de ces crimes la longue série de leurs dispositions répressives. Enfin, nous savons aussi que le même principe surnaturel, qui présidait à son organisation, faisait de la famille une communauté religieuse, atténuant la puissance et les droits rigoureux du père par la considération des devoirs non moins rigoureux que lui imposaient cette puissance et ces droits, et rendant, si l'on allait au fond de ce régime, ce père et ses enfants, et jusqu'aux serviteurs eux-mêmes, coassociés entre eux. Ne pouvons-nous pas maintenant conclure de tout ceci, et surtout de ce dernier trait caractéristique, qu'il devait appartenir à chacun des membres de la famille, intéressé au respect d'un culte commun et à l'intégrité d'une morale commune, de dénoncer au tribunal domestique celui qui y avait porté atteinte; que c'était là plus qu'une faculté d'occasion, un droit véritable, ouvert sans doute, d'abord, à qui avait directement souffert de l'acte coupable, mais que tous pouvaient exercer, et avaient peut-être le devoir d'exercer, si, en fait, le pouvoir, que j'appellerais volontiers inquisitorial, du chef de famille ne les prévenait?

La Bible nous offre le premier modèle et comme le type de la forme patriarcale, et il est probable que le caractère nomade, particulier aux premières familles hébraïques, dut la favoriser et en prolonger la durée. Si la Genèse n'était pas avant tout un livre généalogique, nous y trouverions sans doute des détails originaux bien plus nombreux sur le droit de justice du patriarche. Quelques passages nous le montrent exerçant une magistrature suprême et sans appel, et, comme la plupart de ces familles formaient, à elles seules, de véritables petits peu-

ples, il est à croire que les actes coupables, justiciables
de son tribunal et dont nous voyons se souiller ses enfants eux-mêmes, devaient y être dénoncés le plus souvent par voie d'accusation. Nous retrouvons la même
forme primitive d'état social dans toute la race aryenne,
tandis qu'elle vivait encore au milieu des hauts plateaux
de l'Asie centrale, cet antique berceau de l'humanité.
Les hymnes des Védas en font foi pour la branche qui a
donné naissance aux Hindous, et des travaux récents sur
les anciennes croyances et le vieux droit privé l'attestent
pour ceux qui sont devenus les Grecs et les Romains, (v.
le très-intéressant travail sur la cité antique, de M. Fustel
de Coulanges, maître de conférences à l'école normale
supérieure.)

La famille, en se développant graduellement chez les
Aryas de l'occident, a produit la vieille *gens* italique et le
γενος des Hellènes, dont l'organisation intérieure n'est
plus un mystère pour les savants et dont l'étude est indispensable, parce qu'on en retrouve, à chaque pas, la
trace encore vivante, au milieu de la cité plus tard constituée. L'histoire primitive de la souche teutonique est
fort obscure, par suite du caractère essentiellement coutumier de son droit et de ses traditions, et parce que ses
codes, dans la forme où nous les possédons, compilés ou
refondus par des législateurs chrétiens, ne sont naturellement que le produit d'une société bien plus avancée.
Chez les Aryas orientaux, ce même développement graduel du groupe domestique a formé la communauté de
village indienne, que l'on peut comparer à la « *gens* » italique, et dans laquelle les mêmes premières règles de
procédure criminelle doivent se rencontrer; car c'est là
aussi une société organisée, qui pourvoit à son gouver-

vernement intérieur et à l'administration de sa justice. Seulement, ici, le principe d'association ayant peut-être bientôt absorbé celui de communauté d'origine, c'est un corps de fonctionnaires que nous voyons chargé de ce gouvernement et de cette administration judiciaire. Et, comme c'est incontestablement là un pas de plus dans la marche du progrès social, nous sommes autorisés à conclure que le droit d'accusation ne pouvait y être que le privilége de tous. Nous pourrions, néanmoins, relever peut-être quelques traits de l'organisation judiciaire de ces familles primitives dans l'histoire du clan celtique, ou dans les dernières recherches faites avec succès sur le village russe et le village slave d'Autriche, qui nous offrent toujours le double caractère d'association et de parenté. Mais il sera plus utile, à l'aide du petit nombre d'œuvres, inappréciables pour la science, que la tradition nous a conservées, de rechercher, au point de vue qui nous occupe, le premier droit criminel historique des principaux peuples que cette souche a produits, en étudiant les familles germaines et celtiques au moment où, rapprochées les unes des autres, elles en sont venues à former la tribu, qui correspond au groupe analogue des Latins et des Grecs, dont nous avons parlé.

Tandis que la branche hindoue de la race aryenne s'immobilisait dans la basse Asie, où elle était descendue, la branche européenne opérait ses grandes migrations vers l'Occident. De pareils déplacements, en rapprochant d'innombrables familles, durent préparer une nouvelle forme de société, que favorisa encore leur établissement commun au sein de régions toutes nouvelles. Leur longue existence côte à côte, les besoins matériels et moraux achevèrent ce rapprochement et firent naître

la tribu, qui, modelée sur la famille, dont la personnalité
et l'organisation subsistèrent d'ailleurs, eut sa religion,
son gouvernement, sa justice. La même transformation
se fit, grâce aux mêmes causes, sans doute, dans la
branche hindoue, et, avec le temps, elle en arriva à son
dernier état de perfectionnement social. Le livre des
lois de Manou nous montre les aryas de l'Inde constitués
en corps politique, et, au milieu d'eux, le collége religieux des Brahmines. Il y est même souvent question du
roi, auquel l'antique législateur ne cesse de recomman-
der une sage et forme administration. La partie criminelle
de l'ouvrage, contenue dans les derniers livres, est plutôt
un code de pénalités plus ou moins rigoureuses, applicables aux crimes qui y sont prévus et systématiquement
présentés. Mais, ce qu'il nous importe d'observer, c'est
que le système criminel y est arrivé, par des phases successives et naturelles, au dernier état de développement
et de régularité possible dans une pareille civilisation.
Ainsi, à côté des peines pécuniaires, des indemnités privées, qui marquent partout l'enfance de ce système,
comme nous aurons l'occasion de le constater plus d'une
fois, nous trouvons les amendes et les peines corporelles
que le pouvoir public inflige dans l'intérêt de tous. Il y
est même question, dans quelques articles, d'accusations
portées pour adultère, et nous lisons en particulier, au
livre XIe, sous l'article 55 : « Se vanter faussement d'être
d'un rang distingué, *faire au roi un rapport mal intentionné
et accuser à tort un maître spirituel*, sont des crimes presque semblables à celui de tuer un brahmine. » L'article 88 dit encore : « ....., De même que (il s'agit de
l'expiation à accomplir) pour avoir rendu un faux témoignage dans un procès concernant de l'or ou des terres,

pour avoir accusé à tort son maître spirituel... » Il ressort
de ces passages que l'accusation était, là encore, un droit
pour tous, puisqu'un inférieur pouvait même en user
contre celui vis-à-vis duquel il était lié par un devoir sacré
de reconnaissance et de respect. L'accusation devait être
portée au roi ou chef, ou à ses représentants, qui punissaient exemplairement le coupable.

Les familles occidentales, conservant leur religion domestique et leur constitution intérieure, s'unirent pour
la célébration d'un autre culte qui leur fût commun, et,
de religieuses qu'elles étaient d'abord, la *phratrie* grecque et la *curie* latine ne tardèrent pas à devenir le groupe
politique. Nous avons dit qu'un accord tacite dut être
alors le fondement du nouvel état social qui, s'il laissait
subsister jusqu'à un certain point distinctes entre elles
ses unités constitutives, nécessitait cependant la reconnaissance et l'établissement d'un pouvoir unique et supérieur, qui exerçât sur elles des droits d'administration et
de justice consacrés par l'assentiment général. Ce que
nous disons des familles de race latine est aussi vrai pour
celles de race germanique; car ces transformations ne
sont que le résultat de la loi naturelle qui régit toutes les
sociétés, et si nous remontons aussi haut que peut nous
conduire l'histoire, nous constaterons le même phéno-
mène de progrès humain, par le moyen de l'association.
Cette seconde phase ne saurait non plus nous arrêter
longtemps, car nous avons hâte d'arriver à une époque
de civilisation plus avancée, la seule digne de fixer toute
notre attention. Mais nous devons, en passant, en fixer
du moins les principaux caractères, en ce qui concerne
notre sujet d'étude, pour éclairer notre marche en avant
et nous préparer à mieux comprendre ce que nous dé-

couvrirons par la suite. Ces caractères, ici encore, sont communs aux différents groupes qui nous occupent. Ainsi, en remontant du groupe italique ou grec, celtique ou germain, jusqu'à la tribu des Hébreux, nous trouverons partout et toujours un tribunal collectif, formé par la réunion des chefs de famille, qui, s'il n'absorbe pas encore le tribunal de chaque foyer, connaît toutefois de certains actes coupables de nature à troubler plus directement le nouvel ordre établi, et dont la dénonciation devra être portée devant lui. Un exemple remarquable en est encore dans la Bible, où nous voyons Jacob offrir déjà à Laban de porter son accusation devant le tribunal de leurs communs parents, sans doute les chefs des autres familles unies aux leurs par le sang. Mais, à côté de ces actes coupables, qui intéressaient toute la société naissante et dont la répression sévère contient en germe un véritable droit criminel public, se plaçaient d'autres faits que les mœurs d'alors faisaient sans doute regarder comme bien moins graves, et qui, devenus plus fréquents par suite des rapports toujours plus nombreux établis entre les membres des différentes familles, atteignaient davantage celui qui en était la victime dans son individualité propre. De là le *tort*, le délit privé, qui durent échapper, par leur nature, à l'action du pouvoir social, et dont la poursuite resta plus ou moins entre les mains du pouvoir domestique ou à la discrétion même des intéressés, chez les peuples barbares, à la civilisation moins avancée et aux mœurs plus farouches. La branche tudesque, dans laquelle le lien domestique est bien moins étroit et laisse à l'individu, au sein même du foyer, une personnalité bien plus grande, nous offrira, dans l'étude de la phase suivante, à laquelle nous nous arrêterons plus longtemps, le plus frappant exemple de cette justice privée, arbitraire, tandis qu'ailleurs nous verrons le despotisme domestique conserver la plupart de ses prérogatives.

De la confédération des groupes et du rapprochement des tribus naquirent la peuplade et la cité. C'est ainsi que les douze tribus hébraïques deviennent Israël, que nous voyons surgir de toutes parts les peuplades barbares qui vont renverser un empire; c'est ainsi que se fonde, au milieu de l'Attique, l'unité athénienne, et que Rome elle-même sort en un jour des mains de Romulus. Quelque part que nous regardions, nous voyons le développement social appeler le développement des institutions primitives, et le système politique, en élargissant son esprit et en perfectionnant ses règles, élargit et perfectionne le droit sous toutes ses faces. La juridiction d'un seul est devenue la justice de tous, l'offense et le tort sont devenus le crime, l'accusation est vraiment un droit, bien plus un devoir pour tous: la société est fondée! Mais, remarquons-le bien, c'est là le dernier état d'une civilisation qui dut passer par une phase antérieure, et, pour ainsi dire préparatoire, et nous pouvons caractériser d'un mot ces deux âges, en disant qu'on n'arrive au peuple ou à la nation que par la peuplade ou la cité. Et cette distinction n'est pas d'un pur intérêt historique; elle a son importance dans l'étude progressive de la législation criminelle de ce dernier état social, législation dont elle marque comme la double étape. C'est qu'en effet, d'abord, le caractère confédératif des groupes ou des tribus dominant la peuplade et la cité, celles-ci furent obligées plus ou moins longtemps de respecter l'organisation et les droits de tous ces petits corps constitués, droit de gouvernement, de culte, de justice. Puis, plus tard, à l'aide d'un long rapprochement et sous l'influence de ce qu'on pourrait appeler déjà la raison d'État, ces barrières intérieures tombèrent, l'unification se fit et la désagrégation du vieux groupe domestique ne laissa subsister que l'individu vis-à-vis de l'individu, avec des devoirs et des droits réciproques.

Le droit d'accusation, tenant par des liens si étroits au système politique, qu'on a pu dire, dans un langage d'ailleurs assez moderne, qu'il est un attribut de la souveraineté, a subi toutes les phases de ce système et s'est développé et perfectionné avec lui. Mais même, sans parler davantage des époques où il s'exerçait dans une sphère si étroite, on peut affirmer que son caractère de droit public a été reconnu par les sociétés primitives les plus despotiques. L'Égypte elle-même, dont l'histoire se perd dans la nuit des siècles, connaissait le droit public d'accusation, et elle l'exerçait d'une façon qui semble lui être spéciale, envers les morts et pour savoir s'ils étaient dignes des honneurs de la sépulture. Quant aux crimes, étaient-ils poursuivis par la même voie, et l'accusation en était-elle également publique, ou le pouvoir des magistrats était-il sur ce point inquisitorial? Le droit d'accusation était certainement exercé par les Égyptiens, et, d'après un passage d'Hérodote, nous serions même disposés à le reconnaître aux personnes les plus infimes, aux esclaves, qui allaient jusqu'à l'exercer à l'encontre de leurs maîtres. Mais, ce qui le prouve le mieux, c'est l'obligation imposée par la loi de dénoncer le meurtre, si l'on n'a pu l'empêcher, obligation sanctionnée par des peines corporelles sévères, et encore, la peine du talion appliquée aux accusateurs calomnieux. Nous en avons

une autre preuve dans la fameuse loi d'affranchissement
des Juifs, dans laquelle Ptolémée Philadelphe autorisa
tous ses sujets à dénoncer ceux qui refuseraient d'y
souscrire. Mais, ce que nous pouvons ajouter, c'est
que l'absolutisme du gouvernement ne put qu'emprisonner ce droit dans les bornes fort étroites d'une simple
dénonciation, et laissa sans doute aux magistrats, pour
la poursuite et la répression des crimes, un large pouvoir d'initiative qui dut avoir tous les caractères d'un
véritable droit d'inquisition.

A Babylone, la division des tribunaux, le partage et la
nature de leurs fonctions, leur destination presqu'entiè-
rement criminelle sont des faits acquis. Là aussi nous
retrouvons la peine du talion pour l'accusateur calomnieux, avec ce caractère révoltant que sa famille la subit
avec lui. Quant aux exemples d'accusation, ils sont fréquents dans l'histoire des Assyriens; la dénonciation
s'attaque plus d'une fois aux personnalités les plus hautes, et les prêtres y sont souvent présentés comme des
accusateurs en titre, en ce qui concerne toutes les actions impies ou sacrilèges. Les *Sophetim* syriens, juges
ordinaires chez cet autre peuple, tiennent leurs séances
publiques à la porte des villes, et l'accusation est ouverte
à tous devant leur tribunal. La calomnie y est aussi sévèrement punie.

Chez les Hébreux, les pères de famille avaient longtemps exercé une autorité sans bornes, conséquence naturelle et directe de la forme patriarcale. Mais, nous
avons fait observer que le lien essentiellement religieux
de toute société domestique, consacrant la personnalité
individuelle, sans méconnaître les droits d'une hiérarchie naturelle, dut laisser, à côté de cette autorité supé-

rieure, une assez large place à l'initiative privée de cha·
cun de ses membres, en ce qui concernait la poursuite
des actes coupables qui offensaient la Divinité ou troublaient l'ordre harmonieux du foyer. La Genèse nous
montre Juda condamnant seul la femme d'un de ses
enfants accusée d'adultère. Plus tard, quand les tribus
ont formé le peuple de Dieu et que Moïse est suscité
pour les tirer d'esclavage et les conduire à la terre promise, l'administration de la justice, un instant centra-
lisée, comme tout le reste, entre ses seules mains, par
le fait du régime théocratique qu'il avait inauguré, passe
bientôt au corps de magistrature institué par lui, mais
au-dessus duquel il demeure juge souverain. Le Déca-
logue est promulgué, code complet de législation, dans
sa concision énergique, et qui, à côté de l'offense envers
la Divinité ou ceux qui la représentent, prévoit et punit
le crime attentatoire à l'ordre social. Après l'établissement d'Israël dans la terre de Chanaan, nous voyons les
magistrats des villes siéger aux portes des cités et y recevoir les accusations, comme nous l'avons déjà dit en
parlant des peuples syriens. Mais ce durent être seulement les accusations les moins graves, car au même
lieu siégeait le tribunal dit des Vingt-Trois, qui connaissait des accusation capitales. Il est probable que le droit
d'accuser devant ces tribunaux fut exercé de plus ici par
une magistrature spéciale, celle des *Sotérim*, magistrature inférieure, dont une des attributions consistait à rechercher et à saisir tout perturbateur de l'ordre public,
tout violateur des bonnes mœurs. Le droit d'accusation
fut sans doute le complément naturel de ce droit de
poursuite. Au-dessus, et comme juridiction suprême,
nous trouvons le grand *Sanhédrin*, qui reçoit certaines

accusations dont la connaissance lui est réservée en raison de la nature du crime ou de la qualité du coupable.
Sigonius nous donne de précieux détails sur la procédure criminelle devant ce haut conseil. Il nous montre
le Roi ou le Grand-Pontife le convoquant, suivant la nature du crime qui lui était déféré, crime politique ou
crime religieux. L'accusateur devait faire une dénonciation préalable à l'un des deux ou à quelqu'un des
princes au peuple, qui s'assurait de la personne du coupable et convoquait l'assemblée du Haut-Conseil. Nous
ne pouvons nous dispenser de signaler, en passant,
l'analogie frappante de cette procédure préliminaire avec
celle que nous verrons en usage à Rome, aux plus beaux
temps de son droit criminel. Le système romain aura
aussi sa procédure préparatoire, et ce sera devant le
préteur, ce magistrat par excellence, qu'elle aura lieu.
Le jour de la discussion publique venu, l'accusateur
poursuivait lui-même le crime, et il en réclamait la répression au moyen de la formule suivante : « Cet homme
mérite telle sentence pour avoir commis tel ou tel crime. »
Il est probable qu'une marche analogue était suivie devant les tribunaux inférieurs, et que ce préliminaire ex-
trajudiciaire y était aussi rigoureusement observé. On
faisait la dénonciation à l'un des princes des cités qui,
s'il la jugeait fondée, recevait le nom de l'accusé et le
renvoyait au jugement postérieur du tribunal.

Ce système judiciaire fonctionna longtemps, et on le
retrouve encore en vigueur sous la domination romaine.
Mais, à ce moment, il faut observer que, si le Haut-
Conseil exerçait toujours la juridiction criminelle, il
n'avait plus ce qu'on appelle en langage technique le
jus gladii, c'est-à-dire le droit de faire exécuter lui-même

la sentence qu'il avait rendue. Ce droit n'appartenait plus qu'au proconsul romain, et il est probable que cette juridiction elle-même fut bientôt absorbée par celle de ce magistrat suprême, que les historiens nous montrent exerçant le droit de haute juridiction et connaissant des accusations capitales, lorsqu'il tenait ses audiences ou qu'il ouvrait son *conventus*, au cours de ses tournées périodiques. Terminons en faisant remarquer que Moïse avait, par un précepte formel, défendu le faux témoignage, et que cette expression, prise ici dans son sens le plus large, comprend, en premier lieu, la fausse accusation. Le talion fut la peine de toute calomnie, et, frappant le faux témoin, elle dut à plus forte raison être prononcée contre l'accusateur calomnieux. Enfin, il est à croire que certaines personnes, telles que la femme, l'étranger, l'esclave, ne pouvaient pas, d'après la loi mosaïque, exercer, du moins en général, le droit d'accusation.

A l'origine, la famille hellénique vécut en tribus nomades qui furent plutôt des bandes que des tribus. Là encore, le lien religieux, secondant les efforts de quelques hommes illustres, opéra leur rapprochement, et en fit de petits états distincts, mais d'abord peu solides et que de fréquentes guerres affaiblissaient encore. Dans ces gouvernements en enfance et dont le caractère, quoique monarchique, n'était pas encore bien nettement déterminé, le pouvoir judiciaire, on le comprend sans peine, n'avait pas, lui aussi, de caractère uniforme et certain : le prince, ses délégués, quelques chefs de famille, la peuplade entière, les plus âgés des hommes qui la composaient furent chargés, suivant les lieux, de rendre la justice, ce qu'ils faisaient ordinairement sur la place publique, en présence de tous. Il n'est douteux que la dénonciation des actes attentatoires à l'ordre public y fût le privilége de chaque citoyen. Je n'en veux pour preuves que l'universelle influence de cette loi d'instinct naturel, qui fait à chacun un devoir et un droit de veiller à la sécurité de tous, surtout dans une société nouvelle et toute jeune, et ce sentiment, inné et comme national parmi ces peuples, de liberté publique, qui, prédominant toujours au milieu même des formes les plus despotiques, devait les conduire avant longtemps à un régime bien plus soucieux des droits de cette liberté et bien plus en harmonie avec le génie populaire. Mais, pour fixer les traits originaux de ce droit criminel en enfance comme la cité qu'il protége, c'est ici le lieu de rappeler à notre esprit ce fait remarquable, que nous retrouverons en parlant de Rome, et pour l'étudier alors dans toutes ses conséquences, ce fait, disons-nous, de la persistance du groupe domestique au sein d'une sphère sociale bien plus développée. Cette persistance, due surtout au caractère religieux de sa forte organisation, lui valut une large place au milieu du nouveau système politique de la cité, et l'influence fatale de cet état dans l'État se fit sentir dans le fonctionnement de ce système. Au point de vue qui nous occupe, les chefs de famille, seuls citoyens, furent les seuls ministres de la justice publique et les seuls soumis à cette justice. L'accusation contre un membre de la famille coupable continua à être portée à leur tribunal domestique, mais eux accusèrent leurs pairs au tribunal de la cité et y furent accusés par eux. Ils y comparurent encore en personne, plus tard, pour représenter ceux de leur maison que la gravité de leur crime et la loi nouvelle de l'intérêt commun permirent d'y citer directement.

N'insistons pas davantage sur une époque aussi reculée, et, prenant les peuples grecs au moment où on peut leur donner ce nom, voyons ce qui peut nous intéresser dans le système criminel des plus célèbres d'entre eux.

Rhadamanthe, dont la mythologie a fait un des juges infernaux et que Platon appelle le plus équitable des hommes, avait donné aux Crétois une rigoureuse législation pénale. Les attentats civils et religieux restèrent chez ce peuple sévèrement punis, et, pour mieux assurer l'observation des lois d'ordre public, ce grand législateur voulut que tous les Crétois fussent également justiciables des tribunaux établis. L'esclave lui-même avait le droit de les invoquer contre son maître, et le citoyen ordinaire pouvait citer devant eux les magistrats suprêmes. Mais, de sages tempéraments avaient été apportés à l'exercice de ce droit sacré, et la loi du talion, attribuée par les Grecs à Rhadamanthe, attendait ceux qui en avaient abusé. Nous trouvons ici encore une magistrature spéciale qui semblait spécialement préposée à la sauvegarde des intérêts communs, celle des « *Cosmes*, » qui avaient le droit d'arrestation pour les personnes et de saisie pour les biens. Remarquons enfin un dernier trait caractéristique de ce système répressif, trait que les mœurs et les exigences d'alors peuvent seules excuser, c'est que l'accusateur, en général, recevait une portion de la peine pécuniaire à laquelle le coupable était condamné.

La constitution de Lacédémone, mélange complexe de toutes les formes de gouvernement, avait investi le Roi et le Sénat des attributions judiciaires. Aristote nous apprend que les accusations d'homicide étaient portées devant les sénateurs, et sans doute le Roi connut-il des crimes les plus graves. Mais les ambitieux « *Ephores*, » magistrats su-

périeurs et compétents d'abord en matière d'obligations et
d'actes civils, absorbèrent par la suite ce double pouvoir
et se rendirent maîtres des jugements criminels. L'épou-
vantable abus qu'ils firent de ce pouvoir suprême de juridiction, jusqu'à accuser les rois et les juger eux-mêmes,
dut exercer la plus funeste influence sur le tempérament
populaire, déjà trop chatouilleux à l'endroit d'une prérogative regardée comme sacrée, et il n'y eut plus de frein
à la déplorable licence des accusations publiques. Ajoutons à cela un fait absolument nouveau et monstrueux
dans les annales judiciaires : c'est qu'une absolution prononcée n'empêchait pas qu'on ne pût être repris et condamné d'après une accusation nouvelle intervenant sur
le même délit. Mais, d'autre part, et comme pour corriger un peu les vices d'un pareil système, il y avait de
puissantes garanties en faveur des accusés. Ainsi, jamais
un citoyen n'était condamné à mort, à Lacédémone, qu'a-
près une poursuite faite dans les règles ordinaires de la
justice. La dénonciation devait être faite d'abord aux
éphores, qui l'admettaient ou la rejetaient. Mais, tout
porte à croire que leur influence, en pareille matière,
n'ayant fait qu'augmenter, nous venons de le dire, cette
influence se fit sentir dans l'introduction en justice et la
poursuite de la procédure accusatoire. D'ailleurs, il n'est
pas probable qu'ils aient usurpé les attributions judiciaires du Sénat jusqu'à les réduire à néant ; car, Plutarque et Xénophon lui maintiennent la connaissance
des causes criminelles, privilège qu'explique et que fit
persister sans doute la forme aristocratique du gouvernement. Ensuite, plusieurs jours étaient employés à la discussion des procès qui pouvaient amener de graves
condamnations, des peines capitales, et l'accusé, lors

même qu'il était absous, restait encore sous la main de la justice. Au cas de crimes graves, intéressant plus particulièrement le salut de l'état, les accusations furent admises contre l'absent, et le contumax, d'abord frappé de simples peines infamantes ou afflictives, qui allaient jusqu'à la rélégation, se vit par la suite condamné même à la mort. Observons enfin ce qui était un effet des mœurs fières de ce peuple, c'est que le Lacédémonien, qui se laissait en silence outrager ou persécuter, en quelque chose que ce fût, était déchu, comme indigne et infâme, du droit d'accusation.

L'organisation judiciaire d'Athènes serait digne de toute notre attention. Nous y trouverions plus d'un trait de ressemblance avec celle de Rome, qui est demeurée en ce genre le modèle des temps antiques. Mais, cette organisation n'étant qu'indirectement et comme par conséquence forcée l'objet de notre étude, nous nous contenterons d'en donner préalablement une esquisse indispensable. Les rois, fondateurs de la république athénienne, avaient établi plusieurs tribunaux qu'ils appelèrent *« Dicastères, »* et qui connaissaient des accusations capitales, sous leur présidence ou celle de leurs représentants. Quand les *« Archontes »* eurent remplacé les tyrans, ce furent ces magistrats qui prirent en mains l'administration de la justice. Mais, après que Solon eut établi son système de gouvernement, qui fut une démocratie tempérée, le pouvoir judiciaire, comme une des attributions de la souveraineté, appartint au corps des citoyens, qui formèrent les tribunaux. L'archonte-roi, le premier en dignité, garda le jugement des accusations d'impiété ou de sacrilége, et continua à introduire devant l'aréopage, présidé par lui, celles qu'on y portait pour meurtre. Les *« Thesmothètes, »*

autres magistrats préposés à la direction des procès criminels, recevaient les dénonciations des accusateurs et
les introduisaient ensuite devant le tribunal compétent,
soit que ce tribunal fût l'un des quatre tribunaux supérieurs, institués pour juger les procès capitaux, ou bien
un simple tribunal inférieur. Ici encore, le rôle des thesmothètes est analogue à celui des préteurs romains.

Le citoyen qui en poursuivait un autre au criminel,
citait d'abord « *in jus* » et par le ministère de l'huissier
préposé, son adversaire devant l'un des thesmothètes.
Ensuite, en quelques mots sacramentels, il introduisait
contre lui son action, et la constatation en était faite sur
les tablettes de ce magistrat par un de ses scribes. La
formule qui était ainsi conçue : « J'accuse un tel, et je le
cite en justice par le ministère d'un tel..., » montre bien
qu'on devait inscrire sur les tablettes en question, et le
nom de l'accusateur, et celui de l'accusé, et enfin la désignation du crime, suivie de celle de l'agent qui citait.
Le magistrat discutait le dire du poursuivant et, sur son
affirmation qu'il était prêt à produire en justice tous ses
moyens de preuve, il admettait l'action et l'introduisait
devant les juges. Mais alors, et avant qu'elle eût un commencement d'exercice, l'accusateur devait prêter un
serment solennel de bonne foi. De plus, il déposait ordinairement une somme comme garantie de sa poursuite,
ce dont il était dispensé quand il s'agissait de la sûreté
des personnes, trop sacrée pour mettre le moindre obstacle
à sa sauvegarde ; parfois même, il allait jusqu'à se constituer prisonnier, afin que cette garantie fût jugée plus
forte. Le moment de l'assignation venu, elle était donnée
à l'accusé par voie de sommation et ordre du magistrat.
Enfin, on pouvait toujours se désister volontairement et

quand il y avait un juste motif; mais, on le faisait souvent aussi à prix d'argent. Quant à la calomnie, d'abord impunément exercée, elle fut ensuite punie, mais seulement d'une forte amende. La mort n'expia que la fausse accusation en matière religieuse.

Il nous reste à faire quelques observations générales sur le système criminel athénien, tel que Solon l'avait conçu et mis en pratique. La forme du gouvernement que ses lois nouvelles eurent pour but de perfectionner et d'asseoir d'une manière plus solide, en consacrant le principe de la souveraineté populaire et en en faisant la base du système politique, attribua aux citoyens, pris individuellement ou comme corps social, les plus hautes prérogatives dans l'administration de la cité. Quant à la justice, une des premières branches de cette administration, les prérogatives populaires nous sont déjà apparues dans ce droit ouvert à tous d'exercer les magistratures et de rendre la justice, comme aussi dans celui de poursuivre toute infraction aux lois. Si le citoyen pauvre est écarté des fonctions publiques, il conserve le droit de choisir, d'élire ceux qui les rempliront, de faire partie des tribunaux, et d'y paraître comme accusateur. C'est encore par une application de ce principe de souveraineté, que nous voyons au-dessus de tous les tribunaux, au-dessus même du Sénat, qui jugeait les crimes d'état et les crimes publics contre lesquels des lois n'avaient pas été portées, l'assemblée du peuple, jugeant les grands crimes ou recevant, en dernier ressort, l'appel des jugements rendus par tout tribunal athénien. Les accusations publiques, dont abusèrent si souvent les passions mauvaises des individus et l'audacieuse ambition des partis, n'eurent même pour fondement, d'après M. le marquis de Pastoret, dans son histoire de la législation, que le désir de Solon de resserrer les liens réciproques par une vigilance commune. Cette remarque est juste et, à défaut d'autres raisons d'un ordre supérieur, pourrait nous expliquer le caractère public du droit d'accusation, dans le cas où le délit a le même caractère. Cette dernière restriction est nécessaire, car Athènes faisait la distinction entre les délits publics et les délits privés, et ne reconnaissait le droit, quant à ces derniers, qu'à la personne lésée. Sigonius nous donne la liste des uns et des autres, et il est probable qu'il y avait ici quelque chose d'analogue à ce qui se passait à Rome, dans les premiers temps de son droit criminel. Il nous montre, en effet, divisées en « *catégories* » les accusations se rapportant aux crimes qui intéressent l'état, et il en énumère jusqu'à sept espèces. La loi, en prévoyant le crime, en en attribuant la connaissance à tel ou tel tribunal, devait le soumettre expressément aux formes d'instance en usage, auxquelles Sigonius donne le nom générique de « γραφή. » Le meurtre semble même avoir tenu, dans cette législation, à la fois du délit public et du délit privé. D'une part, en effet, les parents de la victime, ou son maître, s'il s'agit d'un esclave, semblent mis seuls en avant pour en poursuivre la vengeance, et ce devoir de solidarité nous rappelle un des traits les plus caractéristiques des mœurs germaines ; mais, d'autre part, cette poursuite nous est présentée comme devant être régulièrement faite, c'est-à-dire suivant les formes légales, et devant aboutir à un châtiment public par la sentence des juges compétents. C'est qu'ici le progrès social avait été bien plus rapide, et que, chez les grecs, l'idée de crime était née là où le barbare ne voyait encore qu'une offense personnelle, dont la vengeance le regardait seul. Cette idée d'attentat social, Solon l'avait conçue dans toute sa plénitude ; car, comme le dit encore M. le marquis de Pastoret, en permettant d'accuser pour l'injure commise envers un autre, il sembla n'accorder un droit que pour avertir d'un devoir. Toute la théorie de l'action publique est dans ces quelques mots. Toutefois, cette législation eut peut-être un défaut, que nous avons déjà constaté dans celle de la Crète : ce fut la déplorable latitude laissée aux accusateurs. Les femmes, ici encore, purent dénoncer leurs maris ; les enfants, leurs pères. Mais, ce qui dut en atténuer beaucoup les fâcheux effets, c'est la règle d'après laquelle un citoyen seul pouvait former une accusation publique. D'ailleurs, en cette qualité, on pouvait accuser à plusieurs reprises. S'il y avait plusieurs poursuivants, l'un d'entre eux restait accusateur en titre, et les autres le secondaient, ce que nous retrouverons à Rome. Enfin, disons que l'accusation obtenait parfois des délais et que la prescription du droit d'accuser était une conséquence de celle qui ne permettait plus l'exercice du droit de punir.

Il est temps de parler de ceux que Rome appelait des barbares et qui devaient bientôt renverser son immense empire. Nous saisirons, à l'aide des quelques traces historiques que nous a laissées la tradition, les traits les plus saillants de leur système criminel, en ce qui peut toucher à l'objet de ce travail. C'est en Germanie et avant la conquête que nous irons chercher les vestiges de ce droit encore grossier, comme les peuplades auxquelles il appartient, nous réservant de retrouver ces mêmes peuplades, alors qu'ayant vaincu la fortuna romaine, elles seront maîtresses du sol gaulois, d'où sortira notre France, et de nous attacher à la plus puissante et à la plus digne d'attirer nos regards, à celle des Francs, nos glorieux ancêtres, pour poursuivre, à travers les siècles, une étude que nous nous efforcerons de rendre aussi complète et aussi instructive que possible. Avant d'entrer dans la partie romaine, qui demandera toute notre attention, par son importance et le modèle remarquable qu'elle nous offrira, nous dirons quelques mots de la Gaule encore indépendante et de son vieux droit criminel.

Nous savons que, par Germains, on entend l'ensemble des anciennes peuplades septentrionales qui, après avoir fait crouler le colosse romain, fondèrent sur le sol qu'elles avaient conquis les nombreux et divers États d'où sont sorties les nations occidentales. A ce titre, la recherche de leurs institutions primitives est pleine d'intérêt pour nous; et il faut la pousser, pour les bien apprécier, jusqu'aux temps reculés où les Germains vivaient au milieu de leurs forêts et de leurs marécages. Il ne faut pas s'attendre à trouver au sein d'une telle société, soumise au seul empire de grossières coutumes, et dont le caractère prédominant est un instinct individuel de farouche indépendance, un système criminel quelconque. Toutes les formes, en cette matière, se réduisent à une accusation que chacun peut porter à l'assemblée populaire, et sur laquelle est faite sans retard bonne et prompte justice; ce qui est parfaitement suffisant pour ce premier degré de civilisation. Mais, tout étroit, tout informe qu'il est, ce droit n'en est pas moins, en germe, un vrai droit criminel, ayant son fondement dans l'idée d'ordre social et d'intérêt commun, mis en action par tous ceux auxquels importe cet ordre, et qui sont associés à cet intérêt, consacré et appliqué par l'autorité suprême née du

consentement général. Ce n'est pas à dire certes qu'un
ordre social, comme nous le comprenons aujourd'hui,
eût pu s'accommoder avec ce naturel farouche et indomptable dont nous venons de faire le cachet distinctif
de cette race; mais l'intérêt commun, que nous avons
invoqué, fut l'origine et la mesure de l'ordre social dont
nous avons entendu parler. Si nous prenons, en effet, les
peuplades germaniques au moment où le voisinage de la
civilisation romaine, les exigences de la vie agricole,
pour laquelle elles sentent un penchant irrésistible, et
surtout la nécessité de la défense d'abord contre un puissant ennemi, puis le but commun de la conquête, ont
achevé le rapprochement et l'union des tribus, nous aurons la preuve irrécusable que le crime « *public* » était
déjà passé dans des mœurs encore à demi-sauvages, et
que le droit de le dénoncer et d'en poursuivre la répression exemplaire avait le même caractère de publicité.
Tacite, ce peintre admirable des vieilles mœurs germaines, et qui doit être notre premier guide dans l'étude
que nous en faisons en ce moment, nous montre, au
chapitre 12 de sa *Germanie*, les affaires criminelles por-
ées à l'assemblée générale du peuple, qu'il appelle le
Conseil de la nation. C'est là qu'on accusait ceux qui
s'étaient rendus coupables de trahison, de fainéantise, de
lâcheté, d'impureté infamante, et la nature de ces crimes,
qui étaient d'ailleurs punis de mort, fait assez comprendre quel intérêt puissant donnait à des égaux un
pareil pouvoir sur la personne, sur la vie même d'un
être indomptable et farouche comme le Germain, et à
chacun le droit de provoquer ce pouvoir. Quant à cette
forme populaire des jugements, elle n'est qu'une application du seul système politique possible avec ces mœurs

fières et indépendantes, cette humeur turbulente et difficile, celui où l'assemblée des guerriers et des citoyens est souveraine, choisit ses chefs, délibère sur les plus graves affaires et administre la justice. Ainsi, l'idée d'un intérêt supérieur à l'intérêt privé, l'idée d'une sécurité et même d'une moralité publique à sauvegarder de certaines dangereuses atteintes est au fond de ce tableau tracé par Tacite, et les actes coupables que nous voyons si sévèrement punis sont ceux qui attentent plus directement à la sécurité ou à l'honneur de tous. Nous retrouverons des traces de tout cela chez les Francs, assez longtemps même après la conquête, et si nous pouvions remonter autrement que par l'induction à l'époque éloignée où les tribus errantes n'avaient encore entre elles aucun lien d'association bien formé, nous ne verrions rien de différent, dans un cadre naturellement plus étroit et en tenant compte de l'influence encore entière, au milieu de cet état social moins développé, du groupe domestique et de sa forte organisation. Nous faisons allusion ici au pouvoir du chef de famille et à son tribunal domestique, où devaient être portées les accusations d'un certain genre, contre les membres coupables d'avoir porté quelque atteinte au culte sacré des ancêtres ou à la chasteté sainte du foyer. D'ailleurs, cette autorité paternelle, qui allait jusqu'à permettre de punir de la mort même ses enfants et sa femme coupables, s'est maintenue au sein des tribus unies pour former la peuplade, et Tacite nous dépeint en traits saisissants le châtiment infligé par son mari à la femme adultère; mais la différence qu'il importe de noter entre les deux époques, c'est que, dans la seconde, le principe d'ordre public qui s'impose partout et prépare l'état futur, vient jusqu'au sein de la famille

corriger les règles exclusives de son droit propre, et les
concilier avec les exigences de cette nouvelle force sociale. C'est ainsi que Tacite, à propos de cette scène con-
jugale, nous montre les parents de la femme y assistant,
comme ils avaient assisté à la cérémonie des fiançailles,
pour accepter les présents de noce. C'est ainsi encore
qu'il nous apprend que le meurtre des nouveau-nés et les
traitements barbares infligés aux esclaves sont des actes
flétris et réprouvés par la morale et par l'esprit public.
« Ces indications de l'écrivain romain, dit M. Geffroy,
dans sa récente *Etude sur la Germanie de Tacite*, nous dé-
cèlent probablement l'existence légale d'une sorte de
conseil de famille, en possession de limiter ou tout au
moins de contenir l'autorité du père. » Mais, dès le régime de la tribu, les actes coupables, de la nature de
ceux que nous avons cités plus haut, commis par ceux
que leur qualité rendait libres de toute sujétion naturelle,
ou que leur introduction dans la vie publique avait éman-
cipés de la puissance paternelle, durent être justiciables,
à raison de leur caractère d'attentats sociaux, du tribunal suprême composé de tous les membres actifs de l'association. Une chose qui dut en même temps combattre
l'influence persistante du pouvoir du chef domestique, et
favoriser puissamment le développement du principe
d'autorité publique à l'égard des individus et de leurs
actes, ce fut cette règle fondamentale de droit public,
que, la famille germaine s'appuyant sur la nature et non
sur la loi, comme à Rome, et le pouvoir de son chef étant
un pouvoir de protection, et non pas un pouvoir égoïste
et personnel, comme celui du « *paterfamilias* » romain, la
tutelle domestique devait fatalement cesser pour l'enfant
arrivé à un certain âge et que la société réclamait.

Mais, à côté des crimes publics dont nous venons de parler, et qui atteignent l'État, barbare ou civilisé, dans sa sécurité ou son honneur, il y a les crimes privés qui ne blessent que l'intérêt particulier, qui ne s'attaquent qu'à une personne. Les premiers sont peu nombreux, nous l'avons vu, dans une société nouvelle et de mœurs encore rudes, et ils se présentent à nous comme les applications d'un système pénal qui semble avoir pour fondement unique l'idée purement utilitaire. Quant aux seconds, c'est improprement que nous les appelons ici des crimes, car la loi pénale primitive ne les reconnaît pas pour tels. Un peuple civilisé peut bien distinguer en effet, en principe et en théorie, les offenses contre l'État et la société des offenses contre les particuliers; mais, en fait et dans l'application des peines, elle les unit pour les punir par un même châtiment et une égale flétrissure, parce que, à ses yeux, ces deux sortes d'offenses sont des crimes, et que tout crime, étant un attentat social, doit être châtié par le pouvoir social. Mais une civilisation naissante ne peut avoir le sens de ces choses, et ne songe pas tout d'abord à établir une assimilation entre deux actes qui lui paraissent si différents. Quand la société se sent atteinte, elle s'arme pour châtier le coupable; quand c'est un de ses membres qui est la victime, il n'y a là qu'une offense dont il n'appartient qu'à lui de tirer vengeance, qu'un dommage dont il est libre de poursuivre la réparation, mais dans lesquels la société n'a rien à voir, et dont, par conséquent, elle se désintéresse. C'est, en un mot, une affaire entre l'offenseur et l'offensé, une querelle à vider entre eux. Mais, lorsqu'il s'agit de peuples barbares, au caractère presque sauvage et aux passions brutales, l'instinct naturel fait son œuvre, et le droit de vengeance de-

vient celui de chacun. Si l'on tient compte maintenant
du lien qui unit les familles, les parents, sur lesquels a
rejailli l'offense, se rendront solidaires de cette vengeance,
ceux du coupable de sa défense, et la guerre civile, la
« *faïda* » des Germains, naîtra. Le chapitre 12 de la
Germanie nous présente ce tableau vivant des haines domestiques, et cette inimitié réciproque comme un devoir
sacré. Parfois, cependant, l'intérêt commun, les circonstances, une intervention amicale, durent parvenir à cal-
mer l'ardeur belliqueuse des parties en cause et à imposer à celui qui avait porté quelque atteinte aux droits
d'un autre, soit qu'il s'agît de sa personne, soit qu'il fût
question de son bien, un dédommagement envers le lésé,
ou à leur faire accepter un arbitrage tout volontaire, une
sorte de conciliation. Bientôt, l'instinct de sociabilité ai-
dant à son tour et travaillant en sens contraire, prépara
la voie à un nouvel ordre de choses, et l'intérêt de la cité
ou de la patrie, cette fois, dut appeler l'attention des chefs
sur ces querelles sanglantes dans lesquelles se consu-
maient des existences indispensables à la défense commune ou aux expéditions aventureuses. L'usage et l'autorité des chefs acheva sans doute cette révolution morale,
en fixant d'avance le dédommagement de l'acte coupable,
et en attribuant au pouvoir social en germe la surveillance du paiement de la satisfaction. Cette indemnité,
acquittée en argent ou en nature, qu'un jugement fixait
d'abord dans chaque espèce, et que, plus tard, la loi pénale limite d'avance, eu égard au délit prévu, est la composition, le « *wehrgeld* » des lois barbares. Le pouvoir
public, en s'imposant aux intéressés, chercha le moyen
de contraindre celui qui ne voulait pas donner ou accepter l'indemnité fixée, et elle le trouva dans une amende

qui devint le « *bannum* » ou « *fredum* ». Ce système des compositions nous apparaît déjà dans Tacite, et si nous nous arrêtons aux expressions du chapitre 21, nous pouvons constater bien vite son fonctionnement régulier et l'assise puissante sur laquelle il repose. L'historien romain l'a nommée en nommant l'intérêt public, mais c'est dans le chapitre 12 que se montre le dernier état et comme la perfection de ce système répressif alliable avec de telles mœurs. Il y est dit « que le coupable peut se racheter du châtiment par une amende proportionnée, qui se paye partie au profit du roi ou de la cité, partie à celui de la personne offensée ou à ses parents. » On le voit, le pouvoir public a fait un grand pas, et, comme nous l'avons dit tantôt, il en est venu à s'imposer aux parties par le fait d'une contrainte effective, qui fut d'abord une amende, et devint, avec le temps et la coutume, un salaire pour son action de police. La peine pécuniaire fit place à un moyen de coercition plus puissant, et nous voyons dans l'article 8, à la troisième partie du Capitulaire de Worms, de Louis le Débonnaire, en 829, l'exil infligé par le comte, sur l'ordre de l'empereur, à celui qui ne voudra pas payer ou recevoir la composition pour homicide.

Ces développements étaient nécessaires pour bien déterminer le caractère que dut revêtir, avant de passer dans son vrai domaine, cette branche du droit criminel qui a pour objet les offenses envers les personnes. C'est là la théorie des délits ou des « *torts* » que nous avons annoncée au début, et qui nous montre que, dans l'enfance des sociétés humaines, ce n'est pas par une législation pénale proprement dite que l'individu est protégé contre la violence ou la fraude, mais par un système tout spécial de droit. Cette particularité, que nous découvrirons même au sein de la vieille Rome, quand le moment en sera venu, est surtout frappante, selon la juste observation d'un profond penseur anglais, M. Sumner Maine, dans son beau travail sur l'*Ancien Droit*, dans les collections de lois des tribus germaniques. Et il cite la loi anglo-saxonne, qui connaît et applique le même système de compensations, en ce qui touche les offenses contre un homme libre.

Donc, et quelle que soit la gravité de l'acte coupable, attentatoire à la propriété, à l'honneur, à la vie même du particulier, il n'y a là qu'une satisfaction pécuniaire pour lui et pour l'État qu'un salaire qui paye son intervention. Ce n'est pas encore l'imposition d'une peine, pour la satisfaction toute morale de la paix publique troublée, une satisfaction pour l'ordre public, et le « *bannum* » ou « *fredum*, » amende ou autre peine afflictive, qui semblerait s'en rapprocher le plus, n'est, nous l'avons dit, que la peine établie contre ceux qui se refusent à composer.

Voilà donc le délit privé, rachetable en cette qualité et par le moyen de la composition. Mais, comment ce délit était-il dénoncé et par quelle voie d'action ? Voilà ce qu'il nous importe maintenant de savoir et ce qui a directement trait à l'objet de notre étude. Les Germains avaient une organisation politique et administrative à eux propre. Le premier élément de cette organisation était l'arrondissement communal, en latin « *vicus*. » Un certain nombre de « *vici* » formaient le « *pagus* » ou « *hundredum* », et la réunion des « *pagi* » constituait la « *civitas* », ou la nation, prise dans son ensemble etnographique. Nous avons vu, dans le premier état de ce

droit sauvage de vengeance privée, quelle solidarité unissait tous les membres de la famille, solidarité qui leur
faisait épouser les querelles sanglantes qu'une offense
faisait naître. Ce sentiment naturel joint à l'association
d'intérêts qui vint unir entre eux les hommes libres
dont l'arrondissement communal était composé, rendit
ainsi chaque bourg ou village solidaire de l'offense reçue
par un de ses membres et responsable, d'autre part, du
dommage causé par l'un de ses associés. C'est là le principe du « *plegium* » ou garantie de la commune et du
« *hundredum* », consacrée par les lois anglo-saxonnes,
et des obligations de la « *Centène* » franque, dont nous
reparlerons plus tard, « cette disposition n'est, selon toute
probabilité, dit M. Meyer, au chapître 5ᵉ du livre 1ᵉʳ de
ses *Institutions judiciaires*, que la régularisation d'un
usage généralement reçu dans l'ancien état de la Germanie. » Ceci posé, il est évident d'abord que tout membre
d'une association particulière, famille, décanie ou centène offensée dans la personne d'un des siens, pouvait
dénoncer à qui de droit l'acte coupable commis par celui
d'une autre association; mais, il y a plus, et ce membre
avait le droit et le devoir de dénoncer un tel acte, même
quand il était le fait d'un autre individu appartenant
à la même association que lui. La base de cette action,
qui n'est autre chose au fond qu'une espèce d'action
publique, était l'intérêt direct qu'il avait à se décharger par cette dénonciation, et à décharger en même
temps ses associés de toute contribution au dommage
causé et au paiement de l'indemnité que la communauté devait payer, si le coupable ne le pouvait pas
et s'il s'enfuyait, pour échapper à la punition corporelle. L'accusation devait être portée au chef du

groupe auquel appartenait l'offenseur, et ce chef s'entendait sans doute avec celui du groupe dont faisait
partie l'offensé, pour le règlement et le paiement de la
satisfaction. Cette accusation, nous l'avons supposé,
était le fait du coassocié de l'offenseur, agissant dans
son intérêt et dans celui de toute la communauté; d'ailleurs, quand le dénonciateur était la victime elle-même
ou l'un des membres du groupe auquel appartenait
l'offensé, la même marche devait être suivie. Seulement,
dans ce cas, c'était au chef de ce groupe, saisi de la
plainte, d'exercer pour ainsi dire officiellement le droit
public d'accusation auprès du chef du groupe dont faisait partie l'offenseur. Ce principe de la société barbare,
qui rendait tout homme libre garant des actes de son
concitoyen, et le mettait par là dans la nécessité de veiller sur sa conduite et sur ses actions, a passé dans les
mœurs de la vieille Angleterre, et son application en est
encore actuelle; car, nous voyons dans ce pays libre par
excellence, les particuliers admis à exercer, sans l'intervention aucune du gouvernement, un droit de police
bien plus large que partout ailleurs. C'est d'après le
même principe qu'étaient réglées les formalités de la
preuve d'innocence, dans laquelle intervenaient les «con-
juratores» ou témoins à décharge, et que, par exemple,
la décanie à laquelle appartenait le coupable était admise, lorsqu'elle n'avait pu prévenir sa fuite, à remplir
les formalités analogues de l'«expurgatio» ou décharge
de responsabilité, toutes choses dans les détails desquelles nous n'avons pas à entrer ici.

Il nous reste à dire quelques mots du droit criminel
de la vieille Gaule indépendante. Les rares et faibles
vestiges qui nous en ont été transmis par l'histoire, sont

dus à la plume du guerrier historien qui la soumit à la domination romaine. César, dans le cours de ses *Commentaires*, nous offre quelques traits de ce droit demeuré fort obscur, et qui, d'ailleurs, devait être digne des grossières mœurs gauloises. Nous pouvons remarquer d'abord que l'état d'asservissement absolu dans lequel demeurait la famille vis-à-vis de son chef, et qui donnait à celui-ci le pouvoir de vie et de mort sur sa femme et sur ses enfants, ne devait pas laisser au sein du foyer la moindre place pour un semblant même de justice domestique, dans les cas où un acte coupable était commis par un de ses membres. Le père, en vertu de son pouvoir sans bornes, châtiait lui-même, et cruellement sans doute, l'auteur de cet acte, et c'était tout. Nous voyons, dans un passage de César, une espèce de tribunal domestique, composé des parents du défunt, se réunir lorsqu'un homme de haut rang venait à mourir de mort subite extraordinaire, et appliquer sa femme ou ses femmes (car la polygamie était un privilège de la classe riche chez les Gaulois) aux plus terribles tortures, sur le moindre soupçon d'attentat aux jours du défunt. La clientèle et l'esclavage qui étaient là aussi en usage, en soumettant également les clients et les esclaves à ce régime d'autocratie patriarcale, durent étendre sur ces classes inférieures le même pouvoir arbitraire du chef de famille, plus absolu encore quant à elles, si c'eût été possible, par suite du rang infime de ces personnes au sein du groupe domestique. Mais, il y avait une justice publique pour les guerriers et les hommes libres, et c'était le collège sacerdotal des Druides, constitué en Gaule en corps politique, qui en avait l'administration. « Les Druides, dit M. Amédée Thierry, dans son *Histoire des*

Gaulois, toujours d'après l'autorité des Commentaires,
se forment, à certaines époques de l'année, en cour de
justice. Là se rendent ceux qui ont des différends ; on y
conduit aussi les prévenus de crimes et de délits; les
questions de meurtre et de vol, les contestations civiles,
en un mot toutes les affaires d'intérêt général et privé
sont soumises à leur arbitrage. Ils infligent des peines,
fixent des dédommagements etc., etc.. » Voilà donc
quelle était la haute juridiction criminelle des premiers
Gaulois, et nous n'avons pas besoin d'ajouter que le droit
public d'accusation devant ce tribunal suprême ne pouvait qu'être l'un des caractères les plus naturels d'un
pareil état social. Nous pourrions observer, en outre,
que, en cette matière, le pouvoir despotique d'une caste
d'hommes à la fois auteurs et interprètes de toute la loi
divine et humaine, juges et exécuteurs de leurs sentences
rigoureuses et sans appel, dut engendrer forcément le
droit inquisitorial le plus illimité de la part de ces mêmes
hommes, et favoriser en toute circonstance son exercice
à l'égard du reste de la nation. Quand ce régime de
théocratie pure eut fait place, par suite du soulèvement
des familles souveraines des tribus, à un nouveau système d'aristocratie militaire indépendante, cette révolution considérable laissa intacte l'influence religieuse du
corps sacerdotal et lui conserva une portion de ses prérogatives civiles. Le tribunal des Druides subsista, et ils
continuèrent à recevoir les accusations graves et à appliquer les lois criminelles. Enfin, une seconde révolution, plus radicale et plus salutaire, celle-là, substitua le
gouvernement populaire des cités à l'aristocratie héréditaire, et le peuple prit en mains, avec tous les autres, le pouvoir judiciaire, qu'il exerça soit par lui-même

soit par des représentants de son choix. Ces représentants, assemblées ou magistrats, furent investis du droit de vie et de mort, sur tous les guerriers et ce fut devant eux que se portèrent les accusations criminelles, devenues encore plus le privilège de tous et de chacun, depuis l'établissement d'un système qui consacrait dans toute sa plénitude le principe de la souveraineté populaire.

Tels sont les traits saillants que nous ont fournis, au sujet du droit criminel des anciens peuples, les recherches historiques auxquelles nous nous sommes livrés. Nous avons terminé l'introduction mise par nous en tête de notre ouvrage. C'est la législation romaine qui sollicite maintenant toute notre attention, et c'est par elle que nous allons continuer l'étude sérieuse des principes et des règles de l'accusation publique. Mais auparavant, faisons une observation. Les titres du Digeste et du Code concernant les accusations et inscriptions ne sont pas des exposés théoriques des principes de la matière. Là, plus que partout ailleurs peut-être dans le corps de doctrine des jurisconsultes ou des constitutions impériales, nous reconnaissons cette manière éminemment romaine qui consiste à procéder par points de vue spéciaux et par applications particulières de ces principes aux espèces les plus ordinaires. On comprend combien peu s'accorde avec une telle pratique la méthode d'ensemble, la méthode composée, pouvons-nous dire, que nous a imposée la nature même du sujet que nous traitons. Aussi, pour satisfaire aux exigences qu'une matière de droit entraîne toujours plus ou moins avec elle, à l'égard du commentaire des textes, nous avons dû conduire notre travail d'après un plan spécial. Nous diviserons, en effet, notre étude romaine en deux parties : la première, dans la-

quelle l'histoire aura sa large place, traitera de la juridiction criminelle et de la procédure de l'accusation
devant cette juridiction. La seconde, toute juridique, des
règles et dispositions légales relatives à l'accusation.
Cette seconde partie comprendra elle-même deux cha-
pitres : le premier consacré aux règles et dispositions
générales ; le second, aux règles et dispositions spéciales à certaines accusations.

DE

L'ACCUSATION PUBLIQUE A ROME

PREMIÈRE PARTIE

Juridiction criminelle et Procédure accusatoire.

SECTION I. — Droit antérieur aux « *Quæstiones* ».

§ Ier. — *Organisation de la juridiction criminelle.*

Nous avons dit que le caractère religieux, propre à toutes les sociétés en enfance, est en même temps le seul que puisse revêtir leur premier droit criminel. Nous pouvons donc affirmer, malgré l'obscurité profonde dans laquelle se perd l'histoire de son berceau, que la vieille cité romaine connut, avant toutes autres, les lois pénales portées par le droit pontifical contre les actes considérés alors comme des outrages à la seule divinité. C'est au sacré collége des Pontifes, présidé par le roi, à titre de Grand-Pontife, que durent être portées les accusations d'adultère, de sacrilége, et peut-être de meurtre, comme nous l'avons dit; et il est permis, en songeant à une société aussi peu étendue d'un côté, et, de l'autre, à la haute situation donnée jusque dans la vie politique, par les Romains à leurs prêtres, de penser qu'un large pou-

Fabre.   4

voir d'inquisition était, à cet égard, une suite inévitable d'un tel état de choses.

Mais ces actes coupables ne furent pas les seuls qu'il fallut dénoncer et punir, et d'autres actes, dirigés par leurs auteurs soit contre des citoyens, soit contre la chose publique elle-même, appelèrent bientôt les mêmes mesures. Rome ne pouvait ignorer et n'ignora pas la distinction naturelle entre le crime public et le crime privé ; mais sa législation primitive, suivant en cela les errements inséparables d'un système naissant, ne fit d'abord de ce dernier qu'un « *délit*, » ou même qu'un simple « *tort*, » expression déjà connue de nous, poursuivi par une action toute privée, par une action « *civile*, » en langage technique, devant la juridiction ordinaire. Ainsi (et il ne pouvait en être autrement), l'offense contre l'État, le « *crime* » qui mettait en danger immédiat le salut de tous, cette loi suprême d'alors, devinrent seuls l'objet d'une poursuite et d'un châtiment extraordinaires.

Sous la période royale, la juridiction criminelle appartint au roi, mais avec droit d'appel (*provocatio*), pour les affaires capitales, aux comices par curies, qui étaient le peuple romain d'alors ; car, malgré la forme aristocratique de ce premier gouvernement fondé par lui, Romulus avait formellement consacré le principe de la souveraineté populaire, dont le droit suprême de justice est l'un des principaux attributs. Donc le roi, ce que confirme d'ailleurs Denys d'Halicarnasse, 1, 4, connaissait des crimes les plus graves, assisté d'un conseil dont les membres furent sans doute librement choisis par lui ; et il renvoyait au sénat, le premier corps politique après l'assemblée populaire, le jugement de ceux qui étaient moins importants. Parfois, néanmoins, il jugeait seul, et Tito-Live, 1, nous montre Tarquin le Superbe prononçant ainsi, pour inspirer la crainte au peuple, même sur les affaires capitales, et condamnant aux derniers supplices. Avant lui, Servius Tullius avait créé des duumvirs ou « *quœsitores*, » magistrats spécialement établis pour la circonstance, et qui instruisaient et jugeaient, comme délégués, surtout les attentats politiques et les crimes capitaux.

Les consuls avaient succédé aux rois et à leurs attributions ; mais cette révolution politique, faite au nom et pour l'amour de la liberté, ne pouvait laisser longtemps entre leurs mains ces hautes prérogatives, dont elle était si jalouse. Aussi, les lois « *Valeriæ* » et la loi des XII Tables vinrent-elles bientôt les renverser, et attribuer aux comices par centuries, devenus l'assemblée générale de la nation, l'exercice de la juridiction criminelle, en posant en principe de droit public que ces comices pourraient seuls rendre des décisions capitales contre les citoyens, et réviser en appel tous les autres jugements criminels. La célèbre loi des XII Tables avait attribué en même temps à une autre assemblée, l'assemblée populaire par excellence des tribus, la connaissance des crimes moins graves de prévarication, de la part des magistrats, d'attentat aux droits du peuple ou de la plèbe, de la part des grands personnages, crimes punis seulement d'une amende pécuniaire, arbitrairement décrétée et prononcée.

Enfin le Sénat, lui aussi, exerçait des attributions en cette matière, et également indépendantes d'aucune loi précise, quant à l'application de la peine et quant à la compétence elle-même. A Rome, il jugeait les procès non capitaux ; et, pour le dehors, les accusations contre les pérégrins et tous les crimes politiques commis à l'extérieur de la cité.

Avant de passer à l'étude de la procédure en usage dans cette première époque du droit criminel, il nous faut observer une coutume bien importante à noter, et qui nous servira de transition toute naturelle pour arriver à la seconde époque, que nous allons bientôt aborder. Suivant la juste observation de M. Laboulaye, dans son ouvrage sur les *lois criminelles romaines, concernant la responsabilité des magistrats*, la juridiction qui appartenait au peuple et au sénat leur appartenait en propre, comme pouvoir politique, et n'était pas une magistrature confiée par la constitution. Donc, la délégation leur en fut possible et permise, toutes les fois que la nature de l'affaire, ses longueurs ou ses difficultés, ou quelque autre grave raison exigeaient cette délégation. Nous avons vu les rois eux-mêmes, en vertu du même principe, déléguer la recherche et la connaissance (*quæstio*) des affaires criminelles à des commissaires spécialement désignés à cette occasion. Les comices et le Sénat firent de même, et leurs commissaires (*quæstores*) furent des magistrats ou même de simples particuliers qui instruisaient la cause, et la jugeaient avec le secours d'autres juges que la loi leur donnait. Ces magistrats extraordinaires, dont Tite-Live parle souvent, furent appelés «*quæstores parricidii,*» dit Festus au mot «*quæsitores,*» parce qu'on appelait du nom de parricide tous les crimes capitaux. Nous les voyons institués peu de temps après le renversement de la royauté, par ce que nous dit à leur sujet la loi des XII Tables, qui ne fait d'ailleurs que les mentionner.

Tels furent, durant les cinq premiers siècles de Rome, les différents pouvoirs qui se partagèrent la juridiction criminelle. Mais il ne s'agit ici, nous le savons, que de la justice publique, dont relevaient les seuls citoyens, et les seuls citoyens «*sui juris.*» Il y avait une classe considérable, celle des personnes qui ne s'appartenaient pas, qui étaient « *alieni juris*, » qui demeurait en dehors de cette justice et qui relevait d'un autre tribunal. Nous voulons parler de la femme et des enfants, et du tribunal domestique. Quant à l'esclave, échappa-t-il plus tôt à cette juridiction? Il est permis de le supposer, d'après un passage de Cicéron, qui nous montre l'accusation portée contre un crime commis par un esclave ou par un étranger, probablement l'étranger résidant, devant un tribunal institué spécialement pour cet objet, et dont les juges étaient nommés « *triumviri capitales.* » (V. Cicéron, *Pro Cluentio*, chap. 13.) Nous avons déjà, à propos des mœurs germaines, établi cette différence remarquable entre le fils de famille germain, échappant, à sa majorité, au « *mundium* » du père, pour entrer dans la vie publique; et le fils de famille romain absorbé, quel que soit son âge, dans la « *potestas* » du « *paterfamilias*, » seul reconnu par l'État. Nous avons vu le fondement de ce rigoureux système politique dans le caractère unique et absolu de la puissance paternelle romaine, qui ne finissait jamais fatalement, hors le cas de mort. Cette forte organisation domestique se maintint intacte au milieu des révolutions successives du droit public, et malgré la réglementation des pouvoirs judiciaires de la cité. Plutarque nous apprend que, à Rome, les femmes ne pouvaient pas paraître en justice, même comme témoins; et nous lisons dans Gaïus, IV, 77, 78 : « Si votre fils, soumis à votre puissance, a commis un délit, l'action en justice est donnée contre vous. Le délit commis par un fils contre son père ne donne lieu à aucune action en justice. » « De tout cela il résulte clairement, dit M. Fustel de Coulanges, dans sa *Cité antique*, liv. II,

chap. 8, que a femme et le fils ne pouvaient être ni de-
mandeurs ni défendeurs, ni accusateurs, ni accusés, ni
témoins.—La justice publique n'existait que pour le père;
aussi était-il responsable des délits commis par les siens.»
Et il montre que, pour ces personnes, la justice était
dans la maison, administrée par le chef de famille, qui
jugea d'abord seul, puis, avec le temps et le progrès des
mœurs, avec les membres de la famille, dont il forma
le tribunal du foyer, qu'il présidait. Les exemples de ces
jugements sans appel sont fréquents dans l'histoire, et
nous en voyons un fameux dans Tite-Live, au sujet du
procès des Bacchanales, dans lequel tant de femmes se
trouvaient compromises, et dont le Sénat renvoya le
jugement, quant à elles, aux maris et aux pères, seuls
en puissance de le prononcer. Ce qui prouve que telle
demeura longtemps la famille antique, c'est un autre
exemple non moins fameux rapporté par Sénèque, et
dans lequel Auguste-César joue un rôle, comme specta-
teur, il est vrai : Il s'agit d'un certain Tarrius, qui jugea
son fils coupable envers lui de tentative de parricide.
Quant à l'époque où tout cela changea, elle est difficile
à déterminer d'une façon exacte. L'établissement de
certaines formes solennelles et publiques de jugements,
connus sous le nom technique de « *quæstiones,* » entre
autres celles qui intervinrent sur les parricides, dut
porter la première atteinte à cette magistrature suprême
du père de famille, et il est probable que plus tard le
despotisme impérial, dont tous les efforts tendaient à
absorber tous les pouvoir et à étendre sur tous une seule
et même justice, vit tomber devant lui ce que tant de
siècles avaient respecté !

§ II. — *Procédure.*

Il est temps de passer à la procédure d'accusation en
usage dans ce premier âge du droit criminel. Pour bien
comprendre le jeu particulier de cette procédure, il faut
rappeler deux principes, dont le premier a déjà été posé
par nous, et qui est celui-ci : le droit d'accusation étant à
Rome, comme dans la plupart des nations anciennes, une
des prérogatives du droit de cité, tout citoyen put exercer
ce droit. Mais (et c'est ici le second principe), la constitution romaine ne reconnaissant qu'aux magistrats supérieurs le droit de convoquer et de réunir les grands corps
politiques, alors investis des attributions judiciaires, il
suivit de là que ces magistrats eurent seuls aussi celui
d'y porter la parole, pour les saisir de quelque affaire que
ce fût, et que, par suite, eux seuls encore purent y porter
l'accusation des crimes qu'on leur dénonçait. Ce second
principe, on le voit, était de nature à amoindrir beaucoup, en fait comme en droit, la prérogative populaire
sur cet objet, et il peut sembler, avec juste raison, que
le droit d'accusation n'était pas encore un droit véritable
et général, qui appartînt à tous les citoyens, dont le rôle
se bornait à s'adresser aux magistrats en question, pour
leur dénoncer les faits coupables, tandis que ces derniers
remplissaient les véritables fonctions d'accusateurs et
agissaient comme parties au procès. Tel fut, sans aucun
doute, comme le prouve d'ailleurs l'histoire, le mode
d'action par devant les comices, et il y a absolument les
mêmes motifs pour l'admettre en ce qui concerne le Sénat.
Mais, quant au tribunal du roi et à ces deux autres, qui
lui ressemblent fort : le tribunal domestique et celui des

« *triumviri capitales*, » il est permis de se demander ce qu'il en fut à cet égard. Quant à nous, observant d'abord qu'il ne s'agit plus ici de corps politiques, dont la convocation officielle soit requise de par les lois constitutionnelles, mais de simples juridictions s'exerçant dans les formes ordinaires du contentieux criminel, et nous appuyant ensuite sur l'autorité des divers historiens de ces temps, nous dirons que la procédure accusatoire reprenait ici tout son empire, et que le citoyen poursuivait sa dénonciation jusque devant le juge et se présentait comme partie dans la cause. C'est ainsi que nous voyons Lucius Torquatus, dans Valère-Maxime, juger son propre fils sur l'accusation des Macédoniens ; et, dans le procès des fils de Brutus, Publius Valérius remplir devant le consul, leur père, le rôle d'accusateur, quoiqu'il y eût dans cette fameuse affaire le délit le plus flagrant. Cette nécessité de l'accusation, dans tout jugement criminel, est un principe consacré par toutes les législations anciennes, et Rome en poussa le respect jusqu'aux dernières limites. Un vieux et intéressant jurisconsulte, Ayrault, qui a fait, dans son temps, une excellente comparaison de *l'instruction judiciaire des Grecs et des Romains, en matière d'accusations publiques, avec les usages français d'alors*, insiste sur ce point dans les premiers livres de son ouvrage, en s'appuyant sur un grand nombre de textes anciens. Si l'accusation est, entre les mains de la société, une arme de légitime défense, elle n'est pas moins, d'après lui, une garantie naturelle pour celui qu'elle veut poursuivre et punir, garantie dont l'absence ne trouve d'excuse que dans l'absolue nécessité d'une situation anormale et troublée. Aussi, voit-il dans l'ostracisme des Athéniens, qui procédait si sommairement contre les plus grands citoyens, une erreur enfantée par la passion populaire et que rien de légitime ne pouvait justifier. D'ailleurs, il faut le remarquer encore avec lui, le citoyen ne se portait pas toujours accusateur formel, et c'était souvent par plainte, ou même par simple dénonciation qu'il agissait. Nous savons aussi que l' « *Index* » était celui qui dévoilait un crime dans lequel il était compromis, et qu'il ne plaidait ni n'accusait, mais le magistrat par son moyen. Dans toutes ces circonstances, et comme il fallait au procès un accusateur en titre et formel, les magistrats, comme nous l'avons vu, prenaient en main ce rôle, et, au tribunal domestique, le père devenait juge et accusateur. Il y a plus, et ces hauts fonctionnaires, auxquels était spécialement confié le salut de l'État, ne durent pas toujours attendre d'être sollicités à agir, et portèrent probablement d'eux-mêmes et en vertu de leurs pouvoirs propres, l'accusation publique devant la juridiction compétente. Pourrions-nous en douter, quand nous voyons les tribuns du peuple chargés, entre autres choses, de déférer aux comices de la plèbe tous actes attentatoires à ses prérogatives, et d'accuser par devant cette assemblée redoutable les magistrats et les citoyens coupables de quelque manœuvre contre la sûreté de l'État? N'y a-t-il pas même dans ces fonctions et ce pouvoir de surveillance attribués à la magistrature populaire par excellence, quelque chose de notre admirable ministère public? Enfin, le Sénat lui-même exerçait, à l'égard des accusations les plus graves, et quand il s'agissait de citoyens romains, un large droit d'initiative, qui consistait à dénoncer les crimes, à faire les enquêtes, à saisir en un mot la juridiction des comices, et ce droit grandissait encore, toutes les fois qu'était en question la sécurité de la république.

Entrons maintenant dans le détail de la procédure de cette première époque, en ce qui concerne l'exercice du droit d'accusation. Cette procédure, nous l'avons remarqué, dut être beaucoup plus simple et plus sommaire devant la juridiction royale, ou celle des duumvirs et des « *triumviri capitales* », ou encore du tribunal domestique, le citoyen pouvant d'ailleurs y introduire et y poursuivre son accusation. Il serait difficile, par suite du défaut d'éclaircissements historiques, d'en préciser tous les traits. Mais, quand il s'agit des comices, surtout des centuries et des tribus, nous sommes moins ignorants, et ces éclaircissements ne nous manquent plus. Nous ne parlerons que de la procédure d'accusation devant les comices, celle qui avait lieu devant le sénat ayant pour nous bien moins d'intérêt, puisque là, c'était dans la forme toujours secrète des délibérations que s'instruisaient et se jugeaient les procès criminels.

Soit qu'il eût reçu la dénonciation d'un citoyen, ou qu'il agît d'office, le magistrat qui voulait accuser quelqu'un, dénonçait publiquement, du haut de la tribune aux harangues, au peuple, qu'il faisait assembler par un crieur public, l'accusation qu'il porterait tel jour, contre telle personne, sur tel crime, et il faisait en même temps sommation à l'accusé de comparaître au jour fixé. Ce premier acte de dénonciation et de sommation s'appelait la « *diei dictio* », ajournement. Il n'est pas probable qu'il y eût un délai légal entre la « *diei dictio* » et le jour de l'accusation ; mais, ce délai devait dépendre des circonstances et permettre à l'accusé de se reconnaître et de préparer sa défense. Le jour venu, le magistrat occupait de nouveau la tribune et citait l'accusé par l'intermédiaire d'un crieur public. S'il ne se présentait pas et ne faisait alléguer aucun motif d'excuse suffisant, il était condamné à une amende. S'il se présentait, le magistrat exposait sa plainte et, devant le sénat, sur le rapport de son accusation, l'affaire pouvait s'engager immédiatement. Devant les comices, il fallait, avant d'en venir au jugement, que, par trois jours de marché consécutifs, « *per trinundinum* », le magistrat prononçât l' « *anquisitio* », formule d'accusation, qui n'était autre chose que la position de la question à notre jury d'aujourd'hui, et dont voici la teneur : « Si vous avez fait telle chose et telle autre chose, je vous condamne à telle amende ou à telle peine. » Ou bien encore : « Je vous juge coupable de lèse-majesté. » Cette formule d'accusation, sur laquelle le peuple devait être appelé à voter par un oui ou par un non, et que le magistrat appuyait, chaque fois, par la production des titres et des témoins, était et demeurait affichée dans la place publique, durant les trois jours de marché, afin que le peuple en prît connaissance. Elle prenait, dès lors, le nom de « *pœnæ multæ ve irrogatio* », et, au troisième jour de marché, lecture faite de la formule, on passait à l'accusation proprement dite, « *quarta accusatio* », comme l'appelle Cicéron, et l'affaire se plaidait. Puis, le magistrat accusateur désignait un jour d'assemblée aux comices, pour leur communiquer la sentence susdite, promulguée par lui, et, ce jour-là, les comices s'assemblaient par centuries ou par tribus, suivant que la sentence portait une amende ou une peine capitale. Le magistrat pouvait aussi exiger de l'accusé caution de comparaître, sinon, qu'il fût mis en prison. Enfin, le jour du jugement arrivé, l'accusé était cité à comparaître devant le peuple assemblé qui, s'il était absent, prononçait ordinairement une condamnation conditionnelle. Dans le cas contraire, le magistrat faisait lire sa sentence au peuple par un scribe, en lui demandant s'il l'approuvait, en ces termes : « Citoyens, voulez-vous, ordonnez-vous que le feu et l'eau soient interdits à tel, pour avoir commis tel crime ? » Cette formule était solennelle et absolument nécessaire, et le peuple y répondait en allant aux suffrages. Le résultat était proclamé par le magistrat président, qui était souvent le même qui avait accusé, et l'exécution du jugement était, sans retard, poursuivie par ses soins.

§ III. — *Résumé.*

Nous pouvons maintenant porter en quelques lignes notre jugement sur cette époque primitive, et en fixer les principaux caractères, au point de vue qui nous occupe. Nous remarquerons d'abord que les deux principes fondamentaux sur lesquels s'appuie la législation criminelle des anciens peuples libres : la publicité des jugements et la participation qu'y ont tous les citoyens, soit comme accusateurs, soit comme juges, furent, à Rome, comme un produit naturel des vieilles mœurs nationales. La jurisprudence criminelle dut son développement surtout à la coutume, et nous avons vu que les lois valériennes et les XII tables furent les seuls monuments législatifs qui consacrèrent certains principes de droit criminel. Le reste du mouvement juridique, comme l'observe fort bien M. Laboulaye, dans l'ouvrage que nous avons cité plus haut, se fit par la jurisprudence, par les usages, par les précédents, comme au civil. Les crimes dénoncés par les particuliers ou portés d'office par les magistrats devant les juridictions compétentes, furent principalement

ceux qui, à l'exemple du péculat et de la lèse-majesté,
portaient une atteinte directe à la chose publique. Mais
l'opinion et l'instinct social y assimilèrent bientôt ceux
qui, dirigés contre les personnes, avaient un caractère
de gravité qui mettait en jeu l'intérêt de la société tout
entière. C'est ainsi, et sans citer d'autre exemple, que
nous voyons Horace comparaître devant la justice de la
cité pour le meurtre de sa sœur. L'accusation publique
était un attribut de la souveraineté populaire, et le magistrat lui-même puisait dans son autorité, la justice
n'étant alors qu'une branche de l'administration, le droit
d'initiative propre et d'action d'office en cette matière.
Mais ce système avait ses vices, que nous ne pouvons
nous dispenser de signaler en passant. Un autre principe fondamental de droit criminel, c'est que personne
n'était forcé d'accuser, et cela n'eût pas été en soi répré-
hensible, ni de nature à compromettre l'intérêt public,
si, comme nous, Rome avait paré à cet inconvénient par
l'institution d'une magistrature spéciale, obligée de
prendre en mains la cause commune par le titre même
de son office. Mais Rome ne connut pas de ministère
public, et, d'autre part, ses magistrats, investis sans
doute d'un droit d'action publique, restèrent cependant
toujours libres, comme souverains et indépendants, de
n'en pas user ou de n'en user qu'à leur gré. Il est vrai
que le droit de surveillance et d'intervention du sénat,
le rôle spécial confié aux tribuns par le peuple, qu'ils représentaient, et le pouvoir suprême d'évocation reconnu
à ce même peuple, en sa qualité de juge souverain, tout
cela était de nature à établir sur ce point une compensation peut-être suffisante, au sein d'une société encore
très-restreinte. Mais le vice n'en existait pas moins dans

la constitution romaine, et c'est surtout quant aux crimes secondaires et de moindre importance, dont la répression constitue pour ainsi dire le jeu normal et régulier de l'administration judiciaire, que l'inconvénient devait s'en faire sentir. Sans parler de l'absence complète, dans ce premier état du droit, de cette procédure préparatoire qui met l'accusateur et l'accusé en face l'un de l'autre, devant un magistrat chargé de la première instruction, qui est en même temps, dans tout procès, la plus importante, nous pouvons blâmer un système criminel où les peines étaient arbitraires et abandonnées aux conclusions de l'accusateur. Enfin, un autre vice, et non pas le moindre, fut celui qui résultait du pouvoir exorbitant laissé à l'accusateur de faire tomber toute la procédure, en quelque état qu'elle fût avant la sentence, par un désistement dont les motifs étaient toujours bons.

SECTION II. — DROIT CRIMINEL DES « *Quæstiones* ».

§ Ier. — *Organisation de la juridiction criminelle.*

La législation romaine, nous l'avons vu, sépara dès l'origine les offenses contre l'État des offenses contre l'individu. Mais, même parmi ces dernières, elle sut bientôt distinguer celles qui, par leur nature et leur gravité, atteignaient tous les citoyens dans un seul, et elle les punit comme attentats publics. Toutefois, remarquons-le, cette idée d'une offense contre le corps social ne produisit pas d'abord un véritable droit criminel. « Lorsque la société romaine, dit M. Sumner-Maine, au chapitre 10 de son ouvrage, où il établit avec sa méthode savante et profonde l'ancienne conception du crime, lorsque la société romaine comprit qu'elle était offensée, l'analogie de cette offense avec celle qui atteignait un individu fut poussée à ses dernières conséquences, et l'État se vengea par un acte personnel en quelque sorte contre l'offenseur, en dirigeant contre lui une loi spéciale ou « *privilegium.* » Par conséquent, toute accusation prenait la forme d'une condamnation, et le jugement d'un « *criminel* » était un procédé tout à fait extraordinaire, tout à fait irrégulier et indépendant de règles fixes ou de conditions définies. Par suite il n'y avait, à cette époque, ni loi contre les crimes, ni jurisprudence criminelle, parce que le tribunal qui jugeait était le souverain lui-même, et parce qu'il n'était pas possible de classer les actes prescrits ou défendus. La procédure ne différait pas de celle qu'on suivait pour faire une loi; elle était dirigée par les mêmes personnes et conduite dans les mêmes formes. Et, en effet, n'est-ce pas ce que nous venons de voir dans le jeu de la procédure criminelle de cette première époque? Quelle que soit la juridiction qui prononce, sa sentence est plutôt un acte législatif que judiciaire, et le juge crée plutôt la loi qu'il ne l'applique. C'est par une véritable loi que le criminel est condamné capitalement dans les comices par centuries, c'est par un plébiscite que les tribus le frappent d'une amende et par un sénatus-consulte que le sénat prononce contre lui. Telle fut la première conception du « *crimen* » ou crime public, dont, à ce titre, l'État attribua la connaissance à la juridiction éminemment populaire, ne voulant pas le laisser juger par un tribunal civil ou religieux. Quant aux attentats contre les personnes, qui ne sortiront point de leur sphère privée, et qu'on appela du nom de « *délits* », nous les voyons revêtir à Rome, comme ailleurs, le caractère de torts civils, dont nous avons fait le signe distinctif de cette partie du droit criminel, dans les législations naissantes. La loi des XII tables contient et consacre déjà la distinction formelle entre les deux espèces de crime, et Gaïus, dans ses commentaires sur cette loi, confirme pour les offenses privées la sanction pénale des compensations contractuelles, au sujet desquelles l'État n'intervient que comme intermédiaire entre les parties et garant de leurs obligations et de leurs droits. C'est là l'antique délit romain ou « *noxa* », dont les fragments des XII tables nous donnent trois exemples bien caractérisés dans le vol, le dommage contre les personnes ou les biens, et l'injure, et qui nous rappelle le vieux système germanique des compositions. C'est ici encore la prédominance de l'intérêt individuel sur l'intérêt social, dans la répression des délits; la peine se traduisant en une sorte de rançon, et l'action pénale s'éteignant par un simple pacte. « Lorsqu'elle est infligée à titre public, ajoute M. Ortolan, la peine apparaît soit avec la rigueur des supplices, le talion, le dévouement en sacrifice à Cérès ou à quelque autre divinité, le saut de la Roche Tarpéienne, le feu, le sac de cuir; soit avec la disproportion ou avec l'ignorance superstitieuse des incriminations, comme dans celle qui punit de mort les charmes magiques employés pour flétrir les récoltes ou pour les transporter d'un champ sur un autre. »

Dès une époque très-ancienne, avons-nous dit, le sénat et les comices, dans quelques circonstances et par suite de certaines considérations, avaient délégué leur juridiction criminelle à une commission ou « *quæstio* », présidée par le magistrat de leur choix. Les commissaires ou « *quæstores* » romains, nous le savons, ne se bornaient pas à faire un rapport au corps politique qui les avait institués, mais ils exerçaient tous les pouvoirs appartenant à ces assemblées, jusqu'à celui de porter leur sentence contre l'accusé. Nommées d'abord pour une affaire spéciale et après le crime qui leur donnait occasion, elles le furent parfois périodiquement et par avance, comme celles qui eurent à connaître des parricides et des meurtres, ainsi que de la lèse-majesté, dont nous avons vu les membres appelés « *quæstores parricidii* » ou « *duumviri perduellionis*. » M. Sumner-Maine y compare les commissions permanentes anglaises (*standing comittees*) et observe à ce sujet, avec raison, que ce fut là le premier pas fait vers une jurisprudence criminelle régulière, ces expressions générales « *parricidium* » et « *perduellio* » montrant bien qu'on arrive à quelque chose qui ressemble à une classification des crimes.

Mais, ce n'était là qu'un commencement, et le véritable droit criminel ne naquit qu'au début du vii° siècle. « *L'accroissement de la république*, dit Filangieri, tome I", chap. 16, *la multiplicité des délits, les inconvénients qui naissaient des convocations trop fréquentes des comices, et les dangers attachés à la réunion de la puissance législative et de la puissance exécutive, toutes ces causes obligèrent de modifier un système qu'on ne pouvait conserver tout entier sans favoriser l'impunité des crimes. On sentit la nécessité d'établir des tribunaux fixes, pour les affaires criminelles, comme on en avait créé pour les affaires civiles, et on leur donna le nom de* « *quæstiones perpetuæ* », *questions perpétuelles*. » Ce nouveau système, qui remplaçait l'incertain et l'arbitraire de l'époque précédente, détermina législativement, pour chaque crime qui fit l'objet d'une de ces questions, et d'une manière formelle et précise, le délit, la peine et la procédure. La délégation ou attribution de connaissance, qui constitue essentiellement la « *quæstio*, » porta le titre de perpétuelle, et ce titre s'étendit bientôt, avec l'expression consacrée et par figure de langage, au tribunal lui-même. « Mais, remarquons-le, ce tribunal, suivant la règle commune des magistratures romaines, dit encore M. Ortolan, fut seulement annuel, quant au personnel de sa composition, son organisation seule étant déterminée pour toujours. »

Ce fut en l'an de Rome 604, au témoignage de Cicéron, *in Bruto*, 27, que le tribun du peuple L. Pison établit, par une loi, la première question perpétuelle sur les concussions, ajoutant à son texte la disposition suivante : « Qu'un préteur spécial connaîtrait de ce crime, et qu'il aurait au-dessous de lui un magistrat inférieur nommé : « *Judex quæstionis*, » juge de la question. La formule légale d'attribution était la suivante : « *Prætori de ea re quæstio esto*, ou bien : « *Prætor qui ex hac re quæreret, facito ut, etc., etc.* » De pareilles lois furent ensuite faites sur le péculat, le crime de lèse-majesté et la brigue. Sylla, devenu dictateur, établit quatre nouvelles questions, et les lois « *Juliæ* » en accrurent le nombre pour la seconde fois. Il résulta aussi de cette organisation particulière une modification qui atteignit tout le système du partage de la juridiction prétorienne, cette vieille magistrature essentiellement judiciaire. Les anciens préteurs urbain et pérégrin ne joignant pas à leur compétence civile ces nouvelles attributions criminelles, elles furent déférées à ceux qui allaient gouverner les provinces en qualité de propréteurs, et qui durent rester à Rome, la première année de leur préture, pour exercer cette charge. Après l'année, on créa de nouveaux

préteurs à leur place, et ainsi de suite. Sous leur présidence, avons-nous dit, le juge de la question, magistrat
annuel comme eux, et des juges citoyens « *judices jurati*, » désignés par le sort, pour la cause, entre tous
ceux qui étaient inscrits sur l'album des juges choisis
chaque année par le préteur de la ville ou des étrangers, exerçaient le jugement et portaient la sentence.
Ces juges, plus ou moins nombreux suivant la loi de la
question, étaient agréés par l'accusateur et par l'accusé,
qui exerçaient à leur égard un large droit de récusation,
et, comme le peuple en ses comices, dans les jugements
populaires, n'avaient qu'à prononcer sur le fait, tandis
que le préteur appliquait au fait constaté par eux la loi,
dont il était le dépositaire immédiat. Nous ne pouvons
entrer dans les détails de l'organisation et du jeu régulier de cette magistrature inférieure, d'où est sorti notre
jury moderne, et qui occasionna la célèbre querelle des
ordres, si connue dans l'histoire des grandes luttes politiques de Rome. D'ailleurs, nous devrons en parler encore en exposant tantôt la procédure compliquée de cette
seconde époque. Mais, avant d'y arriver, il nous reste
une observation à faire qui trouve ici sa place toute naturelle. Montesquieu, au chapitre XVIII du livre XI de
son *Esprit des lois*, prétend que, à l'époque où les jugements étaient encore populaires, le peuple garda par
devers lui le jugement des crimes publics, intéressant
directement l'État, et ne délégua par une commission
particulière à un questeur, que la poursuite de ceux qui
avaient plutôt le caractère de crimes privés, ce qui prépara de loin l'importante réforme dont nous venons de
parler. Nous ne savons à quel temps se réfère ainsi l'illustre écrivain ; mais, en tout cas, nous ne saurions ad-

mettre sur ce point une affirmation aussi catégorique, quand nous voyons précisément entre les premiers exemples d'une telle délégation, offerts par l'histoire, celui de de la commission instituée par le Sénat à l'égard des conjurations clandestines, dans la fameuse affaire des Bacchanales. D'autres exemples, il est vrai, se rapportent, au témoignage de Tite-Live, 39, 38, à des faits d'empoisonnement et d'homicide, ce qui nous fait supposer que les comices et le Sénat ne prirent pas, pour règle de conduite en cette matière, le caractère public ou privé du crime, mais plutôt les circonstances ou encore des motifs d'ordre supérieur.

Enfin, il faut le remarquer, même après l'établissemen des questions perpétuelles, certains crimes demeurèrent en dehors de cette réglementation presque générale, dans l'arbitraire et l'incertitude du passé. Ils continuèrent à faire l'objet de procès résolus par les comices, par le sénat, ou par des délégations aux magistrats ou à des « *quæstores* » particuliers. Cela eut lieu, soit à cause de leur atrocité extraordinaire, soit parce qu'ils étaient d'une espèce sur laquelle la loi n'avait pas statué par une question qui leur fût propre et ordinaire. Ce fut là ce qu'on nomma la compétence exceptionnelle, dont veulent parler les textes romains, lorsqu'ils emploient les expressions de « *cognitiones extraordinariæ* », « *extra ordinem cognoscere* », en matière criminelle.

Mais, tout ceci ne concerne que Rome elle-même, et cependant le VIᵉ siècle avait vu s'accomplir le grand fait de la conquête des provinces. Quelle était la juridiction criminelle compétente hors de l'enceinte de la cité, et comment les provinciaux obtenaient-ils justice des crimes qui les atteignaient? Nous nous souvenons que le Sénat, chargé spécialement de l'administration provinciale, exerçait à l'égard de tous les pérégrins une juridiction suprême et arbitraire. Quand il ne connut pas lui-même des procès déférés à son jugement, il délégua des questeurs spéciaux qui furent le représenter au dehors et juger en son nom. C'est ainsi qu'il dut faire d'abord pour l'Italie; mais, avec leur droit de cité bientôt obtenu et grâce à leur peu d'éloignement de Rome, les Italiens durent être admis de bonne heure à entrer dans le jeu du système régulier des questions, soit qu'il s'agît pour eux de poursuivre une accusation ou d'y répondre, soit qu'ils fussent appelés, à titre de citoyens romains, à prendre part à l'administration de la justice. Quant aux alliés provinciaux, ils demeurèrent sous la haute surveillance du Sénat; mais cette surveillance, d'abord immédiate, dut bientôt, avec les progrès accomplis d'une décentralisation forcée, passer presque tout entière entre les mains des gouverneurs. La « *forma provinciæ* », espèce de charte administrative, dont l'initiative et la promulgation appartenaient au Sénat, et en vertu de laquelle les propréteurs allaient gouverner les provinces, mettait pour ainsi dire celles-ci dans la tutelle de ces magistrats. L'« *imperium* », dont se faisait investir le gouverneur, lui donnait tous les pouvoirs, entre autres la juridiction criminelle, qu'il devait être si important pour Rome de ne jamais abdiquer vis-à-vis de sujets à peine soumis. Il avait droit de vie et de mort sur les soldats romains et sur les provinciaux, et cela sans appel. Quant aux citoyens établis dans la province, son droit n'allait pas plus loin que de les emprisonner. Il pouvait juger par lui-même; mais, comme à Rome, l'usage était qu'il fît juger des juges, choisis pour chaque affaire et pris com-

munément dans la nation du défendeur ou de l'accusé.
« Faibles garanties de justice et d'impartialité, ajoute
M. Laboulaye, à l'excellent ouvrage duquel nous avons
souvent recours, paralysées par la situation du gouverneur tout-puissant, qui tenait les juges par la terreur,
pouvait évoquer l'affaire et la juger lui-même, ou rédiger la formule suivant laquelle le juge devait prononcer,
enfin avait l' « *in integrum restitutio* » pour annuler les
jugements qui lui déplaisaient et substituer sa sentence
à celle des juges provinciaux. » A propos des lois criminelles sur la responsabilité des magistrats, dont il a fait
l'objet spécial de son étude, le même écrivain nous offre
un exemple de cette sujétion des provinces qui, n'ayant
aucun droit civil ou politique, demeuraient sans défense
contre les rapines et les exactions des magistrats con-
cussionnaires. Cependant, comme la répression de ces
sortes de crimes intéressait plus particulièrement la
république, le Sénat écoutait parfois les plaintes qui lui
étaient adressées et nommait des commissions pour recevoir et juger les accusations dirigées contre ces magistrats. Tite-Live, au XLIII° livre de ses *Histoires*, nous
parle de procès faits par les Espagnols à leurs préteurs.
Mais, remarquons-le, ce sont là de simples procès civils,
qui se plaident devant cinq « *recuperatores* », juges essentiellement civils, nommés par le préteur pérégrin,
par l'intermédiaire d'un patron qu'on leur a permis de
choisir. La loi Calpurnia, que nous avons vu établir la
première des questions perpétuelles, précisément sur les
concussions, fut une loi sociale, dont les alliés bénéfi-
cièrent les premiers, en ce qu'ils purent désormais s'a-
dresser directement et en tout temps au tribunal institué,
par l'intermédiaire de patrons romains. C'était un pro-

grès dans le sens de la véritable équité; mais le caractère civil de la poursuite et de la peine n'en persista pas moins, et ce ne fut que plus tard, entre les années 648 et 654, qu'une loi Servilia, intervenant encore sur les concussions, introduisit ouvertement dans l'instance le caractère d'action criminelle, qui tendait de plus en plus à se substituer à l'ancienne forme purement civile.

Nous venons d'exposer tout ce qui touche à la compétence et à l'organisation de la juridiction criminelle des « quæstiones. » La forme spéciale que revêtirent les jugements de cette seconde époque leur fit donner, par les jurisconsultes romains, le nom de « judicia publica», que nous retrouvons encore au titre XVIII, liv. IV, des *Institutes* de Justinien. L'Empereur prend même le soin, au début de ce titre, de faire observer combien ces jugements diffèrent de tous les autres, autant par la manière de les introduire que par la manière de les poursuivre, et il achève de les caractériser en indiquant le double signe extérieur qui les fait reconnaître ; le droit pour chacun de les poursuivre par une accusation publique, et le fait d'avoir été pour ainsi dire consacrés par une loi spéciale. Le premier de ces deux caractères fut celui qui servit à les qualifier, et nous lisons, au § 1er du titre des Institutes précité : « *Publica autem dicta sunt, quod cuivis, ex populo executio eorum plerumque datur.* »

§ II. — *Procédure.*

Ceci posé, comment s'introduisait l'action dans les jugements publics, et quelles étaient les formes de procédure suivies par l'accusateur devant les commissions permanentes? Nous avons vu les préteurs institués pour

présider ces commissions. Le citoyen qui voulait en accuser un autre, le citait d'abord en justice, comme sur
une action civile : « *Subinde eum ad prætorem voco,* » dit
Sénèque, au liv. iv° des *Controverses;* puis, se retournant
vers le préteur qui connaissait du crime en question, il
se présentait à son tribunal et, admis à s'expliquer, il lui
demandait la permission de dénoncer le coupable. C'était
là la « *Postulatio* » à fin de dénonciation, qu'il ne faut
pas confondre avec celle-ci, qui ne venait qu'ensuite,
témoin ce que dit Cicéron, *in Cœlio* : « *Illud mihi occurrit,
quod inter postulationem et nominis delationem uxor a Dola-
bellâ discessit.* » Cette permission accordée par le préteur,
qui avait à examiner toutes les conditions légales de capacité de la part de l'accusateur, de qualité et de situation
de la part de l'accusé, la nature et les circonstances du
crime, et bon nombre d'autres détails de première importance ici, jour était donné aux parties pour comparaître de nouveau et passer au second acte de cette procédure préparatoire, qui était la dénonciation ou accusation. Remarquons-le, la demande préalable que nous
venons de voir adressée au magistrat par le futur accusateur, pouvait avoir lieu même en l'absence de l'accusé,
et Valère-Maxime, liv. iii, rapporte que Marc-Antoine
revint en hâte de Brindes, où il se trouvait, quand on de-
manda au préteur romain Cassius, la permission de l'accuser d'inceste, quoique, par le bénéfice de la loi Memmia,
qui défendait d'inscrire sur les registres, parmi les noms
des accusés, ceux des magistrats absents pour le service
de la République, il eût pu demeurer, au moins provisoirement, à l'abri de toute crainte. Remarquons encore que,
lorsque plusieurs se présentaient pour accuser, il y avait
lieu à une instance et à un jugement qu'on appelait

« *divinatio*; » parce que, d'après Aulu-Gelle, 2, 4, il s'agissait de deviner en quelque sorte celui qui resterait accusateur en titre. Les juges le choisissaient en connaissance de cause, c'est-à-dire après avoir discuté la personne des accusateurs, leur dignité, leur intérêt, leur âge, leur moralité, etc., etc..., V. Ulpien, loi 16 (liv. 2, *de officio consulis*), au titre 2, des accusations et inscriptions, liv. 48 du Digeste. Entre eux, celui qui restait accusateur et jouait le premier rôle, conservait le nom d'accusateur. Les autres prenaient celui de « *subscriptores*, » souscripteurs, et venaient en aide à l'accusation, l'appuyaient, comme le dit Asconius. Plutarque, sur Caton l'ancien, écrit aussi qu'il était de règle que l'accusé donnât à l'accusateur un « *custos*, » un surveillant de son accusation, et l'on voit Cicéron s'écrier, à propos du procès de Cécilius : « Donnez-moi pour surveillant à Tullius. »

Au jour indiqué, les parties revenaient devant le préteur. L'accusateur affirmait par serment qu'il n'accusait pas calomnieusement (v. Tite-Live, liv. 44), puis il déclarait le nom de l'accusé par la « *nominis delatio*, » qui se confondit de bonne heure avec la « *postulatio* » préalable. C'était, en somme, la désignation du crime et l'indication de la personne accusée faite au magistrat. Si l'accusé était présent, l'accusateur procédait à « l'*interrogatio*, » qui était, comme le dit un scoliaste, la dénonciation de l'accusation, la désignation de la loi en vertu de laquelle on poursuivait. Comme « l'*interrogatio in jure* » au civil, elle avait pour but d'établir la position des questions sur lesquelles devait rouler tout le procès. « Puisque cette dénonciation, dit Sigonius, est dans les jugements publics ce qu'est « l'*intentio litis* » au civil, il est vraisemblable que les formes observées doivent être les mêmes, en tenant compte toutefois de la différence de matière, et en tant que cette différence la comporte. » Voici, en effet, de quelle manière se faisait la dénonciation. Celui qui était cité et qui avait promis le « *vadimonium* (garantie de comparution), demandait à l'autre ce qu'il voulait, disant : » Me voici, je suis présent, tu l'es aussi ; que me veux-tu ? » — À quoi l'accusateur répondait : « Je t'accuse d'avoir enfreint telle ou telle loi. » (V. Tite-Live, au liv. 44, et Cicéron, dans les Verrines, faisant parler la Sicile tout entière contre Verrès, son préteur concussionnaire.) L'éloquent orateur nous offre un exemple de ces formules « d'*intentio* » criminelle, en matière de concussion, dans ce fameux procès. Les paroles en sont prononcées par lui-même, dans cette forme hardie et véhémente qui lui est si familière : « Je dis que, pendant ta préture, tu as spolié les Siciliens et violé la loi Cornélia, et, pour ce fait, je réclame de toi dix mille sesterces. » — Si l'accusé se taisait ou avouait, le procès lui était fait comme à un coupable convaincu, et il y avait estimation judiciaire, ou bien une peine était réclamée. S'il niait ou succombait dans ses arguments, l'accusateur demandait au préteur d'inscrire son nom parmi ceux des prévenus, la dénonciation était inscrite, et on demandait le temps d'instruire l'accusation. Celui qui faisait tout cela, on disait qu'il constituait en prévention, « *reum faciebat*, » et qu'il interrogeait de par la loi, « *legibus interrogabat*. » Après cette procédure interlocutoire, faite de vive voix, on en venait aux écritures, et le préteur dressait procès-verbal de l'action intentée, sur lequel, pour éviter toute altération, signaient l'accusateur et les souscripteurs. C'étaient là l'« *inscriptio* » et la « *subscriptio* »

Quant au procès-verbal en question, il était de la plus haute importance, car le procès s'engageait uniquement sur les questions qui y étaient posées et que l'on ne pouvait modifier après coup, de telle sorte que si le crime commis était autre que celui qu'on avait dénoncé, il y avait absolution forcée, quitte à l'accusateur à introduire une nouvelle accusation plus régulière. Le jurisconsulte Paul, dans la loi 3 du Digeste, liv. 48, tit. 2, des accusations et inscriptions, nous rappelle ces formalités indispensables, et il caractérise tout cela par l'expression technique de « *nomen rei, reum deferre.* » En même temps, l'accusateur remettait au préteur un libelle contenant ce qu'il avait déjà dit de vive voix, souscrit et par lequel il se soumettait à la peine du talion, s'il ne prouvait pas ses allégations. Cette pièce, non moins importante, demeurait annexée au procès-verbal et, par son moyen, on laissait consignée dans les actes publics du magistrat, l'accusation criminelle que l'on portait. Paul, à la même loi, nous a conservé intacte la forme solennelle dans laquelle était conçu et rédigé le libelle. La voici : « Consul et date. — Devant tel, préteur ou proconsul, Lucius Titius a déclaré qu'il déférait Mœvia, coupable en vertu du sénatus-consulte (loi Julia) sur les adultères (c'est une espèce faite par le jurisconsulte) ; qu'il disait qu'elle avait commis un adultère avec Gaïus Seius, dans telle ville, dans la maison de tel, dans tel mois, sous le consulat de tel et tel. Tous ces détails sont exigés, ajoute-t-il, comme prévus et prescrits par la loi Julia sur les jugements publics, généralement à tous les accusateurs ; mais, ils ne sont pas tenus de dire le jour et l'heure, s'il ne le veulent pas. » Et ainsi des autres circonstances du crime, qui devaient être énoncées dans la libelle, si on les ajoutait à l'accusation.

Paul parle de l'effet extinctif d'une seule omission, ou même d'une simple irrégularité dans l'observation de ces formalités. La procédure était anéantie, le nom de l'accusé effacé, et il fallait une nouvelle permission de l'accuser; à moins que les choses ne fussent encore entières (c'est-à-dire probablement jusqu'à la souscription et l'annexion au procès-verbal), auquel cas il était permis de le corriger. C'est pourquoi Modestin écrit: « Si celui qui veut accuser d'adultère s'est trompé dans son inscription, il peut la corriger, si le temps le lui permet, de peur qu'elle ne soit nulle et ne fasse tomber le procès (v. loi 35, fragment in fine, tit. 5, *ad legem Juliam, de adulteriis*, Modestin, liv. 8, Des règles.) Quand il y avait plusieurs accusateurs, ceux qui secondaient et surveillaient le poursuivant, souscrivaient avec lui le libelle, d'où leur nom de « *subscriptores*. » Le préteur avait un pouvoir souverain d'appréciation, au sujet de la demande qui lui était faite d'inscrire le nom du prévenu sur les tablettes; car, il y avait encore ici un examen préalable à faire. Certaines accusations, en effet, par suite de leur gravité et du caractère d'atrocité du crime, étaient extraordinairement reçues, comme celle de parricide et celle de violence. Par exemple, si vous accusiez d'un de ces crimes votre propre accusateur, votre accusation, bien que venue en dernier lieu, passait la première en jugement. Cette formalité de l'inscription de la part de la partie est ce qu'Ayrault entend sans doute par cette expression du vieux style parlementaire de France: « *Mettre son libelle à cour*. » Outre ce libelle d'inscription, on exigeait encore, dit Pothier, dans ses textes romains, une caution des accusateurs, et il rappelle la loi 7, § 1, d'Ulpien (au liv. 7, *De officio proconsulis*). Dig. 48, 2, qui s'exprime ainsi:

« Chacun des accusateurs garantissait la vérité de son accusation, et qu'il persévérerait jusqu'au jugement. » Et la loi 3, au Code, liv. 9, tit. 1er, *De his qui accusare non possunt*, rescrit de l'empereur Alexandre, dont voici le texte : « Que ceux qui accusent d'un crime public n'y soient admis qu'après l'inscription de leur accusation, et après avoir donné un répondant de leur persévérance. Si, après l'avoir donné, ils ne comparaissent pas pour en suivre l'instruction, après avoir été avertis, suivant l'édit, pour venir en cause, qu'ils sachent qu'ils seront non-seulement punis extraordinairement, au gré du juge (il y a ici une allusion au sénatus-consulte Turpillien), mais encore qu'ils seront condamnés à tous les frais et dépens, etc... » On le voit, cette caution interposée consiste dans un fidéjusseur, et si nous avons cité ici des textes qui se rapportent plutôt à la période impériale, dont nous ne connaissons pas encore le droit, c'est dans le but de montrer la persistance de ces formes, garanties consacrées de l'accusation et de la défense, et qui, à ce titre, purent se maintenir au milieu des nouveautés introduites par la procédure sommaire et expéditive de l'Empire.

Ces formalités remplies enfin, le préteur, quand il jugeait la demande régulière et fondée, nous l'avons dit, déclarait solennellement qu'il y avait accusation portée contre telle personne, ce qu'on entend dans les textes par « *nomen recipere.* » Dès lors, il y avait état d'accusation, et cette personne se trouvait « *in reatu* » ou, comme nous le disons, dans notre style criminel, en état de prévention. Cet état créait pour elle certaines incapacités, entre autres celle d'être revêtu d'aucune magistrature. En même temps, il fixait le jour de comparution devant le tribunal, d'ordinaire le dixième jour, quelque-

fois le trentième, ou même un jour plus éloigné, surtout quand il fallait recueillir les éléments d'accusation
de certains crimes, tels que ceux de concussion. Ainsi,
nous voyons Cicéron accusant Verrès d'extorsions, demander cent dix jours, pour aller en Sicile recueillir les
éléments de son accusation (v. Tacite, Annales, 13, 43).
Cette dernière observation nous amène à cette remarque importante, destinée à nous faire mieux connaître encore le fond du système criminel romain : c'est
que, l'État n'étant point encore, à cette époque, partie
dans le procès, comme ajourd'hui chez les modernes, ce
que la politique des empereurs, bien inspirée quant à ce,
tendit à modifier dans le sens d'une intervention directe
et formelle, c'était à l'accusateur privé à réunir tous les
éléments du procès et à préparer l'instance qui devait
avoir lieu devant les juges, « *in judicio.* » Seulement, il
avait plus d'une fois besoin, pour exercer certains actes
d'autorité, tels que perquisitions, sommations et autres,
et n'ayant aucun caractère public dans ce rôle et ces dé-
marches, d'une commission du préteur (*lex*), qui l'y ha-
bilitait. D'ailleurs l'accusé opposait à ce droit exorbitant
celui de suivre et de contrôler les recherches de son adversaire (v. Plutarque, vie de Caton d'Utique, chap. 33).
Les historiens nous parlent souvent de la manière dont
ceux qui étaient « *in reatu* » modifiaient leur costume et
tout leur extérieur, et des patrons ou défenseurs qu'ils se
cherchaient, en vue de leur défense prochaine. Ce sont
là des traits de mœurs sur lesquels nous n'avons pas à
insister.

Après cette procédure préliminaire et cette espèce
d'instance « *in jure* » devant le préteur, dont la « *nomi-
minis receptio* » était le dernier acte, s'engageait la pro-

cédure principale, devant les jurés « *in judicio*, » qui avait
pour objet et pour fin le jugement. Il n'entre pas dans
notre cadre, ni dans l'objet de notre travail, d'exposer
dans tous ses détails cette seconde phase de tout procès
criminel. Qu'il nous suffise de dire que, au jour indiqué
pour l'accusation, le héraut du préteur citait les juges,
l'accusé, l'accusateur et les défenseurs. Puis, on procédait au choix des membres du tribunal, que le préteur
renvoyait ordinairement au magistrat appelé le « *judex
quæstionis* » (juge de la question), et qui s'était occupé de
ce qui regardait la connaissance de la cause. Cette opération se faisait au moyen de la « *sortitio* » et de la « *sub-
sortitio*, » premier tirage au sort et tirage supplémen-
taire, ou de l' « *editio*, » proclamation d'office, selon
qu'il y avait été pourvu par les règlements mêmes de ces
diverses actions. Dans le premier cas et après le premier
tirage, les deux parties étaient admises à récuser ceux
qu'elles suspectaient d'injustice ou de malveillance, ce
qui donnait lieu au second tirage. Au second cas, on permettait à l'accusateur de choisir un certain nombre de
juges, et à l'accusé de récuser ou d'accepter ceux qu'il
voulait, jusqu'au nombre fixé par la loi. Cela fait, les
juges élus, cités et tenus de comparaître, sauf excuse légitime, prêtaient serment sur les lois et siégeaient. Les débats étaient ouverts : l'accusateur produisait ses preuves et
administrait ses témoins, qui prêtaient également serment
de dire la vérité et pouvaient être interrogés tant par lui
que par l'accusé ou ses défenseurs. La défense suivait
l'accusation, et, s'il n'y avait pas lieu à remise de la
cause, « *comperendinatio*, » que certaines lois sur jugements publics admettaient, auquel cas il était d'usage de
reprendre l'audience le surlendemain, la sentence venait

terminer le procès. Le préteur la prononçait, après avoir recueilli les suffrages des juges-jurés, qui déposaient leurs tablettes dans le scrutin, d'où elles étaient tirées et proclamées. La majorité des suffrages faisait loi et, en cas de partage, il y avait absolution.

Nous avons toujours supposé la présence des deux parties en cause. Sans nous étendre ici sur l'importante question de l'absence, que nous traiterons dans son temps et à sa place, avec celles qui se rattachent plus directement à notre sujet, disons seulement qu'elle était toujours obligée de la part de l'accusateur, dont la poursuite tombait, s'il ne se présentait pas, ou s'il désertait le procès avant le jugement. Suivant Ayrault, même à Rome, cette condition de la présence n'était pas indispensable, quant à l'accusateur, et les parties pouvaient convenir même tacitement de l'accusation par procureur. Quant à l'accusé absent, il n'était pas condamné avant la contestation en cause, mais il était annoté pour être recherché. De ce moment, qui devait être sans doute celui où la discussion préalable intervenait devant le magistrat qui recevait l'accusation, entre les parties présentes et selon les formes légales, l'absent, que ce fût l'accusateur ou l'accusé, était appelé trois fois par un crieur, pendant trois jours de marché, suivant Cujas, et condamné le troisième, s'il ne comparaissait pas, l'accusé à la peine du crime inscrit contre lui, pourvu qu'elle ne fût pas capitale (restriction qui en vint à être abandonnée), l'accusateur à celle de la calomnie, à moins que les raisons alléguées de l'absence ne fussent trouvées légitimes.

Nous avons un mot à dire de la procédure dans les accusations de concussion, portées à Rome contre les gouverneurs de provinces par ceux-là mêmes qu'ils oppri-

maient. Nous avons vu le caractère absolument civil
d'abord de ces procès en revendication, et comment la
loi Servilia, qu'on rencontre dans l'histoire de la fameuse
lutte du parti populaire et du parti aristocratique, pour
obtenir les jugements dans les questions, y introduisit
ouvertement le caractère criminel que l'instance cher-
chait à revêtir déjà auparavant. Dès lors, la « *nominis delatio*, l'accusation publique devant un « *prætor quæsitor*,»
ou devant un « *judex quæstionis*, » le préteur pérégrin
n'étant plus chargé que de dresser les listes, devinrent
l'objet principal du procès, et l'intérêt civil, la « *litis æstimatio* » furent repoussés au second plan et s'en distinguèrent complètement. Une particularité assez remarquable,
c'est que l'accusation, comme cette « *litis æstimatio*, » atteint ici tous les héritiers du concussionnaire, et jusqu'au
tiers détenteur de l'argent dérobé, disposition qui passa
dans la loi Cornélia, et, de là, dans loi Julia, « *repetundarum*, avec beaucoup d'autres. Enfin, la même loi Servilia accordait une prime à l'accusation, en déclarant citoyen romain le provincial qui faisait condamner un
magistrat prévaricateur.

§ III. — *Résumé.*

Il est temps de nous résumer et de présenter, dans
une vue d'ensemble, toutes les parties intégrantes du système complexe, mais parfaitement organisé, qui caractérise cette seconde période. A la différence de la première, qui ne connaît guère que la coutume, celle-ci nous
montre son droit criminel se formant et s'organisant par
la législation, tandis que le droit civil reste sous l'empire de la coutume. Par les phases successives d'un droit

qui se modifie et se renouvelle, on arrive à cette époque, digne de fixer les regards, où les commissions judiciaires « *quæstiones*, » au lieu d'être nommées par accident ou périodiquement, deviennent de véritables chambres permanentes; où la loi, au lieu de nommer les juges, décide qu'ils seront pris, à l'avenir, dans une classe déterminée et suivant des formes qu'elle prescrit; où enfin, certains actes sont définis, en termes généraux, comme crimes qui, s'ils sont commis, doivent être punis de certaines peines applicables à chaque espèce. On le voit, la révolution qui s'est faite a porté à la fois sur la juridiction et sur la pénalité! « Le jugement par commission contenait, dit M. Laboulaye, deux principes nouveaux : substitution d'une commission composée d'un petit nombre de membres aux assemblées populaires ; remplacement de la nation par des jurés. » Et il ajoute que ce second principe, qui créait sans qu'on l'eût voulu ou même compris, une puissance nouvelle, fut la source de la longue lutte des ordres qui attisa si longtemps les discordes civiles. L'établissement de commissions, dont chacune avait pour objet la connaissance et le jugement d'un crime spécial, divisa la juridiction criminelle, mais sans la morceler, et offrit à la liberté et à la justice des garanties que n'avait pas présentées le système des jugements par les corps politiques, en substituant à la multitude, toujours accessible à la passion et aux brigues, un nombre de juges bien plus limité. Dans les premiers temps surtout, où les quelques lois portées étaient loin d'avoir prévu tous les cas, quand il s'en présentait de nouveaux, on procédait par assimilation et on faisait rentrer l'espèce nouvelle dans quelqu'une de celles qui existaient déjà, ce qui explique le petit nombre de lois criminelles rendues depuis la lois des XII Tables jusqu'à l'époque des Gracques. Sylla, nous le savons, réagit violemment contre l'ordre de choses existant, et sa dictature, qui s'exerçait en faveur de l'aristocratie, porta la main sur tout ce qui n'était pas prérogatives de la noblesse. Ses lois judiciaires vinrent modifier en trois points cet ordre de choses : d'abord, par l'abrogation de la juridiction populaire, si absolue que tout recours au peuple fut aboli, soit par disposition expresse, soit, ce qui paraît plus probable, par suite des mesures qui avaient déjà fait perdre l'initiative aux comices. En second lieu, par l'établissement de nouvelles commissions permanentes, destinées à juger certains crimes contre les particuliers, tels que les faux, les meurtres. Enfin, par le privilége rendu aux seuls sénateurs d'y remplir le rôle de juges-jurés. Nous rappelons que, par suite de ces nouvelles mesures, le nombre des préteurs dut être augmenté et porté à huit ; qu'ils présidaient et dirigeaient les débats, comme nos présidents d'assises, mais sans prendre part au jugement, et que, en cas d'empêchement, ils déléguaient, pour les remplacer, le « *judex quæstionis.* » Pompée rétablit, en ce qui concernait la responsabilité des magistrats, la juridiction populaire des comices-tribus, et une loi Aurelia, sur les jugements, partagea de nouveau la puissance judiciaire, portant sur tous les crimes, entre le sénat, les chevaliers et les tribuns du trésor. Mais César, devenu dictateur et voulant s'appuyer sur les deux premières classes bien plus que sur le peuple, dont il s'était fait un marchepied pour arriver au pouvoir, supprima sur les listes la dernière catégorie de juges. Après lui, Antoine la rétablit au profit de ses créatures, gens de toute condition, et, au mépris de toutes les règles de la législation criminelle, vint bouleverser toute la jurisprudence et affaiblir le pouvoir judiciaire des commissions, en accordant l'appel au peuple aux condamnés sur crimes de violence ou de lèse-majesté.

Une chose qu'il est nécessaire de remarquer, c'est que les commissions permanentes, tant qu'elles durèrent, furent considérées par les Romains comme dépositaires d'un pouvoir délégué, la connaissance des crimes demeurant, pour eux, comme un attribut naturel de la législature. « Cette manière de considérer les « *quæstiones*, » même lorsqu'elles devinrent permanentes, dit M. Sumner Maine, eut quelques conséquences juridiques importantes, dont l'empreinte se trouve dans le droit criminel, même dans sa dernière période. Il en résulta, en ce qui nous touche, que les comices continuèrent à exercer la juridiction criminelle par des décrets pénaux, et en infligeant des peines, longtemps après que les « *quæstiones* » eurent été établies, et que ces deux pouvoirs judiciaires s'exercèrent côte à côte, et jusqu'à la fin de la République, chaque fois que l'indignation populaire fut surexcitée, on appela constamm... t celui qui en était l'objet devant l'assemblée des tribus. » C'est ainsi que nous voyons Cicéron lui-même accusé devant le peuple, dans ce procès, qui fut plutôt une loi d'exil, que fit rendre Clodius contre l'illustre Romain. Pour ce qui touche à la procédure et à l'accusation devant les commissions, cette seconde époque profita du développement et de l'application nouvelle des principes suivis dans les procès portés devant les comices ou devant les commissions spéciales nommées par le peuple ou le sénat. La publicité et la défense orale y sont de règle, et un changement capital se fait dans le droit d'accusation. Le citoyen s'y porte accusateur lui-même et

sans le secours d'aucun intermédiaire, tradition inaugurée
d'ailleurs devant les commissions spéciales antérieures,
mais avec cette différence que l'accusateur prend ici le
premier rang, appartenant au « *quæstor* » dans les commissions spéciales. C'est alors que ce dernier, d'instructeur
et juge qu'il était d'abord, devient simple président et
simple organe du jury. L'instruction tout entière devient
plus que jamais chose d'intérêt privé, dont l'accusateur
se charge seul, à ses risques et périls, et nous trouvons,
dans Ayrault, cette définition de l'accusateur, qui caractérise bien tout son rôle en quelques mots : « *Accusat qui,
in judiciis publicis, alium, suo nomine, reprehendit, arguit.* »
Ainsi, il désigne l'accusé, la loi en vertu de laquelle il
l'accuse, les faits qu'il lui impute, prêtant serment que
son accusation n'est pas calomnieuse, et donnant caution
d'aller jusqu'au bout. Il devient partie dans la cause,
obligé de faire la preuve. « C'est une large organisation
du système accusatoire, « conclut M. Ortolan. Le jury
ne peut que prononcer suivant la loi invoquée, sans que
la peine édictée par cette loi puisse être modifiée. Le
VIIe siècle, en introduisant le système ordinaire des questions, fit des accusations privées la règle générale, et de
celles qu'introduisaient, comme autrefois, les magistrats,
des exceptions bien rares. Mais, en même temps, et
quoique alors le rôle d'accusateur fût encore le plus beau
privilège du citoyen, privilège exercé dans l'intérêt de la
chose publique, la loi introduit des garanties efficaces
contre les accusations téméraires, au moyen de l'inscription qui emporte, nous venons de le dire, le serment de
calomnie et la promesse cautionnée d'aller jusqu'au bout
dans la poursuite, sous peine d'encourir l'infamie, une
forte amende et la peine du talion, si la calomnie est ma-

nifeste. Le droit d'accusation devenu la règle pour les citoyens, certaines personnes, telles que les infâmes, et
notamment les calomniateurs et prévaricateurs, en sont
seules exclues comme indignes, sans compter celles dont
l'incapacité a son fondement dans le sexe, l'âge ou la
condition. Enfin, les crimes qui sont l'objet de ces jugements sont les méfaits commis contre l'État, ou directement, ou dans la personne de ses magistrats et de ses
corps politiques, et ceux qui, n'atteignant que les particuliers, leur sont néamoins assimilés par le peuple romain,
qui croit devoir les punir d'une peine spéciale et rigoureuse, dans une instance établie par une loi positive
et particulière à chaque espèce. Et, remarquons-le, c'est
le caractère particulier que fait revêtir à l'instance cette
sorte de consécration par une loi spéciale, et non pas la
nature du crime ou le droit général d'accusation, qui
imprime au jugement son cachet propre et lui vaut sa
qualification solennelle.

Tel fut le système romain des jugements publics, système qui introduisit dans la législation criminelle l'ordre
méthodique de la procédure, le principe si nécessaire des
pénalités légales et déterminées, et les garanties non
moins nécessaires à la défense contre un si large droit
d'accusation. Ce système n'était pas parfait, et parmi les
inconvénients qu'il offrait, il faut mettre en première
ligne ceux qui consistent dans la multiplicité des tribunaux et dans la classification capricieuse, irrégulière, qui
caractérisa d'ailleurs le droit pénal de Rome pendant
toute son histoire. Mais, tel qu'il est, il marqua la plus
belle époque de la législation criminelle, et il ne fallut
rien moins que le renversement consommé de l'édifice de
la liberté civile, dont il était le plus ferme appui, pour le

faire tomber avec elle devant le despotisme des premiers
Césars.

SECTION III. — Droit criminel de l'empire.

§ 1er. — Organisation de la juridiction criminelle.

L'avénement de l'Empire ne marque pas, dans l'histoire du droit criminel romain, la naissance du nouveau
système qui constitue la troisième période de ce droit.
Les commissions permanentes, en effet, survécurent au
régime républicain, avec l'esprit duquel elles s'alliaient
si bien, et les premiers empereurs, suivant le style énergique de Filangieri, liv. 1, chap. 16, « se virent forcés de
respecter cet antique boulevard de la sûreté publique, et
d'attendre le moment où les Romains, fatigués de la lutte
perpétuelle de l'ambition contre la liberté, devaient
chercher le repos dans une lâche patience et dans la
stupide léthargie de la servitude! » Auguste, loin de porter atteinte à l'organisation judiciaire dont les *quæstiones*
étaient la base, acheva cette organisation en ajoutant les
dernières, et, depuis lors, on peut dire que les Romains
eurent un droit criminel passablement complet. Mais,
remarquons-le tout de suite, quoique le système des commissions, en s'élargissant et en se perfectionnant, eût eu
pour effet immédiat d'opérer une importante amélioration
dans la jurisprudence criminelle, par la conversion de ce
que nous avons appelé les torts en crimes, néanmoins cette
amélioration ne fut que lentement progressive, et nous
voyons que, même après qu'Auguste eut complété ses
lois, on continua à considérer comme torts plusieurs offenses que les sociétés modernes considèrent comme des

crimes. Ce ne fut que plus tard, à une époque incertaine, que ces offenses furent punies par une société qui,
sous l'empire du sentiment croissant de sa majesté, ré-
pugna de voir ces actes n'entraîner pour leur auteur que
le paiement de simples dommages-intérêts. Aussi, à côté
de l'action civile en indemnité, semble s'être introduite
pour la personne offensée la faculté de les poursuivre
comme crimes « *extra ordinem*, » c'est-à-dire par une
forme de procédure qui s'écartait, à quelques égards, de
la procédure ordinaire. Dès lors, les lois commencèrent
à mentionner de nouvelles catégories d'offenses, que le
Digeste appelle « *crimina extraordinaria.* »Auguste, tout en
maintenant l'ordre de choses existant, voulut le mettre
en harmonie avec le nouveau régime qu'il inaugurait,
et, poursuivant avant tout la pacification des longues
luttes politiques qui avaient eu leur contre-coup fatal jusque dans la sphère criminelle, touchant par tant de points
au droit public, il fit entrer dans ce plan de pacification
générale les nouvelles mesures législatives propres à produire ce résultat dans la matière qui nous occupe. Le
Digeste nous a conservé quelques dispositions de la loi
judiciaire, dite loi Julia : « *Judiciorum publicorum et pri-
vatorum,* » qu'il fit porter, et dans lesquelles nous retrouvons la pensée qui le guida. A la seule lecture de cet acte
législatif remarquable, il paraît évident que, en promul-
guant cette loi, l'empereur eut pour but d'empêcher et de
restreindre les accusations, qui entretenaient l'esprit public dans un mouvement et une agitation incompatibles
avec le nouvel ordre de choses. C'est ainsi qu'au début
de la loi 3, au titre des accusations et inscriptions, Paul
nous rappelle, à propos de l'accusation d'adultère, quelles
déclarations précises de temps, de lieu, de personnes,

étaient exigées, à cette époque, de la part de celui qui dressait un libelle accusatoire; c'est ainsi encore qu'il devint défendu d'intenter à la fois deux accusations différentes, à moins que l'injure ne fût personnelle à l'accusateur, ce que nous lisons dans la loi 12, § 2, au même titre, et que le même Paul, dans la loi 14, *ibidem*, nous rapporte la décision du sénat défendant d'accuser un individu, en vertu de plusieurs lois et par devant plusieurs commissions, à l'occasion du même crime, à moins qu'on ne prouvât que, lors du premier procès, il y avait eu connivence entre les parties. (V. aussi la loi 3, *de prævaricatione*, Dig. liv. 47, tit. 15.) Enfin, la preuve fut aussi rendue plus difficile et plus sérieuse (V. l. 9. Dig. 38, 10, et loi 4, Dig. 22, 5.)

L'accusation fut donc rendue plus difficile, et, avec le temps, son caractère changea complètement. Ce privilége si cher au citoyen, ce droit ouvert à tous et qui était un moyen de contrôle pour assurer la liberté de chacun, devint une espèce de fonction publique, exercée, il est vrai, quelque temps encore par des particuliers, mais dans l'intérêt seul de l'État. Aussi, la mort de l'accusateur ne fera-t-elle plus, comme sous la République, tomber l'accusation introduite, mais il deviendra permis de subroger un nouvel accusateur aux droits de l'ancien. (V. l. 13, *de publicis judiciis*, Dig. 48, 1.) La loi 3 de Paul, au Dig., sur les accusations et inscriptions, semble opposée à cette dernière, dans son § 4, où le jurisconsulte applique les anciens principes, d'après lesquels, dans ce cas spécial ou dans tout autre où l'accusateur était empêché de poursuivre, l'accusé obtenait, sur sa demande, mainlevée d'accusation, quitte à un autre à le renouveler dans les formes et après les délais. Mais nous croyons

que cette antinomie n'est qu'apparente, en nous fondant
sur cette double observation que, d'abord, le texte de Paul
prévoit une époque antérieure, puisqu'il invoque la loi
Julia, *de vi*, époque où le président de la province ne devait pas encore avoir le pouvoir exorbitant de subrogation, et que, en second lieu, en supposant même que les
deux textes se rapportent aux mêmes temps, il n'y a rien
de forcé dans la supposition de la coexistence de ces
deux manières de faire, la subrogation étant une exception de la règle générale persistante, que la mort de l'accusateur fait tomber l'accusation. Ce qui nous confirme
dans cette décision, ce sont précisément les expressions
de Papinien, dans cette loi 13, au début : le président
de la province nous y est présenté comme juge, « *judicante
præside provinciæ,* » de l'opportunité de cette subrogation.
Enfin, comme couronnement de toutes ces mesures rigoureuses, la loi Julia « *ambitus* » vint punir l'accusateur ou l'accusé qui visitait le juge, comme coupable de
crime d'ambition. Maintenant il peut paraître étrange,
au premier abord, que ces règles, qui paraissent inspirées par la sagesse et l'équité, soient établies à ce moment
de l'histoire du droit criminel de Rome où les germes de
décadence s'accentuent et se développent. Mais, après
un instant de réflexion, on comprend que les mœurs
austères et le patriotisme des premiers temps fussent
libres de ces entraves, et n'appelassent pas ces nouveautés, que tant de désordres, tant de troubles, tant de corruption, réclamaient énergiquement, et que l'Empire cen-
tralisateur se devait à lui-même d'introduire et d'imposer.
Seulement, de pareils moyens de réforme ne pouvaient
s'accorder avec des mœurs toutes nouvelles et si différentes de celles que la République elle-même n'avait pu

maintenir jusqu'au bout, et les remèdes dont on attendait tant de bien eurent un résultat auquel, sans doute, on était loin d'avoir songé. « Par une conséquence naturelle de cette révolution de la législation, dit M. Laboulaye, le rôle d'accusateur descendit des hauteurs où l'avait placé l'opinion, et, sauf les misérables qui, sous les Empereurs, firent de la délation un infâme métier, on n'accusa plus que lorsqu'on eut un intérêt personnel à faire punir les crimes dont on avait souffert. »

Auguste, nous l'avons vu, consolida le droit criminel romain et consacra par de nouvelles lois, portées sous son patronage, le vieux système des « *quæstiones*. » Les Empereurs n'abolirent pas immédiatement ces commissions judiciaires, mais ils arrivèrent à les faire tomber en les battant en brèche et en annihilant leur rôle, à la longue, par des moyens détournés. Tibère, au témoignage de Tacite, dans ses *Annales*, livre 1er, leur porta le premier et le plus terrible coup, en transférant les comices dans le sénat, avec les autres droits de la souveraineté populaire. Ce grand corps politique, dont le rôle avait été si beau jusque-là, devenu l'instrument docile des volontés du maître, acquit le droit de connaître des crimes de majesté au premier chef, que le peuple s'était réservés, même après l'établissement des questions perpétuelles, et de ceux dont il avait gardé la connaissance extraordinaire ou dont il avait délégué le jugement à des questeurs spéciaux. Il fut également compétent quant à ceux qui étaient quelquefois portés sur appel dans les comices, après le jugement du tribunal qui en avait connu. Si cette nouveauté funeste n'avait pas marqué l'époque de la dernière servitude, il semble qu'elle aurait eu du moins ce mérite, à nos yeux, de procurer

pour la première fois l'application, à Rome, du principe
de la distinction moderne entre les pouvoirs et leurs
attributions, la juridiction criminelle cessant d'appartenir à la législature. Mais, d'ailleurs, cette application
n'en aurait été ni entière ni soutenue; car, d'un côté, le
prince avait réclamé, dès l'origine, une large part dans
cette haute juridiction, et, de l'autre, le droit qu'il exerça
en cette matière et qui ne fut d'abord qu'un droit exceptionnel d'évocation, grandit constamment, à mesure que
s'effaçait le souvenir des vieilles libertés républicaines,
et finit par absorber complètement celui des anciens
tribunaux et du sénat lui-même. Montesquieu (Esp. des
lois, livre VI, chap. 5) a fait en quelques lignes la sombre
peinture des résultats d'une aussi funeste centralisation.
« Quelques empereurs romains, s'écrie-t-il, eurent la fu-
reur de juger : nuls règnes n'étonnèrent plus l'univers
par leurs injustices. Claude, d'après Tacite, ayant attiré
à lui le jugement des affaires et les fonctions des magistrats, donna occasion à toutes sortes de rapines. Aussi
Néron, continue-t-il, parvenant à l'empire après Claude,
voulant se concilier les esprits, déclara-t-il qu'il se gar-
derait bien d'être le juge de toutes les affaires, pour que
les accusateurs et les accusés, dans les murs d'un palais,
ne fussent pas exposés à l'inique pouvoir de quelques
affranchis. » Peu à peu, la fonction de juger et de punir
les crimes fut attribuée aux magistrats créés par la volonté de l'empereur, et qui exerçaient la juridiction qu'il
leur avait déléguée. De son côté, le sénat perdit ses attributions, dont hérita le conseil privé impérial, qui devint
aussi la cour d'appel suprême en matière criminelle, et
sous ces influences, dit M. Sumner-Maine, se forma in-
sensiblement la doctrine familière aux modernes, que le

souverain est la source de toute justice et le dépositaire
de toute grâce. Du jour où cette révolution eut passé dans
les mœurs romaines, l'existence des commissions n'eut
plus de raison d'être, et leur disparition complète ne fut
plus qu'une affaire de temps. La « *quæstio* », après le renversement de la république, avait pris le nom de « *merum
imperium* », ce qui signifie : haute juridiction. Or, l' « *imperium* » général dont étaient revêtus les magistrats supérieurs renfermait précisément ce pouvoir de juridiction
en matières capitales, dont le symbole était le glaive représentant la puissance publique, prête à punir tout
attentat à l'ordre public. Aussi, n'eurent-ils recours à
aucun expédient de droit pour l'exercer par eux-mêmes
et attirer tout à fait à eux les anciens jugements publics.
A Rome, ce fut le préfet de la ville qui entra dans la plus
grande partie des fonctions des préteurs ou des questeurs,
relativement à la plupart des crimes extraordinaires
commis dans la cité ou dans un rayon de cent milles
autour d'elle (v. Ulpien, liv. 1er, ff. *de officio præfect.
urb.*). Sa compétence s'étendit à mesure que son rôle
grandissait, et bientôt il exerça une véritable juridiction
criminelle, que le préfet des veilles partagea en ce qui
concernait spécialement les méfaits des gens sans aveu,
esclaves, voleurs, vagabonds, etc. Dans les provinces,
que l'on distingua d'abord en provinces du peuple et
provinces de l'empereur, les proconsuls pour les premières,
et les préfets pour les secondes, furent la suprême autorité judiciaire, centralisant en leur personne tous les
pouvoirs et ayant une compétence absolue, sauf les rares
cas d'appel admis devant le conseil du prince, haute
cour de justice criminelle, présidée par l'empereur lui-

même d'abord, puis par le préfet du prétoire qui, de
simple commandant militaire, devint à la longue le premier personnage de l'empire après César. Quand toutes
les provinces devinrent provinces de l'empereur, les préfets, ses représentants directs, demeurèrent seuls investis
de leur gouvernement et prirent le titre de gouverneurs.
Tous ces magistrats exerçaient leur juridiction assistés
d'assesseurs, conseillers judiciaires qui expédiaient les
préliminaires et formalités des procès ou des actes de
juridiction gracieuse. La justice municipale, dans les
villes organisées en municipes, se trouvait au-dessous
du gouverneur, et formait le premier degré d'instance.
Sa compétence, très-étendue à l'origine, fut limitée, à
l'époque des jurisconsultes classiques, par une suite naturelle sans doute du système toujours progressif de centralisation politique. De ce moment, elle ne jugea plus
que les délits d'esclaves, et, quant aux délits des citoyens
libres, elle n'eut plus que le droit de prononcer de faibles
peines.

L'appel était porté, nous venons de le dire, du tribunal
inférieur des magistrats municipaux qu'on appelait
duumvirs, à celui du gouverneur de la province. Au-
dessus de la juridiction criminelle du gouverneur se
trouvait celle du conseil impérial, dont nous venons de
parler, et que présidait le préfet du prétoire. Ce magistrat suprême avait la haute main sur les jugements et
les accusations. (V. loi 40, au Code, *de decurionibus*.)
C'était à lui que les présidents des provinces renvoyaient
les accusés, quand une répression plus forte était nécessaire. Il avait au plus haut degré le « *merum imperium* »,
et jusqu'au droit de déporter. D'abord, on put en appe-

ler de ses jugements, en dernier ressort, à l'empereur ;
mais, bientôt, ce recours ne fut plus permis, et il devint
véritablement souverain au criminel.

Lorsque Constantin eut partagé l'empire en quatre
grandes préfectures prétoriennes, divisées chacune en
plusieurs diocèses, lesquels comprenaient, à leur tour,
plusieurs provinces, de nouvelles magistratures et un
système de juridictions plus compliqué sortirent de ce
remaniement général. A la tête de chaque préfecture fut
placé un préfet du prétoire ; dans les diocèses, l'empereur
envoyait, pour représenter les préfets, des magistrats
nommés « *vicarii* », vicaires ; enfin, chaque province
était confiée à un président qui portait le titre ou de proconsul ou de recteur. A Constantinople, la nouvelle Rome
fondée par Constantin, et devenue, à la place de la vieille
cité latine, la capitale de l'empire, les officiers supérieurs,
suivant la nature du délit, étaient compétents au criminel. C'est ainsi que nous voyons, sous Justinien, un
questeur chargé d'informer contre les vagabonds, les
mendiants et pareilles gens, et un préteur plébeien avec
juridiction et pouvoir criminel pour la répression des
mœurs corrompues du peuple. Dans les provinces, c'é-
taient, par ordre hiérarchique, le recteur, le vicaire et le
préfet du prétoire provincial.

A la même époque et à peine sortie des Catacombes,
où elle était née et où elle avait grandi, apparaissait aux
yeux étonnés du monde, assise sur le trône des Césars,
une puissance, rivale de leur puissance et qui devait
bientôt dominer la pourpre impériale de toute la hauteur
de ses divines destinées. L'Église, qui fut dès le principe
une société compacte et parfaitement organisée, eut,
comme telle, ses règles, ses lois, sa juridiction. Sans

songer à faire rentrer dans notre cadre, déjà si vaste,
l'étude du droit canonique, en ce qui touche à la matière
qui nous occupe, il nous sera donné d'en exposer les
principes les plus remarquables à l'époque où, l'ère moderne s'ouvrant pour notre histoire, l'Église eut à jouer,
vis-à-vis le la vieille société française en voie de formation, le grand rôle de civilisatrice qui avait été déjà le
sien, soit dans les derniers jours de l'Empire, soit vis-à-
vis des Barbares envahisseurs ou au milieu de l'anarchie
profonde de l'âge féodal.

§ II. — *Procédure.*

Passons à l'accusation et à la procédure en usage devant les nouvelles juridictions impériales. Les plus
importantes, avons-nous dit, furent celle du préfet de la
ville, et, dans les provinces, celle des présidents, toutes
les deux juridictions ordinaires au criminel. Ce pouvoir
de « *jus dicere* », suivant l'expression technique latine,
et qui comprenait aussi bien la sphère criminelle que la
sphère civile, est expressément reconnu au premier par
Pomponius, au § 33 de la loi 2, tit. II, liv. Iᵉʳ, au Dig.,
de l'origine du droit et des magistratures. Quant aux
présidents des provinces, leur rôle de juges est marqué
à chaque pas dans le Digeste et le Code, surtout au titre
des accusations et inscriptions. Nous ne citerons que
quelques textes, car leur simple énumération serait déjà
trop longue. Au titre Iᵉʳ du liv. XLVIII du Dig., sur les
jugements publics, la loi 13 de Papinien, déjà citée, nous
montre le président de la province pouvant permettre à
un tiers de poursuivre l'accusation introduite devant lui
par un accusateur défunt. La loi suivante, du même,

suppose une accusation d'empoisonnement portée par un beau-père contre les esclaves de son gendre et déclarée calomnieuse par le même président. Au titre des accusations et inscriptions, c'est la loi 6 d'Ulpien (au livre II, *De officio proconsulis*) qui nous apprend que le proconsul juge et punit *de plano* les crimes moins graves. C'est la loi 7, du même, § 2, où le président ne doit pas souffrir qu'on accuse de nouveau du même crime l'accusé absous, et § 5, où Antonin le pieux lui ordonne de renvoyer, après l'avoir jugé pour un crime moins odieux, le sacrilége à son collègue de la province où le sacrilége a été commis. C'est encore la loi 18, de Modestin, dans laquelle le président de province a dû prononcer la péremption d'une instance criminelle de faux, pour défaut de poursuite dans les délais par lui fixés. C'est enfin la loi 22, de Papinien (au liv. 16, de ses réponses), qui établit la compétence du tribunal de la province où le crime a été commis, quand l'accusé appartient à une autre. Tout le titre III roule sur les pouvoirs discrétionnaires du président de la province, en ce qui concerne la garde et l'exhibition des accusés. Si nous passons au Code, liv. IX. tit. I, de ceux qui ne peuvent pas accuser, nous trouvons également consacrée la juridiction criminelle du président de la province. Par exemple, dans le rescrit 4, de l'empereur Alexandre à Dionysius : « Si votre femme, y est-il dit, désire venger le meurtre de son cousin, qu'elle s'adresse au président de la province. » — Dans le rescrit de l'empereur Gordien à Buccatrahius : « Si vous êtes dans l'intention de poursuivre la vengeance d'un crime commis contre vous ou vos proches, prenez préalablement des inscriptions solennelles, afin que le président de la province puisse connaître de votre accu-

Fabre.   7

sation. » — Dans le rescrit 14, des empereurs Dioclétien et Maximien à Elia : « Si la piété et l'amour maternel ne vous retiennent pas, vous pouvez accuser votre fils par-devant le président de la province d'avoir, etc., etc. » Au titre II, des accusations et incriptions, les textes ne manquent pas non plus. Citons, entre autres, le rescrit 6 de Gordien à Avidien, qui nous parle en même temps du renvoi pour appel devant le préfet du prétoire d'un absent condamné aux métaux à son insu et injustement par le président de la province. Et le suivant, du même à Proculus, fort important à un autre point de vue, parce qu'il nous offre un exemple de la procédure dite inquisitoire, qui s'était introduite à côté de la procédure par accusation et devait finir par la supplanter, comme nous le verrons bientôt. Et enfin un extrait, qui porte le n° 8 et est tiré des lettres impériales des empereurs Dioclétien et Maximien, où se montrent ces deux manières d'accuser alors en usage, ce que nous allons également expliquer, et la nécessité de porter l'accusation par-devant le président de la province.

Au milieu de tous les changements successifs qui étaient venus modifier ainsi le système d'organisation judiciaire, quant aux juridictions, le vieux droit public d'accusation s'était maintenu entre les mains des citoyens, et, comme pour en confirmer encore la pratique, plusieurs constitutions impériales vinrent le confirmer d'une façon expresse. Telle fut la constitution de Constantin, sur les adultères, au code Théodosien, liv. XI, *ad legem Juliam de adulteriis*, où nous lisons expressément ceci : « *Crimen inter publica quorum delatio in commune omnibus conceditur*, » et le titre des accusations et inscriptions, au Dig. et au Code, nous montre ce droit exercé et réglementé

soit avant, soit après, cet Empereur. Ainsi, une constitution des empereurs Honorius et Théodose, de l'an 423,
rappelle les formalités solennelles que l'accusateur doit
encore remplir, quand il se présente en justice, et,
quoique Justinien, à la fin de ses Institutes, semble évoquer des souvenirs perdus, quand il dit : « On les appelle
(ces jugements) publics, parce que tout citoyen peut les
poursuivre, » il est permis de croire que le principe n'en
subsista pas moins jusqu'au bout, quoique à l'état de
lettre morte, et que la procédure accusatoire ne tomba
pas complètement devant celle qui la remplaça. Mais la
législation impériale eut sur ce point deux tendances différentes qu'il faut noter ici, et dont nous n'avons montré
que la première, à propos du nouvel esprit de cette législation. Celle-ci fut, avons-nous dit, la tendance toujours
plus marquée de restreindre l'exercice du droit d'accusation, lorsqu'il s'agissait du seul intérêt des particuliers,
et nous avons cité à l'appui des textes formels qui ne
laissent place à aucun doute sur ce point. La seconde,
au contraire, qui s'accentue avec le temps, d'une façon
non moins formelle, consista à étendre cet exercice,
toutes les fois que l'intérêt du prince fut en jeu. Dans ces
cas, non-seulement toutes les entraves nées de la loi Julia,
sur les jugements publics, tombaient devant l'accusation,
mais tous les moyens étaient bons pour la favoriser, et la
loi Julia, sur la lèse-majesté, devenait une odieuse et
perpétuelle exception à toutes les règles du droit. « *Ma-
jestatis crimen excipimus*, » lisons-nous dans les textes, et
les constitutions des empereurs, sur ce sujet, renouvellent et confirment cette triste jurisprudence. Aussi, ce
système ne tarda-t-il pas à produire les plus effroyables
désordres, et, selon les expressions même de Montesquieu

Esp. des lois, liv. 6, ch. 8, on vit paraître un genre
d'hommes funestes, une troupe de délateurs. « Quiconque,
ajoute l'illustre écrivain, avait bien des vices et bien des
talents, une âme bien basse et un esprit ambitieux, cher-
chait un criminel, dont la condamnation pût plaire au
prince : C'était la voie pour aller aux honneurs et à la
fortune... » Il faut lire Tacite, au liv. 40, ch. 30, de ses
Annales, pour se rendre compte des maux sans nombre
causés par cette lèpre hideuse, qui envahit tout à coup la
société romaine. C'est cette lecture qui a sans doute ar-
raché à un vieux jurisconsulte de notre France, Pierre
Œrodius, ces accents de profonde indignation : « Vivre
pour accuser, et y être poussé par l'espoir des récompenses est presqu'un brigandage ; y être poussé par l'adu-
lation est presqu'un parricide !... » Le règne de Néron
vit augmenter encore le nombre des délateurs ; aussi,
sous Galba, les sénateurs établirent-ils pour le sénat le
pouvoir d'enquête sur toute accusation qui voudrait se
produire, et nous voyons, dans Tacite, Domitien sollicité
de confirmer ce pouvoir d'enquête préalable de la part du
Sénat. Comme nous sommes loin du temps où Cicéron
pouvait s'écrier, avec justice et presqu'avec orgueil, dans
son discours pour Roscius : « Nous souffrons facilement
les nombreux accusateurs ; c'est parce que, si un innocent est accusé, il peut être absous, et, si c'est un coupable, il ne saurait être condamné avant de l'avoir été. Or,
il vaut mieux avoir à absoudre un innocent que de
laisser impuni le coupable. Donc, pour que l'audace des
méchants soit arrêtée par la peur, il est utile qu'il y ait
dans la cité beaucoup d'accusateurs ! » Il est vrai qu'un
Fabius ajoutait : « Mais, il faut, pour l'utilité publique,
que la haine des méchants et l'action répressive qu'on pro-

voque contre eux; aient leur source dans la conscience
forte de l'accomplissement de son devoir! » L'excès de
ces manœuvres odieuses dut amener une réaction, et nous
voyons, en effet, Pline féliciter Trajan, dans son panégyrique, d'avoir mis un terme aux délations et d'avoir
rendu par là la tranquillité aux familles. Des mesures rigoureuses furent prises contre les délateurs, et même
contre ceux qui se présentaient pour une accusation sérieuse. Il y a au Code tout un titre sur les délateurs, qui
édicte contre eux les peines les plus rigoureuses, et le
Code Théodosien contient plus d'une loi répressive à leur
égard, au titre des accusations. Ils devinrent punissables
alors, si on les voyait trois fois faire cet office, et même,
avant d'admettre une seconde fois le même à accuser, on
recherchait ce qui avait eu lieu dans le premier procès.
N'est-ce pas encore cette classe funeste qu'a surtout en
vue le législateur, quand il se décide à porter le sénatus-
consulte Turpillien? Il est permis de le croire en voyant
cet acte législatif fameux intervenir, suivant l'opinion
générale, sous le règne de Néron, qui paraît avoir été en
même temps celui des délateurs. Enfin, la crainte qu'ils
inspiraient alors ne fut sans doute pas étrangère au maintien des formes étroites et multipliées qu'avait revêtues,
au temps des « *quœstiones* » la procédure accusatoire, et
qui survécurent longtemps encore au régime des commissions permanentes. La loi 7 d'Ulpien, au Dig., sur les
accusations et inscriptions, nous confirme dans cette opinion, et il nous semble viser spécialement le délateur,
lorsqu'il dit, à propos du devoir du proconsul : « Si l'on
accuse quelqu'un d'un crime, il faut d'abord souscrire
son accusation, ce qui a été introduit pour rendre plus

difficile les accusations téméraires ; car, on apprend par
là que la calomnie ne demeurera pas impunie. »

Ces mesures rigoureuses prises par la loi et l'appât du
gain cessant de les provoquer, les accusations, dont le
but unique était redevenu, comme autrefois, l'amour de
l'ordre et du bien général, furent plus rares, et, les accusateurs venant même à manquer souvent, les crimes restèrent impunis. Pline cite plusieurs procès importants
dans lesquels le Sénat ou le prince durent désigner d'office un accusateur, obligé de remplir ce rôle, même
sous peine de mort. Cette nouveauté, sortie des exigences du moment et à laquelle il fut d'ailleurs facile
de s'habituer, devait produire, dans la législation criminelle, la révolution que nous pressentons dès maintenant,
et contenait en germe le principe nouveau d'accusation
passé des lois du Bas-Empire dans le droit canonique et,
de là, dans les législations modernes. « Le droit d'accuser
allait devenir une espèce de pouvoir public, dit M. Laboulaye, dont des magistrats seraient les dépositaires au nom
du souverain. » Mais, il faut bien le remarquer, ce pouvoir public n'eut pas le caractère original et puissant que
sut lui imprimer plus tard le génie moderne, et qui demeura inconnu au génie romain en décadence. Ce ne
fut, pour ainsi dire, qu'un pouvoir bâtard que l'omnipo-
tence des empereurs ajouta à celui que les magistrats
judiciaires exerçaient déjà en leur nom, et qui en fit à la
fois des juges et des parties. Nous trouvons bien, à cette
époque où, suivant l'expression originale d'Ayrault, on
commença à être moins soucieux du public, une espèce
de magistrature, instituée auprès des présidents des provinces, et qui semble remplir, devant leur tribunal, un
rôle qui se rapproche en plusieurs points de celui

de notre ministère public, devant notre juridiction criminelle. Nous voulons parler de ceux auxquels les textes donnent les noms « d'*Irenarchœ*, » de « *Nunciatores*, » de « *Curiosi* et *Stationarii*. » Mais, comme nous le verrons mieux en parlant de la procédure inquisitoire, ces fonctionnaires étaient institués pour remplir une mission bien moins importante et n'avaient, s'il est permis d'ainsi parler, qu'un rôle impersonnel, n'étant que les subordonnés [et les instruments, dans l'administration de la justice, des magistrats supérieurs qui gouvernaient les provinces. En effet, leurs attributions se bornaient à informer, à faire les captures, à « dénoncer » à ces magistrats, les crimes dont les particuliers n'osaient ou ne pouvaient faire instance. Mais, quoique tenus d'agir en tout ceci par le devoir de leur charge, ils n'étaient pas pour cela accusateurs, pas plus que ne le furent, dans notre ancien droit, les sergents, les commissaires, les prévôts des maréchaux ou lieutenants de robe courte, responsables cependant, eux aussi, des crimes commis en leurs ressorts et bailliages, qu'ils devaient instruire par information et procès-verbaux, pour être mis aux mains des juges de la province ou autres plus grands. Il faudrait remonter aux temps de la république romaine pour trouver, dans le pouvoir d'initiative des consuls, et surtout des tribuns du peuple, en matière d'accusation, quelque chose qui se rapprochât davantage de notre ministère public. Et encore, l'assimilation serait-elle, ici même, bien loin d'être complète. Nous avons fait remarquer, en effet, que la personne publique, à Rome, n'était pas tenue d'accuser, et l'on ne voit aucun exemple qu'elle ait été condamnée pour avoir failli à cette charge. Bien plus, si elle avait introduit l'action publique, et bien qu'elle pût s'en départir sans le vouloir et commandement du peuple, en droit strict, elle le faisait librement, en fait. Enfin, comme à une époque où chaque citoyen était le surveillant et le gardien de la chose publique, on devait se défier des accusations produites par des magistrats supérieurs, ceux-ci n'eurent guère coutume d'accuser, à moins qu'il ne s'agît d'un crime de lèse-patrie ou qu'un grave péril ne menaçât l'état. Enfin, avons nous besoin d'ajouter qu'il ne faut pas voir davantage des accusateurs en titre dans les *avocats du fisc* des premiers empereurs, pas plus que dans les « *Rationales* » dont nous parlent les textes romains ? Ces derniers officiers, qui nous apparaissent au Code, au moment où le système fiscal fonctionne avec régularité, avaient des attributions uniquement bornées aux affaires civiles intéressant le fisc : tellement que la loi ne leur accordait, quant au criminel, que la simple faculté de poursuivre l'exécution des jugements qui prononçaient la confiscation des biens. Quant aux avocats du fisc, d'où ont dû sortir les « *Rationales*, » c'étaient des avocats que l'empereur chargea parfois de défendre les intérêts de leur trésor. Avec le temps, cette charge de circonstance devint une véritable magistrature, avec ses règles, ses attributions, ses pouvoirs, et nous trouvons au Code plusieurs constitutions à cet égard. Mais leur rôle premier subsista et ils n'étendirent pas leur pouvoir, comme chez nous les avocats du roi qui, de simples agents du prince, devinrent accusateurs publics (car, c'est ainsi qu'a commencé notre ministère public), et, pour leur donner ce caractère, à Rome, on n'a pu citer que le fait isolé dont fait mention Sulpice-Sévère, qui dit que Maxime chargea d'office un avocat d'accuser un personnage important, du nom de Priscillien, et que celui-ci fut condamné à mort.

Mais, cet avocat ne fit ici qu'accepter un rôle que tout autre aurait pu accepter à sa place, et que nous venons de voir tantôt confié, suivant la nécessité du moment, par le Sénat ou par le prince à quiconque semblait pouvoir remplacer avec avantage l'accusateur qui ne se présentait plus. Il n'y a donc là aucune preuve que les avocats du fisc aient eu le droit et le devoir de se porter parties publiques dans les procès criminels. C'était encore un germe, mais il demeura stérile.

Ainsi, Rome n'eut pas d'accusateurs nécessaires, soit qu'il s'agit des particuliers, soit qu'il s'agit même des magistrats spécialement préposés au soin de l'intérêt commun, et ce principe de son droit public, venant favoriser l'égoïsme de la période impériale et donner un libre champ à la tendance générale qui portait les citoyens à se désintéresser des grands devoirs sociaux, donna sans doute à une autorité déjà si absorbante un prétexte de plus à l'usurpation d'un droit qui, confondant les attributions les plus distinctes dans la personne du juge, le fit sortir de son rôle naturel.

Nous avons vu des accusateurs d'office souvent désignés pour la poursuite des causes criminelles. Sous Trajan, la partie publique n'est encore qu'un sénateur choisi pour une seule affaire ; mais, à l'époque du Bas-Empire, la révolution est plus avancée et, quoique l'ancien principe de l'accusation publique reste en apparence le fond de la législation, on voit un assez grand nombre de crimes dont la punition est poursuivie directement par les magistrats, au moyen de procédures exceptionnelles, « *extra ordinem.* » Cette forme nouvelle se développa toujours davantage, notamment contre les faits réprimés par des sénatus-consultes ou par des constitutions, sous le titre de crimes extraordinaires « *crimina extraordina-*

ria», et jugés le plus fréquemment, nous l'avons vu, par le préteur ou par le préfet de la ville conjointement avec le consul. Enfin, elle en vint à supplanter le vieux système de la procédure publique des «*judicia publica*», et, sous Justinien, il ne reste plus des lois qui les avaient organisés, que la seule pénalité! Par l' «*imperium*» dont ils étaient revêtus, comme les hauts magistrats de Rome, les présidents des provinces exerçaient, nous le savons, la juridiction criminelle dans leurs gouvernements, et cet «*imperium*» leur donna, comme aux premiers, outre l'exercice des jugements, le pouvoir non-seulement de poursuivre l'application des peines légitimes établies par la loi, mais encore d'en imposer d'extraordinaires, par suite de la gravité des crimes commis. Ce furent là les «*pœnæ extraordinariæ*», dont nous n'avons pas d'ailleurs à nous occuper.

Passons à la procédure elle-même. L'accusation publique, avons-nous dit, subsista longtemps après le renversement des commissions permanentes, au moins comme principe théorique. Si nous nous plaçons à l'époque où elle était encore exercée par devant les juridictions impériales, nous retrouvons les mêmes formes que celles de l'époque précédente, mais à l'état de lettre morte. C'est toujours la libre accusation, soit devant le sénat, soit devant le prince, mais elle a dégénéré bientôt en délations infâmes, et, le plus souvent, l'accusateur n'est plus que l'homme de l'Empereur, son instrument salarié. Il en sera de même quand Adrien aura constitué son Conseil d'État pour exercer la juridiction sénatoriale tombée si bas. Quant aux Empereurs, leur puissance tribunitienne leur a donné, comme aux tribuns de la République, le droit d'arrêter à leur gré toutes les procédures criminelles.

Cette intercession se transforma plus tard en droit de grâce, lorsque de premiers magistrats de l'État, ils devinrent véritablement souverains. Le Sénat a porté jusqu'au bout ses arrêts dans les formes des délibérations, formes mi-partie judiciaires, mi-partie législatives. Les simples particuliers durent s'y porter rarement accusateurs, intimidés qu'ils étaient sans doute par l'appareil de cette justice, à laquelle ils n'étaient plus habitués, et, remplies par des sénateurs désignés d'office, ou par les magistrats, au cas de crimes de lèse-majesté, les formalités de la procédure n'en devinrent que plus sommaires. Le prince lui-même s'y présente parfois pour accuser, et il a dans l'assemblée un pouvoir souverain, soit du côté de l'accusation, soit du côté de la défense. Enfin, par devers lui aussi la procédure et la pénalité ont le même caractère d'incertitude. La réforme, commencée par Adrien sur ce point, ne fut achevée que plus tard, par la constitution monarchique de Dioclétien, qui établit l'appel parfaitement organisé et institua le consistoire impérial comme suprême ressort pour tout l'état.

C'est devant le tribunal du préfet de la ville ou devant celui des présidents de provinces que nous pouvons le mieux suivre, à travers ses phases, la transformation de la procédure accusatoire. Malgré le nouveau principe de gouvernement inauguré par l'empire, et qui eut pour conséquence directe, en notre matière, de faire dépouiller à la législation son ancien esprit, pour un tout différent et plus en harmonie avec le nouvel état de choses, l'ordre ancien des accusations, cet ordre que les vieux Romains consacrèrent par des lois expresses et qu'ils ne voulurent jamais abandonner à l'arbitraire de leurs magistrats, nous dit Dion, au 36ᵉ livre, ne pou-

vait tomber ainsi de lui-même, et il se maintint longtemps encore, sinon intact, du moins toujours reconnais-
sable, au sein d'une société qui n'avait pas pu jusque là
dépouiller son antique respect pour tout ce qui était
tradition. Aussi, pensons-nous qu'on pourrait appliquer
aux magistrats de l'empire, du moins à certaines époques, ce que dit Ayrault de ceux des premiers temps :
« En chose qui touchait et touche proprement au public,
il ne s'y traitait rien (à Rome) que suivant les lois.
Toutes procédures et formalités étaient légitimes, c'est-
à-dire venant de la loi expresse. Ce que faisait le magistrat n'était que de conduire tout le procès, le régir et
prendre garde qu'il ne s'y fît et apportât rien d'extraordinaire et de nouveau. » La fin de cette citation semblerait cependant ne plus devoir s'appliquer à un système de procédure qui s'est incontestablement modifié,
au point où nous en sommes. Mais, au fond, il n'en est
rien, car, si nous y prenons garde, ces modifications
n'ont rien apporté de nouveau ou d'extraordinaire, et
elles affectent plutôt la forme de la procédure qu'elles
ne font que simplifier. Ainsi, la « *postulatio* » et la « *divinatio* » ont disparu ; la « *nominis delatio* », l' « *inscriptio* »,
la « *subscriptio* », la « *nominis receptio* » sont devenues un
seul et même acte qui s'accomplit en quelques instants
et met sans retard la cause à même d'être jugée. D'ailleurs, il n'est pas difficile d'apercevoir les mauvais côtés
de cette nouvelle pratique, dont les inconvénients se
montrent d'eux-mêmes, à ce simple exposé. Les sur-
prises inévitables auxquelles l'accusé se trouvait exposé
par là, ne constituent pas le moindre de ces inconvénients, ou plutôt de ces vices. Dans un autre ordre
d'idées, toutes les mesures qui pouvaient empêcher

l'accusation de suivre son cours furent détruites : par
exemple, l'intercession des tribuns fut supprimée, et,
quant au désistement de l'accusateur, il était toujours
aussi sévèrement puni, et d'ailleurs, il devint toujours
moins à craindre, à mesure que grandit et se dessina,
à côté de l'autre, le nouveau système dont nous allons
maintenant étudier le mécanisme.

L'introduction de ces formes simplifiées, exceptionnelles,
que nous venons de voir apparaître dans les instances criminelles, de par l'autorité des magistrats judiciaires, et
qui firent donner à ces instances le nom technique de
« *cognitiones extraordinariæ* » avait été comme un essai
fait par ceux-ci de leurs forces et de leur pouvoir de no-
vateurs. Une période de transition naquit avec l'établissement et l'usage adopté de ces formes, non plus spéciales pour chaque loi, particulières à chaque genre de
crimes, mais unes, générales. Enfin, favorisé par le concours de circonstances que nous savons, le principe nouveau s'affirma résolûment, qui devait exercer dans la
suite sur la législation criminelle une immense influence.
« La société, dit M. Faustin Hélie, dans son traité sur l'instruction criminelle, voyant s'amollir entre les mains des
citoyens ce droit d'accusation que la loi leur avait confié,
et privée de leur défense, dut trouver un moyen de se défendre elle-même. Elle dut chercher à éluder, sinon à
détruire la maxime qui voulait qu'aucune poursuite ne
pût être exercée sans un accusateur (V. loi 6, § 2, Dig.,
de muneribus). L'usage s'établit donc, contrairement à ce
principe, d'arrêter certains malfaiteurs, sans que les formalités de l'accusation eussent été remplies contre eux :
D'abord, probablement, ces nouvelles mesures n'attei-
gnirent que les coupables surpris en flagrant délit, les

vagabonds, les malfaiteurs de profession ; et puis, quand ils se trouvèrent en prison, il fallut bien procéder à leur procès. » Plusieurs textes, au Digeste et au Code, confirment ceci : Paul, au titre 18 *de quæstionibus*, liv. 48, Dig., dit, dans la loi 22 : « Le procès ne peut être fait à ceux qu'on a emprisonnés sans accusation, si l'on ne s'appuie au moins sur quelques soupçons de nature à les compromettre. » — Ulpien, dans la loi 13, au tit. 18, liv. 1er *de officio præsidis*, est plus explicite encore, et nous donne la mesure du pouvoir d'initiative du président de la province en cette matière : après avoir dit que la tranquillité, le bon ordre dans le gouvernement dépendent de leur sollicitude et de leur diligence à poursuivre les malfaiteurs, après les avoir recherchés, il ajoute : « Il doit (le président) atteindre les sacrilèges, les brigands, les plagiaires, les voleurs, et punir en un mot quiconque se rend coupable d'un crime et sévir contre ceux qui se rendent leurs complices en les cachant ou en recélant le produit de leurs crimes. » (Voyez aussi la loi 4, § 2, Digeste, *ad legem Juliam peculatus.*) Dans la loi 3, *ibidem*, Paul étend ce pouvoir de répression aux étrangers qui se sont rendus coupables, dans la province, de quelque délit, se fondant sur ce que les mandats des princes adressés aux gouverneurs sont conçus en termes généraux. Au Code, la septième constitution de l'empereur Gordien consacre aussi le même pouvoir. Nous y reviendrons tantôt, car elle trouvera mieux sa place quand nous parlerons de la procédure devant le tribunal du président de la province. Enfin, dans un rescrit général que Constantin adresse à tous les provinciaux et qui forme la loi 5, au Cod. tit. 11, *de delatoribus*, au liv. 9, les juges (hauts magistrats provinciaux) reçoivent l'ordre de sévir contre les délateurs, agissant sans le concours de l'avocat du fisc, dont l'intervention a lieu sans doute ici en vue de l'amende. Mais plus explicites sont les deux constitutions, d nt la premi forme, au Code, la loi 1re au titre *de custodia reorus*. lle est de Constantin également, et s'exprime ains. « En toute cause où il y a eu exhibition du prévenu, soit qu'il y ait un accusateur, soit que l'autorité à laquelle est confié le soin des intérêts publics, l'ait fait comparaître, il faut que l'instance s'engage immédiatement pour que le coupable soit puni et l'innocent renvoyé absous. » On serait tenté d'aller chercher jusque dans ce passage si explicite le premier germe de l'institution d'un véritable ministère public. — La seconde constitution est de Justinien, et forme la novelle 128. Nous y lisons, au paragraphe final, un ordre adressé aux magistrats de rechercher et de poursuivre d'office les criminels.

Il ressort jusqu'à l'évidence de tous ces textes que la révolution est complète, et que la vieille procédure d'accusation tend toujours plus à disparaître devant le nouveau système inquisitorial des fonctionnaires impériaux. Elle ne disparut pas tout à fait cependant, et l'accusation publique dut subsister à côté du pouvoir d'initiative des gouverneurs. Mais l'ancien ordre des jugements publics, déjà si simplifié par eux, nous nous en souvenons, ne se maintint pas et finit par tomber en desuétude, ne laissant après lui que les peines que les lois avaient établies. C'est ce qui nous est attesté formellement par Paul, dans la loi 8, au tit. 1er du liv. 48, Dig., sur les jugements publics, dont voici le texte : « Cet ordre cessa d'être en usage pour les crimes capitaux (ce qui s'entend, nous le savons, des crimes emportant perte de la cité ou de la liberté et qu'avaient seuls prévus les lois sur les jugements pu-

blics), quoique la peine des lois subsistât toujours,
lorsque les crimes devaient être extraordinairement prou-
vés. » Cette peine des lois tomba elle-même, à son tour,
et fut remplacée par les peines extraordinaires, dont nous
avons dit un mot et que les magistrats romains tirèrent
de leur « *imperium* ». Cependant, dans toutes les causes
criminelles, soit de l'ancien, soit du nouveau droit, et
quoiqu'on les instruisît extraordinairement, l'accusateur dût toujours produire son libelle d'accusation et le
poursuivre, nous l'avons encore observé. Et cela, parce
que toujours « il faut, dit Ulpien, loi 7, liv. 7, *de officio
proconsulis*, qu'une accusation soit précédée d'un libelle
souscrit, cette formalité ayant été inventée pour qu'on
ne se porte pas facilement à former une accusation, parce
qu'on sait qu'elle ne restera pas impunie. » Il paraît
même que cette suprême garantie avait eu le sort commun des autres formalités judiciaires, puisque nous trouvons au code Théodosien un rescrit adressé à Maxime, et
par lequel Constantin rappelle formellement et confirme
l'usage de la solennité de l'inscription, qui s'était perdu,
parce qu'on se contentait, à sa place, d'une simple « *pro-
fessio*, » ou dénonciation purement verbale, faite de vive
voix. Ce rescrit forme la loi 5, au tit. 1er du liv. 9, et l'esprit
de sa disposition est évident, d'après ses termes mêmes. Il
regarde cet usage de l'inscription comme un moyen de
rendre les accusations plus sérieuses, par suite du frein,
quelque léger qu'il soit d'ailleurs, imposé à l'impatience
de la partie poursuivante par l'accomplissement de cette
formalité, et de l'attention que ne peuvent manquer
d'éveiller la solennité de l'acte et la pensée de ses conséquences possibles. Antonin et Gratien, après lui, étaient
revenus aux précédents errements et avaient permis au

juge d'admettre l'accusation sans inscription. Bien plus, la simple insinuation verbale forçait l'accusateur à prouver et l'accusé à subir l'instance. Mais cela dura peu, et les constitutions revinrent bientôt aux formes légales, qu'on n'abandonnait jamais impunément. Dès lors, la salutaire pratique de l'inscription préalable semble s'être plus solidement assise, et nous voyons se succéder au code Théodosien plusieurs constitutions qui rappellent la nécessité de l'inscription pour que l'accusation soit admise. Nous pouvons citer, au code de Justinien, le rescrit 16 d'Arcade et d'Honorius, au tit. 2, liv. 9, sur les accusations et inscriptions, où ces empereurs établissent : « que dans les causes criminelles il faut que l'inscription du crime précède toute instruction, et qu'elle indique sa gravité, ainsi que le temps où il a été commis, pour frapper les deux parties par la juste et salutaire autorité des lois, etc... » Le suivant, d'Honorius et de Théodose, est encore plus remarquable, en ce qu'il affirme mieux encore par sa disposition explicite la nécessité de cette forme : « Nous ordonnons, disent-ils, que l'ordre des accusations, depuis longtemps prescrit par les lois, soit observé, afin que celui à qui on impute un crime capital ne soit pas réputé coupable dès qu'il a pu être dénoncé comme tel, et qu'on n'opprime pas l'innocence ; mais que, qui que ce soit, qui dénonce un crime, vienne en jugement, indique le nom de celui qu'il inculpe ; qu'il s'oblige par une inscription souscrite ; qu'il se soumette à un semblant de prison, s'il n'en est pas dispensé à raison de sa situation, et qu'il sache qu'il n'oserait pas impunément en imposer, mais que la même peine est la punition des calomniateurs. » Cependant, remarquons-le, la formalité de l'inscription paraît n'avoir pas été essentielle

Fabre. 8

à cette époque; car plusieurs textes en dispensent certaines personnes; par exemple le mari et le père qui accusent leur femme ou leur fille d'adultère, et il semble en avoir été de même des personnes qu'on ne soupçonnait pas de calomnie. Ces exceptions se justifient d'ailleurs assez d'elles-mêmes, à une époque surtout qui ne prend des vieilles règles abolies par le temps que ce qui paraît indispensable au bon ordre des procès criminels, et elles s'accordent bien avec le caractère éminemment discrétionnaire du pouvoir des magistrats en cette matière. Une autre observation que nous suggère la lecture des textes précédents a trait au soin que prend le législateur de rappeler, au milieu de ses dispositions expresses, au sujet des formes à observer dans les accusations, la peine rigoureuse du talion, dont est frappée la calomnie, comme par le passé. Cette peine ressort d'un rescrit des empereurs Valentinien, Gratien et Théodose, à Marinianus, vicaire des Espagnes, rescrit inséré au code Théodosien, et que celui de Justinien ne reproduit pas : « Quiconque, y est-il dit, accusera une autre personne du crime d'homicide, accusation capitale, ne sera pas écouté par les juges avant de s'être soumis, par la souscription, à la même peine dont il poursuit l'application contre celui qu'il accuse, etc... »

Voilà pour ce qui concerne la véritable accusation; mais, bien entendu, cette manière de déférer les crimes aux magistrats ne fut pas la seule, et dans une société où le pouvoir poursuivait de toutes ses forces, et par tous les moyens, la répression des crimes, le moyen de la dénonciation, aussi efficace et moins redoutable pour les citoyens, dut tenir une large place au premier. C'était là ce qu'on appelait dénoncer aux magistrats *apud acta*, et ces décla-

rations provoquaient une information de leur part. Il
faut sans doute placer au premier rang de ces dénonciateurs ceux qui venaient se plaindre d'un délit privé ou
public, dont ils avaient souffert, et à la simple requête
desquels les magistrats qui recevaient la plainte devaient informer, ou commettre personnage suffisant pour
ce faire, dit Papon *au deuxième notaire*, avec les témoins
qui lui étaient par le dénonciateur produits et administrés. Ceci nous est confirmé par un extrait de ce que le
Code appelle les « *sacræ litteræ* » des empereurs Dioclétien
et Maximien, au sujet des fonctionnaires auprès desquels on doit accuser, et qui forme la huitième constitution du titre des accusations et inscriptions. On y lit : « Si
quelqu'un se croit offensé par un autre et veut faire sa
plainte, qu'il n'ait pas recours aux « *stationarii*, » mais
qu'il s'adresse directement à la juridiction du président
de la province, soit en présentant son libelle accusatoire,
soit en faisant insérer sa plainte « *apud acta*, » dans les ar-
chives du magistrat. » Les « *nuntiatores* » eux-mêmes, ces
officiers subalternes établis auprès des présidents des
provinces, pour les aider dans l'administration de la justice répressive, et dont nous allons ici mieux faire comprendre le rôle, ne faisaient pas autre chose que de dénoncer à leurs supérieurs les actes coupables dont les
simples particuliers n'osaient ou ne voulaient accuser
les auteurs. « Paul, dans la loi 6, § 3, au S. C. Turpillien,
dit encore Papon, *ibidem*, met une notable pratique pour
ce point, qui est aujourd'hui observée en deux endroits.
L'un, qu'à la seule dénonciation de ceux qui sont intéressés, le juge doit informer. L'autre (et ceci concerne
spécialement le point que nous traitons), que, sans la
partie et icelle dissimulant, ès crimes publics un tiers

est reçu dénonciateur pour avertir et instruire le juge d'informer et faire son devoir. » Ce tiers, qui n'a pas souffert du crime, et qui doit cependant prévenir par son rôle l'effet, désastreux pour la société, de la dissimulation de l'intéressé ou de la négligence des autres, c'est le « *nunciator.* » Mais, s'il a en quelque sorte entre les mains l'exercice de l'action publique, il doit offrir à ceux qu'il poursuit de sérieuses garanties. Aussi voyons-nous Paul, dans le même passage, résumer en quelques mots toutes ses obligations, lorsqu'il dit : « *Hi nunciatores, qui per notoria judicia produnt, suis notoriis assistere jubentur.* » Ce n'est donc pas assez pour eux d'avoir dénoncé et découvert les moyens du fait, mais il faut qu'ils continuent en produisant et en administrant les témoins, et en assistant à tout ce qui va se faire. Il y a au titre du *Digeste : de custodiâ et exhibitione reorum*, une loi 6, de Marcianus, sur les « *elogia* » ou lettres de renvoi, qui étaient les procès-verbaux dressés par les Irénarques (c'est ainsi, nous le savons, que s'appelaient les *nunciatores*) sur les crimes découverts par eux, procès-verbaux qu'ils expédiaient, en même temps que les coupables, aux magistrats supérieurs. Cette loi commence par rappeler un rescrit d'Adrien à Julius Secundus, sur l'attention à apporter à la lecture des lettres de renvoi en question, qui ne sont pas toujours des documents dignes de foi, et il continue en disant que, par suite, le divin empereur et ses successeurs ordonnèrent aux magistrats, dans leurs constitutions, d'appeler par devers eux les Irénarques, afin qu'ils poursuivissent leurs allégations écrites et consignées dans cette espèce de procédure préparatoire; et de les punir exemplairement, pour prévenir pareil abus, s'ils n'avaient pas rempli de bonne foi leur grave mission. Mais enfin, il n'y a dans tout cela rien qui ressemble aux solennités exigées dans la procédure accusatoire par l'ancien ordre des jugements publics, et dont les principales, nous l'avons vu, avaient persisté dans les instances criminelles introduites par les rares accusateurs privés. Pour s'en convaincre tout à fait, on n'a qu'à lire au Code, titre des acc. et inscript., le rescrit 7°, de Gordien à Proculus. L'entête annonce qu'il s'occupe précisément des rapports faits aux magistrats par les personnes désignées sous le nom de *personnes publiques*, et en vertu de leur charge, et il porte que : « Il est de notoriété que les dénonciations faites aux présidents par les magistrats subalternes, en vertu de leur office, peuvent aussi bien être poursuivies en dehors des solennités des accusations. » Un autre titre du Code, le 23° du livre 12, est tout entier, quoique court, consacré aux « *curiosi* » et aux « *stationarii*. » La première loi, qui est un rescrit de Constantin à Lollianus, rappelle leur rôle dans l'administration judiciaire provinciale, et confirme les mesures rigoureuses prises contre ceux qui viendraient à malverser dans l'exercice de leurs fonctions. Elle est ainsi conçue : « Les « *curiosi* » et *stationarii*, » ou autres qui remplissent la même charge, doivent se souvenir qu'ils ont à dénoncer les crimes aux juges, et que l'obligation de prouver leurs allégations leur est imposée sous leur responsabilité personnelle, s'ils sont convaincus de calomnie. D'ailleurs, nous voulons voir cesser la regrettable coutume d'après laquelle ils envoyaient en prison certains prévenus. » — Enfin, le Bas-Empire vit encore s'élever, sur les ruines de la liberté civile, une autre magistrature, d'abord bienfaisante et glorieuse, mais qui tomba peu à peu dans le plus profond discrédit, et fut laissée, elle aussi, comme un emploi trop inférieur, à des subalternes asservis aux hauts magistrats provinciaux. Nous voulons parler des *defensores civitatum*, » défenseurs des cités, élevés à leurs charges par le suffrage de leurs concitoyens, et que leurs fonctions établissaient intermédiaires entre les personnes qui avaient à se plaindre de quelque crime ou voulaient dénoncer les coupables à la juridiction supérieure, et les officiers chargés de l'exercice de cette juridiction. Un titre, au Code, le 55e du livre 1er, leur est consacré, et nous lisons dans la 7e constitution des empereurs Honorius et Théodose, à Cecilien, préfet du prétoire : « Lorsque des criminels prévenus de vol, de violence, de meurtre, de rapt, d'adultère, sont traduits devant les défenseurs des villes, que ces derniers, s'ils jugent fondées les accusations, les renvoient, sous bonne escorte, avec les accusateurs, aux juges. » Ils avaient même un pouvoir d'initiative, quant à l'exercice de l'action publique, à l'encontre de certains malfaiteurs; ils devaient chercher à prévenir les vols, dénoncer les voleurs au juge, et les traduire devant son tribunal. Mais, nous le répétons, ce noble rôle n'était plus compris par les Romains de la décadence, et Justinien fit de vains efforts pour rendre quelque lustre à une institution tombée trop bas pour se relever jamais (v. sa *Novelle* 15).

§ III. — *Résumé.*

Résumons-nous maintenant, et présentons, dans un rapide aperçu, le tableau des phases successives par lesquelles passèrent la juridiction criminelle et la procédure accusatoire de cette troisième et dernière époque. Nous avons vu le système des commissions permanentes et la procédure des jugements publics succéder à l'ancien or-

dre des jugements par le peuple. Ce système, dont une
organisation parfaite faisait la supériorité, né dans les
derniers temps de la République et consacré par l'activité
législative du premier Empereur, ne pouvait se maintenir sous le nouveau régime inauguré par les tendances
d'absolutisme et de centralisation de ses successeurs.
Ceux-ci, peut-être par un reste de respect pour les vieilles
traditions du passé, et, en tout cas, par une politique ha-
bile, transportèrent d'abord au sénat, que quelques-uns
pouvaient regarder encore comme le gardien des libertés publiques, mais qui n'était, en réalité, que le premier
instrument du despotisme naissant, ce droit de juger,
qui était demeuré si longtemps un des plus beaux attributs de la souveraineté populaire. Mais, en même temps,
ils avaient confisqué, à leur profit, le meilleur et le plus
net de ce droit, en le partageant avec lui par le moyen d'une
sorte de pouvoir d'évocation, quant à certaines causes,
et par l'institution, au sein même de leur palais, d'un
conseil de justice destiné à être le suprême degré de juridiction criminelle. La révolution fut accomplie lorsque
la fonction de juger et de punir les crimes fut attribuée,
par eux, comme nous l'avons dit, aux magistrats supérieurs qu'ils nommaient directement, et qui étaient, à
Rome, leurs premiers officiers, et dans les provinces,
leurs représentants immédiats. L'accusation publique
était restée la plus noble prérogative du citoyen romain
jusqu'au moment où, se sentant inutile au milieu d'un
ordre nouveau de choses et, d'ailleurs, paralysée par l'ef-
froi qu'inspiraient les premiers tyrans, elle était devenue
une arme terrible entre les mains des délateurs. Jusqu'à
ce moment aussi, des peines sévères l'avaient atteinte,
lorsqu'elle sortait des justes bornes d'un contrôle exercé

en vue du bien public. Mais, cette partie de la législation dut subir aussi de profondes altérations, au milieu de la dégénérescence de tout le système repressif, et, quand 'arriva la réaction forcément appelée par tant de désordres, le souvenir des devoirs sociaux était trop affaibli au fond de toutes les âmes pour pouvoir y ranimer ce sentiment intime qui faisait de chacun le surveillant actif et incorruptible des intérêts de tous. D'autre part, les mesures rigoureuses, renouvelées par des princes plus soucieux du bien général, n'étaient pas faites pour encourager à remplir leur devoir ceux qui ne connaissaient plus l'audace qu'inspire la conscience de son accomplissement ! Aussi, le pouvoir d'alors, déjà poussé par instinct à centraliser entre ses mains, et à absorber dans la sienne l'action individuelle de tous les membres du corps social, se sentit-il à l'aise, en face de l'opinion, pour marcher résolument dans cette voie, et vit-on s'introduire, sans contestation, la maxime : *que les accusations sans accusateur sont accusations d'office, dans lesquelles ou la commune renommée, ou la clameur populaire, ou la république est tenue pour demanderesse.* Jusqu'alors une accusation criminelle avait été un procès dans lequel l'Etat ne semblait être partie qu'indirectement, ce qui pourrait servir à expliquer l'effet extinctif qu'avait, quant à ce procès, le désistement légal, mais enfin toujours volontaire de la part des accusateurs privés. Mais depuis, et ces derniers devenus fort rares, l'instance criminelle revêtit son véritable caractère de chose d'intérêt public, et de pareils inconvénients ne furent plus à craindre. D'ailleurs, grâce à l'établissement de cette procédure inquisitoire, l'accusation privée eut un bien moindre intérêt, et, par suite, on n'eut plus à redouter de l'écarter par la pensée des châtiments qui attendaient le désistement illégal ou la calomnie. Pour achever la révolution introduite dans le jeu du système judiciaire, on limita même le nombre des accusateurs, et on en vint jusqu'à le restreindre aux personnes lésées.

Enfin, en ce qui concerne la procédure elle-même, nous avons vu que, à côté des anciennes formes des jugements publics, s'étaient introduites les formes exceptionnelles, expéditives des nouveaux jugements appelés, par opposition aux premiers, « *judicia extraordinaria,* » et dirigés notamment contre les faits réprimés par des sénatus-consultes ou par des constitutions, sous le titre de crimes extraordinaires, par les hauts magistrats de Rome et des provinces. La procédure accusatoire fut donc d'abord simplifiée par leur autorité ; puis, quand s'implanta la procédure par inquisition, ces formes simplifiées devinrent elles-mêmes inutiles, et on n'en retint que ce qui était destiné à assurer l'exercice équitable et régulier de l'action publique, passée entre les mains des fonctionnaires subalternes qui nous sont connus. Rappelons, pour terminer, que le pouvoir envahisseur des hauts magistrats s'exerça, à la longue, en cette matière, jusqu'au point de remplacer par des pénalités nouvelles et arbitraires, les vieilles « *pœnæ legitimæ,* » derniers vestiges des lois qui avaient organisé le système des jugements publics, et avait fait pendant si longtemps le fond du droit criminel romain.

SECONDE PARTIE

CHAPITRE PREMIER

RÈGLES ET DISPOSITIONS GÉNÉRALES EN MATIÈRE D'ACCUSATION PUBLIQUE.

Nous sommes arrivé à la seconde partie de notre étude sur le droit romain. Nous diviserons ce chapitre premier en six sections, suivant à peu près en cela la marche que nous a ouverte Pothier, dans son explication des textes romains sur ce sujet.

La première section traitera de ceux qui peuvent ou ne peuvent pas accuser.

La seconde, de ceux qui peuvent ou ne peuvent pas être accusés.

Dans la troisième, nous verrons si l'on peut accuser ou défendre à une accusation par procureur.

Dans la quatrième, si le même crime peut donner lieu à deux accusations.

Enfin, dans la cinquième, nous montrerons quelles ont été les mesures prises de tout temps pour assurer l'exercice équitable et régulier de l'accusation publique.

SECTION I. — DE CEUX QUI PEUVENT OU NE PEUVENT PAS ACCUSER.

Nous connaissons cette importante maxime du droit public de Rome : que les accusations sont chose populaire. Le droit d'accuser, ouvert à tous, était donc la capa-

cité légale, la règle générale, et l'incapacité de l'exercer,
l'exception. Aussi, le jurisconsulte Macer peut-il dire,
dans la loi 8, titre 2, des acc. et inscript., liv. 48, Dig :
« On connaît assez ceux qui peuvent accuser, quand on
connaît ceux qui ne le peuvent pas. » Suivons la méthode
du jurisconsulte, et faisons avec lui l'énumération des
incapables. « Ainsi, poursuit-il, les uns ne peuvent accuser
à cause de leur sexe, ou de leur âge, comme la femme
ou le pupille. » Arrêtons-nous un instant sur cette double
classe de personnes, rapprochées ici les unes des autres
parce qu'elles ont entre elles, dans tout ce qui touche le
droit, plus d'un point de ressemblance, et voyons si leur
incapacité, en matière d'accusation, est, au fond, aussi
absolue que ces expressions formelles peuvent le faire
croire. Quant aux pupilles (et nous entendons par là les
impubères et les pubères qui n'ont pas atteint leur dix-
septième année), il est évident qu'ils ne pouvaient porter
eux-mêmes aucune accusation avant cet âge; car, nous
nous souvenons que, quoique la majorité romaine eût
lieu à 12 ans pour les filles, et à 14 ans pour les garçons,
et les rendit aptes, en général, aux actes de la vie civile,
en les émancipant, s'ils étaient en tutelle, une certaine
constitution recula jusqu'à 17 ans l'exercice personnel
de quelques droits plus graves, tels que l'affranchissement des esclaves, le droit de tester et celui d'*ester en
justice*. La comparution devant les tribunaux leur étant
refusée avant cette époque, il s'ensuit que l'accusation ne
leur était pas possible. Ce n'est pas tout, et même arrivés
à cet âge, ils demeurèrent incapables d'accuser, à moins
qu'ils n'y fussent personnellement intéressés, dans un cas
spécial et tout exceptionnel, celui d'adultère, d'après la
disposition formelle de la loi « *Julia de adulteriis*, » dispo-

sition qui ne s'étendait d'ailleurs à aucun autre crime, comme l'enseigne Wissembach, cité par Pothier, et qui s'explique ici par le caractère de gravité qui distingue spécialement une telle poursuite. Ce ne fut que l'espèce de majorité pleine de 25 ans qui donna, en pareille matière, à ceux dont nous parlons le droit d'intenter cette accusation. Voilà donc les majeurs de 17 ans capables de se porter accusateurs, pourvu, comme le font observer les mêmes auteurs, qu'ils soient assistés de leur curateur, parce que les mineurs de 25 ans ne peuvent ni demander ni défendre sans curateur en matière criminelle, probablement par suite de la gravité de la cause. C'est ainsi que la loi 14, §§. 1 et 2 ff., des biens des affranchis, au Dig., suppose une accusation portée par un mineur; c'est ainsi encore que, d'après Valère-Maxime, 5, 4, M. Cotta accusa, le jour même où il revêtit la robe virile, Carbon qui avait condamné son père. Mais, ne pouvait-il pas se faire qu'une poursuite criminelle fût commandée par l'intérêt particulier et actuel, ou à venir, d'un pupille « sui juris »? On comprend aisément quelle eût été, en pareil cas, l'injuste rigueur de la loi qui eût mis en péril, par la stricte application d'un principe sans raison d'être ici, les intérêts sacrés de cette intéressante classe de personnes. Aussi, la brèche faite, au civil, à cette autre maxime romaine : que nul ne peut agir en justice pour autrui, en faveur de la tutelle (*pro populo, pro libertate, pro tuteld*, disent les textes), s'étendit-elle au droit criminel, dans lequel les lois sur les jugements publics avaient pris bien soin d'établir en règle générale la prohibition de l'accusation au nom d'autrui. Un exemple de cette pratique exceptionnelle nous est fourni par la loi 2, au Code, liv. 9, sur ceux qui ne peuvent accuser.

« Si les cautions par lesquelles Secundinus prétend prouver qu'il s'est libéré vis-à-vis d'Eugénius, y est-il dit,
sont suspectées de fausseté par les tuteurs et curateurs,
ils peuvent *en leur propre nom* (car c'est défendu au nom
d'autrui), souscrire l'accusation de faux : car c'est difficilement que les tuteurs ou curateurs qui, d'après leur
charge, administrent à leurs risques et périls les affaires
des pupilles ou des mineurs de 25 ans, sont notés d'infamie par une sentence rendue, à moins qu'une calomnie
évidente ne les désigne aux juges. » Cujas, qui cite ce
rescrit, nous fait bien remarquer qu'il y a ici vraiment
accusation pour autrui, et que cette inscription personnelle, exigée du tuteur pour l'introduction et la poursuite
de l'instance criminelle de faux, n'empêche pas, au
fond, le pupille d'être le « *dominus litis* », la seule partie
intéressée à l'accusation avec l'inculpé. Le tuteur n'est
qu'un intermédiaire forcé, mais sa personnalité demeure
en dehors du débat et, ce qui le prouve encore mieux,
c'est cette particularité remarquable qu'il peut s'inscrire
sans même avoir à craindre l'infamie résultant de la
calomnie, s'il succombe, pourvu toutefois qu'il ait été de
bonne foi, et cela par la raison qu'il agit par la charge de
son office et forcément, sans avoir le moyen de s'en dispenser. Enfin, ce que nous disons à propos de l'intérêt
matériel du pupille, doit s'étendre sans aucun doute à
toute circonstance où un intérêt de dignité propre ou
d'affection était en jeu pour lui. Il devait donc être également permis aux pupilles de l'un et de l'autre sexe, soit
qu'ils fussent capables d'agir eux-mêmes, avec l'assistance de leurs curateurs ou tuteurs, soit que ces derniers
dussent les représenter, de poursuivre par exemple la
réparation d'une injure ou d'accuser les meurtriers de

leurs parents (v. la loi 2, § 1, Papinien, liv. I*er* *de adulteriis*, tit. des acc. et inso., Dig.) Il est probable que cette assistance, cette « *auctoritas* » des tuteurs ou curateurs ne fut pas toujours exigée dans les procès criminels où les mineurs de 25 ans étaient parties, comme elle l'était au civil; car, nous voyons Justinien, dans une constitution qui forme la loi 4, au tit. 59 du liv. 5 du Code, sur l'« *auctoritas* » des tuteurs et curateurs, exiger à l'avenir cette intervention, soit que ces mineurs accusent, soit qu'ils soient accusés.

Quant aux femmes, l'intérêt personnel ou d'affection, pour leurs proches, est l'unique fondement de la permission d'agir au criminel qui leur est exceptionnellement accordée. La règle générale de leur incapacité, sur ce chef, est posée par un grand nombre de textes positifs, dont nous citerons seulement les principaux. Ainsi, Papinien, loi 2, Dig., des acc. et inscript., dit : « L'accusation publique est permise aux femmes dans certains cas; par exemple, contre ceux ou celles qui ont été les assassins de quelqu'un contre qui la loi défend de les faire témoigner malgré elles, comme les cognats, au degré de cousins, et leurs enfants, ainsi que leurs alliés (v. loi 22, tit. des témoins, n° 21). Il ajoute : « Le sénat a décidé la même chose dans la loi Cornélia, sur les testaments, et il permet aux femmes de former une accusation publique pour le testament d'un affranchi paternel ou maternel. » « Le sénatus-consulte, dit encore l'empereur Alexandre, dans un resorit à Marcellina, ne permet aux femmes d'intenter l'accusation de faux de la loi Cornélia qu'en tant que l'affaire les concerne personnellement, etc. » (v. loi 5, Cod. 9, 1, *de his qui acc. non poss.*, et loi 19, Cod. 9, 22, *ad legem Cornel. de falsis.*)

Citons encore la constitution 8, tit. 17, liv. 5 du Code des emp. Théodose et Valentinien, adressée à Hormisdas, préfet du prétoire, dans laquelle nous voyons une femme intéressée personnellement à une accusation publique, celle de son propre mari, pour pouvoir, après sa condamnation, lui envoyer le libelle de répudiation. Il faut enfin remarquer la faveur spéciale dont elles étaient l'objet, lorsqu'on les admettait à accuser, et qui consistait dans la dispense d'inscription qui leur était accordée à cause de la fragilité de leur sexe. La loi 3, tit. 1er, liv. 9, Cod. *de his qui acc. non poss.* des empereurs Dioclétien et Maximien, établit cette dispense et exige que la femme fournisse préalablement au président de la province la preuve du degré de parenté avec celui dont elle poursuit l'injure (v. aussi loi 9, *ibidem* de Gordien).

Revenons à l'énumération de Macer : « Ne peuvent pas accuser non plus, à cause de leurs engagements, les militaires. » L'empereur Gordien, dans le rescrit 8 au Code *de his qui acc. non poss.*, fait en leur faveur la même exception, pour le cas spécial d'injure personnelle ou faite à un de leurs proches. — « D'autres ne peuvent accuser, à cause de la juridiction ou de l'autorité dont ils sont revêtus et qui les empêche d'être cités en jugement, sans la compromettre. » Il s'agit ici des magistrats, et on comprend sans peine la réserve qui leur est imposée. Nous parlerons plus longuement de cette classe de personnes tantôt, en nous occupant de ceux qui ne peuvent pas être accusés. — « D'autres, à cause de leur propre indignité, comme ceux qui sont notés d'infamie. » Ulpien, loi 4, à notre titre des acc. et inscript. Dig. cite parmi les infâmes : les condamnés par jugements publics, les calomniateurs, prévaricateurs, ceux qui ont reçu de l'argent pour accuser, tous ceux enfin qui exercent un métier vil. — « D'autres, à cause du soupçon d'un commerce honteux, » comme ceux qui ont déjà souscrit deux accusations contre différentes personnes, ou semblent avoir reçu de l'argent pour accuser ou ne pas accuser ; ils ne peuvent pas en porter une troisième. Remarquons, avec Pothier, qu'il est difficile de voir là un commerce honteux, à moins de dire que celui qui a accusé deux personnes, et en veut accuser une troisième, est suspect d'être un accusateur vénal. « D'autres, à cause de leur condition, comme les affranchis à l'égard de leurs patrons. » — Au liv. 6, tit. 6, Cod., sur les devoirs des affranchis envers leurs patrons, le rescrit de l'empereur Alexandre à Zoticus confirme cette incapacité : « Vous ne pouvez, y est-il dit, intenter une action infâmante contre votre patron. » — C'est maintenant Paul, loi 9, *ibidem*, qui, poursuivant l'énumération, nous apprend que « d'autres ne peuvent accuser, à cause du soupçon de calomnie, comme ceux qui se sont rendus coupable de faux témoignage. » Et Hermogénien, dans la loi suivante : « D'autres encore, à cause de leur pauvreté, tels que ceux qui ne possèdent pas la valeur de 50 pièces d'or. » La raison de la loi paraît être ici d'empêcher les personnes du bas peuple d'accuser, à la légère, n'ayant rien à perdre, ce qui ôte beaucoup au crédit qu'on leur doit. Juvénal ne dit-il pas dans une de ses satires : « Autant qu'un homme a dans son coffre-fort, autant il a de crédit. » Nous n'avons rien de particulier à ajouter au sujet de ces diverses classes de personnes, sinon que, au témoignage du même Macer, loi 11, *ibidem*, l'accusation leur est permise s'ils veulent poursuivre leur propre injure ou venger la mort de leurs proches. Cujas, dans ses commentaires, [rappelle, à ce sujet, l'espèce remarquable faite par Papinien, au § avant-dernier de la loi 38, sur la loi Julia, *de adulteriis*, au Dig., où il montre que l'accusation d'adultère ne devra pas être refusée à l'affranchi, même à l'encontre de son patron, quoiqu'il ne soit pas facilement permis à l'affranchi, d'après les lois, de porter atteinte, en quelque façon que ce soit, à la réputation de son patron, par cette considération qu'il a souffert, de sa part, une injure atroce, dont il veut poursuivre la réparation en sa qualité et de par son droit de mari. En dehors de ces cas rares et exceptionnels, le droit commun reprenait son empire, et voici la disposition rigoureuse portée contre les affranchis : « Si, disent les emp. Honorius et Théodose, des affranchis osent accuser ceux qui les ont affranchis ou leurs héritiers, ils seront punis du même supplice que des esclaves, avant tout examen de leur accusation » (v. loi 21, Cod. 9, 1). Mais, si les liens du patronage avaient cet effet de rendre impossible une poursuite criminelle entre ceux qu'ils unissaient, à combien plus forte raison devait-il en être ainsi de ceux qui existaient entre les membres d'une même famille et les esclaves ou autres serviteurs de condition infime et leurs maîtres ! Macer, *ibidem*, nous montre les hommes libres comme les affranchis, ne pouvant accuser leurs parents, même pour des injures qu'ils en auraient reçues, et n'étant admis qu'à exercer contre eux, à ce sujet, des actions simplement civiles. Les emp. Dioclétien et Maximien disent, à propos de frères, loi 13, au Code, *de his qui acc. non poss.* : « Si un frère accuse son frère d'un crime capital ou grave, non-seulement il ne sera pas écouté, mais encore il sera puni de la peine de l'exil. » Mais, remarquons-le, il s'agit de crimes graves, et, au

Fabre.   9

cas contraire, le droit d'accusation semble subsister, si
l'on en croit les mêmes empereurs, qui disent ailleurs : »
Si vous accusez votre sœur de fautes légères, rien ne vous
empêche de porter votre accusation devant le président
qui punira sa témérité d'une manière convenable. » Par
la même raison d'affinité, on ne permettait pas à un questeur d'accuser son préteur, ce qui faisait dire à Cicéron :
« Le caprice de violer des rapports d'affinité ne doit pas
être accueilli par l'autorité judiciaire. » Ce devoir de
respect et de reconnaissance fut poussé dans ses conséquences jusqu'à ce point, qu'un rescrit impérial refuse à
un ingénu la faculté d'accuser celui dans la maison duquel il avait été élevé. Mais on paraît avoir reconnu au
père cette faculté vis-à-vis de son fils, coupable envers
lui d'une injure ; car voici que nous lisons dans un rescrit (14, Cod. 9, 1) : « Vous pouvez former devant le
président de la province une accusation contre votre fils,
pour avoir attenté à votre vie, si la tendresse paternelle
et la réflexion ne vous retiennent pas. » Ceci, d'ailleurs,
n'a rien d'étonnant pour qui connaît le caractère d'absolutisme et de forte organisation imprimée à la puissance paternelle par les vieilles mœurs romaines, et que
le temps lui-même n'avait pu détruire. Quant aux esclaves ou autres, soumis à la sujétion domestique la plus
basse, comme les colons, serfs de la glèbe, on nous dit
qu'ils ne peuvent, en aucune façon, exercer une action
contre leurs maîtres, parce que le droit civil et le droit
prétorien les regardent également comme n'existant pas.
Les premiers, Marc-Aurèle et Commode, leur accordè-
rent une faveur singulière, en leur permettant, par rescrit, d'introduire l'accusation, s'ils se plaignaient de la
suppression d'un testament qui leur accordait la liberté

(v. loi 7, ff., tit. 10 de la loi Cornélia, *de falsis*, Marcianus, liv. 2, *Institutes*). Arcade et Honorius disposent, dans un autre rescrit, que : « Si un domestique ou un esclave a accusé celui qu'il servait ou à qui il appartenait d'un crime compromettant sa réputation, sa vie ou sa fortune, il faut le punir de mort, sur l'énonciation du crime, sans aucun examen et sans entendre ses témoins, parce qu'il faut étouffer de pareilles plaintes sans les entendre, à moins qu'il ne s'agisse d'un crime de lèse-majesté. » (Loi 20, Cod. 9, 1.) Ces derniers mots nous amènent à terminer cette première section en faisant observer que certains crimes, à raison de leur gravité particulière, pouvaient, de par l'expresse disposition des lois qui les punissaient, être dénoncés sur accusations solennelles ou simples délations, suivant la qualité des parties poursuivantes, par tous, sans exception, même par ceux qui, régulièrement, n'y auraient pas dû être admis. Bien plus, l'esclave qui dénonçait un pareil crime à l'autorité publique, recevait la liberté en récompense. C'est par application de cette règle spéciale que Sévère et Antonin rappellent, dans un rescrit, que le préfet des vivres peut admettre une femme à accuser pour l'utilité publique des approvisionnements de blé. Les personnes infâmes, les militaires qui ne peuvent pas se mêler d'affaires étrangères au repos public, les esclaves eux-mêmes sont admis à ce genre d'accusation (v. loi 13, Marcian., liv. 1, *de public. judic.*). Ces derniers peuvent même, en cette matière, et aux cas de crimes de fausse monnaie, de lèse-majesté et autres détaillés par la loi 4, au tit. de *public. judic.*, se porter accusateurs de leurs propres maîtres, et, à propos du crime de lèse-majesté, dont le nom seul réveille tant de souvenirs odieux, dans l'histoire de Rome, nous avons vu, à la plus triste époque de cette histoire, des despotes lâches et toujours tremblants pour leur vie, introduire jusqu'au sein des familles, cet abominable trafic de délation, grâce auquel, dit plus d'un auteur indigné, ce fut le tour des maîtres et des pères de trembler devant leurs fils et leurs esclaves!

Enfin, l'état d'accusation créait, pour celui qui y était soumis, une espèce toute particulière d'incapacité. Celui qui était « *in reatu*, » suivant l'expression technique romaine, à laquelle équivaut, chez nous, la prévention, dans son sens le plus large, devenait incapable d'accuser et, en particulier, de « *recriminare*, » c'est-à-dire d'accuser son propre accusateur, tant qu'il ne s'était pas justifié. Mais, cette règle n'était pas absolue, et la rigueur en fléchissait toutes les fois que l'accusé opposait à son accusateur un crime plus grave que celui dont il était lui-même inculpé. Alors, et bien qu'il n'eût pris inscription que plus tard, son accusation passait la première, et le poursuivant, voyant son rôle changer, était obligé de se justifier d'abord. Lorsque la récrimination portait sur un fait d'égale ou de moindre gravité, elle n'était permise que si ce fait constituait en même temps une injure atteignant l'accusé lui-même ou ses proches. D'ailleurs, dans le cas contraire, l'accusé pouvait toujours déposer son incription pendant qu'on instruisait contre lui le procès criminel. (V. Ulpien, loi 5, tit. 1, liv. 48, Dig. *de public. judic.*). Une question débattue parmi les juriconsultes romains était celle de savoir si le condamné pouvait accuser après sa peine subie, et Ulpien nous montre, dans cette loi 5, la raison de douter venant de ce qu'une constitution impériale avait expressément déclaré qu'un condamné ne pouvait introduire une accusation. Mais, le même juriconsulte ajoute : « Je pense que cela ne doit s'entendre que de ceux qui sont déchus du droit de cité, ou ont été privés de la liberté. En tout cas, il est certain que ceux qui ont formé leur accusation avant d'avoir été condamnés, peuvent en poursuivre l'effet après. » Nous pensons, avec Pothier, que ces derniers ne peuvent agir que sous les mêmes réserves, c'est-à-dire pourvu qu'ils n'aient perdu ni le droit de cité, ni la liberté, et que, si Ulpien ne l'a pas répété en terminant sa loi, c'est que le contraire ne pouvait être supposé.

SECTION II. — DE CEUX QUI NE PEUVENT PAS ÊTRE ACCUSÉS.

La classe la plus importante de personnes que comprenne cette seconde section, est celle des fonctionnaires publics que leur charge retient loin de Rome ou hors de la province dans laquelle ils sont accusés. Nous citerons avec Venuleius, Saturninus, loi 12, Dig., des acc. et incrip. : « Le lieutenant de l'empereur, c'est-à-dire le président de la province. — Le député d'une province, mais seulement pour un crime antérieur à sa députation. — Le magistrat du peuple romain ou celui qui est absent pour le service de la république, pourvu que cette absence ait lieu sans dol. » Le jurisconsulte ajoute que « même ceux qui sont déjà accusés, peuvent jouir d'un bénéfice de ce genre, s'ils prétendent ne pas devoir être poursuivis en vertu d'une abolition qui est intervenue en leur faveur, suivant la lettre d'Adrien au consul Glabrion. » Nous aurons occasion de parler de l'abolition sous la cinquième section, et nous reviendrons sur ce point que nous ne faisons qu'indiquer. Quant aux absents, pour service public, au sujet desquels

nous n'avons pas à entrer dans de longs développements, le motif de la loi qui les exempte de l'obligation
de défendre à toute poursuite criminelle dirigée contre
eux pendant leur magistrature, est facile à saisir. C'est
une mesure d'intérêt général, dont leur personnalité bé-
néficie indirectement, grâce au respect religieux dont les
mœurs romaines nous donnent un grand exemple, à l'é-
gard de quiconque a cessé d'être un simple citoyen.
D'ailleurs, ce respect ne saurait aller jusqu'à l'impunité
et, lorsque l'excuse de l'absence ne se rencontre plus en
faveur du magistrat coupable, rien n'empêche de l'accuser. Ainsi, par exemple, et cela résulte bien par *a contrario* de tous les textes sur ce point, celui qui a commis
un adultère dans la province où il est employé, peut y
être accusé, à moins, bien entendu, qu'il ne soit pas
soumis à la juridiction du président. Mais, voici en quoi
la grande maxime d'ordre public reprend tout son empire :
« Celui qui est revêtu de dignités ou de fonctions publiques,
rapporte un rescrit de Tibère, peut bien être accusé, mais
son accusation est suspendue jusqu'à la fin de ses fonctions, sous la caution de sister en jugement. » Et Cujas
fait remarquer, à ce propos, que la « *postulatio* » ainsi
introduite, lie aussi bien le magistrat que l'accusateur.
Il ajoute qu'une seule accusation, celle du péculat,
« *repetundarum*, » n'est jamais différée contre lui, le
crime étant plus odieux que tous les autres, même que
celui d'adultère, qui est cependant un crime contre le
droit des gens.

L'absent peut-il être accusé? Nous parlons ici, bien
entendu, de celui qui n'a pas ce juste prétexte d'un service public à alléguer. Suivant le droit ou la coutume ancienne, on pouvait accuser l'absent, ce qui signifie qu'on

pouvait le faire inscrire parmi les accusés, procédure préliminaire dont nous avons parlé sur les formalités de l'accusation, dans les jugements publics, et souvent même l'instance suivait son cours et s'achevait contre lui. A propos de cette inscription d'un absent parmi les accusés, mesure rigoureuse et extraordinaire, qui devait être laissée à l'appréciation du préteur de la question, et que l'absence d'un système légal et régulier de contumace pouvait seule excuser, nous voyons, dans le fameux procès de Verrès, ce magistrat concussionnaire, son père et ses amis contester ce qui avait été fait à son égard, et quelque chose de semblable dans un autre procès d'un certain Sternius Thermiton. On peut encore invoquer, comme témoignages de cette pratique, la loi Memmia, dont parle Valère-Maxime, à propos de Marc-Antoine, que nous avons vu accusé d'inceste, malgré son absence pour le service de la république, et la loi Julia, des adultères, qui exceptent l'une et l'autre celui-là seul qui est absent pour service public. (V. loi 15, Ulpien, § 1er, *ad legem Juliam de adult.*) Nous venons de voir, dans la section précédente, la même exception se rapportant aux seuls fonctionnaires, quoiqu'en termes plus généraux et en manière d'énumération (v. loi 12 tit. des acc. et inscrip.). Enfin, Cicéron, dans la juridiction sicilienne, nous montre que, Dolobella ayant été condamné sur une accusation de ce genre, cette condamnation fut cassée parce qu'il avait été accusé alors que ses concitoyens lui avaient confié une mission à remplir à Rome. Ces lois et ces attestations d'auteurs si compétents en matière de droit, nous montrent clairement qu'on pouvait inscrire, même absents, ceux qui ne l'étaient pas pour quelque service public, et il est bien certain aussi qu'elles veulent parler de ceux auxquels l'accusation n'a jamais été dénoncée, ou avec lesquels il n'y a pas eu ce qu'on appelle la « *litis contestatio*. » Celle-ci avait lieu, il faut nous en souvenir, au moment où la discussion préalable intervenait « *in jure*, » devant le magistrat, qui recevait l'accusation, entre les deux parties présentes, l'accusateur opposant le crime, suivant la formule légale, et l'accusé le niant ou se taisant, après quoi le premier demandait jour à fin de poursuivre l'instance judiciaire « *in judicio*. » C'est cette discussion « *contestatio* » dont le nom même a servi à former l'expression technique de « *litis contestatio*, » qui constituait proprement l'accusation, établissant le défendeur « *in reatu*, » par l'inscription de son nom sur le rôle des prévenus, et qui mettait dès lors la cause à même d'être poursuivie jusqu'au bout, nonobstant l'absence de l'accusé, s'il n'obtempérait pas aux sommations qui lui étaient faites par un crieur public, dans les délais légaux, et ne se représentait pas devant le juge.

Telle était l'ancienne pratique criminelle ; elle changea sous l'empire, et la procédure par contumace s'introduisit dans le droit des constitutions. L'absent ne pût plus être accusé, inscrit malgré son absence, au rôle des accusés, mais seulement noté pour être recherché. La loi 15, au Code, liv. 9, tit. 9, de la loi Julia, sur les adultères, rescrit de l'empereur Gordien à Hilarinus, le dit en termes formels : « Si votre femme a quitté la province avant que l'accusation d'adultère ait été introduite contre elle, elle ne peut être accusée, maintenant qu'elle est absente, etc. » Il y a aussi, au Digeste et au Code, un titre entier sur la recherche de ceux qui ont été annotés. Nous n'avons pas à en parler, mais nous pouvons dire en deux mots quelles étaient les mesures prises pour

obtenir la comparution des contumax. Ils avaient un an
pour se représenter, du jour de la proclamation des édits
de comparution. S'ils se représentaient ou étaient saisis
dans ce laps de temps, l'instance s'ouvrait, ils pouvaient
être accusés dans les formes légales, ordinaires, et on
leur restituait en même temps leurs biens mis en séquestre.
S'ils ne comparaissaient qu'après ce délai, la confiscation devenait irrévocable, quand même ils auraient
triomphé de l'accusation intentée contre eux. Mais, ici
également, la « *litis contestatio* » intervenue avait pour
effet de lier l'instance, et la fuite de l'accusé n'avait
aucune conséquence, par rapport à la poursuite du procès qu'on menait jusqu'au bout. Après la triple sommation d'usage préalablement faite, comme autrefois,
l'accusé qui ne comparaissait pas pouvait être condamné,
par là même qu'il avait pu être inscrit « *inter reos* » (ce
que nous supposons). Car, comme le fait remarquer
Cujas, à quoi bon l'inscrire, si on ne peut ou le condamner ou l'absoudre, c'est-à-dire poursuivre jusqu'au bout
son accusation? D'ailleurs, pour s'en convaincre, il n'y
a qu'à lire la loi 10, au titre *de publicis judiciis*, où
Papinien s'exprime ainsi : « Le magistrat ayant pris
connaissance du procès par les dires respectifs des deux
parties, l'excuse pour l'absence de l'une d'elles sera
admise sur de justes motifs, et, pendant trois jours de
marché, l'accusé devra être cité, avant qu'on puisse le
condamner, etc... » L'empereur Alexandre, dans la loi
13, au Code, *ad leg. Jul. de adult.*, dit, à son tour: « Il
est de droit acquis que la femme adultère peut être
inscrite au rôle des accusations, malgré son absence,
lorsqu'elle a quitté la province après l'instance introduite
contre elle. »

Il nous reste à parler de l'esclave. Soumis d'abord au tribunal domestique, il dut relever bientôt, pour les crimes dont il se rendait coupable, de la justice publique. En effet, Venuleius Saturninus, loi 12, § 4, tit. des acc. et insc., nous le montre justiciable des tribunaux criminels, de par les lois portées sur les jugements publics, et au § 3, il rappelle que déjà, sous Tibère, un sénatus-consulte, rendu sous le consulat de Cotta et de Messala, avait exigé les mêmes formalités pour un esclave accusé que pour un homme libre. Au Code, de nombreuses constitutions confirment, même au profit de leurs maîtres, ce droit d'accuser les esclaves coupables. D'après un rescrit de Marc-Aurèle, le maître peut introduire une accusation contre son propre esclave, et au titre des acc. et inscript., le rescrit 13 des empereurs Valentinien, Gratien et Théodose au vicaire d'Espagne, porte ceci : « Que celui qui croit être fondé à accuser ses esclaves, ne les soumette à la question que préablement il n'ait pris une inscription, tout comme si son accusation était dirigée contre des hommes libres. » Cette constitution nous paraît remarquable, en ce sens, qu'elle montre bien quelle importance attachaient les législateurs du Bas-Empire à la stricte observation des formalités exigées dans une accusation criminelle, formalités que d'autres temps avaient cru pouvoir négliger, nous le savons, puisqu'ils en exigeaient l'accomplissement même dans les procès intéressant de simples esclaves. Mais, si nous avons parlé ici de cette classe de personnes, c'est qu'il y a certains cas, où ne pouvant être accusés, les esclaves rentrent indirectement et par exception dans notre présente section. Venuleius nous apprend, *dicto loco*, tout le secret de ce droit exceptionnel, lorsqu'il nous cite l'exemple de l'accusation sur la violence privée de la loi Julia, qu'on ne peut intenter contre un esclave, et qu'il en donne pour motif l'impossibilité de punir le coupable par la confiscation du tiers de ses biens, peine qui ne peut atteindre celui qui ne saurait avoir des biens. D'après cela, il faut établir en règle générale que l'esclave ne pourra pas être accusé en vertu d'une loi dont la pénalité, comme une pénalité pécuniaire ou infamante, ou encore capitale, au sens large de diminution d'état civil, ne saurait l'atteindre. D'ailleurs, il ne faut pas croire que l'impunité résultât pour lui de cette impossibilité légale; il est probable, au contraire, qu'il n'en était puni que plus rigoureusement, d'une autre manière, et nous en avons une preuve dans la disposition par laquelle Sylla, en les exemptant de l'accusation par la loi Cornélia sur les injures, les soumit à un châtiment extraordinaire encore plus dur.

Disons enfin que les militaires n'étaient pas accusables suivant le droit commun et dans les formes ordinaires, mais que, par suite des exigences de la discipline et du caractère qui distinguait le plus souvent leurs délits, ils relevaient seulement de la juridiction spéciale de leurs chefs.

SECTION III. — Si l'on peut être accusé ou défendu de crimes publics par procureurs.

L'exposé de ce point est fort difficile, par suite du peu de clarté que présentent sur cette matière les commentaires, souvent contradictoires, des auteurs mêmes les plus autorisés, et de la confusion encore plus grande dans laquelle se présentent les nombreux textes du Digeste et du Code qui traitent ce sujet. Pour y introduire un peu plus d'ordre et de méthode, nous aurons soin de distinguer les époques, et, pour mettre dès l'abord quelque lumière dans nos recherches, nous commencerons en rappelant les principes généraux de l'absence au criminel, que nous n'avons fait qu'indiquer précédemment et qui exigent ici de plus amples explications.

Nous savons qu'une maxime de droit romain, fort rigoureuse dans son application pratique et longtemps respectée, était celle d'après laquelle nul ne pouvait jouer le rôle d'autrui, dans une cause quelconque. Nous savons aussi quelles rares exceptions la nécessité avait fait introduire et dans quelles bornes étroites ces exceptions étaient maintenues. Ce qui avait lieu au civil dut à plus forte raison être admis au criminel, et la nature des questions en cause aussi bien que la gravité des intérêts engagés repoussèrent sans doute plus énergiquement encore tout ce qui pouvait ressembler à une intervention étrangère. « A Rome, dit Ayrault, il est certain qu'il n'était pas *juris ordinarii* de faire le procès aux absents, et, comme il se réfère aux plus anciens temps, à l'époque où les jugements étaient encore populaires, il ajoute que le magistrat ne le pouvait faire de son autorité privée et de sa puissance ordinaire, sinon que le peuple, ou le prince, par loi ou commission expresse, l'eût ordonné, par exemple au cas de crime grave, comme celui de lèse-majesté. Et Voët, au livre 3, titre 3, de ses *commentaires* sur les procurateurs et défenseurs, n° 14, des procès criminels, nous donne des raisons plus explicites encore de cette pratique, en nous montrant que, là, les procurateurs ne sont pas admis, soit du côté de l'accusé, afin que les instances ne deviennent pas illusoires par l'absence de cette partie, soit du côté de l'accusateur, pour la même raison, au cas où il devrait subir la peine du talion, à laquelle le soumet son inscription, s'il ne prouve pas son accusation. Plus d'un texte formel établit en principe cette nécessité, dans les causes criminelles, de la présence des deux parties. Ainsi, nous lisons dans la loi 13, § 1er, de Papinien, au titre de *public. judic.*: « C'est en vain qu'un procureur intervient dans la poursuite d'une accusation publique, et on doit l'admettre bien moins encore du côté de la défense. » Et dans la loi 11, § 2, du même, *ad. leg. Jul. de adult.* au Dig.: « Une femme contre laquelle il a été admis une accusation d'adultère, en son absence, ne peut pas être défendue. » Nous aurons occasion de revenir tantôt sur ce texte. Antonin observe encore cette rigueur particulière aux actions publiques, qui diffèrent en cela des actions civiles nées des délits, dans le rescrit suivant : « Si vous pouvez prouver qu'Ælianus a reçu et caché pendant quelque temps votre esclave, et que bientôt, suivant son conseil, il a pris la fuite, vous pouvez intenter l'action (publique) de la loi Fabia *par vous-même*, ou faire intenter par procureur l'action propre à ce cas, c'est-à-dire l'action de l'esclave corrompu. » (Loi 2, Code 9, 20, *ad leg. Fab., de plagiar.*) La rigueur de ce principe avait même passé, en partie du moins, dans une classe d'actions qui n'avaient pas le caractère criminel des actions publiques, nous voulons dire dans les actions populaires, au sujet desquelles la loi 5 de Paul, titre des actions populaires, au Dig., s'exprime ainsi: « Celui qui est poursuivi sur une action populaire peut présenter un procureur pour sa défense; mais celui qui l'a introduite ne saurait se faire représenter. » Remarquons encore que la présence était exigée, de quelque dignité que fût l'accusé ou l'accusateur. Aussi, Dioclétien et Maximien disent-ils : « Il convient que les personnes les plus distinguées se présentent sur les actions publiques, où l'inscription demande leur présence, quoique sur des actions pécuniaires elles puissent agir par procureur. » (Loi 15, 9, 2, Code, des acc. et inscript.) Enfin, cette présence des parties était exigée tant en cause d'appel qu'en cause principale, suivant Paul, Sentences, liv. 5, titre 35, § 1er, qui écrit : « Nous ne pouvons poursuivre le mérite d'un appel en cause capitale et d'état que par nous-mêmes, parce qu'un absent ne peut être mis en servitude ni y être condamné. »

Telle était donc la règle générale. Mais, comme toute règle de cette nature, elle avait ses exceptions, que certaines exigences avaient fait admettre. Toutes les personnes qui sont appelées à jouer un rôle dans un procès criminel, et que leur absence en empêche, peuvent, ce nous semble, se partager en trois grandes classes : La première comprend ceux qu'une charge publique retient ailleurs, et nous n'avons pas à revenir sur l'excuse légale dont ils pouvaient bénéficier, à l'encontre de leurs accusateurs, et dont l'effet direct était d'empêcher leur inscription au rôle des accusés, et, à plus forte raison, leur jugement. La seconde comprend ceux qui sont absents, mais de bonne foi, et à l'égard desquels les lois prenaient encore certaines mesures de garantie, et la troisième enfin, ceux qui ont fui, les absents volontaires, ceux que nous appelons les contumax. C'est surtout de ces deux dernières classes d'absents que nous avons à parler ici. Or, il est certain que les absents involontaires, de bonne foi, ont dû toujours être l'objet d'une faveur particulière de la part du législateur ; car, il n'y a pas lieu de leur reprocher la circonstance particulière qui les met dans l'impossibilité de défendre au procès qu'on leur intente. Aussi, plusieurs textes formels admettent-ils ici l'intervention, dans leur intérêt, d'un procureur qui fera valoir devant le magistrat les motifs de l'absence et empêchera la poursuite de l'instance. C'est ce que dit, entre autres, la loi 71, de Paul, *de procurat.*, au Dig.: « L'absent accusé peut rendre raison de son absence par l'intermédiaire d'un procureur. » Et, remarquons-le, on suppose déjà, dans ce cas, une accusation introduite, puisque le texte porte le mot « *reus* », qui doit se prendre, par suite de la matière, dans le sens naturel d'*accusé*. Ce qui, d'ailleurs, nous confirme pleinement dans cette opinion, c'est que d'autres textes montrent les choses bien plus avancées, et vont même jusqu'à supposer que la sentence n'était pas loin d'intervenir. La fin de la loi 13, de Papinien, de *public. judic.*, déjà citée, porte en effet « que les excuses des absents peuvent être alléguées aux juges par la faveur du sénatus-consulte, et que la sentence sera différée, si l'on fait valoir un juste motif. » Cela peut paraître extraordinaire au premier abord, si l'on se rapporte à ce que nous avons dit au début de cette section, qu'il n'était pas de droit ordinaire de faire le procès aux absents, et surtout si l'on se rappelle que le magistrat auquel on s'adressait pour introduire une accusation, avait à examiner préalablement si rien ne s'y opposait. Or, il est bien évident que l'absence était un des plus grands obstacles, chez un peuple qui poussait ordinairement si loin le respect de la libre défense. Mais, il faut nous souvenir aussi que, de bonne heure, nous l'avons dit, l'usage s'introduisit de faire brèche, dans certaines occasions et par suite de certaines circonstances, à cette garantie

traditionnelle de la présence des deux parties et que, plus
d'une fois, on prononça même un arrêt de condamnation
contre ceux qui ne se doutaient même pas de la poursuite dirigée contre eux. Nous en avons vu un exemple
à propos de C. Dolabella, exemple d'autant plus remarquable que le condamné avait, de plus, pour lui, l'excuse
d'une mission officielle dont il s'acquittait. Il était donc
naturel qu'en admettant une pratique si nouvelle, et en
même temps si funeste aux intérêts privés, on admît,
par conséquence forcée et comme faible compensation,
l'intervention, même officieuse, même spontanée de
quiconque se présenterait pour donner une raison de
l'absence de l'accusé et montrer qu'elle était involon-
taire. Et, si l'on poussait jusqu'au bout la rigueur à l'encontre de l'accusé poursuivi, si le magistrat admettait
l'accusation et renvoyait la cause aux juges, pour qu'ils
la terminassent par leur sentence, eût-il été juste, eût-il
été raisonnable de ne pas admettre jusqu'au bout aussi
le rôle du représentant officieux qui s'était offert pour
excuser simplement l'absent et qui, maintenant, prétendait accepter la défense au fond ? Aussi, lisons-nous dans
la loi 33, d'Ulpien, § 2, au Dig., *de procurator :* « Il est
d'utilité publique que les absents soient défendus, n'importe par qui, puisqu'on peut se faire défendre, quand
on est accusé d'un crime capital. Partout donc où un
absent est dans le cas d'être condamné, il est juste qu'on
entende quiconque élève la voix pour sa défense, l'excuse ou prouve son innocence, ce qui paraît résulter
d'un rescrit de notre empereur. » Le rescrit auquel
Ulpien fait allusion en terminant est un rescrit de l'empereur Alexandre, sous lequel il vivait, et qui forme la
loi 3, au Code, titre des acc. et inscript. Donnons-en

l'explication immédiate; car, il va nous servir dans la
discussion que fait naître entre les jurisconsultes le texte
précédent. L'empereur Alexandre dit : « Les lois sur les
jugements publics permettent que les accusés de crimes
capitaux absents soient défendus même par procureur. »
Il est à propos de remarquer ici que l'empereur, répondant sans doute à une question qui lui avait été posée ou
prévenant tout doute sur ce point de la possibilité de la
procuration, se réfère au droit des jugements publics,
dont il semble s'autoriser dans sa décision, et rappelle
que les lois sur ces jugements permettent l'intervention
d'un procurateur dans l'intérêt d'un accusé de crime capital. Malgré la disposition si formelle de ces textes,
Cujas et Wissembach refusent de voir une défense au
fond, une représentation véritable dans l'intervention
du procureur qui prend les intérêts de l'absent accusé
dans un jugement public.

Cujas, en particulier, enseigne qu'on ne peut représenter l'absent pour le défendre, même en offrant satis-
dation. C'est là, d'après lui, une règle générale, à laquelle il ne voit qu'une seule exception, celle où, la *litis
contestatio* ayant eu lieu entre les parties dans un procès
sur crime capital, et l'accusé étant dès lors dans le cas
d'être condamné sans être entendu, par la raison que
l'instance est liée et qu'un jugement peut intervenir, il
devient d'utilité publique et de stricte justice d'admettre
à élever la voix en faveur de l'absent quiconque se présentera. Nous reviendrons sur ce point tout à l'heure,
mais poursuivons d'abord la discussion de cette opinion
de Cujas, trop absolue pour être admise, et que des textes
précis, nous le répétons, combattent de la façon la plus
énergique. Il appuie son système d'abord sur un argu-

Fabre.   10

mont *a contrario* tiré de la défense de l'esclave accusé de crime capital, qu'il soit d'ailleurs présent ou absent, par son maître, qu'un grand nombre de lois admettent à ce rôle de défenseur, de représentant, parce qu'elles considèrent sans doute que le maître, en pareil cas, ne semble pas tant défendre l'accusé lui-même, que son propre patrimoine dans sa personne, et qu'il importe que chacun veille sur son patrimoine, en prenant d'ailleurs toutes les précautions exigées par la loi. Mais, quand un homme libre est accusé, dit-il, c'est bien différent, et un procureur ne saurait intervenir, même en offrant d'aussi fortes garanties. Il rappelle ensuite que Modestin, au livre 6, *des différences*, confirme ceci par la raison que, généralement, on n'admet pas dans les procès criminels l'accusation par procureur ou autrement, et encore moins la défense, la personne du défendeur étant indispensable pour la bonne et sûre direction de la cause. C'est aussi ce que nous avons vu au § 1er de la loi 13 de Papinien, Dig., tit. *de public. judic.* Il est probable que cette dernière loi a été, pour Cujas, un autre argument non moins fort, en faveur de sa doctrine sur ce point. Il la rappelle, en effet, dans une autre partie de sa discussion, et il fait bien remarquer qu'il ne s'agit dans cette loi que de l'excuse de l'absence, que le sénatus-consulte permet de présenter au juge en faveur de l'accusé, dans un jugement public, et qui fera retarder la sentence, si elle est trouvée suffisante. En dehors donc du cas particulier qu'il nous fait connaître, Cujas n'admet, en faveur de l'accusé absent, qu'une intervention bornée à l'excuse offerte de son absence. Aussi, et pour faire rentrer dans le cadre de son système la loi 33 d'Ulpien, qui lui oppose son texte formel, lui fait-il subir une altération profonde qui en

change complètement le sens. Dans le membre de phrase
où on lit : «... *innocentiam excusantem audiri æquum est...*»
il remplace le mot : «*innocentiam*» par cet autre « *absentiam,* » Voët remarque à bon droit que c'est sans raison
pressante que Cujas fait ce changement arbitraire dans
le texte, puisqu'il est vrai de dire que toutes les fois
qu'un absent est dans le cas d'être condamné, le premier
venu peut élever la voix pour justifier son innocence. Or,
l'absent est dans ce cas, non-seulement lorsque la « *litis
contestatio* » est intervenue entre les parties présentes,
nonobstant l'absence de l'accusé qui surviendrait ensuite, le seul cas que semblent admettre les auteurs sus-
nommés, et qui se présente dans le droit impérial, avec
le nouveau système de la contumace, mais encore, il ne
faut pas l'oublier, même avant cette « *litis contestatio*,» et
dès le début de l'instance, dans le droit antérieur des
jugements publics, où nous avons vu l'absent pouvant
être inscrit au rôle d'accusation, et même condamné sans
être entendu. Cujas n'a rien ignoré de tout ceci, puisque
lui-même atteste cette rigueur de la pratique ancienne,
permettant l'accusation d'un individu devenu absent
même avant la contestation en cause, et allant parfois
jusqu'à la condamnation. Il est vrai qu'il ne va pas si loin
que Wissembach et les auteurs qui, s'inscrivant en faux
contre ces paroles expresses de la loi 33, *de procurator*:
« on peut se faire défendre lorsqu'on est accusé d'un
crime capital. » pensent le contraire de ce texte, et que le
procureur ne peut être admis à défendre l'accusé, même
sur un crime capital, cette loi ne s'entendant pas de la
défense au fond, mais seulement des excuses sur son absence. On pourrait opposer à ceux-ci le témoignage non
moins exprès de la constitution de l'empereur Alexandre,

citée plus haut, d'après lequel «les lois sur les actions publiques permettent aux absents accusés de crimes capitaux de se faire défendre même par procureur. » Mais, Cujas nous apprend que cela s'entend encore; parmi ces auteurs, de l'absence des accusés en tant qu'il leur est permis de se faire excuser et défendre sur la présentation de justes motifs, mais sans pouvoir agir en instance, même au cas où le procès est encore entier. Il montre que cette interprétation est forcée et improbable; car, dit-il, on n'eût pas parlé de cette façon absolue, si on eût entendu seulement l'excusé de l'absence. Il prétend, au contraire, que ces expressions signifient la défense pleine et entière, et il s'appuie précisément sur le motif d'utilité publique invoqué par la loi 33, *de procurator*. On se demande donc dans quel but il fait subir une pareille altération au texte de cette loi, et écrit « *absentiam* » à la place de « *innocentiam*, » dont le sens est si clair et si naturel. Peut-être, se référant au § 1er de la loi 13, au Dig., *de public. judic.*, où est posé le principe général de la prohibition d'une intervention étrangère, en matière d'actions publiques, et où sont admises, sous le bénéfice du sénatus-consulte, les seules excuses de l'absence présentées par le procureur qui intervient, en fait-il l'application au dispositif du § 2 de la loi 33, *de procurator*, par ce motif qu'il n'y suppose pas encore intervenue la contestation en cause. Ici encore, il pourrait invoquer la constitution précitée de l'empereur Alexandre, qui suppose sans doute intervenue cette contestation en cause, lorsqu'elle admet, après les vieilles lois criminelles, la défense au fond des absents, puisqu'elle emploie l'expression technique de « *Reos*, » et que c'est la contestation en cause qui constitue le prévenu « *in reatu*, » en

état d'accusation. Mais, observons-le, cette constitution, appartenant à une époque où les accusés absents
ne pouvaient être condamnés que lorsque avait eu lieu
la contestation en cause, devait, par suite, parler de
la défense permise, au fond, au procureur, uniquement pour ce cas où l'accusé, étant constitué « *in reatu*, »
courait le risque d'être condamné. Or, il n'en était pas
ainsi dans le système des jugements publics, et nous
savons qu'en tout état de cause, et dès le début même de
l'instance, ce danger menaçait le prévenu. Aussi Ulpien
s'exprime-t-il, dans la loi 33, de la façon la plus générale, et, pour embrasser tous les cas, ne fait-il aucune
restriction de situation ou de temps, se contentant de
dire que dès là qu'un absent peut être condamné, il
est juste d'admettre à sa défense celui qui s'offre pour le
représenter. Quoi qu'il en soit du but de ceux qui font
subir cette altération au texte du § 2 de la loi 33, Voët
blâme un tel procédé, comme arbitraire, et montre
qu'Ulpien n'y parle pas de la simple excuse de l'absence,
mais bien de la défense au fond du procès. Il en donne
plusieurs raisons convaincantes : D'abord, dit-il, le commencement du paragraphe établit la règle d'utilité publique, en faveur de la défense des absents par toute
personne, en termes si généraux, qu'elle ne peut être
entendue que de la poursuite légitime, de la défense au
fond du procès principal. Il cite à l'appui la loi 12, au
Code, *de procurator*, où nous voyons l'intervention d'un
fils admise, quoique son âge ne la lui permît pas, et pour
une véritable défense, qui a sauvé le père d'une grave
condamnation, dont il eût peut-être été chargé sans cela.
Une seconde preuve, continue Voët, est l'assertion générale de la loi : que dans les procès capitaux mêmes on

accorde le droit de défense. Or, l'excuse de l'absence n'est
qu'improprement une défense, et tend plutôt au renvoi
de la défense à présenter. De plus, la loi rappelle à la
fin du paragraphe le rescrit de l'empereur Alexandre,
lequel ne parle nullement de l'absence, mais établit que
les accusés de crimes capitaux absents peuvent aussi être
défendus par procureur, d'après les lois des jugements
publics. Enfin, il fait remarquer la limitation établie par
le texte, quant à la défense au fond des accusés absents,
d'après laquelle l'absent doit être dans le cas de se voir
condamner. Or, cela eût été inutile, si Ulpien n'avait eu
en vue que la simple excuse de l'absence; car, alors,
quand l'accusé ne peut être encore condamné, que la
« *litis contestatio* » n'a pas encore eu lieu (on voit qu'il fait
allusion spécialement ici au droit de l'époque impériale),
et qu'on recherche seulement l'accusé absent pour un
crime grave, un juste motif d'absence peut être, à coup
sûr, allégué par un autre, afin de le soustraire à la situation du contumax et de lui éviter la confiscation.

Jusqu'ici nous n'avons parlé que des absents en général, ayant en vue surtout ceux dont l'absence involon-
taire n'est pas vue d'un si mauvais œil par la loi. Occu-
pons-nous maintenant des absents de mauvaise foi,
c'est-à-dire de ceux qui s'enfuient où se cachent pour
échapper à la poursuite criminelle de leurs accusateurs
et au châtiment des lois. Nous avons dit que la procédure par contumace fut une création nouvelle du droit
impérial. Les moyens pris à l'encontre des contumax
étaient : l'annotation à fin de recherche, moyen employé
déjà vis-à-vis de tous les absents par la législation criminelle des jugements publics. — La saisie des biens, qu'on
y ajoute, suivie, après l'année, de la confiscation. — Une

pénalité plus dure au cas où, revenus ou arrêtés après ce laps de temps, ils succombaient au procès et étaient condamnés. Plus tard, les accusés ne se présentant plus, on en vint à tenir pour présent le contumax; mais, il faut le remarquer, tout en lui faisant le procès et en le condamnant, s'il y avait lieu, on ne prononçait contre lui que des condamnations pécuniaires, infamantes et afflictives, mais alors jusqu'à la rélégation inclusivement. Dans ce nouveau système, il est facile de poser la règle légale en matière de procuration, et tous les auteurs que nous avons cités sont ici du plus parfait accord. Voici cette règle, présentée le plus clairement et le plus succinctement possible : Du moment que la « *litis contestatio* » est intervenue entre les parties en instance, liant la procédure et la mettant en état d'être poursuivie jusqu'au bout, l'absent peut être défendu par procureur sur une accusation capitale (c'est-à-dire, nous le savons, intéressant la liberté ou le droit de cité). Avant ce moment, la procuration n'a pas de raison d'être, parce que l'absent ne peut être inscrit au rôle des accusés, et, à plus forte raison, ne saurait subir une condamnation. Quant aux procès non capitaux, ils n'admettent pas l'intervention d'un procureur, même après la contestation en cause, la même gravité ne s'y rencontrant plus et le « *caput* » du citoyen n'étant plus en question. Un grand nombre des textes précédemment cités confirment la règle que nous venons d'établir. Rappelons, entre autres, la loi 10, de Papinien, tit. *de public. judic.*, Dig., où nous voyons que le jugement interviendra après les sommations d'usage faites aux absents, lorsque l'instance aura été liée en présence des partis — le § 2 de la loi 33, d'Ulpien, qui admet la défense par procuration des absents, dans les

causes capitales toutes les fois que l'accusé est en état
d'être condamné — la loi 15, au Code, *ad leg. Jul. de*
adult., qui montre que la femme adultère ne peut plus
être 'accusée lorsqu'elle a prévenu l'accusation par la
fuite, et la loi 13, *ibidem*, d'après laquelle la femme adultère peut, nonobstant son absence, être inscrite au rôle
des accusés, lorsque l'accusation a été introduite contre
elle, en sa présence. Enfin, surtout le rescrit 3 de l'Empereur Alexandre, tit. des acc. et inscript., au Code, dont
nous devons rappeler la disposition explicite : « Les accusés « *reos* » de crimes capitaux absents peuvent être
défendus même par procureur, de par les lois des jugements publics. » L'expression latine est prise ici dans son
sens technique, et désigne le défendeur « *accusé.* » Le
défendeur devient proprement « *reus* », lorsque le procès
a vu s'établir la « *litis contestatio* » contradictoirement
avec lui, et c'est du temps qui suit cette « *litis contestatio* »,
et que le droit d'alors visait seul, que l'Empereur veut
parler en rappelant la faculté accordée, en matière d'absence, par les vieilles lois criminelles. Nous pouvons dire
la même chose de la loi 4; § pénult., ff. *ad leg. Cornel. de*
sicariis, qui établit qu'il faut rendre la sentence de condamnation contre les absents qui se sont rendus coupables du crime de castration. On ne peut donc inscrire
et condamner un absent avant la « *litis contestatio* » dans
le droit des constitutions, et il n'y a qu'une antinomie
apparente, comme le montre bien Cujas, entre les deux
lois 13 et 15, au Code, *ad leg. Jul. de adult.*; que nous
avons rapprochées ci-dessus. L'une dit, en effet, qu'on
ne peut accuser d'adultère la femme absente, et l'autre,
que la femme adultère, nonobstant son absence, peut être
inscrite au rôle des accusés, formalité de la procédure

qui suit immédiatement l'accusation établie, dont elle est un effet direct et légal. On est amené à faire cette objection : Si on ne peut accuser d'adultère la femme absente, comment peut-on l'inscrire au rôle des accusés, puisque cette inscription ne peut s'obtenir que sur une accusation assise ? Mais, nous le répétons, l'antinomie n'est qu'apparente ; car la loi 13, qui regarde comme incontestable la faculté d'inscrire la femme en question au rôle d'accusation, a bien soin de supposer expressément que l'accusation a été, au préalable, mise en état contre elle : « ..... *postedquam*, dit le texte, *crimen contrà eam inchoatum est.* »

Puisque l'accusation s'asseoit en justice par la contestation en cause, et que cet acte important de la procédure criminelle marque le moment à partir duquel l'accusé absent peut être défendu par procureur, il est bon d'établir nettement quand a lieu cette « *contestatio litis.* » Elle a lieu devant le magistrat, lorsque la partie poursuivante en vient à proposer son accusation en présence du défendeur, en établit le bien fondé, en l'appuyant de preuves; lorsque le magistrat interroge le défendeur, écoute ses dires et reçoit ses moyens de défense, entre autres et au premier rang, ses prescriptions, s'il en a à opposer, enfin prend connaissance de l'affaire par cette discussion « *contestatio* », qui donne son nom à cette partie de la procédure, et après laquelle on passe à l'inscription du nom de l'accusé. Voilà la seule manière de constituer une accusation, et aucune autre ne peut la remplacer, à moins qu'on n'agisse extraordinairement. On connaît ce passage d'Asconius Pedianus, qui dit qu'on est constitué accusé, lorsqu'on est interrogé suivant les lois et devant le magistrat, « *in jure* »; l'accusateur vous opposant votre crime, et vous, vous taisant, ce qui est pris pour un aveu, ou niant, auquel cas l'accusateur demande jour afin de poursuivre son accusation. Tout cela est présupposé dans la loi 13, au Code, *ad leg. Jul. de adult.*, et c'est ce qui explique qu'elle permette au juge d'inscrire le nom de la femme accusée, avec laquelle a eu lieu cette contestation, et quoiqu'elle devienne absente ensuite. Après cette sorte de contestation, fait remarquer Cujas, l'absence de l'accusé n'empêche plus rien, et on peut même le condamner, après l'avoir cité pendant trois jours de marché. Remarquons enfin que, dans tout ce que nous venons de dire au sujet de la possibilité d'être défendu par procureur, nous n'avons eu en vue que les jugements capitaux, que les accusés de crimes capitaux, les seuls favorisés en ce point par les lois. Quant à ceux qui sont inscrits parmi les accusés d'un crime donnant lieu à un jugement public non capital, comme celui d'adultère, ils ne peuvent bénéficier, en leur absence, du même privilége. Aussi, Papinien a-t-il pu écrire, au § 2, loi 11, Dig. *ad leg. Jul. de adult.* : « Une femme contre laquelle a été admise une accusation d'adultère, ne peut être défendue, pendant son absence. » Ici, la maxime romaine reprend tout son empire, et l'intervention d'un tiers n'est pas admise, comme défendue par les jugements publics. Quelques auteurs ont pensé que Papinien avait voulu établir par là comme règle absolue qu'on ne pouvait défendre les absents déjà inscrits au nombre des accusés, c'est-à-dire avec lesquels a déjà eu lieu la contestation en cause, ce qui serait contraire à la jurisprudence générale que nous venons d'établir et aux textes les plus formels. Mais, c'est à tort, et le plus grand jurisconsulte de Rome était incapable d'une pareille aberration juridique. Il n'a fait, au contraire qu'appliquer cette jurisprudence et ces textes en citant un exemple d'accusation non capitale qui, en cette qualité, n'admet pas le bénéfice légal de la défense par procureur. D'ailleurs, dans ce cas d'accusation non capitale, et lorsque l'accusé est une fois inscrit au rôle, rien n'empêche le tiers de se présenter pour excuser seulement l'absence. C'est à cette situation que se réfère sans aucun doute la loi 71, déjà citée, de Paul, Dig., *de procurat.*, où il est dit : « que l'absent accusé peut rendre raison de son absence par l'intermédiaire d'un procureur. »

Voilà donc quelle fut pendant long temps la pratique criminelle de Rome à l'égard des accusés. La contestation en cause était-elle intervenue entre les parties présentes, la cause se trouvant en état et une condamnation pouvant survenir, la défense par procureur était admise, pourvu qu'il s'agît d'un crime capital. Au cas contraire, le procureur ne pouvait intervenir que pour présenter l'excuse de l'absence. Cette intervention légale d'un procureur fut une brèche faite aux principes stricts de la législation criminelle sur les jugements publics, ce qui permet au vieil Ayrault de dire, à ce sujet : « En droit pur et en s'arrêtant soit à l'antiquité, soit à la propriété du nom de procureur, le procureur ne pouvait intervenir ou intervenait en vain ès accusations capitales. Mais, quand, à l'exemple des causes civiles, on a reçu que l'absent peut être accusé, on a aussi commencé à y recevoir aucunement l'ordre des causes civiles : savoir est que, comme l'office du procureur y était utile, aussi fut-il admis, « *in capitalibus judiciis*», que toute personne y peut défendre l'accusé absent, pour défendre son innocence et adoucir ce que son absence donne de mauvaise présomption contre lui. Ne peut-il pas être qu'il soit innocent, quoique contumax ? Ne peut-il pas être néanmoins absous ? » Cujas dit, à son tour : « Il est d'intérêt public, dans les instances capitales, et en même temps d'équité d'admettre toute personne à défendre celui qui a été accusé et peut être condamné pendant son absence, et n'a aucun souci de son salut, à s'intéresser à son sort et à prendre sa défense, de même qu'il est permis à tous d'appeler en faveur de celui qui est conduit au supplice. » Et il montre qu'un « *cognitor*», qui est comme un procureur, fut donné ou inscrit en faveur de Sténius Thermitanus, accusé d'un crime capital (v. Cicéron, *de jure dicendo in Verrem*). Nous savons ce qui se passait lorsque l'absence de celui qu'on voulait accuser avait lieu dès l'abord, avant l'accusation introduite et l'inscription au rôle, et quelles mesures étaient prises pour l'amener à se représenter. Une seule chose à constater, c'est que, du moins sous l'Empire, et dans les premiers temps, l'absent ne pouvait pas être accusé et encore moins, par suite, frappé d'une condamnation. Mais, plus tard, les accusés ne se présentant plus, on en vint à tenir pour présent le contumax. C'est au premier de ces deux états de droit que semble faire allusion le commencement de la loi 5 d'Ulpien, au tit. 19, *de pœnis*, liv. 48, Dig., où nous lisons : « Le divin Trajan a répondu à Julius Fronton que l'absent ne doit pas être condamné au criminel. Et le même, à Sévère Assiduus, qu'il ne faut pas condamner sur de simples soupçons, car il vaut mieux laisser impuni le crime d'un coupable que de condamner un innocent. »

Marcianus, au tit. 17, Dig. de *requir. vel absent. damnandis*, loi 1, *initium*, dit également : « Le divin Sévère et Antonin le Grand ont répondu qu'un absent ne devait pas être condamné: et ce droit est encore le nôtre, car il n'est pas juste qu'on soit condamné sans s'être défendu. Mais, le nouvel usage s'était déjà introduit, et on commençait à sévir plus rigoureusement contre les contumax. Seulement, dans ce second état du droit criminel, une règle importante était venue tempérer cette rigueur excessive, et il était admis que le juge ne pouvait prononcer qu'une condamnation infamante, une amende, ou une peine afflictive, mais non pas capitale. Aussi, Marcien continue-t-il, § 1er: « Si quelqu'un a mérité une condamnation plus grave, par exemple une condamnation aux mines, ou à une peine semblable, capitale, il ne faut pas prononcer le jugement contre lui, s'il est absent, mais l'inscrire pour qu'il soit recherché et se présente au procès. » Il continue, dans le § 2, par la procédure ordonnée, dans ce cas, aux présidents de province: la proclamation des édits de comparution, le séquestre des biens, etc. —Ulpien, dans la même loi 5, déjà citée, rend témoignage de la même pratique, et continue ainsi: « Quant aux contumax, qui n'ont obéi ni aux dénonciations, ni aux édits des présidents, il faut prononcer contre eux, même malgré leur absence, suivant l'usage des procès privés. On peut dire qu'il n'y aura là aucune contradiction. Comment donc? En décidant qu'on pourra prononcer contre ceux qui, malgré de nombreux avertissements, persistent dans leur contumace, des peines simplement pécuniaires ou qui atteignent la seule réputation, et aller jusqu'à la rélégation. Mais, s'il s'agit de porter une sentence plus rigoureuse, par exemple de condamner aux mines ou à une peine capitale, on ne devra pas prononcer contre un absent pareille condamnation. » Ainsi donc, le juge n'avait pas le pouvoir de prononcer une sentence capitale et, dans les accusations de cette nature exceptionnelle, le droit commun de la procédure par contumace reprenait son empire, et les moyens consacrés par les lois pour obtenir la comparution des absents étaient mis en œuvre.

Une constitution de l'empereur Gordien, sous forme de rescrit, 6, au Code des acc. et inscrip., s'exprime de la façon suivante : « Il est de vieille pratique juridique que l'absent ne puisse être accusé d'un crime capital, mais doive seulement être inscrit pour être recherché. Aussi, comme c'est, injustement, suivant ce que tu dis, que tu as été condamné aux mines par le président de la province, sans te savoir accusé, n'ayant jamais reçu de dénonciation criminelle, et surtout, attendu que la vérité va pouvoir se faire jour, puisque tu es présent et demandes justice, adresse-toi au préfet du prétoire, qui réformera équitablement le jugement rendu contrairement aux vieux usages et aux formes établies par les constitutions. » Ces formes légales, auxquelles l'empereur fait allusion et qui ont trait au système de la contumace, se maintinrent fort longtemps, et nous les voyons rappelées par Justinien lui-même, dans sa novelle 134, où il suppose un contumax rebelle aux appels réitérés du juge, et ordonne de procéder contre lui dans les formes établies par les lois.

Voilà ce que nous avions à dire à propos de la défense par procureur des absents. Mais, il y avait encore certaines personnes en faveur desquelles, soit par suite de leur situation, soit par privilège spécial, cette défense était admise. Sans nous arrêter longtemps sur ce point beaucoup moins important, nous dirons que dans la première catégorie rentraient les esclaves accusés. On lit à la loi 11, *de publ. jud.*, Dig., de Marcianus : « Un esclave peut être défendu par le procureur de son maître, comme par son maître lui-même. » Et à la loi 17, de Modestin, liv. 6, des diff. : « Il faut observer que si le maître défend son esclave sur une action capitale, il faut qu'il donne caution d'ester en jugement. » « Si des esclaves, dit encore Ulpien, loi 9, tit. 19, *de pœnis*, Dig., ne sont pas défendus par leurs maîtres, ils ne sont pas conduits sur-le-champ au supplice ; on leur permet de se faire défendre par un autre, et le juge qui connaît de la cause, devra informer sur leur innocence. » Enfin, la loi 2, Code, des acc. et inscrip., s'exprime ainsi : « Si on poursuit un esclave pour un crime, son maître peut le défendre et ester en jugement pour répondre aux inculpations de l'accusateur. Après la preuve du crime, on peut condamner, non le maître, mais l'esclave pour son crime. C'est pourquoi il est permis au maître de défendre son esclave et de donner les moyens justificatifs qu'il croit raisonnables dans son intérêt. » Un autre cas rapporté par Paul, dans ses Sentences, loi 8, tit. 16, § 11, *de servor. quæst.*, peut également trouver ici sa place : « Un accusateur, dit-il, ne peut pas accuser, ni un accusé être défendu par un autre, si ce n'est qu'un patron accuse son affranchi d'ingratitude. » Ulpien dit la même chose sur l'accusation d'un affranchi ingrat : « Un patron peut accuser, même par procureur, son affranchi ingrat, et l'affranchi peut être défendu par procureur. » L. 38, § 1, ff. 33, *de procurat.*, ce que confirment dans un rescrit les empereurs Sévère et Antonin, d'après Marcianus, l. 4, ff. 37, 15, *de obsequiis parentum et patron.* La seconde catégorie comprend les personnages illustres qui, obligés en général de poursuivre ou de se défendre en personne dans les ju-

gements publics, ce que rapporte la loi 15, Code, des acc.
et inscrip., étaient exemptés de la comparution personnelle, eux, leurs femmes et leurs enfants, eux vivants,
dans le cas particulier d'un procès d'injures. Ce fut une
constitution de Zénon, loi 11, Code, 9, 35, *de injuriis*,
rappelée par Justinien, dans ses Institutes, liv. 4, tit. 4,
§ 10, qui introduisit cette faculté exceptionnelle pour
ces personnes, aussi bien dans le cas où le procès avait
lieu au criminel, que dans celui où on se bornait à une
action civile.

SECTION IV. — Si le même crime peut donner lieu à deux accusations.

Nous suivrons ici la traduction de Pothier et, comme
lui, nous nous bornerons à présenter simplement les textes
qui s'occupent de ce point, lequel d'ailleurs n'offre pas de
difficultés sérieuses. Il faut d'abord poser en principe
général qu'il n'est pas dans les règles du droit criminel
d'être accusé deux fois du même crime, surtout par le
même accusateur. C'est pourquoi Paul dit : « Celui qui a
été absous d'un crime, ne peut plus être accusé de nouveau par celui qui l'a d'abord accusé » (v. Sentent.,
lib. 1er, tit. 6, *de reis instituendis*, § 1). On comprend le
motif d'utilité publique d'une telle prohibition, en l'absence de laquelle il ne saurait y avoir pour une société de
tranquillité et d'ordre assurés. Mais, remarquons-le, pour
qu'il en soit ainsi et que l'accusé renvoyé absous puisse
opposer à quiconque voudrait le poursuivre, du même
chef, l'exception formelle de la chose jugée, il faut que
l'instance intervenue ait offert toutes les garanties d'un
bien jugé, et que l'accusé absous puisse à bon droit se

proclamer innocent. Voilà ce qui nous donne la clef de
la disposition, contraire en apparence à la règle générale
que nous venons d'établir, contenue dans le rescrit 4 de
l'empereur Gordien, au Code, des acc. et inscrip., et
d'après laquelle : « si les accusateurs font défaut sur une
instance, sans qu'il y ait contumace de leur part, et que
le président de la province ait jugé sur une simple et
unique requête, sans prendre connaissance de la cause,
et cru devoir prononcer une sentence d'absolution en faveur de celui au sujet duquel un autre a déféré sa plainte
(c'est ici celui auquel s'adresse le rescrit, qui était peut-
être au nombre des accusateurs), cet autre pourra, dans
les formes d'usage, reprendre et poursuivre l'instance
criminelle qui, au fond, est entière, par-devant le même
juge, ou par-devant son successeur, attendu que l'état
d'inculpation persiste pour l'accusé, cette contumace, ou
plutôt ce défaut de la part des accusateurs, n'ayant pu le
mettre à néant. » — La même prohibition atteint, à plus
forte raison, on le comprend, l'accusateur qui s'est désisté
une première fois, quand même ici l'accusé n'aurait pas
été absous. « Vous ne pouvez pas recommencer, dit un
rescrit de l'empereur Alexandre, une accusation dont vous
avouez vous être désisté » (v. l. 6, Code *de his qui acc. non
poss.*). Valérien et Gallien disent aussi : « Si celui contre
lequel votre supplique est dirigée, a, comme vous l'expo-
sez, déjàporté et abandonné l'accusation qu'il renouvelle
contre vos parents, vous pouvez le repousser devant le
président par la prescription de la chose abandonnée» (v.
l. 4, Code, 9, 45, *ad S. C. Turpillianum*). C'est ce qui a lieu,
fait remarquer Pothier, quoique l'accusateur ait cédé à
une abolition privée. Nous nous expliquerons mieux, à
l'article suivant, sur ce sujet important de l'abolition. Il

nous suffira, pour le moment, de dire que l'abolition privée était une grâce qui, pour de justes causes, était accordée à un accusateur et lui permettait de se désister de son accusation. Papinien, prévoyant ce cas, à propos d'un crime de faux, s'exprime ainsi : « Après une abolition, le même crime ne peut pas être de nouveau déféré par le même accusateur contre le même accusé » (*L. 4, § 1, infra, tit. 16, ad S. C. Turp.*). Et les empereurs Valérien et Gallien : « Quoique l'acte de vos conventions porte que premièrement on demanderait l'abolition du crime, et qu'ensuite on observerait toutes vos conventions, vous ne pouvez pas faire revivre l'accusation dont vous vous êtes désisté, parce vos adversaires n'exécutent pas ces mêmes conventions (v. l. 3, Code, 9, 45, *ad S. C. Turp.*). Cujas, sur cette loi, entend par « *scriptura* » l'acte de convention par lequel, sur l'intervention d'amis, on a consenti, sous la condition expresse qu'il serait fait quelque chose, à rétracter une accusation, et à solliciter une abolition, après laquelle ce qui avait été promis n'a pas été fait. Les empereurs Dioclétien et Maximien disent encore : « Que si le président de la province s'aperçoit qu'il a accordé une abolition comprenant tous les crimes déférés, il interposera son autorité pour que les accusations péri-mées ne soient pas renouvelées. Mais, en vertu d'une supplique du prince, un crime, assoupi par une abolition, peut être déféré par la même personne » (v. l. 1, Code, 9, 42, *de abolitionibus*). On le voit, pour revenir sur l'effet ex-tinctif de l'abolition obtenue et permettre à la même personne de renouveler, malgré cette abolition, une pour-suite criminelle déjà introduite par elle, il faut une in-tervention directe du prince qui, par une faveur spéciale, abolit l'abolition.

Jusqu'ici, nous avons parlé de l'accusateur lui-même. Mais, Paul dit formellement que : « le fils de l'accusateur qui veut renouveler l'accusation portée par son père, et dont l'accusé a été renvoyé absous, doit être repoussé ». (v. Sentent., lib. 1, t. 6, § 2, de *reis instituend*.). Que faut-il dire d'un étranger? Suivant Ulpien, « le président ne doit pas permettre que l'accusé absous d'un crime soit accusé du même crime. C'est ce que dit Antonin le Pieux dans un rescrit à Salvius Valens. Mais, il faut voir s'il ne peut l'être par le même accusateur, ou bien même par un autre? Et je pense, continue le juriconsulte, que, la chose jugée entre d'autres personnes ne pouvant nuire qu'à elles, si celui qui se présente comme accusateur y a intérêt et prouve qu'il ignorait l'accusation d'un tiers, on doit l'écouter et l'admettre à l'accusation sur un motif grave » (v. l. 7, § 2, Dig., des acc. et inscrip.). On le voit, il faut, pour faire brèche à la règle générale posée en tête de cette matière, ce concours de circonstances exceptionnelles et tout l'intérêt qu'inspire au législateur celui qui poursuit de bonne foi sa propre injure, et qui serait gravement et injustement lésé, si on pouvait lui opposer l'exception de la chose jugée. Et même, on peut se demander si c'est bien là une jurisprudence certaine et constante à Rome, devant la manière dont s'exprime Ulpien, qui semble donner seulement un avis personnel sur la question. Il y a au Code une constitution des empereurs Dioclétien et Maximien, qui forme le rescrit 11, du tit. des acc. et inscrip., et offre un autre exemple d'accusation reprise par un tiers, après la sentence qui a renvoyé l'accusé absous. Elle est ainsi conçue : « Si quelqu'un pense devoir poursuivre une accusation d'homicide, il doit, préalablement et suivant les formalités établies par le droit

public, convaincre de prévarication celui qui a le premier
introduit l'accusation d'homicide, sur laquelle l'accusé
a été absous par défaut de preuves. Car, cette mesure sa -
lutaire a été consacrée par les statuts des empereurs, nos
ancêtres, et suivant les principes du droit. »

Si nous nous en tenons maintenant à l'instance simplement introduite et sur laquelle n'est pas intervenu de
jugement, il faut observer la règle que donne Macer :
« que celui qui est accusé par l'un ne peut l'être par
l'autre; mais, que celui qui a été délivré d'une accusation par une abolition publique ou privée, ou par le désistement de son accusateur, n'est pas exempt d'être
accusé par un autre » (v. l. 11, § 2, liv. II, *de publ. jud.*).
Paul va plus loin encore, et semble bien audacieux quand
il écrit : « Le crime, l'accusation dont l'un s'est désisté,
ou sur la preuve duquel il a succombé, peut être déférée
par un autre. » (v. Sentent., lib. 1, tit. VI, § 3, *de reis
inst.*). Prendre à la lettre ces paroles du jurisconsulte, ce
serait renverser le principe formel et d'ordre public qui
a son fondement dans la prescription de la chose jugée.
Aussi, n'est-ce pas ainsi qu'il faut les prendre, et Cujas
nous le montre bien lorsque, suppléant les restrictions
qui sont dans la pensée de Paul, il nous avertit que nous
ne devons pas admettre cela indistinctement, mais qu'il
faut supposer ici à l'accusateur un intérêt particulier (v.
l. 4, *in fine*, tit. V, *ad leg. Jul. de adult.*), ou que le
précédent accusateur a été convaincu de calomnie,
comme nous l'avons vu plus haut. Citons, enfin, le rescrit 9, Code, de acc. et inscrip., où les emp. Dioclétien et
Maximien écrivent : « Celui qui a vu introduire contre
lui une accusation de crime public ne peut pas être déféré en justice par un autre, sur le même crime. Si, ce-

pendant, plusieurs crimes naissent du même fait et que l'accusation n'ait été introduite que sur un d'entre eux, un tiers pourra déférer celui qui est déjà accusé, du chef d'un autre crime. Le juge devra alors lier les deux accusations et les fondre en une seule instance ; car, il ne lui est pas permis de prononcer séparément sur l'une d'elles, avant d'avoir pris de l'autre une connaissance également parfaite. »

SECTION V. — Mesures prises a Rome pour assurer l'exercice équitable et régulier du droit public d'accusation.

Nous pouvons diviser ce dernier article en deux paragraphes. Nous verrons, dans le premier, les moyens pris à l'égard de l'accusateur qui, une fois l'instance introduite en justice, aurait été tenté de l'abandonner et de laisser tomber ainsi l'accusation. Dans le second, nous montrerons les peines rigoureuses portées par les lois contre ceux qui, poursuivant jusqu'au bout cette instance, succombaient dans leur accusation.

§ Ier. — *Moyens pris, pendant l'instance, à l'égard d'une accusation introduite en justice.*

Il y a plusieurs manières de laisser tomber une accusation introduite. Cela peut se faire : par un désistement pur et simple, que la loi ne respecte que lorsqu'il est motivé et se produit dans les formes solennelles, — par une transaction frauduleuse et illégale, qui est encore un désistement, mais défendu en droit, — par un abandon indirect et déguisé, en laissant périmer l'instance, ce que les lois ne permettent pas davantage. Enfin, sans abandonner l'accusation, on peut encore se rendre cou-

pable et tomber sous le coup des mesures répressives de
la législation criminelle, lorsqu'on collude avec l'accusé
dans l'intérêt de sa défense. Tout cela se trouve expressément écrit au Digeste, liv. xlviii, des acc. et insc., au
tit. xvi du S. C. Turpillien. La loi 1 de Marcianus commence ainsi : « La témérité des accusateurs se dévoile
de trois manières : en effet, ou ils calomnient, ou ils prévariquent, ou ils tergiversent. » Nous parlerons de la
calomnie dans notre § second, où elle a sa place marquée. Le S. C. fait allusion à la fois aux deux espèces de
désistement, celui que les lois admettent et celui qu'elles
défendent, lorsqu'il établit, § 7 : « que celui qui se dé-
sistera d'une accusation, sans avoir obtenu une abolition,
sera puni »; et Marcianus, à toutes les manières illicites
de laisser tomber l'accusation, par ces paroles : « tergi-
verser, c'est en général se désister d'une accusation, »
et, en particulier, au désistement frauduleux par transaction ou accord avec l'accusé, par ces autres de loi 6,
ibid., *initio :* « Il se désiste de l'accusation celui qui en
vient à composer avec son adversaire sur le crime qu'il
poursuit. » Quant à l'abandon déguisé qui résulte de la
péremption de l'instance, il ressort clairement de cet
autre passage de la même loi, § 2 : « On regarde comme
se désistant celui qui ne poursuit pas l'accusation dans
les délais que lui a assignés le président de la province. »
Enfin, le § 6 de la loi 1, *ibid.*, rappelle que le prévaricateur est celui qui collude avec l'accusé et déserte son
devoir d'accusateur, soit en dissimulant ses moyens de
preuve, soit en laissant passer les fausses allégations de
l'accusé (v. aussi l. 1, init., tit. xv, liv. xlvii, *de prævaric.* et § 1.)

Ces préliminaires posés, passons à l'étude même des

mesures légales de garantie, en matière d'accusation,
et parlons d'abord du désistement. Ces mesures étaient
nécessaires dans une législation qui consacrait le droit
public de poursuite criminelle, et se montrait en même
temps si soucieuse des intérêts sacrés de la défense.
« Aussi, dit Filangieri, au ch. 2 du liv. III des lois criminelles, tome Iᵉʳ, pendant toute la durée de la république
et dans les beaux jours de l'empire, le Romain qui formait une accusation devait promettre de ne point la retirer avant que le juge eût rendu sa sentence. » Comme
le savant criminaliste, nous ne remonterons pas plus loin
dans l'histoire des lois criminelles de Rome; car ce n'est
que de l'époque républicaine que datent les premiers
efforts faits par le législateur pour introduire quelque
ordre dans le système d'organisation judiciaire et de
procédure criminelle, efforts qui aboutissent au remarquable et nouveau droit des « *quæstiones*. » Remarquons
seulement que le désistement des accusateurs privés dut
être de tout temps permis à Rome, pourvu qu'il n'eût
pas lieu à prix d'argent, et souvenons-nous de ce que
nous avons dit, sur la première époque, au sujet des
inconvénients que pouvait présenter une pareille maxime
de droit, en montrant l'effet produit, dans les procès
criminels déférés aux comices, par le désistement de
l'accusateur, qui forçait la main au magistrat, son représentant officiel. On peut se demander si ce désistement
pouvait alors se produire en tout état de cause, et si,
comme dans le droit du S. C. Turpillien, il n'était possible et permis qu'avant la contestation en cause. Ce
point est douteux, et les auteurs ne paraissent pas l'avoir
éclairci. Ayrault dit, à ce sujet : « Il est certain qu'à
Rome, soit avant, soit après le S. C. Turpillien, jusqu'à

la contestation et action, qui s'appelait proprement accusation, on était libre de se désister. Mais après, soit que
le S. C. ait repris cela de l'antiquité ou qu'il l'ait nou-
vellement introduit, l'accusateur ne le pouvait sans infamie, sinon qu'il le fît avec les formalités et solennités
requises, c'est-à-dire avec connaissance de cause. » Nous
sommes, quant à nous, portés à croire que ce désistement, soit qu'il vînt de l'accusateur privé, soit qu'il fût
personnel au magistrat accusant d'office et en vertu de
ses pouvoirs publics, pouvait intervenir dans tout le
cours du procès, nous appuyant sur le caractère éminemment libre des mœurs d'alors et sur les larges dispositions de l'ancien ordre observé dans les jugements populaires. C'est ce que nous montre bien Cicéron, *pro domo*,
n° 45, quand il ajoute, en parlant de toutes les garanties
accordées aux accusés, que ceux-ci avaient encore beau-
de moyens d'obtenir de la clémence et de la commiséra-
tion. Quand on pouvait obtenir son pardon du peuple ou
fléchir sa pitié par la faveur des auspices, comment
aurait-on trouvé un accusateur toujours inflexible ! Quoi
qu'il en soit, et si nous descendons aux temps qui virent
s'établir une réglementation plus sage du droit public
d'accusation, ce droit nous apparaît en mouvement sous
la garantie des règles équitables qui en assurent l'exercice, mais en préviennent les écarts. Nous venons de
dire que le romain promettait de poursuivre son accusation jusqu'au bout. Cette salutaire mesure fut consacrée
par la législation des jugements publics, qui exigeait,
dans la procédure préliminaire, « *in jure* », devant le
préteur, l'inscription sur crime, ou la souscription du
libelle accusatoire, dont l'effet était d'enchaîner, pour
ainsi dire, l'accusateur à la cause. Rappelons ici la loi 7

du tit. des acc. et insc. du Dig., où Ulpien s'exprime
ainsi, init. et § 1er : « Si l'on accuse quelqu'un d'un
crime, on doit souscrire préalablement son accusation,
mesure introduite pour empêcher les accusations téméraires, que l'on assure ne pas devoir rester impunies.
Que chacun prenne donc bien garde au crime qu'il impute et se souvienne qu'il lui faudra persévérer dans
l'accusation jusqu'à la sentence rendue. » Nous savons
positivement que la souscription du libelle soumettait au
talion le calomniateur, mais les textes sont muets sur la
peine du désistement illégal dans cette première période
du droit des jugements publics. La loi 1, au tit. *de his
qui not. inf.*, rappelant l'édit prétorien, ne parle que de
la calomnie et de la prévarication, comme faits méritant
l'infamie. Il est probable, néanmoins, que l'infamie était
déjà alors le châtiment infligé à ceux qui abandonnaient
l'instance liée par la contestation en cause. Car, autrement, à quoi bon ces mesures préventives dont nous
parle Ulpien ? Peut-on supposer qu'on les ait ainsi spécialement établies sans leur donner une sanction efficace ?
Est-il audacieux de penser que le désistement illicite devait être puni de l'infamie, à l'exemple de la calomnie,
soumise de plus à la terrible peine du talion, comme
étant un aveu tacite de calomnie, une quasi-calomnie,
de la part de l'accusateur qui abandonnait la poursuite
sans permission du préteur ? Enfin, la nécessité d'une
peine de ce genre, si bien faite pour les mœurs d'alors,
dut se faire d'autant mieux sentir, qu'on n'avait pas encore établi tout cet appareil de garanties introduit seulement par une législation postérieure. Mais le désistement était permis dans certaines circonstances et
moyennant l'accomplissement de certaines formalités.

Nous reviendrons sur ce point quand nous parlerons de l'abolition, à l'époque impériale. Pour le moment, qu'il nous suffise de dire que, sous le droit des « *quæstiones* », l'accusateur devait, pour obtenir la permission de se désister, la demander au préteur *pro tribunali*, et exposer, à l'appui de sa demande, les justes motifs qu'il avait de se désister. Comme on suppose la contestation en cause déjà intervenue entre les parties à ce moment et que l'accusé était intéressé à la chose, ayant lieu parfois de préférer voir le procès suivre son cours, afin d'en sortir complètement justifié, son consentement était requis le plus souvent à cet effet. Ces formalités étaient essentielles, et l'abolition nulle en leur absence.

Nous avons vu dans l'histoire du droit criminel de l'empire, qu'il fut un temps où les mesures salutaires, prises à l'égard de l'accusation, tombèrent en désuétude sous l'influence du despotisme éhonté des premiers tyrans, qui avaient adopté, entre autres, la maxime atroce de Sylla, qu'il ne fallait point punir les calomniateurs. Avec son caractère bien moins grave, le désistement dut profiter, quoique moins souvent que la prévarication et la calomnie, d'un pareil système de tolérance. Mais, nous l'avons vu aussi, la réaction ne se fit pas attendre et nous voyons intervenir déjà sous Néron le fameux S. C. Turpillien. La législation impériale rendit le désistement plus difficile, et il ne suffit plus dès lors que l'accusateur promît de ne pas retirer son accusation, mais il dut offrir des cautions de cette promesse. La loi 1, Code, *ad S. C. Turpil.* emploie ces expressions : « ... *fidejussore de exercenda lite præstito*... », et nous les retrouvons identiques dans la loi 3, Code, *de his, qui acc. non poss.* Et même, si l'accusation était capitale, la pro-

messe et la caution devenaient insuffisantes, et les lois
romaines voulaient que l'accusé se constituât prisonnier,
à moins que ses emplois ne le missent à l'abri de tout
soupçon de fuite (v. l. 2, Code, *de exhib. reis*, et loi dernière, Code, *de accus.*). Le désistement illégal fut puni par
le S. C. et la loi Pétronia, de l'infamie et d'une amende
de 5 livres d'or au profit du fisc. La peine pécuniaire
était extraordinaire et devait être prononcée par le juge.
Remarquons que le S. C. n'infligeait ses pénalités qu'à
l'accusateur qui se désistait sur une action publique, sur
une instance de jugement public, le procès étant ordonné,
c'est-à-dire les inscriptions faites et les répondants fournis quant à la poursuite du procès. Cela ressort de la
loi 1, Code, *ad S. C. Turp.* Mais il ne paraît plus nécessaire ici que la contestation en cause ait eu lieu, et nous
voyons dans le § 6 de la loi 39, Dig., *ad leg. Jul. de adult.*,
Papinien exiger l'abolition pour qu'on puisse se désister
après ce qu'il appelle la « *denuntiatio* », formalité de la procédure préliminaire « *in jure* » qui n'est pas encore l'accusation. Pouvait-on se désister sur l'appel interjeté par
l'accusé sans encourir la peine du S. C. ? Marcianus, au
§ dernier de la loi 1, Dig., *ad S. C. Turp.*, nous dit que
dans ce cas la peine était également encourue par l'accusateur, parce que l'appel remet tout en question : « *quia
provocationis remedio condemnationis extinguitur pronun-
ciatio* » Avec le temps, la peine du S. C. tomba, à son
tour, en désuétude, mais pour être laissée à la discrétion
du juge, suivant la pratique regrettable de la « *cognitio
extraordinaria* », dont nous avons parlé et qui avait son
système de pénalités arbitraires. Un rescrit de l'emp.
Gordien, qui forme au Code, *ad S. C. Turpil.* la loi 2
précitée, fait l'application à un cas particulier de ce

droit nouveau, dont nous trouvons déjà un exemple dans un autre rescrit d'Alexandre, qui confirme ce pouvoir discrétionnaire du juge (v. l. 3, Code, de *his qui acc. non poss.*).

Telles furent les peines établies par le S. C. Turpillien contre ceux qui se désistaient purement et simplement de leur accusation, et qu'il appelle proprement « *Tergiversatores* », « *Desertores.* » L'infamie, atteignant la personnalité morale du tergiversateur, l'excluait de toute dignité, entre autres de celle du décurionat, et le constituait incapable d'accuser désormais (v. loi 2. Paul, Dig. *ad S. C. Turp.*). Quand nous avons dit en commençant cet article que le désistement pur et simple n'était respecté par la loi qu'autant qu'il avait lieu sur des motifs sérieux et dans les formes requises, nous n'avons pas entendu que dans le cas contraire, il n'avait aucun effet en droit. L'effet juridique, qui consiste dans l'extinction de l'action criminelle, sort tout entier, même en l'absence de ces motifs et de ces formalités, au bénéfice de l'accusé, et c'est là un des nombreux vices du système romain d'accusation publique. Ce n'est que du côté de la partie poursuivante que l'illégalité de l'acte intervenu se manifeste par la sanction pénale qui l'atteint. Il est temps d'arriver au moyen ordinaire par lequel la loi reconnaît et consacre surtout le désistement de l'accusateur. Ce moyen est l'abolition, que les auteurs nous montrent comme la principale des causes qui laissent inapplicables les pénalités du S. C. Turpillien, en permettant d'abandonner impunément l'accusation. Voët, sous le titre 16 du Digeste, définit l'abolition : « la faculté de se désister de l'accusation et de la négliger quand elle est une fois commencée. » Cujas, au même titre, s'exprime ainsi : « L'abolition est la délivrance de l'accusation pour l'accusé, ou bien la permission, pour l'accusateur, d'abandonner son accusation, » montrant par là qu'elle peut être sollicitée par chacune des deux parties. Il continue : « En effet, cette double définition est vraie ; car, parfois, l'accusé demande l'abolition, et le prince peut lui remettre la peine de son crime. D'autres fois l'accusateur lui-même, pour pouvoir, sans craindre l'accusation de calomnie, se désister impunément de sa poursuite ; et voilà pourquoi, le plus souvent, le consentement de l'accusé lui-même est requis dans ce danger matériel ou moral qui le menace » (v. l. 2, Code, *de abolit.*, liv. 9, tit. 42).

L'abolition est publique, privée ou légale. — I. Abolition publique : elle est le pardon, public ou général, qui intervient à cause d'un événement solennel, pour consacrer, par exemple, un jour mémorable, ou pour signaler une réjouissance publique (v. l. 8, Papin, et l. 9, Macer, Dig., *ad S. C. Turp.*). Son effet consiste en ce que les accusés sont rayés du rôle d'accusation et que l'accusateur ne paraît pas, nous venons de le voir, se désister contrairement au S. C., s'il ne les poursuit plus désormais. Mais, remarquons-le bien, cette abolition est, au fond, plutôt une suspension qu'une remise de l'accusation, car l'accusateur peut la reprendre dans les 30 jours utiles, comptés depuis celui qui voyait finir les féries ou fêtes publiques (v. l. 10, § 2, Dig. *ad S. C. Turp.* et l. 1, Code, *de gener. abol.*, l. 9, tit. 43). Il le fait, ajoutent Voët et Pothier, sur le même fondement légal qui a soutenu sa première accusation, de telle sorte qu'on ne puisse pas lui opposer les prescriptions qui ne

l'ont pas été avant l'abolition intervenue. (v. l. 7, Ulp.
Dig, *ad S. C. Turp.*).

L'effet de cette abolition publique n'a pas été étendu
aux esclaves qui, accusés, sont tenus, par ordre du
magistrat, dans les fers (v. l. 16, Paul, *ibid.*), ni aux
faussaires, ni aux calomniateurs dans un procès criminel, ni à ceux qui, libérés une fois, ont récidivé, ni aux
crimes dont l'accusation n'était pas encore introduite au
moment où était accordée l'abolition publique (v. sur ce
dernier point l. 2, Code, *de gener. abol.*). Enfin, cette
abolition publique ou générale remettait la peine, mais
sans effacer l'infamie attachée au crime. Au contraire,
elle flétrissait bien plus encore ceux-là mêmes qu'elle délivrait (l. 3, Code, *ibid.*), ce qu'il faut entendre sans doute
de l'infamie de fait, observe Voët, que nous avons suivi pas
à pas sur ce point, et non de l'infamie de droit, dont on
charge plutôt les criminels qui sont condamnés sur jugement public, ou qui ont ignominieusement transigé
sur l'accusation (v. l. 7, Macer, Dig., *de publ. jud.*).

II. *Abolition spéciale ou privée.* — C'est celle qu'accorde
non le prince, sur la demande de l'accusateur, mais le
juge supérieur (*major*) par lui-même, non par manda-
taire, devant son tribunal, non « *de plano,* » mais en connaissance de cause, par exemple : pour le fait d'un entraî-
nement irréfléchi, de jeunesse ou pour juste erreur
(v. l. 1, Marc., § 8, Dig., *ad S. C. Turp*). C'est dans un
rescrit de Constantin (l. 2, Code, *de abolit.*) que nous
voyons les cas où les présidents doivent l'accorder, et
ceux où ils doivent la refuser. Remarquons seulement ici
que, régulièrement, on n'accorde l'abolition à l'accusateur que sur la preuve d'une erreur excusable, et qu'elle

lui est refusée surtout s'il la demande pour faire grâce à
l'accusé. Il y a aussi un juste motif quand on a pitié des
proches qu'on a accusés, ou quand on poursuit une injure personnelle ou faite aux siens; car, dans ce cas, le
procès est privé, et pourquoi ne pourrait-on pas se
désister, si on le veut, en demandant l'abolition (v. l. 2,
Code, *ibid.*). Quant à celui qui intente un procès d'intérêt public, c'est-à-dire qui accuse selon le droit public
et par jugement public, il ne peut pas trahir la loi, dit
Cujas, et abandonner l'accusation. L'accusateur a trente
jours pour la demander, depuis que l'accusé a été mis
sous la garde de la justice, et tandis qu'il se prépare
à paraître en jugement, les choses étant dès lors encore entières, quand même l'accusé n'y consentirait pas.
Mais ce consentement devient nécessaire si elle est demandée passé ce délai, ou bien si les choses ne sont plus
entières, par exemple lorsque l'accusé n'a pas été seulement constitué en surveillance de l'official, mais soumis
aux tortures, ou s'il est en prison depuis longtemps
(v. l. 18, Papirius Justus, Dig., ad S. C. Turp.). Bien plus,
si, non-seulement l'accusé, mais encore les témoins ingénus ont été soumis aux tortures de la question, s'il
s'agit de crimes graves, par exemple de lèse-majesté, de
péculat, de désertion et autres semblables, on n'accorde
pas l'abolition, serait-elle demandée ensemble par les deux
parties, et il faut qu'on force aussi bien l'accusateur à
prouver ce qu'il a avancé, que l'accusé à se justifier sur
ses négations (v. l. 3, Code, *de abolit.*). Nous savons enfin
que si le même a accusé de plusieurs crimes, il doit demander l'abolition pour chacun d'eux. Le double effet de
l'abolition en question consiste en ce que celui qui l'a
obtenue se désiste impunément, à moins de l'avoir fait

par surprise, par exemple en qualifiant de pécuniaire un procès qui est criminel, et en ce que l'accusé ne peut plus être recherché par le même pour le même crime. Mais il peut l'être du chef d'un autre dans les trente jours (v. l. 3, Paul, § *ult.*, Dig., *de acc. et inscr.*). L'accusateur ne saurait renouveler ici son accusation, même avec la permission du prince.

III. *Abolition légale.* — Elle est ainsi appelée parce qu'elle a lieu de plein droit, sans décret ou demande de l'accusateur. Citons, comme cas où elle se produit, la mort de l'accusateur ou tout autre juste motif qui l'empêche de continuer le procès, comme lorsque, par exemple, par suite des nombreuses occupations des présidents de provinces, ou même des exigences de leur rôle au civil, l'accusateur est arrêté et entravé dans sa poursuite (v. l. 3, § 4, Paul, Dig., *de acc. et ins.* Loi 13, § 1, Papin., Dig., *de publ. jud.* Loi 15, § 5, Macer, Dig., *ad S. C. Turp.* et l. 10, *init.* Papin., *ibid.*). La mort de l'accusé produit aussi cette abolition, à moins que l'accusateur ne se fût déjà désisté quand elle a lieu, ou que le crime ne soit de telle sorte que l'accusation n'en puisse tomber, comme au cas de lèse-majesté, où le procès est fait à la mémoire du défunt.

Nous venons de voir une première excuse du désistement, et la plus ordinaire, dans l'abolition obtenue par celui qui veut se désister, sur un juste motif qu'il allègue. Il y en a d'autres encore, sur lesquelles nous n'avons pas à insister. Ainsi, la permission obtenue du prince (v. l. 13, Paul, § 1, Dig., *ad S. C. Turp.*). La qualité de certains accusateurs : « Des ordonnances, dit Macer, ont décidé que ceux dont il n'est pas permis d'attaquer la calomnie,

n'encourent point, s'ils se désistent, la peine du S. C. »
(v. l. 15, § 2, Dig. ad S. C. Turp.) Tels sont : le magistrat, obligé d'accuser d'office, (v. l. 14, Ulp. liv. 7, *de
offic. procons.*); les femmes, les mineurs (v. l. 4, Papin.,
init. D. ad S. C. Turp.); le tuteur qui, ayant intenté dans
l'intérêt de son pupille une accusation criminelle, se désiste après la mort de ce dernier (v. l. 14, Ulp. Dig. ad S. C.
Turp.) Remarquons bien, cependant, que la transaction
était défendue à tous ceux-ci, sous peine de l'application
alors du S. C. Un rescrit, le cinquième, au Code ad S. C.
Turp. de Dioclétien et de Maximilien, à une matrone, confirme cette prohibition, que l'on comprend d'ailleurs
assez. Pothier fait enfin remarquer que, en dehors de ces
exceptions, aucun accusateur ne pouvait éviter la peine
du S. C., en se désistant sans abolition, quand même on
aurait pu le soutenir non recevable à accuser, par
exemple, par suite de l'existence d'une prescription que
l'accusé n'a pas opposée (v. l. 1, Marc. § 10, Dig. ad S. C.
Turp.).

Passons à la seconde manière de laisser tomber une
accusation criminelle, qui consiste dans un accord entre
les parties, donnant lieu à une transaction ou à une
composition. Il faut remarquer d'abord que ce qui constitue le fond de cette seconde manière, c'est la convention, l'accord qui intervient entre les deux parties, tandis que dans la précédente, dans le désistement, c'est la
seule action de l'accusateur qui est en jeu et produit son
effet. On comprend d'ailleurs que, dans l'ordre d'idées que
nous suivons, ce point arrive immédiatement après celui
que nous venons de traiter, et avec lequel il a une étroite
relation. Il a toujours été infamant pour les parties de
transiger sur crime public, ce qui ressort clairement de

Fabre.   12

la loi 6, § 3, Dig. *de his qui not. inf.*; mais anciennement,
comme le fait observer justement Ayrault, plus à l'accusateur qu'à l'accusé. Il rappelle que des textes des empereurs Alexandre et Gratien ne laissent de place que pour
le désistement ou l'abolition solennelle, et il ajoute que
l'intérêt public et l'honneur des deux parties défendent
la transaction. Ces exigences de l'intérêt public, qui sont
le premier fondement de cette prohibition, nous montrent qu'il s'agit ici des délits où l'intérêt privé n'a rien
à voir, ou, du moins, disparaît devant celui de la société
tout entière; car, autrement, il est bien clair que chacun
peut renoncer à la poursuite de la satisfaction tout individuelle qui se traduit par une indemnité quelconque,
dans les délits dont on a souffert, comme on renonce, à
son gré, à une chose qui vous appartient en propre. » Mais
on ne le peut plus avec le même effet, dit fort bien Voët,
quant à ce qui concerne la tache d'infamie, laquelle est,
pour ainsi dire, l'indemnité publique, et tient sa place
parmi les peines publiques, à cause du tort causé à la
discipline publique par le fait délictueux, chose sur laquelle la convention et la volonté des parties ne sauraient
plus avoir de prise. » Le paragraphe 3 de la loi 6 précitée excepte le cas de transaction intervenue sous l'autorité du préteur. Il faut y ajouter celui où le délit privé
est tel que la condamnation intervenue n'emporterait
pas infamie, comme au cas de la loi Aquilia, et cela est
évident, d'après ce que nous venons de dire, puisque le
délit n'a eu aucun caractère public, et puisqu'il n'y a
d'infamie pour ceux qui transigent sur un délit que pour
ce motif que, par ce fait même, ils semblent avouer leur
crime (v. *dict. loc.* 4, § *ult.* et l. 6). L'aveu, en effet,
équivaut à une condamnation (l. 1 ff. *de confessis; l. post*

rem 56, ff. *de re judic.*), et, par conséquent, il ne doit pas y avoir infamie, par suite de l'aveu, chez celui qui n'encourrait pas cette note par la condamnation intervenue. Il est donc infame, en général, de transiger sur crime public; ce que Paul dit expressément dans ses sentences (tit. 1, § 7), par la raison qu'il est honteux de transiger alors qu'on ne le peut. La sanction pénale attachée par les lois à cette défense atteint les deux parties qui y ont contrevenu. Car, si l'on punit comme prévaricateur et s'il tombe sous l'application du S. C. Turpillien celui qui se laisse corrompre et abandonne sa poursuite, l'accusé, de son côté, n'est pas moins rigoureusement puni, qui a obtenu ce désistement frauduleux, étant tenu pour convaincu du crime, comme s'il avait avoué. Cujas va même plus loin à l'égard de l'accusateur, et prétend que le tervergisateur est justement soumis à l'éventualité du talion ou de la peine des calomniateurs, d'après la loi 10, Codi *ad leg. Jul. de adul.*, qui met sur la même ligne le délit du prévaricateur accusateur et celui de l'accusé qui se soustrait à la recherche de la vérité. Dans cette loi, Cujas lit « *rei fugientis* » au lieu de « *defugientis*; » sur la foi d'une loi, au titre « *de jure fisci*, » où l'accusé qui corrompt le juge est dit ne pas vouloir de l'instruction du procès : « *omittere inquisitionem causæ.* » Cette opinion de l'illustre jurisconsulte nous paraît d'autant plus vraisemblable que le prévaricateur proprement dit, c'est-à-dire l'accusateur qui collude avec l'accusé, pour lui faire gagner son procès, est sans contredit puni du talion dans la loi 6, au tit. des prévaricat., Dig., et sur lequel nous aurons à revenir. Or, ce châtiment nous paraît devoir être par *à fortiori* celui de l'accusateur qui transige le plus souvent à prix d'argent, et empêche la condamnation du coupable, que l'intérêt public ne désespère pas d'obtenir encore, dans le cas précédent, malgré la collusion intervenue entre les parties au procès.

Il est défendu de transiger sur une accusation criminelle; telle est donc la règle générale. Mais une large exception vient en restreindre beaucoup la portée et en tempérer la rigoureuse application. Dans la poursuite de tout crime qui emporte la peine de mort (c'est ainsi qu'il faut traduire ici les mots : *crimen capitale*), il est permis de transiger, et l'abandon de la cause n'est plus regardé comme un délit. La raison de cette tolérance est donnée par Ulpien, dans la loi 1, D liv. 48, tit. 21, *de bonis cor. qui ant. sentent.*, lorsqu'il dit, en rappelant les constitutions des princes qui la consacrent : « On a pensé qu'il faut pardonner à celui qui cherche de quelque façon que ce soit à racheter sa vie. » Une constitution des empereurs Dioclétien et Maximien, le rescrit 18, Cod. liv. 2, tit. 4, *de transactionib.* domine toute cette matière. En voici le texte : « Il n'est pas défendu de transiger ou de composer sur une accusation capitale, excepté celle d'adultère. — Dans les autres crimes publics qui n'emportent pas la peine de la vie, on ne peut transiger, *citra falsi accusationem* (lisons-nous à la fin). » Nous ne traduisons pas ici ces derniers mots, qui font l'objet d'une vive et sérieuse controverse entre les plus célèbres auteurs, controverse à laquelle nous allons arriver. Pour le moment, remarquons bien les deux points de vue embrassés dans ce rescrit, au sujet de toutes les accusations criminelles publiques : l'un, renfermant les accusations capitales, l'autre, celles qui ne le sont pas. « Sur les premières, dit Donéau, dans son *Commentaire* sur cette loi, nous trouvons tout d'abord la règle prohibitive de toute transaction ou composition (« *transigere et pacisci* ») écartée, sauf en matière d'adultère. Donc, ici, la règle générale se retourne, et la transaction devient licite. » Il continue par l'explication des deux mots latins : « *transigere* » et « *pacisci* », et dit qu'il « *transige* » au sujet d'une accusation, celui qui, se désistant, abandonne son accusation sur le préjudice que le délit lui a particulièrement causé, et qu'il « *compose* », celui qui, sans recevoir de l'argent ou en recevant, abandonne l'accusation (v. l. 6, § 4, D., *de his qui not. inf.*), et non pas en vue du préjudice, l'accusateur n'en ayant souffert aucun dans la circonstance, mais afin de ne pas soulever un procès contre le coupable, ce qui fait ici regarder l'accusateur vénal comme concussionnaire (l. 1, D., *de calumniat.*). Il n'est pas défendu, d'après les empereurs, de faire les deux dans une accusation capitale. Donc, cela est permis, légal, et Doneau en tire deux conséquences : la première, que la transaction intervenue doit avoir toute sa force, et l'accusateur ne plus pouvoir renouveler son accusation; la seconde, que non-seulement la transaction sur accusation capitale est valable, mais encore qu'elle doit n'être punie dans la personne d'aucune des deux parties, pas plus dans celle de l'accusateur que dans celle de l'accusé; car, ce que la loi permet ne mérite aucun châtiment. Donc, l'accusé ne sera pas tenu pour convaincu comme dans les autres crimes, non capitaux, pour avoir corrompu son adversaire (l. 7, Ulp., Dig., *de prævaric.*; l. 29 du même, D., *de jure fisci*, et l. 1, *de bon. eor. qui sibi mortem consciv.*, et le désistement ne fera pas tomber l'accusateur sous le coup du S. C. Turp., l. 1, § 7, D. ad S. C. Turp., quoiqu'il soit prouvé qu'il y a eu désiste-

ment par cette transaction intervenue. Quelques auteurs
ont cependant refusé de reconnaître à la transaction sur-
venue dans une instance criminelle cet effet de droit que
lui accordent, par voie de conséquence immédiate, les
textes les plus positifs. Ils ont demandé comment il était
possible d'accorder cette tolérance de la loi avec ce qui
est écrit, par exemple, dans la loi « *juris gentium* », § *si
paciscar*, D. « *de pactis* », qui dit « que, s'il s'agit d'une
affaire domestique, d'intérêt privé, il est permis de composer. Mais, s'il s'agit d'une affaire publique, cela n'est
plus permis. » Ils ont cité encore la loi « *si unus* »
§ « *pacta* » D., *ibid.*, qui montre bien, dans l'exemple
de l'interdit « *unde vi* », qu'on ne peut composer dans
une question d'intérêt public. Or, disent-ils, de quoi est-il
question dans une accusation, si ce n'est d'un intérêt
public? L'accusation a trait, en effet, à la répression
des crimes, question qui n'est pas du domaine de l'intérêt particulier, mais qui est bien de celui de l'intérêt
public. Laissons encore la parole à Doneau, qui réfute victorieusement ces objections : « Plusieurs, dit-il,
touchés de ces arguments, ne pensent pas qu'on puisse
déclarer valable une transaction sur crime et accusation
publique. Mais nous ne devons pas douter, ce que nous
trouvons dans la loi 15, § 4, D., ad S. C. Turp., que celui qui s'est une fois désisté ne doive pas être écouté, s'il
est prêt ensuite à accuser encore, ce que confirment les
lois 2, *ibid.*, et 2, § 1, 15, §. 5, D. *ad leg. Jul. de adult.* et
5, D. *de prævaric.* On ne peut, de plus, être touché de cet
argument qui consiste à dire qu'on ne peut pas composer sur une affaire d'intérêt public. En effet, celui qui
transige sur une accusation, ou compose à son sujet, et,
en résumé, celui qui s'arrange pour ne pas accuser, ne

compose pas sur un intérêt public, mais sur le sien privé,
et fait une affaire propre. La convention qu'il fait le concerne seul et ne lèse pas l'intérêt public, parce qu'elle ne
fait nullement grâce du droit de poursuite publique, qui
demeure ouvert à tous, et omet encore moins l'accusation du crime. La transaction a un effet seulement contre
son auteur, de façon à l'écarter désormais de l'accusation, mais à n'écarter que lui seul. En résumé, l'accusation propre, particulière à celui qui a composé, tombe
désormais; mais l'intérêt public, c'est-à-dire la poursuite,
l'accusation du crime, reste intacte au peuple. » Le doute
est plus fort sur l'impunité de la transaction et du pacte
de composition, et Doneau montre que, si l'on admet ici
cet effet du côté de l'accusé, en ce sens qu'il n'est pas
tenu pour convaincu, pour avoir gagné son accusateur,
même à prix d'argent, lorsqu'il s'agit d'un crime capital,
ce qui ressort des lois 1, Dig., *de bonis eor. qui sibi, et ult.
de prævaric.*, il n'en est plus de même, pour quelques savants auteurs, en ce qui regarde l'accusateur, et cette
affirmation qu'il n'encourt pas le S. C. Turpillien. Ces
auteurs enseignent qu'il l'encourt par application de la
règle, certaine en droit, que ceux qui se désistent d'une
accusation, sans le secours de l'abolition, tombent sous
l'application de ce S. C. (v. l. 1, § 7, D. ad S. C. Turp.
et l. 15 *init. ibid.*). Or, personne ne doute que celui qui
s'est désisté ne soit aussi celui qui a fait un pacte sur
son accusation ou qui a composé (v. l. 6, *init. ibid.*). Mais
Doneau montre que beaucoup de raisons forcent à reconnaître un droit exceptionnel à ce sujet, quant à celui
qui a transigé ou a fait un pacte de composition dans
notre matière. Il s'appuie d'abord sur les termes explicites de la constitution de Dioclétien et de Maximien;

« Il est permis de transiger ou de composer sur une accusation capitale. » Leur portée générale vise aussi bien
l'accusateur que l'accusé, et bien plus encore l'accusateur; car le mot « *transiger* » n'a pas tant trait à l'accusé
qu'à l'accusateur. N'est-ce pas lui, en effet, surtout qui
termine le procès en abandonnant son action, et « *transiger* » n'est-ce pas finir, terminer le procès. Et même,
ajoute-t-il, il suffit qu'on concède, ce que tout le monde
fait, à l'accusé le droit de transiger impunément et de
composer sur une accusation capitale, pour que nous
puissions l'étendre à l'accusateur lui-même, la loi ne
concédant jamais une faculté qu'elle ne concède en même
temps et avec elle tout ce qui est nécessaire à son usage
(v. l. 2, D., *de jurisdict.*), et l'accusé ne pouvant, sans le
concours de l'accusateur, transiger ou composer sur l'accusation.

No serait-il pas absurde, en effet, que l'accusé pût
impunément offrir de l'argent pour sauver sa vie, et qu'il
fût défendu à l'accusateur de le recevoir? Ce dernier
l'acceptera-t-il facilement, avec cette crainte de tomber
sous l'application du S. C.? Enfin, dire qu'il n'est pas permis de transiger sur les autres crimes publics, comme le
fait la constitution, n'est-ce pas dire que cela est permis,
lorsque le crime est capital, ce qui revient à dire, que
celui qui transigera ne tombera pas sous l'application du
S. C.? Enfin, nous savons que l'on peut se désister impunément avec la permission du prince. A combien plus
forte raison doit-on donc le pouvoir quand c'est avec la
permission du droit public !

La fin de la constitution 18, avons-nous dit, a donné
naissance à une controverse fameuse. Le texte, après
avoir dit que dans les procès non capitaux, qui n'emportent

pas la peine de mort, il est défendu de transiger, termine par ces mots : « *citra falsi accusationem.* » Nous ne pouvons entrer dans le détail d'une aussi longue discussion, et il nous suffira de faire connaître les deux manières dont les auteurs traduisent ces mots, avec les principales raisons qu'ils donnent à l'appui de leur traduction. Voët et Cujas lisent : « qu'il est défendu de transiger en matière non capitale, excepté sur l'accusation de faux. » Beaucoup de savants auteurs, et, parmi eux, Doneau, lisent : « Il est défendu de transiger en matière non capitale, sous peine de tomber sous l'accusation de faux. » Voët commence par dire qu'il est bien vrai que ceux qui transigent sur des accusations non capitales, par cela même, peuvent tomber sous l'accusation de faux, à l'exemple de ceux qui ont reçu de l'argent pour porter ou non témoignage (l. 1, §§ 1, 2, *ad leg. Corn. de falsis,* Dig.), mais que ce n'est pas là ce que veut dire la constitution dans ses derniers mots. Il fait remarquer que cette loi Cornelia vise, dans son assimilation, les accusateurs et non pas les accusés qui transigent avec leurs adversaires ou les gagnent à prix d'argent, et que la peine la plus rigoureuse que la loi inflige à ces derniers, est de les tenir pour avouants et convaincus (v. l. ult. Dig., *de prævaric.*). Encore semble-t-il résulter clairement de cette loi que cette peine ne les atteint que quand il y a corruption, c'est-à-dire transaction obtenue à prix d'argent. Cujas fait la même observation. Doneau répond à ceci, qu'il ne prétend nullement qu'il y ait lieu à assimiler l'accusé à l'accusateur, et à les soumettre l'un et l'autre à l'accusation de faux. Il assure, au contraire, qu'il entend bien que cette accusation et la peine qui en résulte sont établies à l'encontre de l'accusateur et non de l'accusé. Que

d'ailleurs, même en ce qui concerne l'accusateur, il est
d'avis qu'il ne faut pas entendre, dans le passage de la
constitution impériale, l'accusation du crime de faux de
la loi Cornelia, mais une accusation spéciale, celle qui
a trait à cette espèce particulière de fait, et qui a été
introduite par le S. C. Turpillien et certaines lois, ou par
les mœurs, contre ceux qui, sur convention, abandonnent
le procès et leur accusation. Et, d'après lui, le genre de
faux commis par ceux qui abandonnent l'accusation, et
puni par le S.C., est double, et consiste dans la prévarication et la tergiversation, mises sur la même ligne, par
la loi 10, Cod. *ad leg. Jul. de adult.* Quoique peut-être on
ne puisse pas dire qu'il y a du faux dans le tergiversateur,
comme cependant il est puni à l'instar du prévaricateur,
chez lequel il y en a certainement, c'est à bon droit
qu'on dit que le tergiversateur tombe sous le coup de
l'accusation de faux. Voët, prenant les mots « *citra falsi
accusationem* » dans leur sens le plus rationnel, selon lui,
mais aussi le moins ordinaire, traduit le mot « *citra* »
comme s'il y avait « *præter,* » c'est-à-dire dans le sens
d'une exception et d'une restriction apportée à la règle
générale. Il est certain, d'ailleurs, suivant lui, que la
transaction était permise sur accusation de faux, et il
renvoie à la loi 7, Cod. *ad leg. Cornel. de falsis,* ajoutant
que c'est un vain échappatoire que de prétendre qu'il
s'agit là de la transaction, non sur l'accusation elle-même,
mais seulement sur le dommage privé, causé par l'accusation de faux, conformément à ce qui se présente dans la
loi « *de fide* » 16, Cod. *ibid.* Car, si cela était vrai, par la
transaction intervenue, l'accusation criminelle de faux ne
serait pas arrêtée, et cependant, dans cette loi 7, nous la
voyons déniée au transigeant. D'ailleurs, l'action civile de

faux, quelle qu'en puisse être l'issue, soit par jugement, soit par transaction, n'a aucun effet sur l'accusation criminelle (v. loi 16 susdite et l. uniq. *in fine*, Cod. *quando civ. act. crimin. præj.*). En outre, toute hésitation semble devoir être levée par les Basiliques, où on lit, traduites en latin, liv. 11, tit. 2, l. 35, ces mots : « Dans les autres (accusations) qui n'infligent pas la peine du sang (de mort), il n'est pas permis de transiger, excepté en matière de faux; car, il est permis de transiger sur accusation de faux, quoiqu'elle n'emporte pas la peine de mort. » Et il y a une raison à ceci, ajoute Voët : C'est que, si cette peine capitale n'est pas infligée aux hommes libres, selon les règles de cette loi, elle l'est quand il s'agit d'esclaves accusés de faux (l. 1, § *ult. ff. ad leg. Corn. de fals.*), et et comme, à Rome, par suite des suppositions de part fréquentes, des expositions et autres mœurs semblables, on n'était jamais bien sûr de son état, et on pouvait se trouver être un esclave au lieu d'être un homme libre, passible ainsi du dernier supplice, il est probable que, pour ce motif, on fit une exception, en matière de faux, et la transaction y demeura permise. On pourrait ajouter que, même quand il s'agit d'hommes libres, un concours de circonstances aggravantes pouvait rendre passible du dernier supplice (v. l. 22, Cod., *in fine, ad leg. Corn. de fals.*). Cette loi, quoique de Constantin, peut être justement invoquée pour expliquer notre constitution 18, car il n'apparaît pas que cela ait été établi ainsi par Constantin le premier et comme droit nouveau. Enfin, on peut invoquer aussi cette raison, donnée par Vinnius et d'autres, que, même dans les crimes extraordinaires, dans lesquels le juge pourrait, suivant la rigueur du droit, aller jusqu'au dernier supplice, la transaction n'est pas

punie, à cause de ce danger qui vous menace de perdre
la vie. Doneau, lui, en venant à la règle établie par les
empereurs Dioclétien et Maximien, dans la seconde partie
de la constitution 18 : Qu'il n'est pas permis de transiger
sur les crimes non capitaux, commence par établir qu'il
ne faut pas entendre ceci d'une façon absolue, car, ce serait faux de plusieurs manières. En effet, dit-il, s'il n'est
pas permis en droit de transiger, la conséquence immédiate en est la nullité de la transaction intervenue sur les
accusations, ce qui alors ne peut, en aucune façon, nuire
à l'accusateur. Autre conséquence : Il n'y aura pas impunément transaction sur ces accusations, de la part de
l'accusé, lequel sera tenu pour convaincu. Or, d'après
lui, ces deux conséquences sont fausses. Il est certain,
d'une part, en effet, que la transaction nuit à l'accusateur, en ce sens qu'il ne peut plus être écouté, s'il renouvelle son accusation; car, si la loi 6, *init.* Dig. *ad S.-C.
Turp.*, le décide ainsi pour celui qui n'a fait qu'ouvrir
des pourparlers sur son accusation, elle doit le faire *à
fortiori* vis-à-vis de celui qui est allé jusqu'à la transaction. Or, quand il y a eu une fois désistement, il est de
droit certain qu'on ne peut plus être admis ensuite à renouveler son accusation (v. l. 15, § 4, Dig. *ibid.*). Quant
à l'accusé, Ulpien déclare ouvertement, dans la loi 4,
Dig. *de calumniat.*, qu'il lui est permis de transiger, en
ce sens, qu'aucune peine ne lui est infligée de ce chef;
« car, dit le jurisconsulte, ce ne sont pas les transactions
licites que l'on défend, mais les honteuses concussions
(extorsions). Il est donc permis à l'accusé de transiger
sur une accusation, et il n'en perdra pas le procès pour
ce motif, c'est-à-dire qu'il ne sera pas réputé convaincu. »
Observons, avant de continuer la théorie de Doneau, que

cette affirmation, au sujet de l'impunité de l'accusé, dans
le cas présent, est contredite par ce que dit Voët plus
haut, que l'accusé transigeant peut, parfois, être puni
en ce qu'on le tiendra pour convaincu, ce qui ressort
de loi *ult.* Dig. *de prævario*, et des lois 4 et 29, D. *de jure
fisci*. Cette peine, infligée à l'accusé, serait, dans le système de Voët et dans les cas où elle a lieu, une conséquence de la nullité absolue de la transaction, au moins
quant à l'accusé, nullité que Doneau refuse d'admettre.
Mais, du côté de l'accusateur, elle n'en conserverait pas
moins toujours cet effet de l'empêcher de renouveler
son accusation, ce que personne ne nie sans doute.
D'ailleurs, rappelons que les textes où l'accusé est tenu
pour convaincu, supposent une transaction intervenue à
prix d'argent, ce qui est plus honteux, ou en matière fiscale, auquel cas l'intérêt du trésor expliquerait, à lui
seul, une telle rigueur. — Revenons à Doneau : « D'après
tout ceci, reprend-il, nous voyons qu'on ne peut empêcher qu'il ne soit permis, en fait, de transiger sur accusations criminelles, même non capitales, puisqu'il y a intérêt pour l'accusé, et que la transaction est impunie.
Que faut-il donc entendre par cette défense faite de transiger? Il faut entendre que l'on ne peut transiger sur les
accusations non capitales, que l'on ne tombe sous l'inculpation de faux, qui naît du S. C. Turpillien; et l'on est
d'autant plus forcé d'admettre cette interprétation,
que, si on la repousse, la décision des empereurs, au sujet de cette seconde classe d'accusation, ne saurait se
maintenir, par suite de l'absence complète de sanction
légale. Voilà la peine qui frappe celui qui en vient à une
transaction ; mais elle n'empêche aucun des effets qui
accompagnent la transaction. Elle n'empêche pas que la
transaction écarte l'accusateur, et que l'accusé ait impu-

nément transigé, attendu que l'accusation de faux du
S. C. Turpillien a été seulement établie contre les accusateurs. » Pour faire cadrer avec ce système le texte de la
constitution 18, Doneau regarde « *citra* » comme l'é-
quivalent de « *sine*, » et traduit : Il n'est pas permis de
transiger dans les accusations non capitales sans accusation de faux, c'est-à-dire qu'on ne porte l'accusation
de faux contre celui qui a transigé. Il montre qu'Alciat,
après avoir été, dans ses paradoxes, de l'avis des nombreux auteurs qui tiennent pour la première opinion,
commença à se demander, en expliquant le rescrit impérial, si la seconde traduction ne serait pas plus exacte,
sans conclure d'ailleurs sur ce point. Comme la question
revient à se demander s'il est permis de transiger à bon
droit sur une accusation de faux, il prétend établir que cela
n'a jamais eu lieu, ne peut être raisonnablement admis.
A l'argument tiré de la loi 7, Cod. *ad leg. Corn. de fals.*
il répond par l'objection prévue et repoussée par Voët,
qu'il est question là d'une transaction sur fausse pièce,
qui peut bien nuire au transigeant, parce qu'elle intervient au civil et en matière pécuniaire (le créancier, par
exemple, demandant dix et produisant à l'appui une
pièce qui était révoquée en doute de la part du défendeur, mais au sujet de laquelle est intervenue une transaction, ce qui ne laisse plus au défendeur la faculté de
l'accuser désormais de faux), mais qui laisse absolument
intacte la question du crime de faux, l'accusation de faux,
lesquelles sont demeurées tout à fait en dehors du procès
et du compromis intervenu. Il faut, en effet, que l'accusation soit introduite avant qu'il puisse y avoir transaction à son sujet. Donc, il est permis de transiger sur
faux, dans un procès privé, mais cela est défendu sur

action publique, ce que cette loi ne nie pas. Mais, admettons, continue-t-il, qu'il s'agisse, dans la loi 7, Code, d'une transaction sur accusation de faux, qu'en adviendra-t-il? On en tirera la conclusion que cette transaction est permise! On aura tort; car alors il faudra, pour la même raison, dire qu'il est aussi permis de transiger et de composer en matière d'adultère, parce que celui qui, je ne dis pas, a transigé, sur le crime d'adultère, l'accusation étant déjà introduite, mais avant cela même, a déclaré qu'il ne voulait pas accuser, n'y sera pas admis, s'il veut ensuite accuser (v. loi 15, Ulp., § 5, *Dig. ad leg. Jul. de adult.* Personne cependant ne conclut de là qu'il soit permis de transiger sur l'adultère. Aussi, si nous présentons celui qui a transigé sur une accusation de faux comme ne devant plus être admis ensuite à cette accusation, la conséquence n'en devra pas être davantage ici que la transaction sur accusation de faux est permise. La loi 2, Cod. *de his quib. ut ind.*, n'est pas plus concluante, car il y est également question d'une transaction sur intérêt privé, en matière de testament.

Doneau reconnaît, en concluant, que cette défense de transiger sur une accusation de faux n'est pas expressément établie, mais il dit qu'elle a dû l'être sans doute tacitement; que bien plus, il eût été absurde d'établir sur ce point une disposition formelle. Car, ou le crime de faux est plus grave que ces « *autres* » dont il est parlé dans la Constitution 18 (par opposition aux crimes capitaux); ou il est égal, ou moins grave. Dans le premier cas, il doit être d'autant plus châtié, bien qu'il y en ait d'autres bien plus graves. Dans le second, pourquoi distinguer entre ce que le même lien unit. Quant au troisième, cela ne peut être, et, même dans des délits qui n'engageront que des intérêts pécuniaires, la transaction devra demeurer absolument défendue, ce dont il y a beaucoup d'exemples, par suite du caractère de haute gravité qui les distingue. Il est donc absurde qu'avec un motif égal, ou même plus puissant dans ce crime de faux que dans les autres crimes (non capitaux), on permette davantage ici que là. Quand même cela n'aurait pas été expressément établi par les anciens jurisconsultes dans leurs ouvrages et bien qu'ils ne se soient expliqués qu'au sujet des autres crimes non capitaux, pour dire que la transaction n'en devait pas être permise, comme il y a même raison en matière de faux, il faut décider de même en droit (L. illud, D. ad. leg. Aquil.).

Enfin, Doneau fait remarquer que, quoique les empereurs ne parlent que de la transaction, à la fin de leur rescrit, au sujet des crimes non capitaux, et cela parce qu'il y avait plus de doute à son endroit (l. 4, D. de calomn. Ulp.), la défense qu'ils font s'applique aussi bien à la composition, et que celle-ci tombe, comme la transaction et le désistement, sous l'application du Turpillien (l. 4, § 7, D, ad. S. C. Turp.), le pacte de composition ne renfermant rien autre chose que la rémission pure et simple. De plus, il s'agit, bien entendu, de la transaction ou composition intervenant après la *litis contestatio* (v. l. 5, Paul, D. ad. S. C. Turp.), car le rescrit défend de transiger non sur le délit, mais sur l'accusation qui, nous le savons, est assise par la « *litis contestatio* ». En somme, il est permis de transiger et de composer sur une accusation capitale, non seulement de façon que la transaction soit valable entre les transigeants, mais encore de façon qu'elle ne soit pas punie, du côté de l'ac-

cusé, par la raison qu'il n'est pas pour cela tenu pour
convaincu; du côté de l'accusateur, parce qu'il ne tombe
pas pour cela sous l'application du S. C. Turpillien. Et
il n'y aura pas à distinguer si l'accusation est déjà assise, ou si elle ne l'est pas encore, quand cette transaction
intervient. Quant aux autres accusations, il est encore
permis de transiger et de composer, en ce sens que la
transaction et le pacte de composition obligent l'accusateur et le repoussent, mais non pas en ce sens qu'il y ait
impunité. Par ce fait, en effet, l'accusateur tombe sous
le coup de l'accusation introduite à l'encontre de ceux
qui transigent, se désistent de leur accusation. C'est l'accusation du Turpillien. Ceci se rapporte au seul accusateur, d'où il est permis de conclure que ce passage a été
écrit sur l'accusation et qu'il n'y est pas question de
l'accusé, et que, par conséquent, il faut aller chercher
ailleurs ce qui est permis à ce dernier dans les autres
accusations. Or, voici le droit : Il est permis à l'accusé
de composer impunément, pourvu que ce ne soit pas à
titre onéreux (v. l. *furti* § *pactus*, D. *de his qui not. inf.*).
Pour peu qu'il ait donné de l'argent et corrompu ainsi
celui qui l'a dénoncé, déféré à la justice, il sera tenu
pour convaincu (v. l. *in. fisci* l. *ejus*, D. *de jure fisci*
l. ult. *de prævaric.*). Mais cela a lieu seulement s'il obtient
ce résultat en composant; s'il transige, il le peut en
quelque moment qu'il le fasse (v. l. 1, § ult. D., *de calumn.*).
Il n'y a pas d'opposition dans les constitutions qui veulent
que l'on tienne pour convaincu tout accusé qui a gagné
la conscience de son délateur, ou a fait un pacte de
composition à quelque prix que ce soit. Il y a, en effet,
une grande différence entre transiger avec son accusateur, et composer avec lui sans transaction, quoique on

Fabre. 13

lui compte de l'argent, ou (ce qui est la même chose) le corrompre. L'accusateur transige lorsqu'il compose, moyennant une certaine somme, sur le dommage qui lui a été causé. C'est à bon droit que l'on reçoit cette somme en compensation du dommage souffert; d'où il suit qu'il n'y a aucunement corruption de celui qui l'a acceptée. Mais, en dehors de la transaction, il compose sur une accusation, celui qui reçoit de l'argent sans qu'on lui ait nui, ou qui en reçoit plus qu'il ne lui est dû, eu égard au dommage qu'il a souffert, de façon qu'on pourrait dire qu'il est concussionnaire et non pas qu'il cherche à s'indemniser, et pour cela seulement qu'il ne fasse pas une affaire au prévenu dans cet état; celui qui se désiste de l'accusation, on peut le dire à bon droit gagné à prix d'argent, puisqu'il y a de la honte à l'accepter. Et c'est ainsi que l'on dit de nous que nous corrompons quelqu'un, lorsque nous obtenons de ce quelqu'un qu'il se salisse par quelque acte honteux (l. 1, D. *de serv. corrupt.*).

Nous avons emprunté à Doneau ce résumé final, si clairement conçu et qui met en lumière tous les points saillants de la discussion. Maintenant, nous ne pouvons nous empêcher d'hésiter, s'il s'agit de décider lequel des deux systèmes nous paraît le meilleur, devant les sérieux arguments dont chacun appuie sa théorie. Nous pencherions toutefois plutôt du côté de celui que défendent, avec Voët et Cujas, la plupart des interprètes grecs et latins. Il nous semble que le sens le plus naturel, celui qui se présente le plus vite à l'esprit, est celui qui, dans la constitution 18, après avoir rappelé l'exception qui existe sur une première règle générale posée, rappelle, sur la seconde règle générale, qui complète et explique la première, l'exception qui s'y rencontre également. Les em-

percurs semblent vouloir rapprocher les crimes d'adultère et de faux et montrer la bizarrerie juridique d'après
laquelle le premier, malgré son caractère capital, n'admet
pas la transaction, admise dans le second, quoiqu'il ne
soit pas capital. C'est sans doute dans le but de varier
leurs expressions qu'ils n'ont pas écrit: « *excepto falsi
crimine,* » comme ils venaient d'écrire « *excepto adulterio* ».
De plus, les raisons données par Voët pour établir qu'il
devait être permis, légitime de transiger sur une accusation de faux, nous paraissent convaincantes et faiblement
repoussées par l'argumentation contraire de Doneau,
tandis qu'elles s'appuient sur le texte formel des Basiliques. Enfin, cette opinion est la plus conciliante; car,
elle admet fort bien, avec l'opinion contraire, que dans
les accusations non capitales, en dehors de celle de faux,
la transaction ne peut avoir lieu sans tomber sous le
coup d'une inculpation de faux.

Une troisième manière de laisser tomber une accusation introduite, consiste dans l'abandon indirect et déguisé qui se produit par la péremption de l'instance criminelle. Sous Auguste, le délai assigné à l'accusation
pour suivre le procès et obtenir jugement était de un an.
L'accusateur négligent qui laissait passer le temps légal
était puni suivant sa qualité. S'il était une personne de
distinction, on le frappait de l'infamie et de la confiscation du quart des biens. S'il était, au contraire, de condition servile, il méritait la rélégation. Ce droit persista
longtemps et nous trouvons, au Code Théodosien, deux
constitutions qui le confirment. Elles forment les lois 1
et 2, au Code Justinien, titre 44; *ut intra certum tempus,*
liv. 9. La seconde est remarquable en ce sens qu'elle reconnaît aux parties en cause le pouvoir de prolonger, avec

la permission du juge, ce délai fatal de prescription, sur un motif plausible. La troisième constitution, à ce titre, est celle de Justinien, qui vint modifier le délai et le porta à deux ans. Le motif d'ordre public sur lequel sont fondées ces courtes prescriptions, et qui s'impose encore davantage dans les procès criminels, ressort clairement du texte de la constitution, qui n'admet plus de prolongation et édicte une règle aussi générale qu'absolue. Le délai court de la contestation en cause. Des auteurs nous font remarquer qu'il s'agit là d'une simple péremption d'instance, et non pas de la prescription de l'action publique, du droit d'accuser, et que le procès lui-même n'est éteint que par le laps de quarante ans (v. 1, *ult.* Code, *de prescript. trig. vel quadr. an.*). Mais, ce n'est pas là une opinion générale. Ainsi, Voët et Cujas, n'appliquant la décision de cette loi (*ult.* Code, *de prescr. trig. vel quadrag.*) qu'au civil, prétendent qu'au criminel le procès lui-même tombe, de façon qu'on ne peut plus le renouveler. Voët affirme particulièrement cette opinion, en s'appuyant sur le texte aussi bien que sur l'esprit, dit-il, de la constitution de Justinien et de la modification qu'elle a introduite en cette matière. Son argument de texte paraît assez fort; nous lisons, en effet, dans cette loi 3 : « *criminales causas* OMNIMODO *intra duos annos... finiri censemus,* » et plus loin surtout : « *.... post biennii excessum, minime ulterius lite durante,* ACCUSATUM ABSOLVI... » On pourrait prétendre cependant qu'il n'est pas question là d'une absolution au fond, d'une véritable absolution, mais que Justinien a entendu dire que l'accusé serait renvoyé, délivré du fait de la poursuite criminelle introduite, sans préjudice du droit qu'a l'accusateur de la renouveler, s'il est encore dans les délais où ce DROIT peut

être exercé. Ce délai variait suivant les crimes avant
Justinien, mais le plus ordinaire était de vingt ans,
comme cela ressort de la loi 12 (Code *ad leg. Corn. de fals.*).
Quant à l'argument fondé par Voët sur l'esprit de la
constitution impériale, il résulte de cette considération
que le législateur du Code, en modifiant l'ancien droit, a
sans doute procédé par une sage transaction qui sauve-
gardait tous les intérêts. Au lieu d'une année seulement,
l'accusateur en a eu deux pour poursuivre son action en
justice, et, d'autre part, par l'expiration de ce laps de
temps suffisant, l'accusé s'est vu absolument à couvert
de toute poursuite ultérieure.

Nous avons dit que, sans abandonner l'accusation, on
peut se rendre coupable et tomber sous le coup des mesures répressives de la législation criminelle, lorsqu'on
collude avec l'accusé dans l'intérêt de sa défense. C'est
ce qu'on appelle proprement prévariquer (v. l. 1, D. *ad. S.
C. Turp.* § 1). « Le prévaricateur, dit encore le § 6 *ibid.*,
est celui qui collude avec l'accusé et s'acquitte de mauvaise foi de son rôle d'accusateur, soit en affaiblissant
ses moyens de preuve, soit en laissant passer les fausses
allégations de l'accusé. » Le prévaricateur, en droit et
spécialement, est celui qui a accusé quelqu'un dans un
jugement public (v. l. 1, § 1, D. *de prævaric.*). Cujas fait
observer qu'en pareil cas, le prévaricateur porte un préjudice considérable à la cause publique, ce qui sert à
expliquer la peine rigoureuse dont il est passible. Cette
peine, continue Cujas, a été établie spéciale, légitime,
ordinaire, non arbitraire ni extraordinaire. Le sénatus-
consulte est rapporté par Tacite au liv. 14 : celui qui a
acheté ou vendu le fait de prévarication, c'est-à-dire qui a
corrompu à prix d'argent l'accusateur, ou celui qui, étant

accusateur, s'est laissé corrompre, est regardé comme s'il avait été condamné pour calomnie dans un jugement public. Or, la peine de la calomnie est le talion, donc, c'est aussi celle de la prévarication. Cette pénalité est confirmée par les empereurs (v. l. 6 de Paul, D. *de prœvaric.*), à l'époque où la procédure extraordinaire est en vigueur. Mais il est probable que la pénalité, en cette matière, tendait à devenir, comme dans toutes les autres, extraordinaire; car Ulpien, qui était contemporain de Paul, écrit déjà : « Il faut savoir qu'aujourd'hui une peine extraordinaire est infligée à ceux qui prévariquent. » L'édit prétorien assimilait encore, sur un autre point, le prévaricateur au calomniateur, en ce que l'un et l'autre se voyaient enlever le droit d'accuser dorénavant (v. l. 5, Venul. Saturn. D. *de prœvaric.*). Quant à ceux qu'on ne pouvait assimiler aux calomniateurs et frapper du même châtiment, ils étaient déclarés infâmes, ce que dit expressément la loi 4 de Macer, Dig. *ibid.* Aussi, la loi 1, D. *de his qui not. inf.* compte-t-elle le prévaricateur dans son énumération des personnes déclarées infâmes par l'édit du préteur.

Enfin, le jugement de prévarication était public ou introduit par les mœurs, et la loi 3, de Macer, D. *de prœvaric.* nous dit, § 1 : « Si un accusé oppose à un accusateur, dans un jugement public, qu'il a été accusé du même crime et absous, il est réglé par la loi *Julia* sur les jugement publics, que l'accusation ne soit point poursuivie que l'on n'ait informé sur la prévarication du premier accusateur, et prononcé. Ainsi, le jugement de cette prévarication appartient aux jugements publics. — § 2 : que si l'on a accusé un avocat de prévarication, ce n'est pas un jugement public; et peu importe qu'il ait prévariqué dans un jugement public ou privé. » L'avocat qui trahissait la cause qu'il avait à défendre, ne se rendait pas, en effet, coupable d'une véritable prévarication, n'étant pas un accusateur, et il était puni extraordinairement.

§ II. — *Peines établies contre ceux qui succombent dans leur accusation.*

Nous devons ajouter immédiatement : Et sont déclarés calomniateurs ; car, comme nous allons le voir, tous les accusateurs qui succombaient au procès, n'étaient pas punis comme tels. Il s'agit donc ici de la calomnie qui, à Rome, fut frappée, de tout temps, des peines les plus rigoureuses, seul moyen d'assurer la tranquillité des innocents, en épouvantant ceux qui auraient été tentés de la troubler. Avec les premiers efforts faits par les lois romaines pour établir un droit criminel plus régulier, naquirent les pénalités sévères destinées à châtier la calomnie. Le talion, cette antique peine que les Égyptiens, au témoignage de Diodore, liv. 1, connaissaient et appliquaient, fut le premier et aussi le plus efficace moyen employé. Denys d'Halicarnasse, dans ses *Antiq. romain.*, liv. 4, nous offre encore une preuve de l'ancienneté de cette peine, non-seulement chez les Romains, mais même dans les autres villes du Latium, et nous la retrouvons dans les lois des XII Tables, appliquée à certains cas particuliers. L'accusateur se soumettait à la peine du talion par une formule que rappelle Filangieri, t. I, ch. II, d'après Brisson, *Formules*, liv. 5, et dont voici la traduction : C'est moi qui me présente comme ton adversaire, au nom des intérêts publics (disait l'accusateur à l'accusé) ; si je

t'ai injustement attaqué et que je sorte vaincu du procès,
je m'engage à souffrir la même peine que je cherche à
faire prononcer contre toi, et je consens à être condamné
à ta place; et, pour confirmer tout ceci, je le souscris de
ma propre main, promettant de l'appuyer encore par le
témoignage de bonnes cautions. — Donc si, après le
jugement qui déclarait l'accusé absous, le préteur prononçait la terrible formule : « *Calumniatus es* », par laquelle
il déclarait l'accusation calomnieuse, celui qui l'avait
intentée devait subir le châtiment que la loi avait destiné
au délit dont il avait accusé un homme innocent. Au cas
où le préteur disait seulement : « *non probâsti,* » l'accusateur n'était soumis à aucune peine, ce à quoi nous faisions allusion plus haut, quand nous disions que l'on
n'était pas toujours puni pour avoir succombé dans son
accusation; mais il devait payer les frais du procès.
(Argum., loi 3, Code, *de his qui accus. non poss.*) A la peine
du talion se joignait celle de l'infamie, ce que confirmait
l'édit prétorien. (v. l. 1, D. *de his qui not. inf.*) La loi
Remmia ajouta une nouvelle peine à l'ancienne pour
assurer plus fortement la liberté civile. Cette loi Remmia,
sur les jugements publics, ordonnait qu'outre la peine du
talion, on imprimât, avec un fer chaud, la lettre K sur
le front du calomniateur, et elle dut persister longtemps,
puisque nous la retrouvons sous Constantin, qui ordonne
d'imprimer cette marque flétrissante sur une autre partie
du corps, la tête étant le siége de l'intelligence. Tout
cela n'avait lieu que dans les jugements publics, et on le
retrouve quand ils furent exercés extraordinairement.
(v. l. 15, § 1, D., *ad S. C. Turp.*) Au cas de délit privé,
ou présentant un caractère spécial, la calomnie était
extraordinairement punie par le juge. (v. l. 3 et l. 7, § 1,

ibid.) Nous avons dit ailleurs, à propos des accusations
sous la période impériale, qu'il vint un temps où tout ce
système efficace de dispositions pénales tomba en désuétude, les premiers tyrans couronnés ayant adopté la
maxime de Sylla, de l'impunité pour les calomniateurs.
Nous avons vu quelles conséquences funestes résultèrent
de pareilles mœurs et combien l'infâme délation devint
à l'ordre du jour, appelant une réaction fatale qui ne se
fit pas attendre et s'imposa par la force même des choses.
Le S. C. Turpillien, porté sous Néron, parait être le premier pas fait dans cette voie de réaction et de retour aux
sévères traditions du passé. Le titre du Digeste qui a
trait à cet acte législatif important, parle de la calomnie
pour en donner la définition, rappeler la loi Remmia qui
la punit, et montrer dans quels cas elle a lieu. (v. l. 1,
§ 1, 2, 3, 4 et 5, D. *ad S. C. Turp.*) Le Code Théodosien
a plusieurs lois sur les calomniateurs. Une première
constitution des empereurs Gratien, Valentinien et Théodose, établit que le calomniateur manifeste ne peut plus
renouveler son accusation et mettre ainsi dans de perpétuelles angoisses la sécurité d'autrui, quand même il
prétendrait avoir découvert de nouveaux moyens de
preuve. D'ailleurs, il est de droit commun, vulgaire, que
l'accusation d'un même crime ne peut pas être renouvelée par le même contre le même, après une première
instance d'absolution. (v. l. 7, § 2, D. *de acc. et ins.* et
Paul, Sent. liv. 1, tit. *de reis institut.* 7, § 1.) Une seconde
constitution des mêmes à Ménandre, qui forme la loi 8,
au Code, *de calumniatorib.*, liv. 9, tit. 46, dit que celui
qui a établi, introduit une fausse accusation et délation
au nom d'autrui, n'en est pas, pour cela, moins calomniateur, et puni comme tel. Elle rappelle la peine de

l'infamie. — Enfin, d'après la troisième des empereurs Arcadius et Honorius, le calomniateur manifeste ne se soustrait pas à la peine de sa calomnie sous prétexte d'avoir voulu sauvegarder la personne du prince (il y a une allusion à l'accusation de lèse-majesté), ou les intérêts du fisc (ce qui a lieu dans les procès où la confiscation des biens est encourue par l'accusé). Il ressort de l'interprétation de cette dernière loi que tous ces calomniateurs sont déclarés infâmes et envoyés en exil. Le Code de Justinien, à son tour, renferme tout un titre, le tit. 46 du liv. 9, nous l'avons dit, sur les calomniateurs. Nous citerons parmi ses constitutions, la cinquième des empereurs Dioclétien et Maximien, qui rappelle le principe que la calomnie ne se rencontre que dans les crimes publics. — La neuvième, qui ne laisse aucune excuse à la calomnie et ne lui accorde aucune rémission, lorsque surtout l'accusé a été représenté. Enfin, la dixième, des empereurs Honorius et Théodose, qui est un rescrit général et confirme pour les accusateurs calomnieux la peine du talion.

Terminons par quelques observations sur ce point. Il faut remarquer d'abord que l'intention mauvaise est la condition essentielle en matière de calomnie, et non pas l'impuissance où on est parfois de prouver au juge son accusation (v. l. 1, §§ 1, etc... Di. *ad S. C. Turp.*); que lorsque la calomnie est ainsi manifeste, elle ne demeure jamais impunie, soit que l'offensé joue lui-même le rôle d'accusateur, soit que ce soit le magistrat. Il y a cependant des exceptions; et certaines personnes n'ont pas à craindre la peine de calomnie : Ces personnes privilégiées sont : 1° la femme qui introduit une accusation pour sa propre injure ou celle qu'on a faite aux siens

(v. l. 2, Cod. *de calumn.*); 2° l'héritier auquel le testateur mourant a donné l'ordre de poursuivre sa mort. Car il est obligé d'agir, et il n'y a pas calomnie, s'il ne triomphe pas (v. *ibid.*, l. 2); 3° le fils qui s'efforce de venger le meurtre de son père (*ibid.*, l. 4); et le père qui poursuit ceux qu'il croit les meurtriers de sa fille. (v. l. 14, D. *de publ. jud.*) — Les calomniateurs sont encore punis par la défense qui leur est faite d'accuser désormais. (v. l. 4 et l. 9, D. *de acc. et insc.*) Enfin, nous le répétons, l'abolition, qui fit tomber la plupart des accusations, même celle d'adultère, est refusée aux calomniateurs manifestes, surtout après l'exhibition de l'accusé. (v. l. 9, Cod. *de calumn.*)

CHAPITRE SECOND.

RÈGLES ET DISPOSITIONS SPÉCIALES A CERTAINES ACCUSATIONS.

Nous voulons parler ici des accusations de concussion, de lèse-majesté et d'adultère, et nous allons faire connaître, dans quelques lignes consacrées à chacune d'elles, les particularités qu'elles présentent et qui les rendent remarquables entre toutes les autres.

I. *Accusation de conscussion.* — Nous avons dit autre part que le Sénat était constitué, dans l'organisation politique de Rome, le surveillant et le juge des magistratures provinciales, dans leurs rapports avec ceux qu'elles étaient chargées de gouverner. Les exactions des officiers romains sur les provinciaux se multipliant sans pudeur, et les plaintes de ces derniers se succédant

ininterrompues devant l'assemblée sénatoriale, le sentiment d'un péril public, qui mettait en question les intérêts de la politique extérieure de Rome, fit ouvrir les
yeux et provoqua les mesures les plus énergiques. On
établit sur le crime de concussion une question perpétuelle, la première, et, à son sujet, la loi Calpurnia,
«repetundarum» institua un préteur spécial, vers l'an 604
de Rome fondée. Mais, la peine de cette loi ne fut, paraît-
il, qu'une amende pécuniaire, exception remarquable
d'après laquelle nous voyons que les actions publiques
des «quæstiones» n'avaient pas toujours pour conséquence
une peine afflictive. Plusieurs autres lois intervinrent
sur la même matière : une loi Junia, que Sigonius pense
avoir été rendue par M. Junius Pennus, tribun du peuple,
vers l'an 627, et qui infligeait l'exil et l'estimation, en
outre, de l'intérêt du demandeur; une loi Servilia, de
Servilius Glaucia, en 628, dont la peine était encore
l'exil (v. Cicéron, pour Scaurus); une loi Acilia, que
rendit Acilius Glabrion (v. Cicéron, contre Verrès, 1) et
Asconius, qui dit qu'elle était très-sévère, tellement
qu'elle ne permettait pas de différer le jugement de l'accusé ; puis une loi Cornelia, rendue par le dictateur
Sylla, d'où la question contre Verrès, accusé par Cicéron,
entre autres. Elle rendait aux accusés la faveur des
renvois d'audience, ôtée par la loi Acilia, et prononçait
aussi la peine de l'exil. — Enfin, la loi Julia « repetundarum », rendue par Jules César, et défendant à tout magistrat de se laisser corrompre par des présents dans
l'administration de leurs fonctions. Nous la retrouvons
confirmée par les empereurs, au Code, liv. 9, tit. 27, et
dans la loi 6, in fine, nous lisons que l'accusation sur ce
crime est ouverte à tous, parce qu'il intéresse l'ordre

public au premier chef. La peine en devint alors extraordinaire, suivant la gravité de la concussion, et alla jusqu'à
la mort. La peine pécuniaire est du quadruple de ce que
l'on a reçu ou extorqué. L'infamie avait été, dès l'abord,
attachée à cette action, comme aux autres actions publiques. L'action en indemnité passait contre les héritiers
du coupable (v. liv. 2, Cod. *ibid.*). La prescription était de
vingt ans : mais l'accusation n'était possible, en général,
qu'un an après l'expiration de la magistrature (v. cepend.
l. 4, Cod. *ibid.*). Enfin, rappelons-nous que, à certaines
époques, le provincial qui avait fait condamner un magistrat concussionnaire, recevait en récompense le droit
de cité.

II. *Accusation de lèse-majesté.* — La loi Julia sur le
crime de lèse-majesté, attribuée à Jules César, et non
pas à Auguste, atteignait les personnes coupables de
machinations contre l'empereur ou contre la république,
et la peine était la perte de la vie. (v. Instit. de Justinien, liv. 4, tit. 18 des jugem. publ.) Pothier fait remarquer que beaucoup de choses s'observaient particulièrement sur ce crime : ainsi, on admettait à l'accusation de
lèse-majesté ceux qui ne pouvaient pas accuser des
autres crimes, comme les infâmes, les militaires, les
femmes, les esclaves et les affranchis, contre leurs patrons. Nous avons vu que cela engendra, sous les premiers empereurs, les désordres les plus funestes, et que
la délation la plus éhontée devint le premier instrument
du despotisme, et que des princes plus honnêtes appor-
tèrent d'efficaces remèdes à un pareil état de choses.
Nerva fit punir de mort les esclaves et les affranchis délateurs, et défendit de les admettre à l'avenir à l'accusa-

tion de leurs maîtres et de leurs patrons, pour quelque
crime que ce fût. (v. Dion Cassius, liv. 68, *init.*, et Pline,
dans le panégyrique de Trajan.) Constantin fut plus rigoureux encore contre eux, mais ses successeurs revinrent
à la simple peine capitale. (v. l. 2 et 3, Cod. Théod. 9, 6.)
De plus, aucune dignité n'exemptait l'accusé d'être mis
à la torture. (v. Am. Marcell., liv. 19, à propos de la
loi Cornélia, qui avait déjà établi cette rigueur, confirmée par les empereurs; v. l. 4, Cod. *Just*, liv. 9, tit. 8.)
Et, ce qu'il y a ici de particulièrement remarquable, c'est
qu'on en vint à soumettre à la même torture l'accusateur
qui ne prouvait pas tout ce qu'il avait avancé, et celui
qui l'avait excité à accuser. Remarquons encore que,
pour le crime de lèse-majesté impériale commis par le
maître, on mettait les esclaves à la torture. (v. l. 7, § 1,
ibid.) Enfin, ce qui est aussi très-particulier à ce crime,
c'est qu'il n'était pas effacé par la mort du coupable. On
introduisait même l'accusation après sa mort, ce qui s'appelait faire le procès à la mémoire (v. l. 7, *init.*, et 8,
Cod. *ibid.*), et ses biens étaient confisqués. Aussi, pre-
nait-on à leur égard des mesures conservatoires, soit
contre lui de son vivant, soit, s'il mourait avant le procès
ou le jugement, contre son héritier. (v. l. 6, § 3 et l. 8
Cod. *ibid.*)

III. *Accusation d'adultère.* — Dans les premiers temps
de Rome et en vertu d'un usage établi par Romulus, la
femme adultère était punie par un tribunal domestique
composé par les parents de la coupable que le mari
offensé assemblait. La peine était laissée à la discrétion
de ce tribunal. Ce crime, d'après Pothier, n'avait point
fait établir d'action publique avant la loi Julia « *de adul-*

teriis », à moins qu'on ne veuille, avec Hoffman, que
P. Servilius. Isauricus, consul, eût fait, par le conseil du
dictateur Sylla, une certaine loi Servilia sur les adultères.
On voit aussi dans Plutarque, vie de Sylla, que le dictateur avait fait rendre des lois sur les mariages et la pudi-
cité, quoiqu'il fût souillé de toutes sortes de débauches.
Rome eut donc certainement des lois sur ce point avant
la loi Julia, quoiqu'il soit incertain qu'il y ait eu une
action publique à cet égard. Quant à la loi Julia, elle fut
portée sous Auguste, et elle comprend les femmes mariées
et les veuves. L' « *adulterium* » a lieu avec les premières,
le « *stuprum* » avec les secondes, et aussi avec les jeunes
filles. (v. l. 1, Ulp. et l. 6, § 1, Papin., D. l. 48, tit. 5, *ad
leg. Jul. de adult.*) Nous ne pouvons pas entrer dans le
détail de cette importante disposition législative, et il
nous suffira d'en donner un bref et rapide aperçu : les
femmes étaient punies, et non les maris, ce qui ressort
du texte de la loi Julia et ce que confirment les empereurs
Sévère et Antoine, dans la loi 1, au Cod. liv. 9 t. 9, *ad
leg. Jul. de adult.* De plus, il fallait trois conditions :
qu'elles fussent mariées, libres et honnêtes. Bien entendu,
il n'y avait ni crime ni punition aux cas d'erreur ou de
violence. (v. l. 11, § 12 et l. 39, D. *ad leg. Jul. de adult.* et
l. 20, Cod.) L'accusation était permise contre la femme
et son complice, même mineur, pourvu qu'il fût pubère,
(v. l. 36, D. *ibid.*), même esclave (v. l. 5, D. *de acc. et insc.*).
On pouvait accuser seulement deux complices à la fois
de la femme adultère. (Paul, Sent. liv. 2, tit. 26, § 10.)
Elle était permise au mari et au père, pourvu que ce dernier eût encore la « *potestas* » sur sa fille, suivant les uns,
et même au cas où elle était émancipée, d'après Papin.
Ils avaient un droit privilégié d'accusation pendant

soixante jours, après le divorce, aucun autre ne pouvant
être admis pendant ce temps ; mais après on n'attendait
plus leur volonté (v. l. 14, § 2, *ibid*. Dig.). Le mari était
admis le premier (l. 2, § 8 et l. 15, *init*.), et, s'il était
encore fils de famille, il n'avait pas besoin de l'aveu de
son père pour porter cette accusation (l. 6, §§ 2 et 37),
d'où Wissembach conclut que le fils ne pouvait pas accuser d'un autre crime public, sans l'aveu de son père,
quoiqu'il pût, sans cet aveu, remplir des charges publiques et exercer une tutelle. L'affranchi pouvait accuser
son patron, nous le savons (l. 38, § 9). Après ces soixante
jours utiles, les étrangers étaient admis à l'accusation
pendant quatre mois utiles, pendant lesquels le mari pouvait venir comme étranger (l. 4, § 1). Nous nous souvenons que la loi Julia défendait l'accusation d'adultère,
par suite de la gravité des intérêts engagés, au mineur de
25 ans, à moins qu'il ne poursuivît sa propre injure. Il
faut en dire autant de celui qui, sans « *connubium* », avait
épousé une pérégrine et qui voulait l'accuser en qualité
de mari. Plus tard, Constantin restreignit le droit d'accusation aux plus proches parents (l. 30, Cod.).

Certains auteurs ont pensé que les étrangers ne furent
exclus de l'accusation que pendant le mariage, parce
que le but de la loi était d'empêcher que le mariage fût
diffamé, mais non après sa dissolution. D'autres les
excluent dans les deux cas, parce que le mariage était
toujours diffamé par une accusation portée sur son passé
intact, et que la loi la refusait indistinctement aux étrangers. L'accusation ne fut d'abord permise au mari qu'a-
près la dissolution du mariage, c'est-à-dire qu'après
qu'il avait répudié sa femme (l. 11, § 10. Dig. *ad leg. Jul.*)
Constantin, dans la loi précitée, le lui permit sur un

simple soupçon, et il pouvait garder sa femme en mariage
jusqu'au jugement.

Certaines prescriptions pouvaient être opposées à l'accusateur : on pouvait lui opposer, par exemple, la prescription tirée de ce que le complice n'avait pas été
accusé ou avait été absous; de ce qu'il s'était désisté ou
avait approuvé les mœurs de la femme.

On voit qu'il s'agit spécialement, dans ce dernier cas,
du complice accusé par le mari (v. l. 26, Code *ad leg. Jul.
de adult.*), enfin, de ce que les six mois étaient expirés.
La prescription tirée du fait que la femme coupable avait
un fils impubère fut abrogée, comme entravant la répression des immoralités. Une loi de Théodose, Arcade
et Honorius, vint aussi justement abroger celle en vertu
de laquelle le mari ne pouvait être admis à accuser sa
femme qu'après lui avoir restitué sa dot et tout ce qu'il
pouvait lui devoir d'ailleurs, surtout, comme ils le disent,
parce que les actions criminelles suspendent les actions
civiles (l. 33, Code *ibid.*)

Il y avait aussi un ordre à observer dans cette accusation : il fallait accuser successivement la femme et son
complice (l. 15, § 9, Dig. *ibid.*), et attendre d'abord l'issue de la première accusation. Quant à la forme, c'était
celle des jugements publics, en observant que le mari
était dispensé de l'inscription (v. l. 30, Code *ibid.*), ainsi
que le père. Donc, ils échappaient à la peine de la calomnie, à moins de vexation injuste. La novelle 117,
ch. 8, § 2, soumit, plus tard, le mari lui-même à l'inscription. De plus, il faut remarquer qu'on mettait ici à la
question les esclaves de l'accusé ou de l'accusée, et que

Fabro.   14

le juge devait expédier l'affaire ordinairement sans délai (l. 41, Dig. *ibid.*).

Quand il s'agissait du complice adultère, la proscription de l'action était de cinq ans continus du jour du crime commis, d'après la loi Julia; et cela, parce que l'étranger lui-même pouvait l'accuser, même durant le mariage et avant le divorce de la femme, intervenu, et sans être obligé d'accuser préalablement le mari de « *lenocinium*» (l. 39, § 1, Dig.), Il en aurait été autrement si l'étranger avait voulu accuser la femme; nonobstant la persistance de son mariage. Comme on ne le voyait pas d'un bon œil troubler la bonne harmonie d'une union tranquille, on l'astreignait, s'il voulait accuser la femme d'adultère, à accuser préalablement le mari de « *lenocinium,* » c'est-à-dire d'excitation directe ou indirecte à la débauche de sa femme.

La peine de l'adultère fut d'abord, quant à la femme, celle de la confiscation de la moitié de la dot et du tiers de ses biens, et de la relégation dans une île. Quant au complice, celle de la confiscation de la moitié de ses biens et de la même relégation. On ne sait si ces peines viennent de la loi Julia elle-même (v. Dion Cassius, liv. 76, *in fine,* et Tacite, *Annal.*, 2, 51 et 85). Un affranchi était plus sévèrement puni pour avoir commis ce crime avec la femme de son patron. Constantin établit la peine de mort (l. 30, § 1, Cod.), et d'affreuses mutilations sont infligées dans une ordonnance anonyme. Les enfants eux-mêmes étaient frappés, en ce que la loi les déclarait incapables d'hériter de la mère coupable (l. uniq., Code 9, 11). Ce droit fut mitigé par les novelles : la femme ne fut plus que flagellée et enfermée dans un

couvent, d'où son mari pouvait la faire sortir après deux
uns, sinon elle y restait à perpétuité, et ses biens étaient
attribués au couvent, sauf les deux tiers, qui revenaient
ou à ses enfants, ou, à leur défaut, le tiers à ses ascen-
dants (v. nov. 134, ch. 10). Ce n'étaient pas là encore
toutes les peines dont le législateur avait cru devoir
frapper un crime si abominable. La plus terrible était celle
que consacrait le second chef de la loi Julia. Le père,
adoptif ou naturel, avait le droit de tuer de sa propre
maiu, pourvu que ce fût pour ainsi dire du même coup,
sa fille et son complice, surpris en adultère dans sa maison ou celle de son gendre, de quelque dignité que le
complice fût revêtu (v. Paul, Sent., liv. 2, tit. 26, §§ 1
et 2). Le mari, quand même il aurait reçu du père la
puissance, *manus*, sur sa femme, ne pouvait pas la tuer,
et devait implorer son secours pour cela (v. *Collatio le-
gum mosaïcarum*, tit. 4, ch. 2, §§ 1 et 2, etc.). Mais il
pouvait tuer les complices de sa femme surpris en adultère dans sa maison, pourvu que ce fussent des personnes
viles. Mais, il devait ensuite répudier sur-le-champ sa
femme (v. l. 24, § 1, D. *ad leg. Jul.*). Dans le droit antérieur à la loi Julia, le mari paraît avoir eu le droit de
tuer même sa femme, ce que sa puissance, *manus*,
peut toujours expliquer (v. Horace, liv. 2, *Satire* 7, et
Aulu-Gelle, *Nuits attiques*, 10, 23 et l. 22, § 4, Dig. *ibid.*)
D'ailleurs, il y avait excusabilité quand il dépassait ses
droits, et, par exemple, tuait une personne qui n'était pas
vile (l. 38, § 8. D. *ibid.*, l. 4, Code *ad leg. Jul.*, et novelle 107, *infine.*). Remarquons enfin qu'on ne pouvait
tuer ainsi que ceux qu'on aurait pu accuser; donc, on ne
pouvait pas tuer le magistrat adultère, puisqu'on n'aurait
pas pu l'accuser pendant sa magistrature; et aussi, que

le droit de tuer cessait lorsque la femme était ignomi-
nieuse ou illégitimement mariée, ou son mari infâme. Le
cinquième chef de la loi Julia défendait au mari ou père,
qui, ayant surpris quelqu'un en adultère avec sa femme,
ne pouvait ou ne voulait le tuer, de le retenir de jour
ou de nuit pendant plus de vingt heures, pour constater
le délit (v. 1. 25, Dig. *ibid.*).

Terminons par une observation : Nous avons vu la
loi 18 au Code *de transaction*, excepter l'adultère, quoique
ayant le même caractère, des crimes capitaux au sujet
desquels, par suite, la transaction est permise. On a di-
versement expliqué ce qui paraît être une anomalie juridique. Suivant Godefroy, cette anomalie est due à une
interpolation de Tribonien, faite par inadvertance.

Sous la loi Julia, l'adultère n'était pas capital, nous l'a-
vons vu, et, par conséquent, on ne pouvait transiger à son
sujet. Constantin lui imprima le caractère capital, sans
permettre davantage la transaction, peut-être parce que,
restreignant déjà beaucoup le nombre des accusateurs en
cette matière, il devait craindre de rendre illusoires la
poursuite et le châtiment d'un crime intéressant à ce
point les bonnes mœurs, en permettant encore aux parties de transiger à son occasion. Justinien vint confirmer
ce droit, et, dans la rédaction du Code, Tribonien, en
arrivant à la loi 18 des empereurs Dioclétien et Maximien, qui établissait la faculté générale de transiger sur
crimes capitaux, oublieux de l'époque qu'elle rappelait et
songeant au droit de son temps, ajouta à ces mots : « Il
est permis de transiger sur crime capital... » La restriction, qui était dans son esprit et dut venir naturellement sous sa plume, « ... excepté en matière d'adultère... »
Cujas et Voët, au contraire, ne voient là aucune interpo-

lation ; mais, d'après eux, le crime d'adultère étant déjà
capital depuis longtemps (Hoffmann fait remonter cette
innovation jusqu'à Sévère Antonin), lorsque les empereurs Dioclétien et Maximien rendirent leur constitution,
il était de toute nécessité qu'une restriction formelle de
son texte consacrât l'unique exception qui concernait le
crime d'adultère, sur lequel, par extraordinaire, il n'était
pas permis de transiger.

DE

L'ACCUSATION PUBLIQUE

DANS LE DROIT FRANÇAIS.

Pour suivre dans tout son développement l'ordre historique, dont nous avons cru devoir faire le fond de notre plan d'étude, il nous faut reprendre, au lendemain de la conquête, cette vieille société germaine, d'où devait sortir la nation française, et la suivre sur le sol conquis, à travers les phases successives de l'âge barbare, de l'époque féodale et des temps modernes, jusqu'au dernier et parfait état de sa législation criminelle. L'organisation judiciaire et le système de la procédure accusatoire, tel sera toujours le double point de vue sous lequel viendront se ranger toutes nos observations, et se classer toutes nos recherches; mais, comme le cadre forcément restreint de notre ouvrage ne nous permet pas de donner une égale extension à toutes les parties de ce long exposé, nous passerons rapidement sur les premières époques, qui sont aussi les moins importantes à étudier, quant au sujet qui nous occupe, pour nous appesantir davantage sur celles qui demanderont toute notre attention. Cette seconde partie de notre étude se divise tout naturellement en cinq grandes époques historiques, dont chacune marque un développement et un progrès dans la marche

de la constitution politique et de la législation criminelle.
Les voici dans leur ordre chronologique : 1° Époque barbare; 2° Age féodal; 3° Période monarchique; 4° Droit
intermédiaire; 5° Système criminel du Code. C'est aussi
dans cet ordre que nous allons les présenter.

PREMIÈRE ÉPOQUE
Epoque barbare.

Nous diviserons cette première époque, à laquelle se
rapportent les deux races Mérovingienne et Carlovin-
gienne, en trois périodes bien distinctes : 1° La première
comprendra l'état primitif de l'organisation judiciaire et
de la justice criminelle chez les peuples germaniques, et
ne sera qu'un retour sommaire sur les usages des barbares avant la conquête, usages qui ont persisté quelque
temps encore après ce grand fait; 2° la seconde traitera
du nouvel ordre de choses inauguré par le système des
Plaids, ou « *Placita Minora* »; 3° La troisième, des jugements et de la procédure par devant les « *Scabini.* »

PÉRIODE I. — ÉTAT PRIMITIF DE L'ORGANISATION JUDICIAIRE ET DE
LA JUSTICE CRIMINELLE CHEZ LES GERMAINS, AVANT ET APRÈS LA
CONQUÊTE.

Les fières mœurs germaines, nous l'avons vu dans
notre introduction, en consacrant ce principe du droit
social : que nul ne peut être jugé et puni que par ses
pairs, avaient investi de ce pouvoir de juger et de punir
l'assemblée générale des hommes libres, dans laquelle
se traitaient les affaires qui intéressaient la cité tout en-

tière. Tacite nous a montré les accusations de crimes
portées devant cette assemblée ; mais, nous savons que
c'étaient celles-là seules dont l'objet était un fait d'une
gravité exceptionnelle, et intéressant au premier chef la
sûreté et la défense communes. La peine, dans ce cas, était
capitale, soit que la vie fût arrachée au coupable, soit
que, ayant la vie sauve, il fût exclu, comme indigne de la
société des hommes libres. Ainsi, les Germains avaient
pour maxime, comme quelques peuples de l'antiquité,
qu'un citoyen ne pouvait être retranché de la société,
sans la volonté, légalement exprimée de cette même
société, c'est-à-dire sans une décision de l'assemblée nationale. Quant aux autres crimes, plus fréquents, mais
moins odieux, dans un tel état de mœurs, en ce qu'ils
atteignaient d'abord les individus et n'intéressaient qu'indirectement le corps social, nous avons vu aussi que ce
n'étaient là que des délits privés, donnant lieu à la pénalité toute spéciale des compositions pécuniaires, dont la
fixation et le paiement étaient affaire particulière entre
les intéressés. C'est ce que nous apprend encore Tacite
et, après lui, la loi salique vient le confirmer, en nous
montrant que des crimes, très-graves, même les assassinats prémédités, entraient dans le jeu régulier de ce
système primitif. Il est probable que l'accusation de ces
crimes ordinaires se portait devant le chef de la tribu du
coupable, par suite du régime d'organisation par tribu,
qui existait alors, et nous savons quel rôle le fameux
principe de solidarité, autre trait non moins caractéristique des mœurs barbares, imposait, en certaines circonstances, aux principaux d'entre les membres d'un
même groupe politique. Mais d'ailleurs, même dans ces
cas, la société, rappelons-le, ne demeura pas longtemps

étrangère à l'apaisement du conflit soulevé par l'acte coupable, et si la réparation n'en perdit pas pour cela son caractère privé, le pouvoir public imposa du moins son intervention comme témoignage de l'intérêt indirect qu'il avait à la pacification de ce conflit. Le fait de porter l'accusation devant le chef de la tribu n'était-il pas déjà par lui-même une reconnaissance non équivoque de ce principe d'intervention supérieure? Mais, il y a plus, et la manière dont les Germains envisageaient les accusations, selon M. Meyer, nécessitait encore davantage l'intercession de la nation en corps. « En permettant les guerres et inimitiés particulières, dit-il au chap. 8 du tome Ier, la société n'intervenait dans ces querelles que pour y mettre fin; elle fixait l'indemnité que l'agresseur était tenu de payer au lésé; elle assurait le paiement de cette indemnité, et elle garantissait l'agresseur de toute vengeance ultérieure... elle s'engageait à contraindre de vive force celui qui n'obéissait pas au ban qu'elle prononçait, ou à le retrancher de la cité, en lui refusant la protection accordée à tous les citoyens. » La confirmation officielle du ban prononcé, la déclaration formelle d'exclusion du réfractaire, la poursuite du châtiment du coupable, en un mot l'exécution de la sentence prononcée appartenait, chez les peuples qui obéissaient à un roi ou chef monarchique, à ce chef ou roi, dont la première fonction était de présider l'assemblée nationale et d'en diriger les délibérations. Ainsi, ce n'était pas le roi qui jugeait, mais le peuple lui-même, comme le prouvent jusqu'à l'évidence bon nombre de Placités rapportés par Mabillon, « *de re diplomatica* », liv. 6. Dans l'un, Clovis III, roi des Francs, décide un procès, mais reconnaît expressément que le jugement a été rendu par ses grands, car

il dit : « *Sic à proceribus nostris fuit judicatum.* » Il est vrai
que ces textes se rapportent à une époque postérieure à
la conquête ; mais, nous l'avons annoncé dans l'intitulé
de cette première période, le système d'organisation judiciaire garda après ce grand événement quelque temps
encore son caractère primitif, et, si nous voyons les
grands, les « *proceres* », juger à la place de l'assemblée
nationale, c'est que la nation, que ces grands représentent
d'ailleurs ici, est devenue trop considérable pour pouvoir
juger, comme autrefois, par elle-même. Et, remarquons-
le, cette compétence judiciaire de la nation se maintint
par la suite, et, si l'on trouve, à l'époque monarchique,
des rois qui jugeaient seuls, c'est que les historiens ou-
blient de faire mention de leurs assesseurs, ou bien qu'il
y avait excès de pouvoir.

Terminons par deux observations : la première, c'est
que la procédure accusatoire de cette première époque,
procédure dont il serait difficile de préciser les détails,
dut, par suite du petit nombre des crimes publics et du
caractère grossier de ces mœurs primitives, se borner à
une pratique sommaire et expéditive, que nous verrons
se modifier un peu plus tard. La seconde c'est que, chez
les Francs, lorsque, par suite de leur contact avec les
Gallo-Romains et leurs lois pénales, on en vint peu à peu
à modifier, dans certains cas, la coutume suivie jusqu'a-
lors, ou à décider sur un cas nouveau, la cause dut être
portée devant l'assemblée nationale qui, à la fois, sta-
tuait sur le cas proposé et décrétait une règle pour l'a-
venir. C'est ce qu'on voit dans les législations des peuples
du Nord, dans lesquelles il y a de grandes analogies avec
celles des tribus germaniques.

PÉRIODE II. — Droit criminel des plaids ou « *Placita minora.* »

Nous avons dit que les peuplades germaniques s'agrandissant et en venant à former de véritables royaumes, la réunion des hommes libres en assemblée générale ne fut plus aussi souvent possible. A cette seconde phase d'état social correspond une modification remarquable dans le système judiciaire. Il fallut, en effet, introduire, comme le dit encore M. Meyer, ch. 9°, une nouvelle organisation, qui rendît possible de terminer tous les procès civils et criminels, à mesure qu'ils se présentaient. Le pouvoir de juridiction passa de l'assemblée et des anciens chefs des tribus, dont la réunion avait formé ces royaumes, à des magistrats locaux, suivant les degrés d'une hiérarchie parfaitement assise, hiérarchie dont le caractère distinctif, nous devons le remarquer tout d'abord, ne consistait pas, comme dans les mœurs modernes, dans le lien de subordination et de dépendance de l'inférieur au supérieur, mais dans le seul fait d'une compétence plus ou moins considérable. Tacite nous parle, dans sa Germanie, de « *principes qui jura per pagos vicosque reddunt,* » sans s'expliquer sur leur juridiction ni leur compétence, et, à l'époque à laquelle il se rapporte, il est certain que ces chefs n'avaient pas une autorité judiciaire telle que les magistrats romains et les juges modernes, mais une simple juridiction dans les causes peu importantes, comme les causes civiles d'alors. Mais, cette expression, bien vague d'ailleurs sous la plume de l'historien, et qui vise une magistrature plus ancienne que celle des rois, se rapporte sans aucun doute à ceux que la langue tudesque appelait des « *grafs* » ou « *graafs* », dont le latin fit les

« *grafiones* » ou « *Comites* » et le français, des « *Comtes* ». Les cadres de la vieille administration romaine s'étant maintenus après la conquête barbare, ces comtes centralisèrent, dans les arrondissements anciens auxquels correspondaient les « *Pagi* » germaniques, les pouvoirs militaires, civils et judiciaires, et, au-dessous d'eux, les sous-arrondissements ou « *Vici* », furent administrés de la même manière par ceux qu'on appelait les « *Tungini* » ou « *Centeniers* ». Nous ne donnons ici, bien entendu, que les mots techniques latins, qui servent à désigner les divisions territoriales et politiques remontant à l'époque de la domination romaine sur la Gaule, et sont peut-être d'origine grecque, mais, en tout cas, pas germanique. Quant au rôle judiciaire de ces officiers germains, il est consigné dans de nombreux documents législatifs contemporains. Ainsi, nous voyons déjà les comtes appelés « *Judices* » dans les lois ripuaires, tit. 51, qui parlent des « *Judices fiscales* ». De plus, en rapprochant une ordonnance du roi Gontran, de 585, adressée aux évêques et aux juges de son royaume, « *ad episcopos et judices regni sui* », et par laquelle les évêques sont chargés de veiller au maintien du culte conjointement avec les juges des lieux, *du premier* capitulaire de Carloman, de l'an 742, art. 5, qui attribue cette surveillance à l'évêque assisté du grafion, on voit que ce « *Judex* » et ce « *grafio* », sont une seule et même personne. Enfin, le second capitulaire de l'an 813, art. 11, est intitulé : des prisons et des potences que les juges doivent avoir, « *de carceribus et patibulis habendis ab unoquoque judice* », et le texte porte, que chaque comte doit avoir une prison dans son comté : « *ut Comes unusquisque in suo comitatu carcerem habeat.* » Les lois Franques nomment aussi le « *Tunginus* » ou « *Centenarius* »

(v. loi salique, tit. 47, et la loi salique «*emendata*» tit. 56), avec beaucoup d'autres magistrats subalternes qui exerçaient peut-être les mêmes fonctions sous des dénominations différentes, suivant les lieux ou les personnes qui en étaient chargées. Les comtes, d'abord élus par la nation, le furent ensuite par le roi ; mais les magistrats inférieurs continuèrent à sortir de la seule élection populaire, du moins le plus ordinairement ; car les comtes les désignèrent quelquefois aux suffrages, partageant ainsi avec le peuple, dans une certaine mesure, le droit d'investir de ces charges publiques.

Mais, si le comte et le centenier, centralisant dans leurs mains tous les pouvoirs, étaient investis par là même de l'autorité judiciaire et l'exerçaient au criminel comme au civil, il faut se garder de croire, comme nous l'avons fait observer ci-dessus en passant, qu'ils fussent de véritables juges, au sens moderne du mot, ou comme l'entendaient les Romains. Nous ne devons jamais, en effet, perdre de vue, au cours de notre étude sur le système des barbares en cette matière, cet autre principe de leur droit public, dont nous avons vu la parfaite application dans la période précédente : que tout homme libre devait prendre part à l'administration de la justice, comme des autres affaires d'intérêt général, et se trouvait par là même investi du droit de porter sa sentence sur tous les faits dénoncés à l'assemblée des guerriers. Aussi, quand la force des choses amena le fractionnement politique que nous savons, la nation, souveraine dans son ensemble, le demeura dans toutes ses parties aliquotes, et, chaque comté constituant une société séparée des autres et parfaite dans son organisation, les petits comices que le comte y assembla eurent le droit d'exercer envers les membres de cette nouvelle société la même autorité qu'avaient exercée précédemment les assemblées de la nation. Le comte réunissait donc les hommes libres du comté, présidait cette assemblée populaire et en dirigeait les débats ; puis, le jugement rendu par elle et prenant en main la sentence portée, il en poursuivait l'exécution immédiate et forcée, à l'exemple du roi ou chef suprême, en ce qui concernait, nous l'avons vu, les décisions des diètes nationales des premiers temps. Comme ces diètes étaient connues sous le nom de « *placita* », on étendit cette même dénomination aux assemblées du comté, qu'on qualifia seulement de « *minora* », pour les distinguer des autres. La même chose avait lieu dans la centène, dont le centenier était également le chef administratif et judiciaire. Seulement ici se place un fait qui ne doit pas échapper à notre observation, c'est que, à mesure que l'autorité se consolida et par l'instinct et par le besoin de centralisation, il se forma auprès du roi un tribunal qui, peu à peu et après avoir d'abord battu en brèche la juridiction de l'assemblée générale par le système d'évocation, si en faveur plus tard auprès de nos souverains monarchiques sous le nom de « *cas royaux* », dut se poser vis-à-vis des tribunaux inférieurs en suprême régulateur et absorber bientôt une large part de leurs attributions contentieuses. (v. Hincmar, épist. 5, ch. 33, et surtout 21.) Ce fut là le « *placitum palatii* » que le roi présidait lui-même et où l'on rendit habituellement de véritables jugements. Tel était donc, dès la première race, l'ordre hiérarchique des différents pouvoirs judiciaires dans le royaume Franc. Il nous reste à expliquer en quelques mots ce que nous avons dit plus haut, à ce sujet, du caractère distinctif de cette organisation par degrés. Il ne faut pas voir dans tout ceci un système régulier, qui ne pouvait pas entrer, dans les vues d'un peuple aussi primitif, et croire que la justice était rendue sauf appel au degré supérieur. Mais, au contraire et sans parler des nombreux moyens expéditifs qui terminaient sans condition la plupart des procès, comme le serment, le jugement de Dieu, les épreuves superstitieuses, il est bien certain que chaque tribunal jugeait en dernier ressort et d'une façon souveraine. Ce n'était qu'en matière de compétence que cet ordre hiérarchique avait son effet naturel et pratique. Ainsi, la nature de la cause qui pouvait intéresser des habitants d'une autre centène ou d'un autre comté; ainsi, le degré de la peine, qui excédait les bornes de l'autorité de ces plaids ; ainsi encore, la qualité des parties interressées ou la gravité exceptionnelle du fait à réprimer, voilà ce qui fixait la compétence et la laissait attribuer à tel ou tel tribunal. Il est facile maintenant de comprendre pourquoi les affaires d'intérêt supérieur, général, ne pouvaient être portées qu'au tribunal présidé par le roi ou par son délégué spécial ou *missus* et aussi pourquoi les accusations qui pouvaient entraîner des peines plus graves, ou même la mort ou la perte de la cité, n'étaient pas de la compétence du tribunal de la centène, mais devaient être renvoyées par devant le comte ou le délégué impérial, comme le dit le second capitulaire de l'an 812, art. 4. Nous trouverons encore une application de ces principes au titre 59, art. I, de la loi Salique, en voyant les seuls grands plaids du souverain prononcer la mort civile, c'est-à-dire exclure de la société celui qui a refusé de comparaître ou d'obtempérer au jugement du tribunal du comté et qui pour ce fait, a été cité devant eux.

Un autre capitulaire, de l'an 789, dit « *de partibus Saxo-niæ,* » limite expressément la compétence du comte saxon et de ses plaids, à la somme de soixante sous d'amende. La loi lombarde de Charlemagne, art. 69, établissant la même distinction, interdit « au *viguier* » ou vicomte, la connaissance des affaires criminelles, qui sont exclusivement du ressort de la juridiction du comte; et enfin, beaucoup plus tard, dans un diplôme qui paraît se rapporter à l'année 989, à propos de la juridiction de l'évêque, mise sur le même rang que celle des magistrats inférieurs, il est fait une exception formelle en matière de crime capital, lequel, dit le texte, ne peut être jugé que par les magistrats présidés par le duc « *dux,* » qui avait alors succédé aux hautes fonctions du « *missus* » royal.

Sans entrer dans les détails de ce qui concerne la forme des « *placita minora,* » disons seulement que ces assemblées, dont le rôle fut d'abord plutôt politique que judiciaire, et dont la convocation avait lieu à des époques déterminées d'avance, virent grandir toujours plus, avec la multiplicité des relations et la fréquence des procès, leurs attributions contentieuses, et durent se réunir régulièrement plusieurs fois dans l'année, en dehors des sessions extraordinaires.

Ces sessions extraordinaires, que le magistrat local pouvait indiquer suivant les besoins et les circonstances, (v. ch. 27 du capit. de 801), étaient les « *placita extraordinaria,* » qui ne devaient avoir lieu que dans des cas rares, « ... *nisi forte contingat ut aliquis aliquem accuset,* » dit le même capit. La convocation faite par le comte ou le centenier s'appelait, en langage technique, « *mallum* », d'où le nom de « *mallum, mallus, mdl,* » pour signifier l'assemblée elle-même. Les hommes libres « *rachimburgii* »

Fabre.   15

étaient obligés d'y répondre sous peine d'une amende, et des dispositions législatives prirent soin d'en limiter le nombre nécessaire pour la formation du tribunal et l'expédition des jugements. Les juges étaient responsables de l'arrêt rendu et pouvaient être pris à partie. Les comtes, officiers publics, et, plus tard, fonctionnaires impériaux, avaient à craindre la destitution pour une malversation dans l'exercice de leur charge ou s'ils déniaient la justice à ceux qui la réclamaient d'eux. D'ailleurs, une autre mesure non moins salutaire contribua au jeu régulier de tout ce système : ce fut l'envoi dans les provinces des délégués impériaux, les « *missi dominici* », qui allaient y contrôler tous les actes de ces fonctionnaires et en faisaient le rapport au souverain.

Venons à la procédure accusatoire et voyons d'abord celle qui avait lieu devant la juridiction commune des tribunaux inférieurs. Nous exposerons ensuite les formes suivies dans les accusations portées devant le tribunal du Roi.

§ 1er. *Procédure devant la juridiction commune.*

On est tenté d'abord de supposer que la compétence criminelle de cette juridiction s'exerçait dans des limites bien étroites, puisque les délits qui atteignaient la propriété ne donnaient lieu qu'à de simples actions civiles, et que les offenses contre les personnes faisaient naître le droit de vengeance individuelle, trop enraciné dans les mœurs barbares pour tomber sous les premiers efforts du législateur. Mais, quant à ces offenses contre les personnes, il faut observer que, s'il est vrai que le droit matériel de vengeance subsistât, il est vrai aussi que, dans le plus grand nombre de cas, suivant la remarque de

M. Pardessus, dans son commentaire de la loi Salique,
il était converti en poursuite judiciaire, qui donnait lieu
à la procédure criminelle dont nous allons traiter.

Un premier point incontestable, c'est que l'accusation
était publique, c'est-à-dire ouverte, comme à Rome, à
tous les citoyens. Il semble même que, chez les Francs
en particulier, ce ne fut pas seulement un droit, mais
même un devoir, en certains cas du moins. C'est ce que
l'on voit dans la collection des lois saliques, et particulièrement dans le pacte « *pro tenore pacis dominorum Chil-
deberti* et *Clotarii regum*», ch. 3, où l'on punit comme un
voleur celui qui, connaissant l'auteur d'un larcin, ne l'accuse pas. Dans les Capitulaires de Charlemagne et de
Louis le Débonnaire, il est défendu aux magistrats de
juger lorsqu'il n'y a point d'accusateur légitime. La consécration de ce droit public d'accusation se retrouve
dans les lois des autres peuples d'origine germanique,
par exemple dans l'édit de Théodoric, ch. 20, dans une
loi 14, tit. 5 du liv. 6 des lois visigothes de Canciani, qui
établit le droit pour tous d'accuser l'homicide et dont
le texte montre qu'il ne s'agit pas là de quelque chose
de spécial, d'une faculté exceptionnelle et particulière à
ce cas. La loi suivante, *ibid.*, s'exprime ainsi : « Puisqu'il faut que les coupables, dans les autres crimes, reçoivent toujours les châtiments qu'ils méritent, il faut
penser qu'il serait funeste que les homicides demeu-
rassent jamais impunis, tandis qu'on les juge dignes, au
contraire, de châtiments plus rigoureux, » et elle continue en permettant l'accusation d'homicide non-seulement
aux proches, mais même aux étrangers. D'ailleurs, la
poursuite d'office de la part des magistrats se joignait,
ici également et dans l'intérêt de l'ordre public, au moyen

de garantie qu'offrait cette liberté d'accusation. C'est
ce qui ressort de la loi 5, « *antiqua,* » tit. 1, liv. 7 du
même recueil des lois visigothes, laquelle dit, à propos
de vols et escroqueries : « Dans toute accusation criminelle, que l'accusateur se présente au comte de la ville
ou au juge dans le territoire duquel il est établi, afin
que ce comte ou ce juge juge le procès suivant la loi,
et, lorsqu'ils auront connaissance du crime commis qu'ils
fassent saisir le coupable... » La loi 14, citée plus haut,
est encore plus catégorique : « Si personne n'accuse
l'homicide, y est-il dit, que le juge, aussitôt qu'il aura connaissance du fait criminel, ait le pouvoir de se saisir du
coupable, afin qu'il soit soumis à la peine qu'il a méritée.
Et ce n'est pas parce qu'il n'y aura pas d'accusateur, ou
qu'il y aura peut-être quelque collusion sur le crime,
que la vindicte devra être différée. » Une autre circonstance de droit tendit à favoriser cette poursuite d'office
et ce pouvoir d'inquisition du magistrat au sujet des
crimes commis. En effet, quoique leur punition fût en
général un objet d'intérêt privé, avec le système des compositions dues à l'offensé et à sa famille, il faut dire aussi
que, dès les temps les plus anciens, suivant l'attestation
même de Tacite (v. le ch. 12 de sa Germanie), une partie
de ces compositions était attribuée au fisc, à titre de
« *fredum* ». Or, les dépositaires de l'autorité publique,
percevant ces « *freda* » pour le fisc, ou pour leur propre
compte, quand les rois les leur eurent attribués, avaient
intérêt à exercer cette poursuite, et durent en effet l'exercer avec le plus grand zèle (v. le titre 55 de la loi Salique
et le chap. 3 du pacte entre Childebert et Clotaire. Voir
aussi le chap. 11 de la « *decretio Chlotarii* », enfin, le tit. 9
des « *capitu extravagantia* », et le ch. 0 de l'édit de Chil-

debert de 595). Ces deux derniers documents constatent
la poursuite d'office par le magistrat. Pour en revenir à
l'accusation publique, comme on s'était appliqué à
étendre la liberté d'accuser, on s'attacha également à
en prévenir les dangers possibles. Dans tous les recueils
de lois barbares, nous voyons la calomnie punie ou prévenue. Tantôt le calomniateur passe au pouvoir de l'accusé et est condamné au talion, comme à Rome (v. le
Cod. des Visigoths, liv. 6., tit. 1, loi 6), où l'on suppose
une fausse imputation devant le prince des crimes les
plus graves et pouvant entraîner la peine de mort ou la
confiscation des biens. Cette loi nous montre, ce qu'il
faut remarquer en passant, que l'accusation par procureur n'était pas défendue, comme dans le système romain,
car nous y lisons ceci : « ... S'il accuse par procureur
devant le prince qu'il ne peut pas venir trouver en personne, qu'il écrive une épître (d'accusation) contresignée
de lui et de trois témoins qui confirment ses dires, afin
qu'il ne puisse plus nier par la suite. » Et cela nous
amène à parler de la formalité de l'inscription que nous
retrouvons parfaitement en vigueur chez les barbares et
qui peut encore servir à expliquer la rigueur avec laquelle
on continuait à sévir contre les accusateurs téméraires
ou de mauvaise foi. Mais, remarquons-le, ce n'est plus
là, semble-t-il, une formalité ordinaire, intervenant
dans la procédure d'accusation en son temps et à sa
place, et cette inscription ne paraît exigée que dans les
cas les plus graves et lorsqu'on veut en venir au
moyen suprême de la question. Ainsi, la loi 2, *ibid.* Cod.
des Visigoths, nous parle d'un crime de lèse-majesté ou
de lèse-nation, ou enfin d'homicide ou d'adultère, et dispose que quiconque croira devoir en accuser une per-

sonne, qui sera son égale en noblesse ou en dignité, par ses fonctions au palais, doit d'abord prendre soin de prouver son allégation, pour pouvoir demander le sang du coupable ; que, s'il ne peut le prouver devant le prince ou ses préposés, qu'il intervienne une inscription confirmée par la souscription de trois témoins, et qu'ainsi l'examen par la question commence. Elle continue en disant que les ingénus de rang, et inférieur et de condition plus humble, ne sont soumis à la question, sur inscription préalable, que si la cause est « *major* », c'est-à-dire dépasse la valeur de 500 solides. Chez les Bourguignons la loi Gombette, dans son titre 77, intitulé précisément « *des inscriptions*, » établit que l'accusation même d'un esclave doit être précédée de l'inscription, de la part de l'accusateur qui veut livrer au juge le coupable. (voir aussi le tit. 7 *de servis et originariis qui vocantur in crimine*, § 16.) Nous avons dit que tantôt le calomniateur passe au pouvoir de l'accusé. Tantôt encore, il est obligé de se constituer prisonnier et de se soumettre à la même peine, lorsqu'il ne pourra prouver la vérité de son accusation. (v. l'édit de Théodoric, ch. 13, et les capit. de Charlemagne, liv. 6, ch. 329), « *de his qui innocentes apud principem vel apud alios accusaverint,* » et liv. 7, ch. 180, « *quod exudem pœnam passurus sit accusator, si convincere accusatum non potuerit, quam reus passurus erat.* » Ailleurs, il doit payer une plus forte amende qu'aucune de celles dont tous les délits étaient punis. (v. loi saliq. tit. 20, § 2.) D'autres mesures sont encore prises dans l'intérêt de la défense. Ainsi l'édit de Théodoric, ch. 50, interdit toute accusation secrète; ainsi, les capit. de Charlemagne et de Louis le Débonnaire, liv. 7, ch. 145 et 168, défendent au juge de juger dans l'absence de l'une des deux parties, ou avant que l'accusé ait entendu, de la bouche de l'accusateur lui-même ce qu'on a à lui reprocher, et qu'il ait répondu à ses griefs. Ainsi encore, le Code des Lombards, liv. 2, tit. 51, *de « testibus »*, § 8, prive du droit d'accuser ceux qui ont donné des preuves de leur mauvaise foi. Les capit. des empereurs précités (liv. 1, ch. 45, liv. 6, ch. 144 et 298), repoussent également ceux qui, de situation vile ou par suite de leurs délits, ne peuvent mériter la confiance de la loi. Enfin, les esclaves peuvent bien être accusés et châtiés, mais il est défendu au juge de recevoir leurs accusations contre leurs maîtres, et pas davantage celles des affranchis contre leurs patrons ou leurs enfants. (v. l'édit de Théod., ch. 48 et 49.)

Il est temps de parler des formalités mêmes de la procédure. La poursuite était ordinairement exercée par la partie qui se prétendait lésée par un fait criminel. Quand il y avait flagrant délit, la loi salique (tit. 34), donnait à l'offensé le droit d'arrêter le coupable, mais évidemment à la charge de le remettre entre les mains du juge. (v. aussi le titre 1er « *de mannire*. » De plus, l'auteur de cette arrestation devait prouver qu'elle n'était pas faite « *sine causa*, » et, d'après le ch. 2 du pacte de 593, entre Childebert et Chlotaire, il suffisait de la simple dénégation du détenu pour que la preuve du délit dût être faite par l'auteur de l'arrestation, « *quod furtum quod objicit verum sit*. » Par suite du pouvoir d'inquisition des magistrats, l'arrestation préventive d'un criminel pouvait être ordonnée par eux, et, dans ces cas, très-rares d'ailleurs, dans lesquels la gravité du fait délictueux imposait une pareille mesure, le prévenu était conduit au Mâl par les agents de la force publique qui le gardaient. Un ingénu pouvait alors obtenir sa liberté en donnant caution de se présenter devant le tribunal compétent. D'ailleurs, au cas de flagrant délit, les magistrats avaient aussi, bien entendu, le droit d'arrêter le coupable, et on allait même jusqu'à le reconnaître aux hommes libres. Mais ceux-ci s'exposaient à se voir accusés de détention illégale.

Dans les cas ordinaires, celui qui voulait attaquer en justice une autre personne lui signifiait, à elle ou aux siens, une assignation en présence de témoins, pour comparaître, à sept jours, devant le tribunal composé d'un certain nombre d'hommes libres. Il n'y avait ici aucune instruction préalable, pas même d'autorisation obtenue du magistrat. Cette citation, qui devait être faite au domicile du défendeur, s'appelait « *admallatio* », « *mannitio,* » « *bannitio* « (v. tit. 1er de la loi saliq.). L'intimé était tenu de comparaître, à moins d'une excuse valable, à peine d'une amende de 15 sols, qui frappait aussi le demandeur qui ne se présentait pas aux plaids.

Si l'une des parties faisait ainsi défaut, l'autre était tenue de rester présente tout le jour, et devait constater, au coucher du soleil, que personne ne s'était présenté de la part de l'adverse partie, ni pour défendre sa cause, ni ni pour présenter une excuse : cette formalité s'appelait « *solsadia* » parce que ce n'était qu'après le coucher du soleil que les « *boni homines,* » rachmibourgs ou *arimans*, signaient la notice qui attestait le défaut. Le défendeur était cité de nouveau, jusqu'à trois fois, avec une augmentation d'amende pour chaque défaut, laquelle amende était partagée entre le comté et le demandeur. Si il n'obéissait pas davantage, il était contumax, « *Jachtivus* (loi sal. tit. 54, art. 1), et le comte ou un des arimans avait le droit de saisie sur ses biens, quoique les

lois ne fussent pas uniformes, sur le temps où elle était
permise ; c'est ce qu'on appelait « *distringere*. » (v. aussi
4e liv. des Capitul., art. 25, et 5e liv., art. 98, sur ce point.)
Parfois, on exigeait une caution même de la part du
demandeur, à l'exemple sans doute de ce qui avait lieu
au civil, lorsque le procès, qu'il voulait entamer, ne paraissait pas parfaitement fondé. Alors, l'affaire ne pouvait être portée devant les hommes libres qu'après qu'il
avait fait une consignation analogue à celle que la « *lex
romana Visigothorum*, » (liv. 9, tit. 1, const. 14), exigeait
de l'accusateur en matière de délits. Au jour indiqué, en
audience publique, l'accusateur exposait sa plainte et le
défendeur, ses moyens. S'il avait avoué, cet aveu suffisait
pour justifier sa condamnation ; s'il niait, on demandait
à produire ses témoins, et, en cas d'insuffisance de la
preuve testimoniale, l'accusé était admis à se purger,
soit par le serment avec un certain nombre de conjurateurs, soit par une épreuve quelconque, soit par le combat
judiciaire. Les délais accordés étaient ordinairement fort
longs, et si l'accusé n'y parvenait pas, il devenait, par
cela seul, obligé au paiement de la composition due pour
le crime dont il était accusé, ainsi que le prouve la formule 49 de Mabillon. Charlemagne modifia cette procédure criminelle et le système répressif lui-même : la
« *fœda*, » ou droit de vengeance privée, avait déjà
été abolie ; la justice publique organisée et les pouvoirs domestiques soumis au contrôle du pouvoir royal.
Ce grand prince imprima au progrès de la législation une
direction plus sûre et un mouvement plus rapide. « La
répression des délits, dit le grand législateur du moyen
âge, n'a point pour objet la vengeance, mais le maintien
de la justice et de la paix. » « Fidèle à ce principe, dit

M. Gide, dans son beau travail sur *la Condition privée de
la femme*, la loi retire aux particuliers non-seulement
le droit de châtier le coupable, mais encore le droit de
lui assurer l'impunité en traitant avec lui. Une police
est organisée pour découvrir les délits que la connivence
des parties tiendrait dans l'ombre. La composition privée
est soumise à la sanction des juges royaux, et la « *fœda* »
n'existe plus. Désormais, c'est au roi seul qu'appartient le droit soit de punir, soit de faire grâce ; la tribu et
la famille ont déposé leur glaive entre ses mains : l'état
moderne est fondé. » Quant au point spécial que nous
traitons, le titre 59 de la « *lex emendata* » et les titres correspondants des textes anciens, conformes au titre 18 des
« *Capita extravagantia*, » décident que, sur refus de l'accusé de comparaître au Mâl, ou d'exécuter le jugement
des rachembourgs, ou de donner caution du paiement de
la composition, il sera ajourné à comparaître devant le
roi, dans un délai de quatorze jours. Cet ajournement
avait dû être précédé d'une dernière intimation de comparaître au Mâl dans les 40 jours; celui qui ajournait son
adversaire, devant le roi, produisait douze témoins et
était l'accusé déclaré coupable et mis « *extra sermonem
regis*. »

Disons enfin, en terminant ce § 1er de la procédure, devant les tribunaux de droit commun, que le jugement était
délibéré par les juges du comté ou de la centène, présidédés par le comte ou le centenier, qui n'y avaient pas voix
délibérative, et que ces derniers qui, d'ailleurs, rendaient
ensuite le jugement et l'expédiaient en leur nom seul,
avaient seuls aussi le droit d'en poursuivre l'exécution
par toutes les voies de droit.

§ II. *De la Procédure devant le tribunal du roi.*

Nous avons dit que la compétence de ce tribunal suprême dut se fonder à l'origine sur la nature de certaines
causes, ou la gravité de certains crimes, comme aussi
sur le caractère de la pénalité encourue ou la qualité des
parties intéressées. Il paraît assez probable que celui qui
voulait traduire son adversaire devant le « *placitum palatii,* » obtenait une permission d'assigner, comme cela
avait lieu pour les Mâls extraordinaires (v. formules 26,
27, 28 et 29 du liv. 1er de Marculfe, et 30, 31 et 38 de
l'appendice). On délivrait à la Chancellerie, au nom du
roi, un acte appelé « *indiculus* » ou « *signaculum* » commençant par l'exposé de la plainte ou de la réclamation
du demandeur et déclarant à celui à qui l'acte était
adressé, qu'il eût à satisfaire le réclamant, ou que, s'il ne
croyait pas devoir le faire, il eût à se présenter au plaid
pour y être entendu contradictoirement avec le demandeur ou poursuivant. Quelquefois un ordre royal était envoyé au juge local, il lui expliquait l'objet de la réclamation, l'invitait à procurer satisfaction au demandeur,
et, au cas où il n'y réussirait pas, à exiger du défendeur
caution de se présenter, ou, s'il refusait, à l'y faire conduire de force. Ce « *signaculum* » indiquait évidemment
le jour de la comparution (v. form. 26, liv. 1. Marculfe,
30 de l'append. et un Placite de 692). Si le défendeur comparaissait, le tribunal entendait les parties et les jugeait.
Il est certain que les séances du « *placitum palatii* »
étaient publiques. Un plaid, tenu par Pepin, en 751, en
donne une preuve. Le serment était souvent imposé aux
parties ou à leurs témoins ; le jugement portait l'intitulé

royal. Si le roi était absent, il ne signait pas, comme pour les diplômes et autres actes de l'autorité royale. Un ou plusieurs référendaires certifiaient que la rédaction du jugement avait été revue. Le jugement chargeait de l'exécution le comte du lieu (v. le tit. 20 de la loi saliq.). Il est inutile d'ajouter que l'accusé contumax ou qui refusait de se soumettre au jugement, pouvait être mis « *extra sermonem regis.* «

C'étaient donc, en général, les causes majeures, celles qui, comme le dit Montesquieu (Esp. des lois, liv. 28, ch. 28), intéressaient directement l'ordre politique, qui étaient réservées au roi. (v. cap. 3, de l'an 812, art. 2), et il donne, comme exemple, les discussions qui étaient entre les évêques, les abbés, les comtes et autres grands, que les rois jugeaient avec les grands vassaux. Il y a un titre dans la loi salique, le titre 20, qui est intitulé : « De celui qui a accusé devant le roi un homme innocent et un absent. » « Si quelqu'un, dit le § I", accuse devant le roi de crimes moins graves un homme innocent et un absent, qu'il soit jugé coupable et paye 2,500 deniers, qui font 62 solides avec moitié. » Et le § 2 : « S'il lui impute un crime tel qu'il eût dû en perdre la vie, si cela eût été vrai, que celui qui a accusé soit jugé coupable et paye 8,000 deniers, qui font 200 solides. » M. Pardessus fait remarquer, à ce sujet, que c'est la première et la seule fois que, dans la loi salique, le roi est indiqué comme juge, à moins, ajoute-t-il, qu'on ne veuille considérer comme un acte de pouvoir judiciaire la mesure de mise hors la loi qu'on trouve dans le titre 59. Mais il ne faut pas oublier que les Capitulaires et les formules de Marculfe, dont nous avons parlé, suppléent à cette insuffisance de texte dans un document aussi considérable du vieux droit barbare. Nous avons déjà parlé plusieurs fois de cette mesure extraordinaire et solennelle de mise hors la loi. Elle nous amène à dire quelques mots de cette autre classe d'affaires criminelles qui sollicitaient la compétence occasionnelle du Plaid royal. Dans l'usage des Francs, un accusé ne pouvait être condamné sans avoir été entendu ; mais on sentit de bonne heure la nécessité de prendre des mesures pour que son refus de comparaître ne produisît pas l'impunité. Ce fut là l'origine du moyen extraordinaire qui consistait dans la mise du coupable *extra sermonem regis*, » suivant l'expression technique des textes. Le roi, auquel on renvoyait l'affaire, prononçait cette mise hors la loi (v. le tit. 59 de la loi sal.) dans une séance publique de son plaid royal qu'il présidait lui-même. Ainsi, lorsqu'un homme accusé d'un crime au Mâl local n'y comparaissait pas, ou que, après avoir été jugé, il refusait d'exécuter la décision, son adversaire l'ajournait devant le roi. Là, s'il continuait sa contumace, le roi le déclarait « *extra sermonem suum.* » Sentence rigoureuse, dont l'effet était de l'exclure de la société commune et de le livrer à la merci du premier venu. Cette mesure sévère dut être étendue, par la coutume, à des cas qui n'avaient, avec celui-ci, qu'un rapport fort éloigné. C'est ainsi que nous voyons un édit de Chilpéric, de l'an 574, consacrer la même procédure sommaire à l'encontre des gens sans aveu dont la présence causait des inquiétudes. Il paraît même que cette procédure fut en usage à l'égard de ceux qu'on appelait *antrustions*, et qui étaient les fidèles ou les hommes-liges du roi, à une époque où cette classe d'hommes n'était pas encore exclusivement justiciable du « *placitum palatii* » ce qui advint plus tard, et par l'effet de concessions privilégiées.

Le titre 18 des « *capita extravagantia* » parle de ces antrustions et semble même ne parler que d'eux. Il y est
question de citation « *ante judicem ; in mallo bergo,* » et du
droit si l'accusé refuse de comparaître ou d'exécuter le jugement, de l'appeler devant le roi, pour que celui-ci le
mette » *extra sermonem suum,* preuve évidente que l'action
n'était point encore portée directement au plaid du palais.
Montesquieu, *loc. cit.*, semble se rapporter à quelque chose
de semblable, lorsque, à propos des grands seigneurs d'a-
lors, il écrit ce qui suit : « Lorsque les comtes ou les envoyés du roi ne se sentaient pas assez de force pour réduire les grands à la raison, ils leur faisaient donner
caution qu'ils se présenteraient devant le tribunal du roi :
c'était pour juger l'affaire, et non pour la rejuger. Je
trouve dans le Capitulaire de Metz de l'an 757, art. 9 et
10, l'appel de faux jugement à la cour du roi établi, et
toutes autres sortes d'appels proscrites et punies. » La
fin de cette citation nous rappelle ce que nous savons
déjà, que les juges inférieurs jugeaient, comme les autres, en dernier ressort, et elle nous montre un autre cas
où le plaid royal devenait compétent : celui d'appel de
faux jugement, le seul cas d'appel admis d'ailleurs, avec
celui de déni de justice, sans doute fort rare en ce temps-
là ; car, comme l'ajoute avec raison Montesquieu, sur les
officiers royaux, il fallait moins corriger leur négligence
qu'arrêter leur activité (v. le ch. 6 de la constit. de Clotaire Ier, de 560, complétant ou expliquant le tit. 60 de
la loi saliq.). Nous avons dit que la mise hors la loi intervenait, surtout à l'égard des ingénus, auxquels seulement elle finit par s'appliquer. (Le ch. 9 de l'édit. de Childebert, de 595, déclare que l'ingénu, qu'il nomme « *Fran-
cus,* » accusé d'un crime emportant la peine capitale, sera

traduit devant le r i, et c'est sans doute ce cas que prévoit le § 1er du chap. 20 précité de la loi saliq. Rappelons
aussi que, par suite du système d'évocation, les procès
de haute trahison qui, dans la règle, appartenaient à la
juridiction de l'assemblée nationale, furent portés au tribunal du roi. Enfin, l'accusation entre gens de la maison du roi fut naturellement portée au plaid royal. De
même, l'accusation portée contre les hauts personnages
ou fonctionnaires, tels que les grafs ou comtes, les centeniers, etc., car, ces magistrats, judiciaires en même
temps qu'administratifs, ne devaient être justiciables que
de leurs pairs, par suite des orgueilleuses mœurs barbares.

Telle fut, jusqu'au IXe siècle, la procédure criminelle
en vigueur chez les Francs de la première race, et nous
avons eu particulièrement en vue cette époque, quoique
nous nous soyons souvent rapporté, pour les besoins de
cet exposé, à des textes postérieurs, et que nous ayons
empiété sur la période suivante, en annonçant les modifications profondes introduites dans cette procédure et le
nouveau système franchement inauguré par le plus grand
des rois carlovingiens. Nous pouvons maintenant résumer tout ce qui précède en rappelant les principes les
plus importants de la pratique franque, au lendemain de
l'invasion et de la conquête.

Ces principes furent les suivants : le droit d'accusation
pour les parties lésées et pour le chef de la juridiction,
la publicité des audiences entière et sans réserve, aussi
bien pour l'instruction de la cause que pour le jugement;
la preuve par témoins et la libre discussion de ces témoins, le jugement par jurés; car, les « boni homines »,
hommes libres de chaque comté, propriétaires de la loca-

lité, pairs de l'accusé, n'étaient pas autre chose ; enfin, la
séparation du droit de justice, qui comprenait le droit
de tenir juridiction, d'y traduire les accusés et d'en présider les audiences, et du droit de juger, qui comprenait
la décision du fait et du droit, et qui n'appartenait qu'aux
hommes libres. Ici se place une observation importante,
qui d'ailleurs n'a pas trait seulement à la pratique criminelle de cette période, mais que nous retrouverons entière et plus digne encore de remarque, dans la suivante :
c'est que le système particulier de la personnalité des
lois qui, on le sait, sans tenir aucun compte du principe
d'unité législative territoriale, soumettait, au contraire,
chaque habitant du territoire et chaque membre du corps
social à sa loi d'origine, ne dut pas avoir de prise sur la
partie criminelle de la législation. L'intérêt politique assi-
mila sans doute ici les vaincus aux vainqueurs et soumit
les uns et les autres aux mêmes formes et aux mêmes lois
répressives. Le seul point où la distinction des classes
dut subsister fut évidemment celui qui a trait à l'économie des peines, et c'est ce que nous montrent en effet les
plus anciens textes législatifs. Les crimes et délits, les
compositions pécuniaires, tout nous paraît parfaitement
déterminé dans la loi salique, qui fut une loi de police et
d'ordre public et dut régir, par conséquent, tous les habitants du territoire, sans distinction d'origine. Cette même
loi consacre en même temps la seule exception admise,
en matière de pénalités, et nous la voyons attribuer aux
offensés une composition déterminée d'après des bases
fondées sur la différence d'origine. D'ailleurs, observons-
le une fois pour toutes : la transition du système criminel de Rome au système germanique se manifeste par
une différence remarquable dans le caractère propre à

chacun des deux. « Lorsque la société romaine, dit M. Dal-
loz, dans son Répertoire, succomba au v° siècle, sous les
invasions des barbares, des changements profonds dans
les institutions judiciaires, et particulièrement dans les
règles de la procédure criminelle, furent la conséquence
inévitable de cette immense révolution. Il est à remarquer que, suivant les coutumes barbares, qui vinrent se
substituer à la loi romaine, l'action criminelle n'était
généralement qu'une action privée. Les peines, toujours
pécuniaires, quelle que fût la gravité du délit, étaient,
sous le nom de compositions, prononcées par le juge au
profit de l'accusateur. C'était en quelque sorte une transaction, faite en présence du juge, entre l'accusé et la
partie poursuivante. Il suivait de là que les parties étaient
maîtresses de l'action criminelle, qu'elles pouvaient se
désister, transiger et arrêter par là le cours de la justice.
Ce droit, ajoute-t-il, ne fut même définitivement abandonné que vers le milieu du xvi° siècle, après que l'ordonnance de 1535 et l'édit de 1554 eurent commencé à
organiser l'action publique et à lui rendre son indépendance. » Il y a dans les formules de Marculfe, qui écrivait à l'époque mérovingienne, dès le milieu du vii° siècle, un exemple remarquable de cet effet absolu, produit
par la transaction des parties intéressées, même au regard du pouvoir public. Dans la form. 18, qui traite de
la « *securitas pro homicidio facto* », il montre que la « *charta
securitatis* » ou charte de sécurité, intervenue entre les
parties et comme sauvegarde pour le meurtrier, fermait
la porte à toute nouvelle action quant au même crime,
même de la part du pouvoir de l'autorité judiciaire.

PÉRIODE III. — JURIDICTION DES « *Scabini judices.* »

Le système que nous venons d'exposer et qui fut celui de la première race, laissait à désirer en ce qu'il prêtait trop souvent à une mauvaise administration de la justice. En laissant les officiers royaux en dehors de tout contrôle, on laissait la porte ouverte aux vexations qui, nous l'avons vu, se mettaient à couvert sous le fallacieux prétexte du zèle pour la justice et d'une activité nécessaire à sa bonne administration. D'ailleurs, quand ces officiers ne relevèrent plus que du roi, et surtout quand ils commencèrent à jouer aux souverains et à s'attacher des fidèles et des vassaux, la nomination des rachimbourgs et des arimans (assesseurs du comte et du centenier), aux assises judiciaires, devint entre leurs mains un moyen de faveur vis-à-vis des uns et d'oppression vis-à-vis des autres, auxquels ils vendaient à beaux deniers comptants l'exemption d'assister aux plaids. Une loi lombarde de l'empereur Lothaire, art. 60 et 61, fait allusion à la cupidité sur ce point des viguiers et centeniers. Les deux remèdes que trouvèrent les premiers empereurs carlovingiens pour guérir ce double mal, furent d'abord l'institution des « *Missi Dominici* », contrôleurs de l'administration et surveillants de la justice, qui pouvaient, dans leurs tournées, se substituer aux comtes et aux seigneurs dans leurs droits de juridiction. Le second remède, dont nous avons à nous occuper ici, fut une autre institution remarquable, celle des « *Scabini* », échevins, élus du peuple et du comte, juges ordinaires et permanents, pris parmi les hommes compétents, et qui remplacèrent les rachimbourgs ou, du moins, les absorbèrent. On fut amené à cela par cette considération que la charge de

prendre part aux assises des plaids était devenue trop
lourde pour les hommes libres, depuis surtout que les
sessions extraordinaires se multipliaient tous les jours,
par suite de l'urgence des nombreux cas qui se présentaient, et que cette charge était négligée par le plus
grand nombre pour rester à ceux qui souvent étaient les
moins dignes ou les moins capables de la remplir. On
attribue à Charlemagne cette utile et importante innovation dans la pratique judiciaire, et nous voyons en effet
des capitulaires de 809 (1er, art. 13, 40; 2e, art. 5), s'occuper de la réglementer. D'ailleurs, aucune des lois qui
établissaient la nécessité pour les magistrats de se faire
assister aux plaids par les seuls échevins, ne défendit
aux autres hommes libres d'y prendre part; et, en général, les lois ne mentionnent que l'obligation, et non le
droit, de concourir à l'administration de la justice, qui
demeure le privilége de tout homme de condition franche.
Il paraît aussi que le nombre des échevins qui concou-
raient au jugement ne fut ni positivement déterminé ni
limité. On sait seulement qu'ils devaient se trouver au
moins au nombre de sept.

Enfin, douze échevins du comté durent accompagner
chaque comte aux grandes placites où états généraux de
la nation, afin que le pouvoir supérieur pût avoir directement connaissance des griefs des sujets, à l'endroit de
tous faits d'administration ou de justice, et, malgré les
efforts des officiers royaux et des « missi » eux-mêmes
pour écarter ces plaintes (v. le 2e capit. de l'an 819,
art. 2). Il résulte de tout ceci que ces « scabini » étaient
une espèce de commission permanente qui représentait
le corps entier des habitants du comté, et qui était chargée du courant des affaires administratives et judiciaires,

tandis que les autres hommes libres ne furent plus réunis que trois fois l'an, aux plaids ordinaires, à moins
qu'une affaire extrêmement importante et urgente n'en
fît convoquer d'extraordinaires.

Si nous en venons à la procédure, nous aurons peu de
choses à dire sur cette troisième période. En effet, suivant la judicieuse observation de M. Meyer, au début du
ch. 15 du tome Ier, la substitution d'un ordre d'hommes
libres, au lieu de la totalité des arimans ou Rachimbourgs,
ne changea rien à la procédure devant les plaids. Nous
y retrouvons la plainte portée par la partie poursuivante,
la défense de l'accusé et l'examen des témoins, le résumé
de l'affaire par le magistrat, la délibération des juges et
la sentence prononcée par le même magistrat, qui en
poursuit ici encore la prompte et entière exécution. Une
seule remarque à faire, c'est que le comte ou le magistrat peut dès lors se faire remplacer, soit dans la présidence, soit même dans la poursuite de l'exécution postérieure, par un des échevins qui est investi de tous ses
pouvoirs judiciaires. Mais ce n'est pas tout : un mot
technique, celui de « sayo » ou de « sagio », qui se rencontre dans un certain nombre de documents de cette
époque, a prêté à la controverse, en faisant croire à
quelques auteurs qu'il y avait dans la fonction que ce
mot désigne quelque chose d'analogue à notre ministère
public. Merlin, entre autres, a cru que cette fonction
pouvait fournir des indices précieux pour expliquer son
origine si obscure et si ignorée. « Le saïon, suivant les
formules compilées par Cassiodore, devait se rendre partie contre les violateurs des lois ; il contraignait ceux
qu'une sommation juridique n'amenait point devant le
juge ; il usait d'adresse pour les y forcer ; de quelque

manière que ce fût, il obligeait les défendeurs à comparaître en justice. Il ne devait pas craindre de se rendre
odieux, pourvu qu'il devînt redoutable aux méchants; il
était l'exécuteur des sentences rendues par le juge auprès
duquel il occupait; dans leur exécution, il ne devait point
s'écarter de l'intention du juge, et, pour leur faire sortir
tout leur effet, il était en droit d'user de contrainte, sans
que rien pût s'opposer à lui.» MM. Ortolan et Ledeau
(*Introduction*, p. 12) ont vu dans ce fonctionnaire plutôt
un huissier, chargé de l'exécution des jugements criminels, qu'un magistrat représentant le prince. Cela est
vrai, quoiqu'on ne doive pas pousser trop loin cette assimilation. M. Meyer fait, en effet, remarquer que le
saïon était un juge et un administrateur constitué en dignité, ce qui ne l'empêchait pas de donner les assigna-
tions et de faire tous les exploits (v. un placite de 918,
où il est fait mention de sa présence, et surtout une charte
de l'an 1006, citée par Du Cange, qui désigne une époque
par les noms du comte et du saïon, ce qui prouve bien
qu'il avait une personnalité importante. Il s'appelait aussi
« *bajulus* », d'où est venu le nom de bailli. Montesquieu
(liv. 28, tit. 36), nous parle aussi d'un avoué de la partie
publique, dans les formules « *advocatus de parte publica*, »
que l'on rencontre dans la seconde race. Mais il démontre,
en même temps, que c'était là plutôt un agent du public
pour la manutention politique et domestique (ce sont ses
propres expressions), que pour la manutention civile. « En
effet, ajoute-t-il, on ne voit point dans ces formules
qu'ils fussent chargés de la poursuite des crimes;... on
les voit agir contre celui qui avait pris une valeur, et ne
l'avait pas mené au comte; au cas de soulèvement contre
le comte, d'offense à l'empereur, etc.; enfin, demander

les choses que la loi adjugeait au fisc ; et, comme leur
principale fonction était de maintenir l'autorité du comte,
ils disparurent avec les comtes qui tenaient les plaids
royaux, et qui ne survécurent pas à la seconde race. »

APPENDICE. — Des justices patrimoniales ou privées.

Avant d'aborder l'époque féodale, nous avons à nous
occuper d'une juridiction, tout exceptionnelle à l'origine,
et qui, par la suite, devint de droit commun et finit par
absorber presque complètement celle des officiers royaux.
Nous voulons parler des Justices Patrimoniales ou privées, qui remontent à la première race, et dont le sol
français se couvrit avec le nouveau régime de la féodalité,
auquel elles se rattachent comme l'effet à sa cause.
Attachées à la terre et dépendances bizarres du droit de
propriété, elles sortirent de ce qu'on appelait alors les
« *immunités,* » par lesquelles les seigneurs ou les établissements ecclésiastiques étaient constitués dans un pouvoir
de juridiction, exercé par l'intermédiaire et la représentation d'un homme du lieu, avec le concours des juges du
peuple et l'approbation des autres. L'expression « *immunité* » vient de ce que les seigneurs séculiers ou ecclésiastiques, auxquels on la concédait avec la terre ou le
domaine dont elle était l'accessoire, avaient le droit
d'empêcher les officiers royaux d'entrer dans le territoire
de ce domaine pour y percevoir le « *fredum,* » ou droit
fiscal exigé par le pouvoir public en récompense de la
protection accordée contre le droit de vengeance ou
« *faida,* » protection qui, chez ces peuples barbares et
violents, personnifia d'abord toute la justice. On disait
alors que le territoire était « *immunis,* » c'est-à-dire

exempt de la tournée fiscale des officiers royaux, que les
seigneurs remplaçaient d'ailleurs, avantageusement pour
leurs intérêts, par une perception directe et rigoureusement conduite. Nous n'avons pas à discuter sur l'époque
de la naissance de ces justices. Il nous suffira de dire
que Clotaire II ordonnait déjà aux évêques et aux grands
qui possédaient des terres dans des pays éloignés, de
choisir dans le lieu même ceux qui devaient rendre la
justice ou en recevoir les émoluments. (Concile de Paris,
de l'an 615, art. 19 et 12.) Dans le même concile, art. 5,
le même prince règle la compétence entre les juges des
églises et ses officiers (v. aussi un capitul. de Charlemagne, de l'an 802). Un autre, de l'an 806, veut que les
églises aient la justice criminelle et civile sur tous ceux
qui habitent dans leur territoire.

Enfin, un capit. de Charles le Chauve, de l'an 857,
art. 4, distingue les juridictions du roi, celles des seigneurs, et celles des églises. On s'est demandé si les justices patrimoniales connaissaient des affaires criminelles
comme des affaires civiles. M. Pardessus (*Comment. sur
la loi salique*, dissertat. 9ᵐᵉ), dit que la question est d'une
difficulté sérieuse et il montre qu'elle aurait beaucoup
moins d'intérêt, si le système primitif des compositions
pécuniaires, aux cas de crimes commis, avait subsisté tel
quel. Car alors, dit-il, il n'y aurait eu que peu d'inconvénients à en laisser la répression aux immunistes qui,
par toutes les voies de droit ordinaire et après la condamnation prononcée, auraient, comme les magistrats
royaux, poursuivi l'exécution de la sentence, et, en dernière ressource, dénoncé au Roi le rebelle, pour faire prononcer contre lui la mise « *extrà sermonem regis* », ordinaire en pareille occurrence. Mais il n'en fut pas tou-

jours ainsi, et la législation, devenue plus sévère, nous le savons, on arriva à prononcer la peine de mort contre certains crimes, tels que les rapts, les assassinats, les vols à force ouverte. Les juges de l'immunité eurent-ils alors le droit d'appliquer cette peine aux hommes qui l'habitaient? Montesquieu soutient l'affirmative, en se fondant sur le ch. 1er, d'un capit. de 806 précité. Mably est du même avis, mais lui se borne à y voir une nouveauté introduite sous les premiers Carlovingiens. Le capitulaire de l'an 806 est spécial pour la Bavière; mais, on lit dans un diplôme de 796, que celui « *qui læsus fuerit* » par un habitant d'une immunité, doit s'adresser au juge qui y exerce la juridiction au nom de l'immuniste. Dans un diplôme de Pépin d'Aquitaine, de 847, on lit : « *Si vero in eadem immunitate reus repertus fuerit vel dictus, a nemine distringatur, nisi a jam dicti loci mundatorio.* » Il est évident, fait remarquer M. Pardessus, à propos de ce texte, qu'il s'agit ici d'un crime commis dans l'immunité, puisque le ch. 14 de l'édit de Childebert, de 595, déjà cité, et le ch. 2 du second capit. de 803, reproduit et généralisé par le ch. 17 de l'édit de Pistes, de 864, obligeaient l'immuniste à livrer au comte du lieu l'homme qui, ayant commis un crime « *foras immunitate* », s'y serait réfugié. C'est d'ailleurs ce que constate encore notre diplôme par cette restriction : « *nisi forte exinde ipsius latronis fuerit ejectio* », c'est-à-dire si ce n'est dans le cas où il y a lieu à rendre un voleur réfugié. Un autre diplôme de l'an 775, excepte trois cas de la juridiction patrimoniale, par raison d'intérêt public, dans lesquels l'accusation devait être portée aux juges royaux : « *de hoste publico*, dit le texte, *hoc est de banno nostro, quando publicitus promovetur, et waita vel pontes.* » On voit apparaître ici en

germe le fameux système des cas royaux de plus tard, à
l'aide desquels les tribunaux supérieurs des Rois de la troisième race portèrent de rudes atteintes aux juridictions
seigneuriales. D'ailleurs, il ne faut pas oublier que les
inconvénients de ce régime de décentralisation et d'arbitraire furent un peu corrigés par le droit d'appel des
juridictions des immunités à la cour du roi. Un diplôme
de 823 nous montre comment la justice était rendue dans
ces immunités laïques ou ecclésiastiques, par représentants, comme nous l'avons dit, du seigneur suzerain, de
l'évêque ou de l'abbé. « L'advocatus » « vice-dominus,
etc. », tenait à la « sedes judiciaria » un « Placitum pu-
blicum », et rendait justice « omnibus injuriam passis secundum idoneos ejusdem populi judices cæterorumque consen-
sum. » Ce fut là le Mâl seigneurial ou ecclésiastique
qui, sous la troisième race, devint la cour du seigneur.

SECONDE ÉPOQUE
Age féodal.

PÉRIODE I. — JUGEMENTS PAR PAIR. — PROCÉDURE.

La féodalité, qui se forma dans l'obscurité des IXᵉ et
Xᵉ siècles, sortit du grand fait du démembrement de l'immense empire de Charlemagne, tombé avec son fonda-
teur. Les concessions bénéficiaires faites du grand au
petit, à tous les degrés de la hiérarchie barbare, soit à
titre de récompense pour les services rendus, usage qui
remontait bien avant la conquête, soit pour s'attacher des
fidèles, constituèrent par leur ensemble le nouveau système féodal. Ce système se résumait dans cette formule

des feudistes: Tenure noble (d'une terre ou domaine),
sous condition de foi et d'hommage, ce qui engageait
les services personnels du concessionnaire et donnait,
indirectement et comme par accessoire, occasion à certains droits et émoluments pécuniaires, dérivant du fait
de la transmission de la possession et de ses avantages. ...
Les premiers et grands bénéficiaires voulurent avoir leurs
fidèles, et ces nouveaux vassaux « *vassali, seniores* », comme
les appellent les historiens d'alors, en sous-inféodant
leurs terres, devinrent suzerains à leur tour. La révolution s'acheva par l'émancipation des officiers royaux,
« *missi*,» comtes, viguiers, etc., qui, devant une royauté
affaiblie et impuissante, se firent inamovibles après s'être
proclamés souverains. Enfin, la multiplicité des justices
patrimoniales, octroyées par chartes royales, aida encore
à ce mouvement général, d'où sortirent un nouvel état
et de nouvelles mœurs. Le pouvoir de juridiction se
fractionna avec la souveraineté, à laquelle il demeurait
attaché comme un attribut naturel. A l'exemple de ces
nobles vassaux, mais sans tenir de fief de la munificence
d'un suzerain, les hommes libres s'engagèrent en grand
nombre dans la foi d'un seigneur et se rendirent vassaux à leur tour, pour se dispenser du service à l'armée
nationale et aux plaids. Mais, par suite, leur personnalité
s'absorba tout entière dans celle du seigneur, dont ils
durent prendre la loi, dont ils épousèrent les querelles,
dont ils formèrent la cour judiciaire. Les seigneurs,
d'abord présidents naturels de leur cour et jaloux de ce
droit, se déchargèrent bientôt de leur responsabilité judiciaire, en laissant aux pairs de la seigneurerie le droit
de juger, et les pairs devinrent le premier contre-poids
de leur pouvoir.

Quand des vassaux de seigneurs différents étaient parties intéressées dans une instance criminelle, leurs suzerains, qui avaient envers eux des devoirs de protection et de sauvegarde, étaient tenus de prendre en main la cause et de poursuivre leurs droits, ou de faire réparer leurs torts. Ils venaient donc plaider, soit devant leur suzerain commun, s'ils étaient eux-mêmes vassaux d'un même chef; soit aux plaids, s'ils étaient demeurés hommes libres. Si l'accusation était portée contre le seigneur lui-même, elle devait être jugée par la cour du suzerain dont il relevait et où il trouvait ses pairs comme juges. Mais, si un seigneur accusait un autre seigneur, l'affaire se vidait, non plus par la justice, mais par la guerre privée, qui était restée le droit légitime des seuls gentilshommes. Une autre observation, que nous ne ferons qu'en passant, c'est que les justices seigneuriales se partagèrent en deux grandes classes : les hautes et les basses justices, distinguées surtout par l'étendue de leurs attributions. Observons enfin que cette nouvelle organisation judiciaire, dont les cours seigneuriales faisaient le fond, ayant pour base la relation hiérarchique du plus petit au plus grand, comme nous l'avons dit au début, donna, comme par une conséquence naturelle, naissance au nouveau système de l'appel, qui ne s'établit pas d'ailleurs sans obstacles ni difficultés. Mais, ce qu'il importe de noter et ce qui caractérise surtout cette première époque de l'âge féodal, c'est que, dans ces espèces de plaids seigneuriaux, dans cette cour où étaient portées les procès criminels dans lesquels les vassaux étaient parties, ce n'étaient plus les hommes libres qui formaient le corps de la nation, ce n'étaient plus les scabins, délégués et représentants de cette nation, qui jugeaient sous la présidence d'un magistrat chargé d'exécuter leur sentence. Au comte, organe de l'assemblée judiciaire qu'il présidait, avait succédé le seigneur souverain absolu, dictant ses ordres et sa sentence aux vassaux, ses sujets dévoués. Par un reste d'habitude, le seigneur, dans sa cour, observait à peu près les mêmes formes que celle des plaids, dirigeait la procédure et sanctionnait la décision; mais, ce n'était plus comme organe de l'assemblée, c'était en vertu de son autorité propre que lui assuraient la constitution nouvelle de l'état et son bon plaisir.

PÉRIODE II. — Tribunaux permanents. — procédure.

Telle fut l'organisation judiciaire de cette première époque. Un autre système la remplaça, celui des tribunaux permanents, introduisant des changements essentiels dans la composition des cours seigneuriales. « Le droit, comme le devoir de juger, dit M. Meyer (ch. 21, t, 1er), auquel nous avons beaucoup emprunté dans cette partie de notre étude, qui jusqu'alors avait résidé dans une classe entière, passa à des tribunaux, composés d'un certain nombre de personnes, tous magistrats nommés par le souverain ou celui auquel il en avait cédé le droit. » Et il indique plusieurs causes comme ayant concouru à faire adopter généralement les nouvelles institutions. Les plus remarquables furent les premières tendances qui se manifestèrent en vue, du grand fait de l'émancipation des villes qui, devenant autonomes et maîtresses de leur administration et de leur justice, songèrent à pourvoir aux exigences de cette dernière, en gardant un juste milieu capable de sauvegarder tous les intérêts. Une sage transaction se fit entre les principes absolus du régime monarchique, que la pratique seigneuriale avait discrédités, et les formes libérales du populaire, dont on pouvait redouter les désordres et les abus. Puis, les fréquentes injustices auxquelles donna lieu la manière capricieuse et arbitraire de répondre aux plaintes des vassaux, de la part des seigneurs, qui pouvait favoriser impunément l'une ou l'autre partie, en choisissant ceux qui devaient former le tribunal criminel. Enfin, les avantages que la royauté trouva dans l'institution de ces tribunaux qui, soustrayant les vassaux à l'influence immédiate des seigneurs, quant au fait de la justice, les rapprocha du pouvoir souverain, dans lequel ils durent chercher un appui naturel.

Quant à la procédure et aux formes judiciaires, elles n'avaient pas été affectées par la transformation dont nous venons de présenter le rapide tableau. Aussi, dans ce nouvel état de choses, demeuraient-elles les mêmes ; mais l'établissement des tribunaux permanents, par l'introduction des clercs et des hommes de robe dans le corps judiciaire, et l'influence qu'ils y acquirent bientôt, fit faire de rapides progrès au fond et à la forme du droit criminel, tandis que les appels se multipliaient et se régularisaient sous l'impulsion des traditions romaines, réveillées enfin de leur long sommeil. D'ailleurs, ces progrès n'eurent lieu que plus tard et, si l'on se place dans la première période de l'âge féodal, on trouve que les formes de la procédure criminelle suivies devant les justices seigneuriales, quoique reproduisant, comme nous venons de le dire, du moins d'une manière extérieure, celles des justices publiques des temps barbares, étaient assez incertaines et, par suite, fort arbitraires. On y retrouverait bien la publicité des audiences, le débat oral, la participation des hommes libres au jugement. « Mais ces règles, dit M. Faustin

Hélie (dans son *Histoire de ia procédure criminelle*, t. 1er, p. 203, n° 166, étudiées dans leur application), n'avaient plus la même valeur; cette procédure extérieure ne recélait plus les mêmes principes. Il semble que les changements qui vont s'opérer dans les institutions politiques, pèsent déjà sur les formes de l'instruction et commencent à les modifier, et les juges d'ailleurs profitent souvent de l'incertitude des règles pour n'en appliquer aucune. » Entrons dans quelques détails sur ce point: alors, comme toujours d'ailleurs, le premier acte de la procédure était l'accusation ou la plainte. Mais cette accusation, par suite du système si peu régulier d'organisation féodale, ne trouvait pas toujours de juge pour l'examiner. La partie poursuivante devait, dans ce cas, entreprendre une procédure préalable et compliquée, dont nous n'avons pas à nous occuper, et qui était celle d'une accusation pour déni de justice, portée contre le seigneur négligent ou de mauvaise foi, par devant la cour de son suzerain. C'était là ce qu'on appelle en langage technique : « *l'appel de défaut de droit.* » La justice pouvait être saisie de deux manières : par voie d'accusation et par voie de dénonciation, d'après Beaumanoir. Dans le premier cas, le demandeur se portait partie dans le procès : il alléguait le crime qu'il imputait à l'accusé, offrait d'en fournir la preuve, s'il était dénié, et requérait que justice fût faite. Dans le second, il ne se portait pas partie, mais se bornait à dénoncer le crime au juge, suivant cette formule que nous a conservée Beaumanoir, coutume de Beauvoisis, ch. 6, 12: « *Sire, je vos dénonce que Jehan a fet tel fet qui apartient a vos d vengier comme a bonne justice.* »

Dans cette dernière hypothèse, on distinguait si le fait imputé était *clers* et *apert*, ou s'il était dénué de preuves. Il était clair quand il avait été commis de toute manière qui attestait son existence flagrante et certaine. Dans ce cas, il devait « *être vengié par l'office du juge*, » lors même qu'il n'existait aucune partie poursuivante, sa notoriété donnant au juge une compétence exceptionnelle; il suffisait, d'ailleurs, pour couvrir sa responsabilité, qu'il fît entendre «*deus loiax tesmoins.*» Si le fait n'était pas notoire, le juge pouvait seulement, et lorsqu'il existait de graves présomptions, garder l'accusé provisoirement en prison (v. sur tous ces points, Beaumanoir, *ibid.*). Il y avait assignation pour un jour déterminé. L'accusé «*semons*» devait, quand venait ce jour, «*se présenter par devant le segneur qui le fist semoure, ou par devant celi qui tient son liu* (*ibid.*), au lieu fixé pour la tenue des plaids. L'accusateur s'y trouvait, et les deux parties étaient mises en présence devant le juge. La comparution était personnelle et les parties ne pouvaient se faire représenter, ce que nous enseigne encore Beaumanoir (4, 15). « *Convient*, dit-il dans un autre passage, *que cil qui uccuse et cil qui est accusé viegnent à cort en propres persones, sans envoyer procureur.* » L'arrestation préalable et la détention étaient formellement autorisées à l'égard des malfaiteurs qui, saisis en flagrant délit, étaient poursuivis par le cri public; chacun même avait le droit de courir sur eux et de les arrêter. La mise en liberté sous caution était encore la règle, comme sous la législation des Capitulaires. Remarquons enfin qu'il n'y avait aucune instruction préliminaire, et que toute la procédure destinée à éclairer le jugement se faisait à l'audience des plaids. On se bornait à réunir les procès-verbaux, s'il y en avait, et les pièces de conviction. La procédure était publique et essentiellement orale (v. une ordon. de Louis le Hutin, de 1315, art. 9), qui rappelle, à une époque postérieure, une tradition constante : «*Causæ criminales*, y est-il dit, *audiantur et judicentur, non in occulto, sed palam et publice.*» Les juges délibéraient et le président, qu'il fût le seigneur lui-même ou son officier, son délégué, recueillait les votes et prononçait le jugement.

APPENDICE.—Procédure criminelle des justices ecclésiastiques.

Comme l'étude comparative de la juridiction séculière et de la juridiction ecclésiastique, avec celle de leur procédure particulière, n'aurait pu tenir dans le cadre étroit de notre travail, nous nous sommes abstenu jusqu'ici de parler de la dernière, évitant avec soin tout rapprochement qui nous aurait conduit trop loin. Mais, au point où nous sommes arrivé, il nous paraît indispensable de nous départir, en considération de la place importante qu'elle tient à ce moment de l'histoire du droit, de notre rigueur excusable vis-à-vis de la législation criminelle canonique. Notre but est de rapprocher de celui que nous venons d'étudier son système de procédure accusatoire et de montrer par là son incontestable supériorité sur plusieurs points, et l'influence directe qu'exerça cette supériorité sur le développement ultérieur des formes judiciaires, et sur leur amélioration progressive.

La juridiction de l'Église, sortie d'un privilége étroit d'intercession et de surveillance, accordée aux évêques par les premiers empereurs chrétiens du Bas-Empire, confirmée et étendue par les rois Francs, favorisée par l'établissement des justices ecclésiastiques, atteignait avec ces justices, à la fin du xiie siècle, son plus haut degré de puissance et d'autorité. Son développement progressif et ininterrompu s'était produit de deux manières : « *ratione materiæ* », c'est-à-dire par suite de la nature des matières sur lesquelles elle étendait sa compétence, et « *ratione personæ* », grâce à la qualité des personnes dont elle faisait ses justiciables. Ce dernier point est le seul qui nous intéresse, et l'on sait que le privilége clérical, c'est-à-dire le droit qu'avaient tous ceux qui prétendaient appartenir de loin ou de près à l'Eglise, de revendiquer sa compétence au criminel comme au civil, fut nettement établi en principe par les décrétales et par les conciles. Une décrétale de Grégoire VII, de la fin du XIe siècle, consacre formellement ce droit en ces termes : « *de omni crimine clericus debet coram ecclesiastico judice conveniri.* » Le pouvoir royal reconnut sans contestation ce privilége au sujet duquel intervint un mandement de Philippe-Auguste, du 1er mai 1210. Saint Louis, dans ses établissements, s'exprime ainsi : « Si le roi, ou un comte, ou un baron, ou un autre seigneur, ayant justice en sa terre, fait arrêter ou un clerc, ou un croisé, ou aucun homme de religion, fût-il même laie, quelque soit son crime, il le doit rendre à l'Eglise. » Philippe-le-Bel, dans une ordonnance de 1290, établit que les évêques ont le droit d'arrêter, avec ou sans le secours d'une force armée, les clercs qui, dans leurs diocèses, se rendaient coupables de délits (v. une autre ordonnance du même roi, du 10 mars 1299). Beaumanoir posait en principe que les clercs sont dans tous les cas justiciables des juges ecclésiastiques : « *Ne s'en doit sainte Eglise meller*, disait-il dans sa cout. de Beauv., ch. 11, 30, *excepté les persones privilégiés si come clercs, liquel demeurent en toz cas en li juridition de sainte Eglise.*» Seulement, comme, pour obéir au précepte évangélique, les juges d'Eglise ne frappaient

Fabre. 17

qu'avec le glaive spirituel et n'appliquaient, comme peine afflictive, que la prison, le pouvoir civil, trouvant cette répression insuffisante pour les crimes graves, fit admettre, en se fondant sur l'intérêt public, une nouvelle jurisprudence de transaction : ainsi, le clerc était dégradé et déposé de ses fonctions par le juge ecclésiastique, quand il y avait accusation de crime atroce, puis livré au bras séculier pour l'application de la peine corporelle. Cette marche est confirmée par quelques décrétales. Une, entre autres, du pape Innocent III, s'appuie sur le règlement, à ce sujet, d'anciens canons : « *In antiquis canonibus continetur ut clericus per ecclesiasticum judicem degradatus seculari tradatur curiæ puniendus.* » Une ordonnance de Philippe-Auguste consacre, à son tour, cette pratique que l'on retrouve dans nos anciennes coutumes, ainsi que le prouve cette disposition de la vieille coutume de Bretagne : « *Seront les prélats tenus de dégrader les délinquants, pour être punis de mort par le juge séculier, s'ils l'ont desservi.* » (Tit. 1, art. 7.)

Des principes si formels et une démarcation si nettement établie n'empêchèrent pas de nouveaux conflits d'attributions entre les deux pouvoirs. L'autorité civile ne les fit cesser que par l'introduction d'une mesure énergique, dont elle usa d'abord modérément, et au moyen de laquelle elle attira à elle la connaissance et le jugement des cas les plus graves, nous voulons parler de ce qu'on appela les « cas privilégiés » déférés directement aux tribunaux laïques, et qui donnèrent lieu à l'ordonnance de Melun de 1580, intervenue pour instituer dans le jugement de ces cas, l'instruction conjointe des deux juridictions.

Un distingue trois époques dans l'histoire de la pro-

cédure criminelle des justices ecclésiastiques. La première se termine au XIIIᵉ siècle; la seconde, commençant avec cette ère de rénovation du droit et de
reconstitution politique, s'étend jusque vers le milieu
du XVIᵉ siècle; la troisième se rapporte aux changements introduits dans cette partie de la législation par
les ordonnances de 1539, de février 1580 et de 1667.

Première époque, antérieure au XIIIᵉ siècle. — C'est la
moins intéressante; car la procédure des cours d'église,
qui ne sont pas encore émancipées, et qui luttent pour faire
accepter avec moins de répugnance leur action influente,
affecte la pratique des règles de droit commun. Cette
procédure se rapproche donc sous de nombreux rapports
de celle des cours seigneuriales, et il n'y a que de légères
différences de détail qu'explique assez la différence du
caractère particulier à chaque juridiction. Ainsi, la règle
générale est alors : que nul ne peut être poursuivi devant
une cour d'église sans un accusateur idoine et légitime,
« *Nihil contra quemlibet accusatum absque legitimo et idoneo
accusatore fiat* », dit Gratien (décrét., 2ᵉ part., 2ᵉ caus.,
1ʳᵉ quest., ch. 4), qui nous fait connaître en même temps
la raison donnée par la loi canonique à l'appui de cette
règle, lorsqu'il écrit : « *Nam et Dominus noster Jesus-Chris-
tus Judam furem esse sciebat; sed quia non est accusatus, ideo
non est ejectus* ». Ici se place l'observation qui nous a surtout décidés à faire connaître, pour être complets, les formes de la procédure ecclésiastique, qui joua un si grand
rôle dans cette période obscure du moyen âge; c'est que
cette procédure, reçue par l'Église en l'héritage du grand
droit romain, gardait intactes, pour la plupart, ces règles
fondamentales de la pratique criminelle, qu'elle devait
léguer, à son tour, le grand jour de la renaissance venue,

à une société plus digne de les comprendre et plus capable de les appliquer. C'est ainsi que l'accusation était maintenue et fortifiée tout ensemble, comme aux temps romains, par tout un système de sages garanties qui sauvegardaient les intérêts sociaux et les droits de la défense. L'accusateur devait appuyer sa poursuite des indices, des actes, des témoins, de nature à former un corps de preuves. Il s'engageait, en outre, à prouver les faits dénoncés par lui, et la délation du nom du coupable, l'offre et la signature du libelle, comme aussi la soumission volontaire à une surveillance rigoureuse, constituaient toujours les préliminaires obligés de sa poursuite : « *Quisquis ille est*, dit expressément le texte de Gratien, *ibid.*, quest. 8, ch. 3, *qui crimen intendit in judicium, veniat, nomen rei indicet, vinculum inscriptionis arripiat, custodiæ similitudinem patiatur;* » et, un peu plus loin, ch. 4 : « *Qui crimen objicit, scribat se probaturum.* » L'accusation contre un absent n'était pas admise, (v. *ibid.*, caus. 5, quest. 8, ch. 1), où il est dit : « *Nec absente eo quem accusare voluerint, quibuslibet accusare permittatur.* » Et caus. 3, ch. 2 : « *Caveant judices Ecclesiæne, absente eo, cujus causa ventilatur, sententiam proferant, quia irrita erit.* » Mais ici, la même exception que dans les coutumes féodales se retrouve pour les crimes flagrants, lesquels pouvaient être poursuivis sans accusateur : « *Manifesta accusatione non indigent.* » (*Ibid.*, caus. 2, quest. 1, ch. 15 et 17, et saint Ambroise aux Corinthiens). La forme écrite, qui joua toujours un grand rôle dans la procédure ecclésiastique, était celle de toute accusation ; mais celle-ci devait être ensuite développée dans le débat oral de l'audience et par l'accusateur lui-même. (*Ibid.*, quest. 8, ch. 4.) L'audience était publique, et la comparution per-

sonnelle exigée des parties, ce que rappelle Gratien (*Ibid.*,
caus. 3, quest. 9, ch. 21), en ces termes : « *Necesse est*
« *secundum sacrarum scripturarum documenta*, *ac secun-*
« *dum justitiæ tramitem, et accusatum et accusatorem simul*
« *adesse.* » Le principe de l'action directe, par soi-même
et sans le ministère d'un tiers, en matière criminelle, soit
du côté de l'accusation, soit du côté de la défense, est
formellement consacré par le pape Adrien, qui établit
que : « *In criminalibus causis nec accusatur, nisi per se, ali-*
quem accusare potest, nec accusatus per aliam personam se
defendere permittitur » (v. *ibid.*, caus. 5, quest. 3, ch. 2).
Le reste du système nous touche moins : les épreuves
superstitieuses, ou ordalies, derniers vestiges d'une législation barbare, en furent bannies, on le comprend. L'é-
preuve par gages de bataille, produit de cette même législation et dont l'usage fut encore favorisé par l'esprit
chevaleresque des mœurs féodales, qui consistait à renvoyer les parties en champ clos, et qui était si commun
dans les procès séculiers, se maintint plus longtemps et
ne céda qu'à l'influence d'une civiliation mieux assise.
Quant au serment de l'accusé et des conjurateurs, comme
moyen de prouver l'innocence, les juges ecclésiastiques
eurent moins de répugnance à l'admettre, parce que cette
affirmation solennelle n'était plus une pratique de super-
stition et que, en définitive, elle constituait, en pareille
matière et à une époque où le parjure était un sacrilége,
une preuve de la plus grande force. L'accusé produisait
un certain nombre de ces témoins à décharge, suivant
sa qualité de laïque, de clerc ou de prêtre, et jurait avec
eux sur l'évangile. Telle était la force du serment qu'il
suffisait pour purger l'accusation : « *Hac satisfactione pur-*

gatus, secure deinceps suum exsequatur officium » (v. *ibid.*, caus. 2 ; 2° part., quest. 5, ch. 12, 13, 15, etc.).

Mais remarquons que cette justification par les compurgateurs n'était admise que dans le cas où les preuves de l'accusation étaient incertaines ou légères, où l'accusé niait le crime, où l'accusateur n'avait pu produire des témoignages sérieux. S'il en était autrement et que le crime parût manifeste, on ne pouvait recourir qu'à la preuve contraire par véritables témoins, à moins encore que l'accusé n'eût fait l'aveu de son crime, ou que ce crime fût flagrant. Il devait forcément résulter de cet ensemble de garanties, dont la plupart étaient empruntées au vieux système romain, surtout du côté de l'accusation, une énergique répression de tout ce qui sentait les manœuvres de la mauvaise foi. Aussi, l'accusateur calomnieux était-il sévèrement puni et devait-il subir le châtiment rigoureux du talion : « *calumniator, si in accusationem deficeret, talionem recipiat* » (v. *ibid.*, quest. 3, ch. 2, et ch. 3) : « *qui non probaverit quod objicit, pœnam quam intulerit, ipse patiatur.* » Indiquons, en terminant, quelques règles propres à la juridiction ecclésiastique et qui lui donnaient déjà une physionomie particulière. Nous voulons parler d'abord de ce qu'on appelait les « *monitions* », moyen préventif et charitable, qui précédait l'assignation des clercs, dans certaines poursuites, et qui consistait dans des avertissements, soit verbaux, soit par actes judiciaires, adressés au coupable dans le but de faire cesser le scandale. Puis, de la mesure coercitive de l'excommunication, qui frappait celui qui ne se présentait pas sur l'assignation pendant un délai de deux mois. Enfin, de la garantie des reproches de témoins, fondée sur une présomption d'inimitié et exercée par les clercs à l'encontre de toutes les personnes qui étaient en dehors de l'orthodoxie, et même de tout ce qui était laïque. On pouvait, à plus forte raison, reprocher tout ce monde comme accusateur, et il n'y avait d'exception que pour le cas où le plaignant avait personnellement souffert du délit. La récrimination « *de majore crimine* » était ici également admise et anéantissait la première accusation, lorsqu'elle était suivie d'une condamnation, et s'il y avait plusieurs chefs de l'accusation, et qu'on succombât sur le premier, on n'était pas admis à poursuivre les autres. (v. *ibid.*, *caus.* 3, *quest.* 11, ch. 1, 2, etc., *quest.* 10 ch. 1.) On le voit, l'écriture tenait ici une plus large place que dans les procédures séculières, les actes tendaient à s'y multiplier; et il faut enfin observer que toutes les plaidoiries et les sentences ne se prononçaient qu'en latin (v. Beaumanoir, ch. 6, 1 et 15).

Seconde époque, postérieure au XIIIᵉ *siècle.* — Cette seconde époque est marquée par l'introduction d'une nouvelle voie de poursuite, introduite sans doute par la justice ecclésiastique, et que les justices laïques se hâtèrent de lui emprunter. Cette nouveauté s'implanta vers le XIIIᵉ siècle, à côté de l'ancien mode de poursuite criminelle seul admis jusqu'alors, et qui était celui de l'accusation. Ce fut la *dénonciation*, déjà consacrée par Innocent III, le pape légiste, qui écrivait : « *Tribus modis valet crimen opponi, demuntiando, excipendo et accusando.* » (v. Décret. Grég., liv. 5, tit. 1, ch. 16.) Cette nouvelle voie, beaucoup plus commode et moins dangereuse, devait nécessairement faire de rapides progrès dans la pratique criminelle; mais, en même temps, elle porta une grave atteinte au système de garanties que les lois avaient sa-

gement continué au regard du droit public d'accusation.
En effet, par l'emploi de la dénonciation, se trouvaient abolies et la formalité si importante et si utile de
l'inscription, et les peines de la calomnie envers le
dénonciateur convaincu d'erreur : « *Quando crimen in modum denuntiationis opponitur*, disent les décrets de Grég.
(*ibid.*), *non est inscriptio necessaria, sed cum in modum accu-
sationis opportet inscribi : quoniam ad depositionem instituitur
accusatio, sed ad correctionem est denuntiatio facienda.* » Ce
texte si précis, et qui oppose si justement la dénonciation
à l'ancienne accusation, en faisant ressortir leur but
et leur caractère, nous montre bien le rôle que donnait à
la partie poursuivante, dans l'instance criminelle, le seul
fait de son accusation introduite, et à quel rôle secondaire
et effacé la dénonciation la fait descendre. Le pouvoir
public, que cette nouveauté juridique met en avant, saisi
par la dénonciation qui lui est adressée, se voit en demeure d'agir et de prendre en mains la poursuite à fin de
répression. Mais cela ne se fit pas tout d'un jet et en un
jour, et ce fut par une voie détournée qu'on y arriva. La
dénonciation avait ouvert le chemin aux procès par enquête, auxquels donna lieu le relâchement des mœurs du
clergé. Innocent III, voulant y porter remède, admit les
ecclésiastiques des deux ordres, séculier et régulier, à
dénoncer, dans chaque diocèse, les faits coupables qu'ils
pouvaient connaître, aux inquisiteurs, qui leur faisaient
subir un interrogatoire, après leur serment reçu. Alors,
quand le crime qui ressortait de l'enquête n'emportait
pas la déposition du clerc ou la confiscation de son bénéfice, le tribunal inquisitorial devait appliquer lui-même
un châtiment modéré, sans renvoyer l'affaire aux juges

d'église ordinaires. De là naquit encore la procédure secrète.

Ce nouveau mode de poursuite d'office, substitué à la poursuite des parties, fut peu à peu étendu dans son application par les évêques, qui le trouvaient plus expéditif et plus commode. De ce moment, on compta, dans la procédure criminelle, trois modes d'action différents, et Innocent III put dire : *Tribus modis procedi possit : per accusationem, per denuntiationem et per inquisitionem.* » Nous avons reconnu, dans le dernier, cette procédure inquisitoire inaugurée par les magistrats de la Rome impériale et les gouverneurs provinciaux, que le droit canonique, nous l'avons dit en parlant de ces temps éloignés, devait faire revivre par l'influence des traditions conservées, et léguer, à son tour, au système criminel moderne. Toutefois, remarquons-le, cette poursuite d'office n'intervenait, de la part du pouvoir public, que lorsqu'elle était, pour ainsi dire, sollicitée par le fait d'une sorte de clameur publique, circonstance essentielle dont nos vieux auteurs tireront plus tard la fameuse maxime appuyée sur l'intérêt social.

En attendant, on disait déjà alors : « *Inquisitionem clamosa debet insinuatio prævenire,* » et il faut observer aussi que, comme pour faire accepter avec moins de répugnance cette nouveauté gênante, la peine, lorsque le crime était jugé suivant cette forme, était beaucoup moins rigoureuse que d'ordinaire. La procédure inquisitoire, appliquée d'abord aux seuls procès d'hérésie, qui exigeaient plus de mystère, fut bientôt étendue à d'autres délits, et passa enfin dans les mœurs de la juridiction ecclésiastique, faisant tomber devant elle les formes antiques de l'accusation et la publicité des débats. L'instruction écrite envahit toute

la procédure, avec le système de la consignation des témoignages dans des procès-verbaux officiels et de la défense des parties par longs mémoires, et, par une suite
sans doute de ce système qui n'inspirait pas à la justice elle-
même une grande confiance, s'établit, à la même époque, ce principe de droit, subversif de tout ordre et de
toute garantie, que les cours ecclésiastiques pouvaient
incessamment rétracter leurs sentences, lors même
qu'elles n'étaient frappées d'aucun appel, et nonobstant
la maxime juridique fondamentale de l'autorité de la
chose jugée (v. déc. grég., liv. 2, tit. 27, ch. 1, et Beaumanoir, ch. 67, 29).

Troisième époque. — Au XVI° siècle se produisit un nouveau changement dans notre matière; il porta sur les
deux points suivants : Quant à l'instruction, un mode
spécial fut introduit, à l'égard des procès criminels dirigés contre les ecclésiastiques, et, d'un autre côté, les
juridictions épiscopales furent soumises, quant aux formes
de leur procédure, aux règles du droit commun. L'ordonnance de Melun, de février 1580, vise, dans son article 22, la première de ces modifications : « L'instruction
des procès criminels contre les personnes ecclésiastiques, pour les cas privilégiés, y est-il dit, sera faite conjointement, tant par les juges desdits ecclésiastiques que
par nos juges. » Les formes de cette instruction conjointe furent ensuite réglées par les ordonnances de juillet 1584, d'avril 1695 et du 4 février 1711. La seconde modification, déjà depuis longtemps préparée par la jurisprudence séculière des cours judiciaires qu'on appelait
Parlements, fut définitivement consacrée par l'art. 1er, du
tit. 1er de l'ordonnance de 1667, qui décrétait les for-

mes de procédure édictées par cette ordonnance applicables même dans les cours d'église.

Après avoir étudié la procédure, il nous reste à faire connaître en quelques lignes l'organisation judiciaire ecclésiastique. La juridiction appartenait aux évêques ou archevêques qui, par application de la jurisprudence féodale, ou pour donner plus de garanties d'impartialité, en déléguèrent ensuite l'exercice à des ecclésiastiques qu'on appela « *officiaux* », d'où les tribunaux, auxquels on avait donné, jusque-là, le nom de « *cours de chrétienté*, » prirent, au XIVe siècle, au moment où cette nouvelle organisation devint définitive, celui d' « *officialités*. » Ces clercs délégués, ou officiaux, devinrent des juges permanents et qui connaissaient de toutes les affaires de la juridiction, sauf quelques rares exceptions. Tout cela fut consacré par le pape Boniface VIII, dans ses décrétales (v. liv. 1, tit. 4, ch. 3). Chaque diocèse fut pourvu, à cette dernière époque, d'une officialité. L'official, qui exerça d'abord seul une juridiction qui appartenait au seul évêque, dut, plus tard, siéger, assisté de deux assesseurs, lorsqu'il s'agissait de juger un ecclésiastique pour un délit commun, par suite de la disposition générale de l'art. 1er de l'ordon. de 1667, qui étendit aux cours d'église la règle d'après laquelle les jugements criminels devaient être rendus par trois juges au moins. Il y avait, à côté du juge ecclésiastique, un autre officier, qui remplissait, devant son tribunal, une sorte de ministère public. C'était le « *promoteur*, » qui avait pour fonction de surveiller l'instruction, de requérir l'application des peines et des censures, et de former appel, s'il y avait lieu, contre les sentences. Nous assimilons d'autant plus volontiers cette magistrature de surveillance, qui avait aussi un droit d'action personnelle et spontanée, d'après ce que nous venons de dire, à celle du ministère public, que nous sommes à une époque où cette dernière commençait à faire son apparition sur la scène judiciaire. La juridiction ecclésiastique avait, de plus, ses degrés, et l'appel y était admis sur les sentences portées par les officiaux. Cet appel interjeté, soit par l'accusé, soit par la partie plaignante, soit par le promoteur, était porté, en premier degré, devant l'archevêque métropolitain; en second degré, devant le primat; en troisième degré, devant la cour pontificale ou ses commissaires (v. la pragmatique sanction et concordat, tit. 2). Cependant, il était de principe qu'on ne pouvait plus appeler d'un jugement ecclésiastique, après trois sentences confirmatives l'une de l'autre.

Nous voici arrivés aux temps modernes, au sujet desquels nous avons beaucoup à dire, et qui représentent l'époque la plus intéressante dans l'histoire de l'ancien droit criminel. Avant d'entrer dans cette troisième grande partie de notre droit français, présentons un rapide tableau de la période féodale que nous venons d'étudier, en résumant les traits distinctifs des deux juridictions rivales, dont les règles constitutives et les formes de procédure nous sont maintenant connues. La phrase suivante de M. Faustin Hélie, dans son ouvrage sur l'*Histoire de l'instruction criminelle*, suffirait, à la rigueur, à ce résumé de la fin, car elle laisse deviner tous ces traits distinctifs, qui sont une conséquence immédiate de la différence de caractère des deux juridictions en question. Mais, à la suite de l'éminent criminaliste, nous pousserons un peu plus loin le parallèle, pour en tirer les observations pratiques qui peuvent apporter dans notre étude plus de pré-

cision et de netteté. Voici ce que dit M. Faustin Hélie,
t. 1er, p. 259 : « Les justices seigneuriales et les justices
ecclésiastiques furent l'expression fidèle des deux éléments de la société du xiie siècle, l'élément féodal et
l'élément religieux ; leur mission fut de maintenir les
principes dont elles émanaient, de leur apporter une énergique sanction. « Cela est vrai, et nous savons que la
marche des deux sociétés séculaire et ecclésiastique fut
toujours ferme et progressive.

La féodalité, en émancipant les seigneurs, avait con-
centré dans leurs mains l'exercice direct de tous les pouvoirs. Souverains chez eux, comme le roi lui-même, dont
ils ne reconnaissaient que la haute suzeraineté, ils rendirent d'abord la justice à leurs vassaux, puis la firent
rendre par des officiers de leur choix, qui présidaient la
cour seigneuriale des pairs, leurs inférieurs. Mais, un
des moindres vices de ce système d'organisation judiciaire, était la confusion qui y régnait, par suite du nombre
incalculable de ces justices seigneuriales et souveraines,
n'ayant ni limites précises de territoire, ni règles déterminées de compétence. Il est vrai que, par suite aussi des
tendances naturelles au nouvel état de choses inauguré
par une aussi importante révolution politique, et de l'impossibilité qui s'était imposée, dans la période précédente,
aux officiers des monarques Francs, d'appliquer régulièrement et sans difficultés le système si vaste et si compliqué de la personnalité des lois, le système nouveau de
la territorialité, des coutumes, moins variées, malgré leur
nombre encore considérable, avait contribué à corriger
un peu ce vice en introduisant quelque ordre dans cette
organisation et en faisant accepter quelques règles communes et une méthode à peu près uniforme de procédure.

D'ailleurs, il ne faudrait pas exagérer un résultat qui, par la nature même des choses, dut se produire surtout, et avec des effets bien plus étendus, dans le domaine du droit civil. Le droit criminel, en effet, comme nous l'avons fait observer déjà sur un autre point, avait dû toujours conserver son caractère de droit mixte, mêlé de coutumes germaniques, élément qui y domina forcément, parce qu'il venait du vainqueur, et de droit romain, dont le génie si différent devait singulièrement adoucir la partie de la procédure. Aussi, avons-nous pu dire que les lois personnelles perdirent, sans doute, au criminel, beaucoup de leur garantie pour la population sujette, ce que confirme le fait de la promulgation par les monarques Francs de certains monuments législatifs qui, à l'exemple de la nouvelle loi Salique, se présentaient à tous avec le caractère de lois générales et d'ordre public. Le fractionnement toujours plus étendu qui se produisit n'enleva pas au droit criminel son caractère original, et, si les magistratures se multiplièrent, elles n'en retinrent pas moins l'ensemble des formes criminelles de la justice souveraine, sur le modèle de laquelle elles étaient organisées. A côté de ces juridictions féodales, l'Église vint promptement élever les siennes, et sauvegarda son indépendance menacée par elles, au moyen du privilège clérical et de l'institution de ses officialités qui étendirent bientôt leur compétence sur toutes les matières criminelles intéressant sa puissance ou ses intérêts. « Ces deux juridictions, dit encore M. Faustin Hélie, également puissantes et naturellement rivales, avaient leurs caractères propriétaires francs, distincts. Les cours seigneuriales s'appuyaient sur le combat judiciaire, et les guerres privées, les cours d'église sur l'interdit et l'excommunication. Les pré-

mières, ne reconnaissant d'autre puissance que la force,
confondaient la justice avec la force elle-même. Les secondes distinguaient le droit de la force ; mais pour elles
l'intérêt de la puissance ecclésiastique était la source
unique du droit. » Et il continue en montrant que les
cours féodales ne présentaient que des garanties incomplètes, avec leurs juges qui, malgré leur qualité de pairs
de l'accusé, n'avaient avec lui aucune communauté de
vie, aucune solidarité d'intérêts ; avec leur pratique du
duel judiciaire, impuissante à protéger les faibles et les
petits ; enfin, par suite de l'absence d'un pouvoir central,
d'une force publique chargée de l'exécution des jugements,
que l'on n'obtenait le plus souvent que les armes à la
main. Les cours d'église, au contraire, abhorrant ces
mesures violentes, prirent les règles et les maximes de
la loi romaine et en affectèrent les formes les plus remarquables. L'excommunication y fut un moyen d'attaque ou
de défense ; la justice y était rendue pacifiquement, avec
équité et bien plus de mansuétude ; enfin, elles savaient,
par leurs censures et leurs interdictions, assurer l'exécution de leurs sentences. Parmi toutes ces institutions, qui
devaient bientôt tomber en désuétude et s'effacer, quelques-unes survécurent, souffertes plutôt que conservées
par le régime féodal, avec lequel elles pouvaient difficilement se concilier ; ce furent, en premier lieu, les deux
grands principes, qui avaient traversé les siècles, de la
libre accusation et de la publicité des débats. Le premier,
legs d'une autre législation et produit de mœurs libres,
se maintint sans force et presque sans application, sans
cesse contrarié et presque effacé par un autre qui s'introduisit, celui de la poursuite « per *denuntiationem*, »
qui armait les justices d'un pouvoir nouveau et considé-

rable. Le second, plus en harmonie avec l'organisation féodale, se maintint dans la pratique, où il fut en honneur. Deux autres principes, qui devaient remplacer les précédents, se montraient déjà en germe dans ces institutions près de s'écouler : la permanence des juges et la procédure par enquêtes. L'Église favorisa les tribunaux permanents, dus au désordre des justices seigneuriales, et, par le moyen détourné des enquêtes, introduisit, pour remplacer la dénonciation, le système inquisitoire, avec sa procédure d'office, son instruction secrète et son ébauche d'action publique. Ce fut là une véritable révolution dans l'ordre judiciaire, révolution d'où sortirent les principes que nous allons retrouver dans la suite de notre étude, et qui entrèrent comme matériaux dans les fondements de notre législation actuelle.

TROISIÈME ÉPOQUE

Période monarchique.

Le XIIIᵉ siècle, qui est un siècle de transition, n'appartient proprement ni au moyen âge ni à l'âge moderne, ou plutôt il appartient à la fois à l'un et l'autre; il se rattache au premier par le lien des institutions et des mœurs féodales, qu'il vit tomber et s'éteindre, et il appartient déjà au second par le fait des deux grands événements qui l'ont rendu célèbre dans l'histoire et ont ouvert les temps modernes. L'un de ces deux événements, la restauration du droit romain, longtemps oublié dans la barbarie et l'obscurité de l'âge féodal, eut une puissante influence sur l'économie de la procédure

criminelle, et, à ce titre, réclame toute notre attention.
L'autre, l'émancipation de la royauté, a sa place marquée dans notre cadre historique, et ne nous intéresse
pas moins, par suite de la relation étroite qui se rencontre toujours entre le système politique et le mode
d'administration de la justice criminelle. Un troisième
grand fait historique mérite de fixer un instant nos regards; car il a son importance, comme les deux autres,
au point de vue qui nous occupe. Nous voulons parler de
l'affranchissement des communes, lequel, antérieur dans
l'ordre chronologique à ceux dont nous allons nous occuper, aurait dû rentrer dans l'étude de la période précédente, mais que des exigences de méthode nous ont
conduit à déplacer, pour en faire comme le prologue
de ce drame de rénovation générale d'où sortit notre
société moderne. Nous partagerons en deux parties égales
ce long intervalle de près de six siècles, qui forme ce
que nous appelons la période monarchique, et nous étudierons chacune de ces parties dans un chapitre où seront réunies, comme dans tout le cours de ce travail,
les deux branches de notre étude : l'organisation judiciaire et le système de la procédure d'accusation.

CHAPITRE PREMIER.

XIII°, XIV° ET XV° SIÈCLES.

Le mouvement d'émancipation municipale que le
XII° siècle vit se développer, et qui, des villes, descendit,
par l'effet d'une action directe, jusque dans les campa-
gnes, s'était annoncé comme prochain dès les siècles

précédents. Les cités gallo-frankes du x° siècle, au sein desquelles subsistaient des vestiges non équivoques du vieux régime municipal romain, offraient déjà alors le spectacle d'une liberté civile immémoriale, à laquelle était venue s'adjoindre une administration intérieure, modifiée depuis les temps romains par différentes causes. Le régime héréditaire et aristocratique de la curie avait fait place à un gouvernement électif, et plus ou moins populaire, dont un des effets directs avait été d'élargir de beaucoup la juridiction criminelle des officiers municipaux. La féodalité vint réagir contre ces tendances libérales, et soumit, comme tout le reste, l'antique cité municipale au vasselage des seigneurs ecclésiastiques ou séculiers. Mais, cela ne devait pas durer longtemps, et bientôt, « dans la dernière moitié du xi° siècle, et à la faveur des troubles causés par la querelle du sacerdoce et de l'empire, dit M. Augustin Thierry, dans son *Essai sur l'Histoire du tiers-état*, au ch. 1er, éclata le mouvement révolutionnaire qui, de proche en proche ou par contrecoup, fit renaître, sous de nouvelles formes et avec un nouveau degré d'énergie, l'esprit d'indépendance municipale. » Le branle fut donné par les villes italiennes de la Toscane et de la Lombardie, bientôt imitées par les nôtres, et, dès le commencement du xii° siècle, la révolution municipale s'étendit sur toute la Gaule, par deux courants opposés, partis l'un du midi, l'autre du nord, et marchant l'un vers l'autre. Ce fait eut une influence sur la forme nouvelle de gouvernement que les cités adoptèrent, et les deux types de leurs constitutions républicaines furent, au midi, le consulat, au nord, la commune jurée. On comprend que nous ne pouvons entrer dans les détails de ce grand fait social; aussi, nous bornerons-nous à ce rapide tableau, pour rentrer dans notre domaine propre, qui est celui du droit.

L'affranchissement des communes se fit soit par des insurrections heureuses, soit par des concessions à titre onéreux, octroyées par les seigneurs suzerains aux bourgeois, soit enfin par des transactions amiables qui intervenaient, consacrant, d'un côté, certains priviléges, et respectant, de l'autre, certains droits acquis. Les chartes, dressées pour l'attestation et le maintien de ces sortes de contrats, organisaient en même temps le régime nouveau que l'on avait choisi, reconnaissant, en général, aux seuls bourgeois, le droit d'instituer le corps municipal. Le type le plus remarquable qui, dans les provinces septentrionales, servit de modèle aux communes jurées, fut celui d'un corps politique composé d'un maire, de douze échevins, de douze conseillers, et de soixante-quinze pairs, ce qui faisait en tout cent membres. Dans les villes méridionales, nous trouvons le collége plus ou moins nombreux des consuls, puis un certain nombre d'élus, composant le conseil ordinaire, et, enfin, un grand conseil qui, à Marseille, par exemple, était de cent cinquante membres. Cette ville eut jusqu'à douze consuls. Nous savons que, au moyen âge, l'attribut essentiel de la souveraineté, c'était la haute juridiction. Aussi, les villes affranchies, ne relevant plus que d'elles-mêmes, déléguèrent-elles cette juridiction à leurs magistrats municipaux. D'ailleurs, le principe féodal des jugements par pairs, principe qui était alors dans toute sa vigueur, aurait suffi à lui seul pour consacrer le pouvoir judiciaire de ces magistrats, élus de la population et tirés de son sein. « Les juges naturels des bourgeois, dit M. Faustin Hélie, durent être leurs pairs, c'est-à-dire les bour-

geois eux-mêmes. Et il cite comme exemple la charte de
la commune de Laon, intervenue en l'an 1128, sous
Louis le Gros, qui instituait une juridiction criminelle
composée du maire et de jurés : « *Quod si aliquis*, dit le
texte, *quoque modo alicui clerico, militi, mercatori, indi-
genæ vel extraneo aliquam injuriam fecerit, infra quartum
diem submonitus, ante majorem et juratos ad justitiam veniat,
et se vel de objecta culpa purget, vel sicut ei judicatum fuerit,
emendet.* »

Les lettres de rétablissement de la commune de Noyon,
rendues par Philippe-Auguste, en l'an 1181, contenaient
les dispositions suivantes : « *Si quis vulneraverit vel occi-
derit quemquam intra communionem, jurati facient vindic-
tam. Nullus, absente clamatore, nisi injuria coram scabinis vel
juratis fuerit ostensa, respondere habebit.* » Il appartenait
donc aux jurés de la commune, suivant l'expression
énergique du texte, de venger les crimes et de prendre
toutes les mesures préventives propres à assurer bonne
et prompte justice. Les traces de cette juridiction des
bourgeois se retrouvent dans quelques coutumes. L'ancienne coutume de Bourges portait, art. 24, cette disposition : « *Li jugement en la terre liroi se font à Bourges par
les bourgeois, tant en cas civil comme en cas criminel.* » Citons
encore la coutume de Saint-Sever, dont un article était
ainsi conçu : « *Es jugements des matières criminelles, les dits
prévôts, bayle et jurés sont tenus y appeler des bourgeois des
plus experts, idoines et suffisants, en tel nombre que bon leur
semblera, et fait le rapport du procès devant eux, sont tenus
opiner sur le serment qu'ils ont à ladite ville, de bien opiner
selon Dieu et leurs consciences.* » On lit encore dans la
coutume de Bayonne : « *Quand le maire, eschevins et conseil condamnent aucune personne à prendre peine corporelle*

où il y a effusion de sang, la délivrance du criminel est faite
au prévôst qui doit mettre la sentence à exécution. » Telles
étaient donc les assises des bourgeois ou jurés : le maire
présidait, les hommes de la commune venaient siéger, et
lorsque le jugement était rendu, le prévôt, prieur royal ou
seigneurial, en assurait l'exécution. Une charte fameuse,
celle qui consacra, en 1117, la constitution communale
d'Amiens, délibérée par les citoyens après leur association sous le serment, et soumise à l'acceptation de la
vieille famille seigneuriale du pays, montre nettement
établie cette distinction des attributions que partagent la
commune et le prévôt seigneurial. La haute juridiction
des comtes d'Amiens passa toute entière à l'association
jurée, sauf réserve de l'assistance d'un prévôt, qui faisait
les sommations, instruisait d'office, veillait aux jugements,
mais ne jugeait pas, et sauf réserve d'une part dans le
produit des amendes, saisies et confiscations judiciaires.
Ces détails de compétence, que nous avons puisés dans
l'ouvrage précité de M. Aug. Thierry, sont encore confir-
més par un autre passage de l'illustre écrivain, où il
s'exprime de la façon suivante: « La commune d'Amiens
était souveraine, car elle avait le droit de se gouverner
par ses propres lois, et le droit de vie et de mort sur tous
ses membres; elle avait, suivant le langage de l'ancienne
jurisprudence, haute, moyenne et basse justice. Son
pouvoir législatif, administratif et judiciaire était délégué
par elle à un corps de magistrats électifs, renouvelé
chaque année, et dont le chef portait le titre de « *Majeur* »
(maire), et les membres celui d' « *Esquevins* » (échevins),
ou les titres réunis d' « échevin » et « prévôt ». L'éche-
vinage réglait et administrait la police urbaine et
constituait dans son sein un tribunal, joignant à sa

compétence en matière de simple police et de police
correctionnelle, une juridiction criminelle souveraine. »
En 1190, le roi Philippe-Auguste accorda aux bourgeois
d'Amiens des lettres de concession ou plutôt de confirmation de leur commune. On y lit que : «tous les crimes
et délits seront jugés par le maire et les échevins en présence du bailli du roi, s'il veut assister au jugement;
s'il ne le veut ou ne le peut, justice sera faite sans
lui, excepté dans les cas de meurtre ou de rapt, qui sont
réservés au roi. »

Quant à la procédure d'accusation devant ce tribunal
de la cité, il ne nous en est resté que quelques traits,
disséminés çà et là dans les chartes du temps. Nous
avons vu ci-dessus, dans celle de Laon, que lorsque
l'offenseur appartenait à la corporation libre, il était assigné devant le maire et les jurés, pour comparaître au
quatrième jour de l'assignation, et se purger de l'accusation portée contre lui, ou se voir condamner à une
peine qu'il devait subir aussitôt. Celle de Noyon consacre formellement le principe de la nécessité d'une plainte
ou accusation préalable. D'ailleurs, un tel principe était
en harmonie avec ce système d'association étroite, dans
lequel chaque citoyen, l'égal de son concitoyen, ne fait
abdication des garanties de liberté et de sécurité indivi-
duelles que dans la limite des intérêts communs. Remarquons, de plus, que dans une société aussi restreinte,
chacun est à même d'exercer contre celui dont il a souffert quelque tort l'action destinée à en obtenir la répa-
tion, et que l'initiative du pouvoir public, simple manda-
taire et simple juge, n'est plus indispensable à la bonne
administration de la justice criminelle. La charte communale d'Amiens renferme quelques articles sur l'accu-

sation, mais sans parler davantage de la procédure. Elle
nous montre aussi ce droit d'accusation exercé librement
par tous, même à l'encontre des magistrats municipaux
qui ne remplissent pas tous les devoirs de leur charge.
Les art. 29 et 30, entre autres, parlent des témoignages
qui viennent corroborer la poursuite, et du serment ex-
purgatoire que devra prêter l'accusé, s'il n'y a pas de
témoins produits par son adversaire : « *Quod si accusator*,
dit l'art. 30, *testem non habuerit ille qui accusabitur* (il s'agit
d'un magistrat municipal qui s'est laissé corrompre) *per
sacramentum se defendet.* » L'art. 33 est encore intéressant à citer ; il s'exprime ainsi : « *In omni causa et accusator et accusatus et testis per advocatum loquentur, si voluerint.* » Une observation importante à faire en terminant,
c'est qu'on retrouve ici des vestiges des fameuses compositions germaniques, aux cas moins graves de simples
coups et blessures : « *Si qui juratum suum percusserit vel
vulneraverit*, dit l'art. 38, *et ille qui percussus fuerit clamorem fecerit.... percussor... aut per sacramentum se purgabit,
aut rectum faciet commune et novem libras dabit.* » (v. aussi
les art. 40, 41, 42.)

Telles furent les justices municipales qui nous offrent
une ébauche assez fidèle de cette belle institution du
jury, dont les véritables éléments, conditions de voisinage, intérêts communs, réunions faciles, se rencon-
traient au sein des villes libres d'alors, comme nulle part
ailleurs. Malgré cela, les jugements par pairs des bourgeois affranchis n'offrirent encore que d'incomplètes garanties, et ce germe impuissant fut bientôt étouffé sous
l'action envahissante du principe monarchique, dont la
marche progressive s'affirmait tous les jours, et qui avait
besoin, pour reconstituer l'unité politique de la nation,

de voir tomber devant lui toutes les franchises et tous les pouvoirs qui pouvaient être des obstacles à cette reconstitution.

Entrons dans le xiiie siècle, auquel se rattachent, nous l'avons dit, les deux grands faits de l'émancipation de la royauté et du réveil du droit romain. Le roi, outre son droit de suzeraineté sur les domaines des grands vassaux, avait ses domaines particuliers, et, à l'exemple de ces hauts seigneurs, il y avait organisé sa justice. Les officiers qui l'administraient furent, comme dans les grands fiefs, les « *baillis*, » appelés, dans les provinces méridionales, « *sénéchaux* », les « *prévôts* », les « *vicomtes* » ou « *viguiers* », selon les degrés d'une hiérarchie qui servit de base à une division territoriale, partout uniforme dans les domaines de la couronne. Ce fut vers la fin du xiie siècle que les provinces royales furent divisées en « *bailliages* » et que chacune de ces divisions forma une espèce de gouvernement placé sous la direction d'un bailli ou sénéchal. Le plus ancien document qui fasse mention de leurs fonctions, est une ordonnance de Philippe-Auguste, rendue en 1190, au moment de son départ pour la terre sainte. Cette ordonnance nous montre institués, dans chaque *prévôté*, subdivision du bailliage, par le bailli lui-même, quatre hommes sages et prudents, qui doivent concourir à l'examen de toutes les affaires, sous la surveillance des baillis qui ont le droit de les destituer en certains cas graves. L'article 6 de l'ordonnance est remarquable en ce qu'il interdit aux officiers royaux, supérieurs ou inférieurs, d'arrêter un homme ou de mettre la main sur ses propriétés, quand il offre des cautions de sa représentation en justice, à moins qu'il ne soit poursuivi pour homicide, meurtre, rapt ou trahison.

Plusieurs ordonnances successives, soit de saint Louis, soit de ses successeurs, vinrent réglementer l'exercice de ces charges, et leur vente ou leur mise en ferme, pour celles qui, comme les prévôtés, admettaient ce trafic ; elles ordonnaient aux officiers de siéger, en personne, et d'expédier les procès criminels aux époques fixées. Mais cela n'eut pas lieu partout de la même manière, et on distingua les jugements « *par hommes,* » dans lesquels le rôle du bailli se bornait à présider l'audience, à l'exemple du comte des deux premières races, des jugements «*par baillis,* » dans lesquels cet officier participait au jugement, mais avec le concours et le conseil des hommes les plus éclairés qu'il choisissait dans le lieu. Un vieil auteur, Jean Bouteiller, se rapporte à cette organisation judiciaire, lorsqu'il dit : « En assise doivent estre tous procès décidés, si faire se peut, bonnement tout crime cogneu et puny, tout bannissement accompli. Si doit estre répondu péremptoirement. Si doit chacun estre ouy en sa complainte, soit sur nobles, non nobles, sur officiers, sergens ou autres. Et est entendue assise comme purgée de tous faits advenus au pays » (v. *Grand Coutumier,* liv. 1, t. 3, p. 25). On voit déjà surgir, de par une autorité supérieure et soucieuse de tous les intérêts, cette justice qui répond à tous et punit tous les crimes, de quelque part qu'ils viennent et quelque haut placés que soient leurs auteurs. La juridiction des baillis et sénéchaux ne s'exerça pas toujours en dernier ressort, et, quand l'appel fut introduit, fut porté pour les sentences qu'ils avaient rendues au parlement, qui, sorti de l'antique cour des rois de la monarchie franque, devint le tribunal suprême pour tout le royaume.

La royauté grandissait et devenait forte ; le principe

de la souveraineté royale tendait à passer en maxime de droit public, et une foule de légistes illustres, formés à la grande école du droit romain, favorisaient ce développement dans leurs écrits sans nombre, tout pleins des traditions d'absolutisme de la Rome impériale. Beaumanoir, entre les plus fameux, consacrait ainsi, par l'autorité de sa plume, cette maxime qui devait être bientôt universellement admise : » Li rois est sovrains par desor tous, et a, de son droit, le général garde de son roiame, par quoi il pot fere tex establissements comme il li plest, por le commun porfit, et ce qu'il establit doit estre tenu. « Les progrès rapides que fit, à cette époque, le droit criminel, doivent être attribués surtout à ce haut et puissant patronage de la politique royale servie par toute la science d'alors, car, si dans la période précédente, le développement de ce droit fut partout avancé, suivant la judicieuse observation du savant M. Sumner-Maine, par deux causes : le souvenir de l'empire romain, et l'influence de l'Église, d'un côté, les traditions de la majesté des Césars, continuée par l'ascendant temporaire de la maison de Charlemagne, entourant les souverains d'un prestige qu'un simple chef barbare n'aurait jamais eu autrement, et communiquant par la suite, au plus petit potentat féodal le caractère de tuteur de la société et de représentant de l'Etat, de l'autre, l'Eglise, désireuse de refréner une férocité sanguinaire, investissant de par l'autorité de l'Ecriture les magistrats civils du pouvoir de punir les crimes les plus graves, à combien plus forte raison les légistes durent-ils reconnaître ce prestige et ce pouvoir dans la personnalité de celui qui se déclarait lui-même le souverain fieffeux du royaume! Aussi, vers la fin du xiv° siècle, l'institution des justices royales commença-t-elle à se modifier.

Une première modification fut relative au mode de nomination des officiers de justice, qui durent être élus, les prévôts en cour de parlement, les baillis et sénéchaux par délibération du grand conseil. Une seconde atteignit la personne même des titulaires de ces charges constituées en offices, en généralisant la mesure d'ordre public, d'après laquelle les baillis et sénéchaux déléguaient leurs fonctions, que la guerre les empêchait souvent de remplir, à des lieutenants, sur la tête desquels finit par passer le titre lui-même. Enfin, la troisième eut pour objet de compléter cette substitution des légistes aux hommes de guerre, en remplaçant les hommes féodaux et les « bonnes gens » qui venaient s'asseoir aux assises des bailliages, par des praticiens et des juges permanents (v. l'art. 73 de l'ordonn. de juill. 1493 et les art. 87 et 94 de l'ordonn. de mars 1498). Les mêmes changements se produisirent dans les prévôtés, soumises en général, il faut le remarquer, aux mêmes lois, à la même organisation que les bailliages.

Quant à la cour du roi ou parlement, elle avait, dès le xii° siècle, le caractère d'une juridiction suprême, dernier recours dans les querelles des seigneurs, mais sans attributions bien définies ni fonctions bien réglées. Le recueil des « Olim » nous montre la cour du roi fonctionnant régulièrement, sous Louis IX, et rendant des arrêts en matière criminelle. Philippe le Bel acheva de l'organiser, et ses successeurs rendirent encore plusieurs ordonnances à son sujet. Celle de mai 1413 mérite d'être citée; elle renferme une disposition d'après laquelle, pour mieux assurer la punition des crimes que révélaient les enquêtes, et que les présidents des deux chambres de la cour d'alors, étant clercs et gens d'église, ne voulaient pas faire connaître au procureur royal, un président laïque fut institué dans celle des enquêtes, avec la mission spéciale de faire poursuivre les crimes et délits ainsi révélés. Bientôt fut établie la « *Tournelle*, » ainsi appelée parce que l'usage s'était formé de juger les causes criminelles dans une chambre distincte, située dans une tour. Charles VII consacra cet usage par son ordonn. d'avril 1453, dont l'art. 25 est ainsi conçu : « A la tournelle criminelle soyent expédiés les procès criminels, le plus brief et diligemment que faire se pourra ; toutefois, si en deffinitive convenait de juger d'aucun crime qui emporte peine capitale, le jugement sera faict en la grand-chambre. » Enfin, l'ordonn. de François Ier, d'avril 1515, vint la constituer définitivement en la déclarant désormais permanente, consacrée aux seuls procès criminels et compétente sur crimes emportant peine de mort ou autres peines corporelles, qui jusque-là ne pouvaient être jugés que par la grand-chambre. Cependant les clercs, les gentilshommes et autres personnages d'Etat demeuraient justiciables de la grand-chambre. A partir de ce moment, le parlement eut donc sa chambre criminelle, suprême tribunal, duquel relevèrent toutes les juridictions inférieures, tant royales que seigneuriales et ecclésiastiques. Mais, comme le parlement de Paris ne put suffire longtemps à l'expédition des affaires du royaume entier, avant la fin du xve siècle les principales provinces se virent dotées d'un parlement, dont l'organisation et la compétence furent partout absolument identiques.

Nous venons de suivre pas à pas la marche progressive

de l'organisation de la justice criminelle, et il est facile
d'apprécier quels en furent les merveilleux effets en tout
ce qui touche à cette branche essentielle des pouvoirs
publics. Mais une grande lacune restait à combler, qui
laissait souvent inertes et sans force les ressorts impuissants de cette action supérieure préposée à la sauvegarde
des intérêts sociaux, et mettait ainsi en péril leur existence même. Nous avons vu l'autorité judiciaire, s'autorisant des exigences de l'ordre public, substituer son
action à l'action privée des citoyens dans les cas de
crimes flagrants et constatés, mais sans remplacer dans
la procédure, par une garantie équivalente, la garantie
de l'accusation publique. Mais cet excès de pouvoir, d'où
était née la poursuite d'office, et que le caractère notoire
du crime à punir excusait, serait devenu une odieuse inquisition, s'il s'était étendu aux cas où les faits coupables
n'étaient plus aussi certains. Aussi, en pareille occurrence, la coutume ancienne s'était maintenue dans toute
sa rigueur, et il était nécessaire qu'il y eût une partie
poursuivante. Beaumanoir sentait bien le vice d'un pareil
système, et nous le voyons se demander comment on
doit procéder contre ceux qui sont pris et emprisonnés
pour cas de crime et contre lesquels nul ne se porte accusateur. Voici ce qu'il décidait sur ce point embarrassant
pour le magistrat : « Il faut publier pendant trois quin-
zaines en prévôté et après trois assizes dont çascunne
contiegne, quarante jours au moins, le titre de l'accusation et le nom de l'accusé et appeler à se présenter un
accusateur, et quand tout cil cri sunt fet, et nus ne vient
avant qui droitement se voille faire partie, et li juges, de
l'office, ne pot trouver le fet notoire, li emprisonné doit
estre délivrés par jugement. » Un tel état de choses ne

pouvait durer longtemps. Il y avait à cette époque, auprès
des diverses juridictions, une classe nombreuse d'agents
qui représentaient devant elles et dans les contestations
où ils étaient mêlés, les seigneurs et le roi lui-même,
dont les intérêts fiscaux ou les droits privés étaient souvent en jeu. C'étaient là les « *procuratores,* » « *procurateurs,* » ou, plus simplement et par abréviation, « *procureurs.* » Ces procureurs, qui pouvaient du reste agir
au civil pour toutes parties engagées dans un procès,
sauf la défense de certaines coutumes, entre autres celle
de Beauvoisie, de les admettre du côté du demandeur, si
celui-ci n'était privilégié, n'étaient pas reconnus au criminel, sans doute par application de la vieille pratique
romaine, lorsqu'ils se présentaient au nom des accusés :
« En cas de crime, dit encore Beaumanoir, ne pot nus
fere procureur, selon nostre coutume, ançois convient
que cil qui accuse et cil qui est accusé viegnent à cort en
propres persones. » Quant aux procureurs qui représentaient le roi, nous les voyons en exercice dès les premières années du xiv\ siècle, poursuivant à la place
des officiers de justice, trop occupés pour suffire à tout,
le recouvrement des amendes et de tous les droits du
souverain et soutenant en toute rencontre les intérêts de
son fisc.

Plusieurs actes royaux interviennent pour régler leur
utile ministère. Citons le premier et le plus important,
rendu par Philippe le Bel en 1302, qui exige le serment
de ces nouveaux officiers, prend des mesures contre
leurs injustices et leur défend d'occuper pour d'autres
parties : « *Volumus quod procuratores nostri jurent secundum formam... Quod in causis quas nostro nomine durent
contra quascumque personas, jurent de calumnia... prohi-*

bentes expresse ne dicti procuratores nostri de causis alienis se intromittant. » Mais c'est au milieu de ce même siècle que la nouvelle magistrature nous apparaît en plein exercice et avec son caractère propre ; c'est alors que ceux qui en sont revêtus se montrent, dans le rôle important qu'ils jouent, non plus les simples agents, les mandataires du roi, comme de tout autre seigneur ou même de toute autre personne privée, mais de véritables fonctionnaires, exerçant une charge publique. En un mot, de simples procureurs ils sont devenus magistrats. Il faut suivre la marche de cette importante transformation dans un remarquable document de l'époque, l'ordonnance du 22 novembre 1371, laquelle, après un préambule consacré à rappeler l'ancienne pratique, s'exprime de la façon suivante pour le regard du présent : « que noz procureurs et plusieurs leurs substituts, depuis dix ans en ça ou environ, tant en leur nom comme à requeste de plusieurs personnes adjoints avecques iceux, ont commencié plusieurs causes et procès contre plusieurs personnes, sans informacions sur ce deuement faictes ; et, pour empêcher tels abus, enjoignons à tous noz baillis, receveurs et procureurs, leurs lieutenants et substituts : que aucuns de nos subgez ne soit désormais mis en cause contre aucun de noz procureurs sans informacion faicte deuement. » Et, si l'on se demande maintenant comment cela se fit, il est naturel de supposer que la sphère d'action des procureurs du roi, bornée d'abord, nous l'avons vu, à la poursuite et à la défense des intérêts privés du souverain, s'agrandit et en vint à changer même complètement de milieu, par une suite forcée de l'extension que prenait en même temps, sur le terrain politique et social, l'autorité royale marchant toujours droit à son but. D'abord simple suzerain féodal et se contentant d'un vain titre qui l'élevait au-dessus de tous, le roi voulut plus tard que les droits et le pouvoir se joignissent au titre, et, plus tard encore, après son émancipation de la tutelle des grands vassaux et la reconnaissance pour tous de sa souveraineté effective, il fit le plus grand pas en commençant à centraliser dans sa personne tous les intérêts de l'État. Dès lors, en effet, il lui restait peu à faire pour devenir le seul représentant de la société, le protecteur de tous les droits et le vengeur de tous les crimes. Ce haut patronage s'exerça d'abord en faveur des êtres les plus faibles, incapables de se défendre par eux-mêmes contre des ennemis puissants, peu à peu s'étendit sur tous, et finit enfin par s'imposer chaque fois qu'un intérêt d'ordre public se trouva, de quelque manière, en jeu.

Les instruments naturels de ce patronage furent les procureurs du roi, qui commencèrent à occuper pour lui dans les procès intéressant les femmes, les mineurs, les incapables. Il est vrai que cela se présenta surtout en matière civile. Mais, outre que les mêmes raisons existaient *à fortiori* pour qu'il en fût ainsi au criminel, quand il entra dans les formules juridiques que le roi, représentant de l'État tout entier, devait poursuivre la répression des crimes qui y jetaient le désordre, et qu'il avait intérêt à cette répression, ce furent encore ses procureurs qui durent appliquer cette maxime, véritable source du ministère public. Ce qui favorisa encore le développement de ce rôle public des procureurs, ce fut, d'un côté, l'habitude qu'ils prirent de provoquer des condamnations contre les délinquants, en vue des amendes qui en étaient souvent la suite, et dont le recouvrement, dans

l'intérêt du trésor royal, leur était aussi confié; et, d'un
autre côté, l'introduction et les progrès de la procédure
par enquête qui, se passant de l'accusation populaire,
supprimée par suite de la nouvelle méthode, aux cas de
crimes flagrants et notoires, dut donner l'idée d'un autre
mode que l'accusation dans l'exercice des actions criminelles. Enfin, nous le savons, la jurisprudence canonique
avait introduit, à côté de l'accusation, la poursuite par
voie de dénonciation, même à l'encontre des crimes in-
certains et secrets, et la justice, pour se conduire et s'é-
clairer dans la voie obscure de l'information, devait sentir
le besoin du concours d'un accusateur, qu'elle trouva
dans le procureur royal.

Le rôle de cette magistrature s'étant à ce point développé, ses attributions durent être tout à fait régularisées,
et il fallut s'occuper de son organisation. Une ordonnance
de Charles VIII, de juillet 1493, nous montre un procureur général et des avocats généraux en exercice auprès
du Parlement. Il y avait depuis longtemps déjà des « avocats du roi », dont la charge était équivalente à celle des
procureurs et qui se distinguèrent mieux de ces derniers,
avec le temps, comme nous le verrons. Dès l'an 1303,
Philippe le Bel se trouve avoir deux avocats : Jean le
Bossu et Jean Pastoureau, lesquels portaient la parole au
nom du souverain. Quand furent créées les qualifications
de « procureur général » et d' « avocat général », ces qualifications indiquèrent moins une suprématie qu'une mission pour toutes les causes en général, dans lesquelles
devait s'exercer cette magistrature nouvelle. Des magistrats, portant ce titre, furent établis, dès le principe, au
Parlement de Paris, puis l'institution se répandit successivement dans les siéges inférieurs, tels que bailliages ou

Fabre.   19

sénéchaussées et prévotés, qui eurent aussi leurs procureurs, « comme étant, dit une ordonnance de Henri II,
de 1553, officiers très-requis et nécessaires pour procurer,
conserver et poursuivre les droits de notre domaine, punition et correction des crimes et maléfices qui se commettent
chaque jour sur les lieux, faire garder et entretenir nos
édits et ordonnances sur le fait de justice et d'administration politique. » Les justices seigneuriales voulurent
aussi avoir des procureurs, qu'on appela « *procureurs fiscaux* », et qui, naturellement, simples agents seigneuriaux
et sans caractère vraiment public, ne purent jamais prétendre à d'aussi hautes destinées.

Telle fut l'origine de cette grande institution du ministère public, dont nous n'avons étudié jusqu'ici que les
premiers développements, et que le xvi° siècle vit définitivement constituée. Nous entrerons, en parlant de la
procédure, dans les détails de son rôle criminel, car
nous devions d'abord seulement la relier par un bref
aperçu au système d'organisation judiciaire, dont nous
poursuivons la marche à travers l'histoire de notre
pays. Mais avant, il nous reste à donner au moins une
idée des appréciations diverses auxquelles cette institution a donné lieu, de la part de certains auteurs compétents en pareil sujet. Montesquieu, au ch. 8 du livre 6
de son *Esprit des lois*, après avoir rappelé, suivant sa
grande manière, les vices du système romain d'accusation populaire, vices que le régime impérial dévoila dans
toute leur nudité, traduit en ces termes son admiration
pour ce qu'il appelle une *loi admirable :* « Nous avons
aujourd'hui, dit-il, une loi admirable; c'est celle qui veut
que le prince, établi pour faire exécuter les lois, pré-
pose un officier dans chaque tribunal pour poursuivre

en son nom tous les crimes ; de sorte que la fonction des
délateurs est inconnue parmi nous, et, si ce vengeur public était soupçonné d'abuser de son ministère, on l'obli-
gerait de nommer son dénonciateur. » Et il ajoute, résumant en deux mots le rôle de ce *vengeur public* *:* « Dans
les lois de Platon, ceux qui négligent d'avertir les magistrats, ou de leur donner du secours, doivent être punis.
Cela ne conviendrait point aujourd'hui. La partie publique
« *veille* » pour les citoyens ; elle « *agit* », et ils sont tran-
quilles. » Un autre profond publiciste, M. Henrion de
Pansey, s'exprime ainsi dans son ouvrage sur l'*Autorité
judiciaire en France*, ch. 14 : « L'établissement d'une
partie publique, c'est-à-dire d'un fonctionnaire obligé,
par le titre de son office, de surveiller les actions des
citoyens, de dénoncer aux tribunaux tout ce qui pourrait troubler l'harmonie sociale et d'appeler l'attention
des juges et la vengeance des lois sur tous les crimes,
même sur les moindres délits, est un des plus grands
pas que les hommes aient faits vers la civilisation, et
cette institution appartient aux temps modernes. » Citons
encore ces paroles de M. Faustin Hélie, au ch. 13 du
t. Ier de son *Histoire de l'instruction criminelle*, chapitre
consacré tout entier à étudier l'institution du ministère
public et qui commence ainsi : « Nous sommes arrivé à
l'époque où la justice criminelle vit se développer tout à
coup dans son sein un nouvel élément de force et d'action :
l'institution du ministère public sortit jeune et vigou-
reuse du sein des ruines du moyen âge et promit immédiatement à cette justice une puissance qu'elle n'avait
jamais eue. » Un savant criminaliste italien, Filangieri,
que nous avons eu l'occasion de citer plus d'une fois déjà
dans le cours de notre travail, et qui écrivait à la fin du

XVIII° siècle, ne partage pas à ce point l'enthousiasme de Montesquieu pour cette institution moderne du ministère public. Il faut lire, dans les chap. 3 et 4 de la troisième partie de son ouvrage *de la science de la législation*, qui traite des lois criminelles, les nombreuses raisons qu'il donne de sa réserve à ce sujet. Toutes ne nous paraissent pas également plausibles, et il en est qui seraient déplacées dans l'état actuel de notre société, moins critiquable, à bien des égards, que celle de son temps, dont il fait une saisissante peinture. Citons seulement quelques passages de nature à nous faire apprécier la justesse de sa critique et le sens droit de son esprit puissant et original, qui rêvait déjà tout un nouveau système de législation criminelle. Voici les réflexions que lui inspire le passage de Montesquieu, cité plus haut : « Croire que la liberté d'accuser soit utile dans une république, et dangereuse dans une monarchie parce que, dans la république, un citoyen doit avoir, pour le bien public, un zèle sans bornes, et que dans la monarchie il pourrait abuser de ce droit pour favoriser les caprices du prince ; attribuer à cette liberté l'origine des délateurs à Rome ; fonder, sur une pareille raison, l'apologie du système de presque toutes les nations de l'Europe, qui détruit cette liberté pour charger une personne publique des fonctions d'accusateur ; assurer, enfin, que le métier de délateur est inconnu parmi nous, c'est détruire les principes les plus raisonnables de la politique, c'est confondre les idées les plus différentes, c'est ne pas connaître cette partie de la jurisprudence ancienne et de la jurisprudence moderne ; c'est déduire d'un principe une conséquence toute contraire à celle qu'on doit naturellement en tirer. » Cette phrase résume toute l'argumentation à laquelle il

se livre pour réfuter l'auteur de l'*Esprit des lois*. Sa première proposition est celle-ci : la liberté d'accuser ne
renferme nullement la facilité de calomnier, et elle lui
fournit une juste conclusion : « En supposant donc, dit-
il, que la liberté d'accuser se concilie avec la plus grande
difficulté de calomnier, je ne vois pas comment elle
pourrait être utile dans une république et funeste dans
une monarchie ; je ne vois pas comment elle pourrait,
dans le gouvernement d'un seul, devenir un instrument
d'oppression ; car, il ne faut pas confondre la monarchie
avec le despotisme, lequel plutôt peut rendre funeste
(comme nous l'avons vu) la liberté d'accuser, comme
toute autre prérogative, tout autre droit, attaché à la qualité de citoyen. » Admettant ensuite, pour un instant, avec
Montesquieu, le système qui institue un vengeur public
pour exercer les fonctions d'accusateur, il montre cette
magistrature, dépourvue de toute indépendance, s'exerçant plutôt dans l'intérêt personnel du prince que dans
l'intérêt général de la société, et, à propos des garanties
contre la témérité ou la mauvaise foi de l'accusateur,
sages produits de la vieille pratique romaine, il ajoute :
« Nos lois, qui se sont tant éloignées des principes de la
jurisprudence romaine, relativement à l'accusation judiciaire, ont adopté religieusement tout ce qu'elle avait de
moins favorable à la liberté civile. Il ne suffit pas d'une
simple calomnie ; il faut donner des preuves d'une calomnie manifeste, pour faire punir la mauvaise foi du vengeur public. Celui qui sait combien il est facile de trouver,
dans l'innocence la plus évidente, quelques légers indices
d'un délit, peut voir si le magistrat a le moyen de calomnier un malheureux avec la plus grande facilité. »

Puis, il reproche encore à la législation moderne d'a-

voir, dans le même temps qu'elle abolissait la liberté
d'accuser, établi la liberté de dénoncer, et, faisant sentir toute la différence qu'il y a entre l'une et l'autre, il
s'écrie : « L'accusation est un duel qui se fait à corps
découvert et à armes égales; la dénonciation est un trait
lancé à coup sûr par une main inconnue ! L'accusateur
doit soutenir son accusation, comparaître en jugement,
fournir des preuves contre l'accusé. Le dénonciateur, au
contraire, aussitôt après avoir fait sa dénonciation, se retire, et n'est plus mêlé en rien à l'instruction de l'affaire;
son nom ne paraît jamais dans les actes de la procédure;
sa dénonciation même n'est pas souscrite par lui : il
peut devenir encore témoin du crime qu'il a dénoncé...
Je ne parle pas, dit-il, en terminant, des peines établies
contre les calomniateurs. Nos lois, qui respirent encore,
dans la punition des autres délits, toute la férocité des
temps qui les ont vues naître, offrent une indulgence
meurtrière aux calomniateurs..... On a adopté, comme
un axiôme de politique et comme une règle de jurisprudence, l'abominable maxime des Sylla et des Tibère, qu'il
ne faut pas, en punissant la calomnie, s'exposer à ne
plus trouver de dénonciateurs; et, en effet, quel dénonciateur, même convaincu de calomnie, a jamais été puni
parmi nous? » Si nous nous sommes appesanti sur ces
citations, c'est qu'elles mettent en pleine lumière, la dernière surtout, le système d'accusation judiciaire de l'é-
poque où Filangieri écrivait, et qu'elles nous font toucher du doigt ses vices capitaux. Mais, nous le répétons,
le savant écrivain n'est pas toujours juste dans les reproches que lui inspire son admiration passionnée pour
les législations anciennes, et l'on peut s'en convaincre
en lisant, à la fin de son ouvrage, le *Commentaire* qu'en

a écrit un autre illustre écrivain de ce siècle, Benjamin
Constant. Nous aurons occasion de nous rapporter à
ce commentaire remarquable, quand nous en serons
arrivés à la législation contemporaine. Pour le moment, nous nous contenterons de lui emprunter quelques réflexions au sujet du nouveau système sur l'accusation judiciaire que Filangieri propose dans son ch. 4e.
Ce système, calqué sur celui de la Rome républicaine,
avec les quelques modifications imposées par le progrès
des mœurs et des institutions, a pour double base la
liberté d'accusation et l'information d'office, la première
devant rester la règle, la seconde devenant l'exception.
Comme garanties contre cette liberté d'accusation, les
dispositions rigoureuses contre le prévaricateur, renouvelées des lois romaines ; le talion et l'infamie contre le
calomniateur, dont le front subira même la flétrissure de
la marque, lorsque cette peine aura été établie contre le
crime dont il a accusé un innocent; l'exclusion, quant à
l'exercice de ce droit public, de certaines classes de personnes dont il est permis de se défier, comme à Rome;
la dénonciation des délits privés ouverte seulement aux
personnes qui en auront souffert; l'obligation, pour l'accusateur, de ne point se désister de sa poursuite avant le
jugement; l'emploi d'un petit nombre de formules claires
et précises, pour intenter l'accusation, et l'indication plus
ou moins détaillée des circonstances du fait, de son caractère et de l'individualité du coupable; une prescription de quelques années seulement, telle, par exemple,
que celle de la législation criminelle anglaise, qui est de
trois ans (et il cite, à l'appui, le statut 7 de Guillaume III,
ch. 3, qui défend de poursuivre en jugement quelque
crime que ce soit, excepté les attentats contre la vie du

roi, si le « bill » d'accusation n'a été présenté dans les trois années qui ont suivi le délit); enfin, la seule plainte ouverte à la partie offensée, lorsqu'elle ne connaît pas l'auteur de l'offense, ce qui donnera lieu au mode extraordinaire de poursuite par information d'office, de la part du magistrat.

. Cela sert à Filangieri de transition pour arriver à cette seconde procédure, qui doit être exceptionnelle. Voici, d'après lui, les conditions requises pour qu'il y ait lieu d'y recourir : d'un côté, le délit doit être constant et son auteur inconnu; de l'autre, il faut qu'il n'existe point d'accusateur et que la partie offensée ne fasse que se plaindre. Mais comme, d'après ses propres expressions, un système de procédure, où le juge doit exercer les fonctions d'accusateur, est extrêmement vicieux en lui-même; comme, la base d'information étant ou la dénonciation secrète ou la clameur publique, un moyen de cette nature est équivoque, dangereux, injuste, il fait entrer, sur ce second point, dans son plan de réforme, l'institution de « *magistrats accusateurs*, » choisis parmi les plus dignes et les plus éclairés, placés dans de meilleures conditions d'indépendance, et qui se livreraient à la recherche des auteurs de tous les délits sur lesquels il n'y aurait point d'accusateur particulier. Cette espèce d'accusation officielle aurait, elle aussi, ses formules et ses règles; également obligés de ne point se désister de leur accusation jusqu'à la fin du jugement, ces magistrats feraient les mêmes promesses, seraient exposés aux mêmes dangers, et, à la différence de ceux de Rome, seraient punis, comme les autres accusateurs, même pour une simple calomnie. Tel est donc, suivant Filangieri, le type idéal que devrait réaliser l'accusation judiciaire.

Toute sa dissertation se résume dans cette phrase qu'on lit au ch. 2 du liv. 3 de son ouvrage : « Chez un grand nombre de nations,... l'intérêt commun que tous les membres d'une société ont à la conservation de l'ordre public, et, par conséquent, à voir observer les lois, diminuer les crimes et effrayer les méchants, a fait croire aux législateurs les plus éclairés qu'on ne pouvait refuser à un citoyen le droit d'en accuser un autre. » Benjamin Constant s'empare de cette phrase, pour en faire l'épigraphe d'un chapitre de son *Commentaire* (ch. 1er, 3e partie), et montrer qu'un tel langage n'est que l'effet d'une généreuse illusion : « L'accusation par chaque citoyen, dit-il, est impossible chez les modernes. La douceur de nos mœurs, la complication des relations sociales, le besoin du repos, enfin, une certaine délicatesse ou mollesse des mœurs, qui ne permet pas qu'un homme nuise à un autre homme, quand il n'y a pas un intérêt direct, ou quand il n'y est pas obligé par ses fonctions (car, chez les modernes, les fonctions expliquent et excusent tout), ces diverses causes font que l'accusation confiée au citoyen deviendrait complètement illusoire. Il faut donc une personne publique constituée par la loi pour poursuivre les coupables et en requérir la punition. »

Et plus loin : « Dans une association nombreuse et parvenue à une civilisation excessive, tout devient métier; si l'accusation était permise à tout citoyen, nul doute qu'il ne se formât bientôt une profession d'accusateurs. Ce ne serait ni l'amour du bien public, ni l'ardeur de se distinguer, ni une ambition qui pourrait avoir quelque chose de noble; mais un intérêt âpre et vil. Ouvrir l'accusation à tous les citoyens, serait armer d'un

pouvoir terrible tous ceux qui n'ont rien à perdre contre
quiconque aurait une fortune ou une réputation à conserver... Et il est inutile de restreindre le droit d'accuser
a la classe des seuls citoyens recommandables; ceux-ci,
nous le répétons, n'accuseront pas, et ceux qu'on repousse sont les seuls qui, dans nos temps modernes,
puissent consentir à remplir le rôle d'accusateur. » Mais,
tout en reconnaissant la nécessité de cette magistrature,
il ne se dissimule pas les dangers que peut offrir, pour la
sécurité publique, dans l'intérêt de laquelle elle est précisément instituée, une action à ce point puissante,
lorsqu'elle a pour ressorts, ce qui ne peut manquer de se
produire parfois, une certaine habitude de métier ou un
zèle exagéré et imprudent. Il n'admet pas le remède que
quelques-uns ont pu trouver aux inconvénients inhérents
à un système, qui fait de l'accusation un devoir spécial
et en quelque sorte un monopole, dans une indépendance
qui s'acquérait pleine et entière par le moyen de l'ina-
movibilité. Selon lui, si, pour rechercher toutes les apparences qui peuvent motiver une investigation sévère
et exacte, un magistrat accusateur d'office est utile,
pour écarter celles de ces apparences qui, légères ou
trompeuses, entraîneraient des accusations mal fondées,
une autre magistrature, collective celle-là, n'est pas moins
utile, bien plus, est indispensable, et cette magistrature
n'est autre que le jury d'accusation.

Nous avons étudié, depuis son origine jusqu'à son entier développement, cette institution d'une magistrature
spéciale destinée à tenir une si large place dans le fonctionnement du système judiciaire. Ce grand fait suivit
de près celui de l'émancipation du pouvoir royal, auquel
il se rattache par un lien étroit, et lorsque la maxime

s'introduisit que le roi est le gardien et le défenseur naturel de tous les intérêts sociaux, ce rôle, qu'il ne pouvait remplir dans toutes les occasions et vis-à-vis de tous, incomba à ceux qu'il avait établis ses représentants et ses mandataires, pour toutes les causes où il serait partie intéressée. Déjà, à cette époque où nous sommes arrivés, la royauté, solidement assise, avait reconnu et mettait en pratique cette autre maxime que l'action publique, cette arme défensive si puissante et si redoutable de la société, ne peut être qu'un attribut de la souveraineté.

Aujourd'hui, ceci ne fait plus aucun doute, et la conséquence directe en est que le chef de l'Etat, dans les gouvernements monarchiques, doit exercer l'action par ses délégués, sinon par lui-même; que la nation entière, dans les gouvernements républicains ou qui admettent la souveraineté populaire, devrait avoir l'exercice de l'action, et peut-être même la laisser exercer par tout citoyen actif. « Mais, dit M. Morin, dans son *Répertoire*, au mot Action publique, de puissantes considérations veulent que la poursuite des infractions punissables, dans tout état constitutionnel, soit réservée à des magistrats exempts de passions et de faiblesses. » Et il cite à l'appui de ces paroles celles de Montesquieu, au ch. 8, du liv. 6, qui nous sont déjà connues: « Dans la meilleure des Républiques, dit encore l'avocat général Servan, un méchant se flatte d'échapper à une juste accusation, et l'homme de bien ne se flatte point d'échapper à une fausse. La liberté des accusations est donc plus propre à intimider les bons citoyens qu'à contenir les mauvais. Elle répand sur toute la société civile des germes affreux et féconds de haines héréditaires, de divisions, d'inimitiés et de factions. Un tel principe ne paraît convenable que dans un gouvernement tellement bon, que nul citoyen ne serait tenté d'en accuser un autre. » (v. *De l'influence de la philosophie sur l'instruction criminelle*, p. 17.) C'est là encore une réponse victorieuse aux utopies de ceux qui, comme Filangieri, rêvent l'exercice du droit public d'accusation, et il nous semble, dirons-nous enfin, qu'on a en raison de déclarer admirable l'institution du ministère public, dont l'action s'exerce avec le caractère d'impartialité de la loi dont ses magistrats sont les organes, et indépendante de celle des parties lésées, ce qui exclut la vengeance privée du sanctuaire de la justice qui a pour objet de la prévenir.

Revenons aux officiers judiciaires de cette première période de notre époque monarchique. Nous avons étudié jusqu'ici leur institution et les rapports de hiérarchie qui existaient entre eux. Nous allons les voir maintenant en exercice et faire connaître leur compétence criminelle. — Les prévôts royaux, les premiers établis et appelés dans diverses provinces vicomtes, viguiers ou châtelains royaux, parce que le roi les instituait tels sur un domaine, une châtellenie, et que leur droit de justice résultait de l'investiture de ce titre, n'étaient que des juges féodaux ordinaires, comme ceux des seigneurs d'alors, et par suite, n'avaient pas une juridiction plus étendue. Cette juridiction grandit avec celle des officiers, des seigneurs hauts justiciers qui, au XII° siècle, avaient la connaissance de tous les crimes et délits commis sur leurs domaines, et nous voyons, en effet, les établissements de saint Louis mentionner la cour des prévôts à côté de celle des barons. L'ordonnance de Louis le Hutin, du 15 mai 1315, reconnaît la compétence des prévôts : « Se il y a mort ou affolure (blessure), ou cas dont mort se doit ensuivre. » Mais bientôt les baillis et sénéchaux, institués à leur tour, vinrent restreindre cette compétence par celle qui leur fut donnée et qui se développa rapidement en matière criminelle, dominant toutes les justices locales.

Le lien hiérarchique, créé par le fait de leur situation respective, donna lieu à l'appel que les justiciables des prévôtés durent porter, dans les cas ordinaires, aux bailliages et aux sénéchaussées, ou même directement devant la cour du parlement, suivant que les peines prononcées étaient afflictives de corps ou inférieures. Outre cette connaissance, en première instance, de toutes les matières criminelles qui n'avaient pas été réservées à d'autres juges, les prévôts avaient encore une juridiction de police, et la commission générale d'informer de tous les crimes, de procéder aux enquêtes et d'exécuter les ordres et les arrêts des cours supérieures.

Quant à la compétence des baillis et des sénéchaux, mal définie à l'origine, elle se forma au détriment de celles des justices ordinaires, avec lesquelles elle se mit en lutte ouverte et qu'elle amoindrit par des usurpations successives. Simples commissaires, à l'origine, délégués, par le roi, dans quelques provinces, pour en prendre temporairement l'administration, ils en vinrent à tenir des assises judiciaires et à administrer eux-mêmes la justice, à la place des officiers subalternes, qu'ils étaient chargés de surveiller. Philippe-Auguste portait, dès l'an 1190, une ordonnance à leur sujet, ainsi conçue : « *Et in terris nostris baillivos nostros posuimus qui in bailliviis suis, singulis mensibus, ponent unum diem, qui dicitur assisia, in quo omnes illi qui clamorem faciunt, recipient jus suum per eos, et justitiam, sine dilatione.* » Un autre, de l'an 1254, de saint Louis, les regarde comme des juges ordinaires :

« *Jurabunt quod quamdiu commissam sibi tenebunt bailli-viam tam majoribus, quam mediocribus, tam minoribus quam advenis, tam indigenis quam subditis, sine personarum et nationum acceptione, jus reddere.* » Les voilà donc juges de droit commun, et plusieurs circonstances vinrent encore élargir ce rôle. D'abord, quelques-uns, appelés grands baillis, furent inverstis d'une juridiction générale sur certains domaines royaux. Cela se voit dès Philippe-Auguste, et on le voit de plus concourir, avec les prévôts, dans la poursuite des crimes, comme le prouve la disposition suivante : « *Præpositi, nostris et bailliviis prohibemus ne aliquem hominum capiant, neque averum suum, quamdiu bonos fidejussores dare voluerit, de justitia prosequenda in curia nostra, nisi pro homicidio, vel murtro, vel repto, vel proditione.* » Il est probable que c'était là une juridiction territoriale exercée par ces grands baillis dans un cercle restreint, pendant que leur juridiction royale rayonnait au delà. Saint Louis, par ces mots de son ordonnance de 1254 : « *Indictis senescallis secundum jura et terræ consuetudinem fit inquisitio in criminibus,* » n'avait fait que désigner une juridiction ordinaire ; mais Philippe III vint bientôt dire, dans son ordonn. sur l'instruction des procès au Parlement, du 7 janvier 1277 : « Se aucun se complaint de prévost ou de sergent par-devant le baillif, ne plaide pas le baillif pour eux devant soi, ni les soustiégne, mais face bon droit et hastif aux parties, en tel manière qu'il ne conviègne pas aux recours à la court. » Une autre, de Philippe le Bel, est remarquable en ce qu'elle pose le principe formel de l'appel, et consacre le nouvel usage des « *cas royaux,* » en réservant pour les juges royaux les cas de ressort et ceux qui appartiennent à la juridiction. Voici le passage le plus intéressant de cet acte législatif : « *Prohibemus ne subditi seu justiciabiles, prælatorum aut baronum, aut aliorum subjectorum nostrorum trahantur in causam coram nostris officialibus, nisi in casu ressorti in nostris curiis, audiantur vel in casu alio ad nos pertinenti.* » On entendait par « *cas royaux* » les crimes et délits dont la connaissance, par suite de leur nature, était réservée aux officiers du roi, c'est-à-dire aux baillis et sénéchaux, et parfois aux cours de parlement. A côté d'eux se placèrent les « *cas privilégiés*, » attribués aux mêmes officiers, par suite, cette fois, de la qualité des accusés. Toute cette compétence d'exception, vague et sans détermination à l'origine, se régularisa avec le temps, et reçut enfin sa consécration dans cette règle précise : Tous les cas qui *touchent le droit royal* doivent être revendiqués par les *juges royaux*, comme leur appartenant en propre, et à l'exclusion de tous autres. Ce ne fut pas tout, et les baillis et sénéchaux étendirent encore leur rôle judiciaire par ce qu'on appela la « *prévention*, » qui était, au criminel, la faculté attribuée à un juge de connaître d'une affaire dont la connaissance appartenait à un autre, lorsque celui-ci négligeait de poursuivre et d'informer. La prévention ne tarda pas à devenir, entre leurs mains, un moyen puissant, et nous voyons son usage prévu et réglé par les plus fameuses ordonnances du XVI° siècle, entre autres celle de novembre 1554 qui, dans ses art. 4, 5 et 6, en généralisa l'application. Deux conditions étaient alors nécessaires pour ouvrir le droit des juges royaux : il fallait que les juges des lieux eussent négligé de faire punition des faits délictueux pendant un mois, et qu'ils n'eussent fait exécuter encore aucun décret.

Il nous reste un mot à dire de la compétence des cours

de parlement. L'appel établi, son usage se répandit vite, et la cour du Parlement reçut, en sa qualité de cour souveraine, celui de toutes les sentences, non-seulement des juges royaux, mais encore des juges seigneuriaux ; les incidents de procédure, les jugements même préparatoires, les actes les plus indifférents des juges, furent frappés d'appel. Charles VII, Charles VIII et Louis XII cherchèrent à remédier à ces abus et à introduire un peu d'ordre dans le règlement des attributions criminelles des cours de Parlement.

Au xvie siècle, ces attributions avaient un double objet : la connaissance, en dernier ressort, de toutes les causes criminelles qui pouvaient donner lieu à l'application d'une peine afflictive, et la connaissance, en première instance, de celles qui étaient assez graves pour qu'elles dussent être évoquées, ce qui se présentait au cas de crimes intéressant l'ordre public et la police générale de l'État, ou attribués à certains personnages, tels que les juges royaux, les membres du Parlement, les pairs. Nous savons enfin que dans chaque parlement, la chambre dite de la Tournelle jugeait, en général, toutes les causes criminelles du ressort.

Il est temps de parler de la procédure d'accusation en usage dans cette période de trois siècles que nous venons de traverser. Les règles toutes nouvelles qui s'introduisirent sur ce point, comme sur tant d'autres, font partie d'un ensemble de modifications que subit avec le temps la procédure criminelle toute entière, et dont nous avons déjà dit quelque chose en traitant de la juridiction des cours d'église. Le mouvement de réforme, qui se faisait d'ailleurs pressentir depuis quelque temps, fut ouvertement donné par saint Louis qui, s'attaquant le premier aux modes de preuves, abolit expressément la pratique si invétérée du duel judiciaire, dans l'article premier de son ordonnance de 1260. Quoique cette mesure ne fût pas générale, le roi n'ayant pu la prendre qu'à l'égard de ses domaines, elle ne laissa pas que d'avoir une influence salutaire en dehors de cette sphère, et l'exemple au souverain fut suivi par un grand nombre de seigneurs, au témoignage de Beaumanoir. D'ailleurs, les siècles suivants offrirent encore des exemples de cet usage, mais ce fut dans des cas exceptionnels, et l'on peut dire que, dès le xive siècle, le duel, considéré comme institution judiciaire, comme moyen de preuve, avait cessé d'exister. Il fut remplacé dans la pratique criminelle, par la preuve par témoins, qui fut toujours l'une des bases essentielles des jugements criminels, et qui, au xiiie siècle, changeant de forme, se présenta sous la forme nouvelle de l'enquête, empruntée au droit canonique par le droit séculier. Saint Louis, en effet, dans une ordonnance de 1254, nous montre déjà en vigueur la procédure par voie d'enquête dans la poursuite des crimes, lorsque prescrivant d'en communiquer tous les actes à l'accusé, il dit : « *Et quia in dictis senescaliis secundum jura et terræ consuetudinem fit inquisitio in criminibus, volumus et mandamus quod reo petenti, acta inquisitionis tradantur ex integro:* » Il ressort clairement de ces paroles que l'ancienne procédure par accusation avait fait place, dès cette époque, au nouveau mode de poursuite, qui était l'inquisition, soit sur simple dénonciation, soit exceptionnellement d'office; et nous avons vu précédemment que, si la cause de cette nouveauté juridique, renouvelée du droit impérial romain, ne doit pas être cherchée, en ce qui concerne ce droit, ailleurs que dans la négligence mise par les citoyens à accuser les coupables de crimes dont ils avaient

Fabre. 20

connaissance, cette cause ne fut plus qu'un prétexte éloigné pour nos magistrats, à nous, qui, moins enchaînés par le respect des traditions, même de garanties, s'autorisèrent pour agir d'office et poursuivre la répression de certains crimes, de ce seul fait qu'ils étaient flagrants et notoires. L'ordonnance de 1260 ne s'en tint pas à la suppression du duel judiciaire et introduisit toute une révolution dans la procédure criminelle, en substituant, sous l'inspiration des 8e et 38e canons du concile de Latran, à la preuve par gages de bataille la preuve par témoins, dont elle réglait la forme. L'article premier déclare que rien n'est changé aux règles de la procédure, « ... fors que nous ostons les batailles et en lieu des batailles nous metons preuves de tesmoins. » Les articles suivants nous montrent les parties qui n'étaient pas d'ailleurs présentes à l'audition des témoins, admises avant qu'on y procédât, à les reprocher, puis, recevant lecture des dépositions et pouvant les discuter, après quoi intervenait le jugement en audience publique. Les établissements de 1270 vinrent confirmer ces dispositions, et il faut remarquer que, lorsque le crime était grave, s'il emportait peine de mort ou de mutilation, l'affaire s'arrêtait devant le bailli à l'admission de la preuve, et le roi se réservait la faculté de déléguer des membres de sa cour pour faire l'enquête et assister au jugement. L'ordonnance de 1260 avait maintenu la plus ancienne forme de poursuite, et en même temps celle qui offrait à l'accusé le plus de garantie, la poursuite « *per accusationem*, » renouvelant, dans le cas spécial de meurtre, à l'encontre de l'accusateur calomnieux, la rigoureuse disposition qui n'avait jamais été abandonnée et qui le soumettait au talion : « *Il convient*, dit le texte, *que tu te lies a tel paine souffrir comme ton adversaire souffre-*

rait, se il estait ataint. » Ce mode de poursuite supposait
nécessairement la publicité de la procédure. Or, cette
publicité, à laquelle la procédure par enquête avait porté
le premier coup, devint bientôt illusoire, les magistrats
jugeant sur les procès-verbaux d'enquête, en audience
publique, il est vrai, et en présence des parties; mais sans
faire citer devant eux les témoins entendus par commission. Une autre innovation hâta cette déplorable tendance. La justice qui, précédemment, pouvait bien saisir
une personne soupçonnée d'un crime et la soumettre à
un interrogatoire, ce qui ressort des établissements de
saint Louis, mais qui n'avait le droit de procéder au jugement, hors le cas de flagrant délit ou d'aveu de la personne en question, qu'autant qu'il se présentait un tiers
pour prendre le rôle d'accusateur et en accepter la responsabilité, fut autorisée à ordonner des enquêtes d'offices ou sur de simples dénonciations, et à passer outre au
jugement des malfaiteurs, nonobstant l'absence d'un accusateur. Cette nouvelle forme d'enquête s'appela, par
opposition à la forme ordinaire « l'*aprise*, » laquelle avait
lieu sommairement et sans le concours de l'accusé, comme
aussi sans témoignages. Saint Louis consacre « l'*aprise*, »
quand il dit : « Mais se il ne se voloit mettre en l'enqueste,
lors puet la justice bien fere et doit forbannir hors de
son pouvoir, selon ce que li semblera coupable par le
fait et comme il le trouvera par l'enqueste qu'il aura
faite de son office; » et la raison qu'il donne de cette audacieuse innovation, est la raison d'intérêt public : « car
li mauvais lessent à mal fere pour la peur de la peine et
li bon pour avoir l'amour de Dieu. » Dès lors, les juges
durent poursuivre les crimes que personne ne dénonçait,

et la poursuite d'office entra dans les mœurs judiciaires.

Vers la même époque, la dénonciation, plus commode
et moins dangereuse pour les parties lésées, en ce qu'elle
les laissait en dehors de la procédure et les soustrayait
aux peines de la calomnie, en cas d'erreur, supplanta
l'accusation, laissant à la discrétion des juges l'exercice
de l'action publique qui, jusque-là, avait appartenu à
ces parties, et cette abdication fut encore facilitée par
l'introduction de la magistrature nouvelle des procureurs
du roi qui, nous l'avons vu, chargés d'abord de soutenir
les droits du souverain, s'efforcèrent par la suite de faire
considérer tous les faits attentatoires à la sûreté publique
comme étant, par cela même, également attentatoires
aux intérêts de la royauté qu'ils avaient mission de protéger. Il y eut alors quatre manières de poursuivre les
crimes que Jean Bouteiller fait connaître : par « *dénonciation, par présent meffait, par accusation de partie formée
et par publique renommée.* » (v. *Grand Coustumier*, liv. I,
tit. 34.) L'accusation de partie formée n'était autre que
l'ancien mode de poursuite par accusateur, et Bouteiller
nous rappelle ses inconvénients en nous disant que l'accusateur devait garder prison, comme l'accusé, et encou-
rait la peine du talion. D'ailleurs, son annotateur, Cha-
rondas le Caron, nous apprend aussi que cette forme
n'était plus en usage, même du temps de Bouteiller, et
que la seule qui fût en vigueur était l'information faite
par le juge, soit sur la dénonciation des parties, soit d'office. D'ailleurs, la dénonciation simple, dont on pressen-
tait les abus, donna bientôt lieu à des mesures législatives
destinées à les prévenir. Une ordonnance de 1303 s'ex-
primait déjà ainsi : « *Ordinamus quod si aliquis accusator*

*vel denunciator appareat et voluerit prosequi contra ali-
quem, quod nomen ejus in preventione ponatur, et si repe-
rietur calumniator, ad cognitionem senescalli vel judicis pu-
niatur.* » Une autre, de l'an 1319, exigeait que le dénonciateur jurât sur les saints évangiles qu'il agissait de
bonne foi, avant que la personne dénoncée fût mise en
état d'arrestation. Enfin, celle de juin 1338 lui imposait l'obligation de fournir une caution, avant toute poursuite, en vue des dommages-intérêts qui pouvaient être
dus à la même personne. Mais ces garanties tombèrent
bientôt en désuétude.

Les informations secrètes prirent un énorme développement, à tel point que le roi déléguait, par des lettres
à cet effet, même des personnes suspectes, pour informer
sur de prétendus crimes, à l'encontre de gens de bonne
renommée. Il y avait encore délégation semblable, donnant aux commissaires tout pouvoir d'informer sur des
crimes spéciaux, et voici quelle était la formule ordinaire de cette délégation : « Vous commettons que les
choses dessus dites vous vous infourmiez diligemment
et secrètement, par toutes les voies et manières que vous
verrez qu'il sera à faire. » Néanmoins le principe de la
publicité des plaidoiries et du jugement subsistait toujours; mais, il tomba lui-même, et le xv⁰ siècle vit s'établir le secret absolu des procédures, lequel, appliqué
d'abord exceptionnellement, et dans des cas très-rares
où la gravité de l'attentat semblait exiger plus de célé-
rité dans la poursuite et plus de rigueur dans la répression, s'étendit ensuite à toutes les poursuites de grand
criminel, et devint ainsi une règle de droit commun.
Louis XII, dans son ordonnance de mars 1498, fit le premier la distinction entre les « *procès criminels ordinaires*

et les *procès criminels extraordinaires.* » Ces derniers, qui
intervenaient sur les «*grands crimes et énormes et qui sont
déniés,* » étaient poursuivis sur procédure secrète, s'il y
avait lieu, c'est-à-dire si, après le rapport de l'enquête
(v. art. 120 de l'ordonn.) et l'interrogatoire des accusés
(art. 107), il paraissait aux juges nécessaire de suivre
cette voie. Cet interrogatoire était communiqué au procureur du roi, « pour requérir, dit l'art. 107, ce qu'il
verra estre à requérir pour le bien de justice ou nostre
interest, sans que rien en soit monstré ou communiqué
aux parties. » (v. aussi les art. 108 et 109.) L'art. 110,
le plus important sur ce point, est ainsi conçu : « Quant
aux prisonniers, ou autres accusés de crimes auxquels
faudra faire procès criminel, ledit procès se fera le plus
diligemment et « *secrètement* » que faire se pourra, « *en
manière que aucun n'en soit averti,* pour éviter les subor-
nations et forgements qui se pourraient faire en telles
matières, en la présence du greffier ou de son commis. »
L'art. 111 nous montre la confrontation des témoins avec
l'accusé substituée, dans la pratique criminelle, à la communication de l'enquête, et exigeant le même secret absolu, qui se poursuit d'ailleurs jusqu'au bout (v. les articles 112 et 115). En cas de condamnation, soit à mort,
soit à une autre peine corporelle, les juges prononçaient
leur sentence, soit en plein auditoire, soit en la chambre
du conseil, « *selon les louables coustumes des lieux,* » et en
présence du prisonnier, et s'il n'y avait appel, la sentence était exécutée le jour même (art. 116). Remarquons enfin que, pendant quelque temps encore, la justice put, lorsqu'elle ne se trouvait pas suffisamment
éclairée par toute cette procédure, recourir aux formes
ordinaires et à la publicité, mais cela fut de courte durée.

Tel fut le triste système de la procédure secrète, auquel on fut conduit par une exagération déplorable du principe d'ordre public, d'après lequel les crimes doivent être suivis d'une prompte et sûre répression, et qui enleva à la défense ses garanties les plus naturelles. On a prétendu à ce sujet que ce fut une méprise qui fut cause de l'introduction, au moyen âge, de la procédure secrète. Voltaire dit à ce propos : «On s'était imaginé, en lisant le Code, au titre « *de testibus*, » que ces mots : «*testes intrare judicis secretum* » signifiaient que les témoins étaient interrogés en secret; mais «*secretum* » signifie ici le «cabinet du juge, « *Intrare secretum*, » pour dire « *parler secrètement*, » ne serait pas latin. Ce fut un solécisme qui fit cette partie de notre jurisprudence. » Cette dernière affirmation nous paraît au moins audacieuse, et il nous répugne assez, pour notre part, de rattacher à une traduction erronée ou à un solécisme, suivant l'expression même de Voltaire, un pareil changement dans les formes les plus essentielles de la procédure criminelle.

Que le droit canonique, toujours modelé sur la vieille pratique romaine, ait cherché et trouvé dans ce passage du Code un prétexte à la nouvelle jurisprudence qu'il rêvait d'introduire, c'est ce que nous ne refusons pas d'admettre; mais, ce ne fut là, encore une fois, qu'un prétexte et la cause bien éloignée d'une réforme qu'un enchaînement d'idées et de circonstances, et surtout l'influence des mœurs judiciaires du temps avaient rendue presque fatale. Puisque nous en sommes à la part que la législation romaine eut alors dans ce grand mouvement de rénovation, qui compromit par ses erreurs et ses excès les plus belles espérances d'avenir, nous pouvons rappe-

ler en passant le double effet que produisit, mais en sens
contraire, sur les formes de la procédure criminelle, sa
trop légitime influence. D'une part, en effet, et venant
compléter les sages mesures inaugurées par les établissements de saint Louis, la restauration du droit romain
favorisa puissamment l'usage de l'appel, si favorable à
tous les intérêts, et auquel le système féodal avait donné
naissance, et introduisit dans les formes de procédure
plus de réserve et de régularité du côté de l'accusation,
et plus de garantie pour la défense, en rendant nécessaire une plainte ou dénonciation dorénavant écrite, à
l'exemple du libelle d'accusation de la grande époque
prétorienne, sur laquelle intervenait le juge pour la recevoir et procéder à l'instruction; mais, de l'autre, elle fit
faire un grand pas en arrière, en retirant de l'oubli où
l'avaient fait tomber les mœurs majurs des conquérants
germains, l'atroce usage de la torture, que nous voyons
avec étonnement remis en vigueur au moment même où,
dans ce même ordre d'idées, la procédure judiciaire s'a-
méliore par la suppression du duel judiciaire, des épreuves
superstitieuses et du serment abusif, par cojureurs. D'ailleurs, l'emploi de ce moyen barbare était trop en harmonie avec le mystérieux appareil dont s'entourait la procédure inquisitoriale, pour que ceux dont une telle procédure ne révoltait pas la conscience pussent reculer
devant lui.

La procédure secrète, dont nous venons d'étudier les
origines, devait peser longtemps de tout son poids sur
notre législation criminelle et, pendant trois longs siècles,
recouvrir les arrêts de nos juges de ses voiles impéné-
trables. Nous sommes loin des formes libérales et de l'admirable économie du système romain de la république,

et des beaux temps de l'Empire, et nous comprenons
maintenant les amères réflexions que dut inspirer à quelques-uns des auteurs, témoins d'une pareille décadence,
le triste parallèle établi par eux entre ces deux époques.
Nous comprenons les allusions sans nombre faites par
le vieil Ayrault, dans le cours de son remarquable ouvrage sur la procédure des Grecs et des Romains, en matière d'accusation publique, et tout ce qui se cache der-
rière cette phrase du livre premier, consacré à établir
toute l'importance de l'instruction et de la moindre de
ses solennités : « Les anciens, dit-il, vu l'importance et
la gravité du sujet, avaient plus curieusement prescrit et
ordonné l'instruction qui touche les crimes, car c'est
dans l'instruction que gît, sans aucun doute, cette solennité et cette formalité judiciaire, qui est à la justice ce
que l'effigie est à la pièce de monnaie. »

« L'instruction, dit-il encore, est l'âme du procès; le
juge qui y préside est un intermédiaire », rappelant par
là cette définition du juge par Constantin : « *Judex... me-
dium inter reum et actorem...* » Et, suivant lui, la circonstance aggravante du flagrant délit ne suffit pas à
excuser la moindre brèche faite à cet ensemble de formalités solennelles, comme le prouve l'exemple fameux du
procès des enfants de Brutus, qui durent être accusés
devant leur père par Publius Valerius, et lui répondre,
quoique étant évidemment coupables. « C'est aussi sur ce
principe, dit-il, que s'appuie la grande garantie de la
publicité, universelle chez les anciens, de l'instruction
des accusations, dont il ne nous reste aujourd'hui que
quelques formalités ! » Venant à traiter spécialement de
l'accusateur, il prend plaisir à rappeler que son rôle était
indispensable au sein de la Rome antique, et rapporte

ces paroles de Cicéron contre Verrès : «que condamner
sans accusateur, c'est plus grande injustice que de le
faire sans crime, sans preuve, ou l'accusé étant absent. »
Cela lui sert de transition naturelle pour arriver à l'institution du ministère public, qu'il ne voit pas sans regret
remplacer l'action populaire et le droit commun de l'accusation publique. Il énumère, à ce propos, les avantages
de l'accusation laissée au zèle et au patriotisme des citoyens et s'appuie de l'autorité de l'illustre chancelier de
L'Hôpital, «qui soutenait que l'office des gens du Roi
n'était pas nécessaire en France, » et du texte de l'ordonnance d'Orléans, à la postulation des États, qui
«donne pouvoir d'office au juge, sans le ministère du
procureur du Roi, de faire tout ce qui est requis et nécessaire au procès,» et, fort de ces arguments, il laisse
échapper ces paroles qui sont presque une boutade à
l'encontre de cette magistrature : «Tout ce qu'on attend
d'eux sont des conclusions en fait de cause ; mais s'ils
s'endormaient en leur devoir, le juge manquerait-il donc
au sien ? » Mais, si l'éloquent plaidoyer d'Ayrault en
faveur des droits sacrés et imprescriptibles de la défense
a excité notre enthousiaste admiration, ce n'est pas une
raison pour que nous le suivions jusqu'au bout dans les
louanges qu'il prodigue à l'antiquité grecque ou romaine
au détriment de nos institutions modernes, et nous nous
hâtons de dire que nous ne saurions partager sa manière
de voir en ce qui concerne celle de la grande magistrature qui s'appelle le ministère public. D'ailleurs, il n'est
pas toujours si sévère pour elle dans le cours de son ouvrage, et il est tels passages où il ne peut s'empêcher,
comme nous aurons l'occasion de nous en convaincre,
de reconnaître et de constater les bienfaits de cette in-

stitution salutaire. Son excuse, à cet égard, est d'avoir vécu, comme on l'a dit avec justesse, à une époque de transition où les institut ns nouvelles n'avaient pas encore reçu le sceau de l'expérience.

CHAPITRE II.

XVIᵉ, XVIIᵉ ET XVIIIᵉ SIÈCLES.

Le XVIᵉ siècle vit se continuer le grand œuvre de centralisation générale que la royauté poursuivait depuis près de trois cents ans. Cette centralisation se manifesta, dans le domaine judiciaire, par une tendance continue à restreindre le ressort des hautes juridictions seigneuriales et à enfermer leur compétence dans des limites toujours plus étroites. L'article 22 de l'édit de Crémieu, du 19 juin 1536, n'ayant désigné comme juges d'appel que les baillis et sénéchaux et les Cours de parlement, le Parlement de Paris, appliquant les conclusions des légistes d'alors, et malgré deux déclarations royales des 24 février 1536 et 18 janvier 1555, qui reconnaissaient et confirmaient les prérogatives des seigneurs justiciers, leur dénièrent le pouvoir de recevoir des appellations en matière criminelle. Une seconde limitation, apportée à leur compétence, résulta de l'établissement, à côté des cas royaux et des cas privilégiés, des cas dits prévôtaux, qui avaient pour objet les crimes commis par les vagabonds, les mendiants et les repris de justice, crimes dont ils connurent concurremment avec les officiers appelés prévôts des maréchaux. De plus, la jurisprudence vint refuser aux juges seigneuriaux la connaissance des causes criminelles dans lesquelles le seigneur jouait le rôle de plaignant ou d'accusé, ainsi que des délits commis, même hors de leurs fonctions et sur le territoire seigneurial, par les officiers royaux. D'ailleurs, dans tous ces cas, comme tous les autres juges, ils demeuraient compétents pour faire information préliminaire et procéder aux premiers actes de l'instruction contre tous crimes, même royaux ou prévôtaux, dont le flagrant délit sur leur territoire était avéré, mais à la charge d'en avertir aussitôt les baillis et sénéchaux du ressort.

Les prévôtés royales avaient subi une limitation de juridiction dans la même mesure, étant, comme les justices seigneuriales, justices de première instance au criminel. L'édit de Crémieu avait soustrait à leur compétence les procès dans lesquels les nobles vivant noblement étaient défendeurs, poursuivis et accusez, dit le texte. La déclaration du 3 février 1549, qui créait les cas prévôtaux au profit des prévôts des maréchaux, ne les laissa plus juges, en première instance, que des délits de police et d'un petit nombre de crimes. Les bailliages et sénéchaussées, au contraire, reçurent, les plus importants du moins, une extension considérable et furent, à cet effet, érigés en « *siéges présidiaux.* » par l'édit de Crémieu et par l'ordonnance de janvier 1551. Avant cette mesure, qui avait surtout pour but de décharger un peu les Cours de parlement, une autre avait été prise, dont l'objet avait consisté à instituer, dans chaque bailliage ou sénéchaussée, un officier qui reçut le titre de « *lieutenant criminel.* » Cet officier, suivant les termes mêmes de la déclaration du 14 janvier 1522, « devait avoir la cognoissance, jugement et décision de tous cas, crimes, délicts

et offenses qui seraient faicts, commis et perpétrez au
bailliage, sénéchaussée et ressort d'iceux. » Dès lors, la
juridiction criminelle devint complètement distinctive
de la juridiction civile, et le lieutenant criminel en fut
investi, à l'exclusion de tous autres juges. Il lui fut
donné, par un édit de juin 1586, un lieutenant particulier, assesseur criminel, qui l'assistait et le suppléait au
besoin. En même temps, les cas royaux se multipliaient,
et les présidiaux élargissaient, au détriment des parlements, le cercle de leurs attributions. Quant aux Cours
de parlement, elles demeuraient, dans ce système d'organisation judiciaire, le suprême ressort de la juridiction,
tant criminelle que civile. Enfin, il faut dire que, à partir
du xvᵉ siècle, on voit fonctionner une autre institution,
dont la royauté se servit comme d'un puissant moyen
pour venir à bout des résistances féodales et consolider
son autorité. Nous voulons parler de ces fameuses assises
judiciaires qui reçurent le nom de « *grands jours*, » et que
des commissaires délégués par le souverain allaient tenir
à certaines époques, avec des pouvoirs illimités, dans les
provinces où la justice ordinaire était impuissante. Ce
furent d'abord des membres du Parlement que la royauté
délégua pour aller faire sur place l'instruction des crimes
et procéder à leur jugement. Puis, comme elle eut besoin
d'instruments plus dociles, elle chargea de cette mission
des conseillers d'État et des maîtres des requêtes. Voici
ce que disent les lettres patentes d'août 1665, établissant
les grands jours d'Auvergne : « Voulons qu'ils connais-
sent, jugent et décident de toutes matières criminelles,
de quelque importance et qualité qu'elles soient, tant en
première instance que par appel, ainsi que les matières
se présenteront et offriront. »

Nous avons à revenir ici sur les officialités et à en
dire encore quelques mots. Une ordonnance d'août 1539,
de François I⁼ʳ, détermina exactement les limites de leur
compétence vis-à-vis de celle des justices séculières.
L'article 4, qui résume avec netteté toutes les règles de
leurs attributions respectives, et qui a fait, en cette matière, la loi pour l'avenir, mérite d'être rapporté; il est
ainsi conçu : « Sans préjudice de la juridiction ecclésiastique et matières de sacrement et autres pures spiri-
tuelles et ecclésiastiques, dont ils pourront connaître
contre les purs laïcs, selon la forme de droit, et aussi
sans préjudice de la juridiction temporelle et séculière
contre les clercs mariés et non mariés, faisans et exer-
çans états ou négociations pour raison desquels ils sont
tenuz, etont accoutumé de répondre en Cour séculière,
où ils seront contraincts de ce faire, tant ès matières civiles que criminelles. » Pour signe régulier de ce nouveau
système, qui restreignait beaucoup aussi l'étendue de la
juridiction ecclésiastique, on distingua entre les délits
« ecclésiastiques, » les délits « communs » et les délits « privilégiés. » La connaissance des premiers continua à lui appartenir de droit; celle des seconds lui resta, sauf le cas
exceptionnel où il y aurait complicité avec des laïques.
Quant aux délits privilégiés, comme on entendait par
là ceux qui intéressaient l'ordre public et méritaient, à
raison de leur gravité, une répression plus rigoureuse que
celle dont usaient les cours d'église, ils échappèrent
absolument à leur juridiction pour rentrer dans celle des
tribunaux de droit commun. Seulement, et c'est ce qu'il
importe de remarquer, cette salutaire usurpation ne fut
pas complète, et le pouvoir ecclésiastique conserva une
partie de son privilége, en ce qu'il garda le droit d'ins-

truire le procès avec le pouvoir civil. De là « l'*instruction conjointe*», qui donna naissance à une procédure mixte, consacrée par l'art. 22 de l'ordonnance de Melun, de février 1580, dont la promulgation fit tomber l'ancienne forme d'instruction séparée de l'art. 39 de l'ordonnance de Moulins, de février 1566. Voici le texte, important à connaître aussi, de l'art. 22 de l'ordonnance de Melun : « L'instruction des procès criminels contre les personnes ecclésiastiques, pour les cas privilégiés, sera faite conjointement, tant par les juges desdits ecclésiastiques que par nos juges ; et en ce cas seront ceux de nos dits juges, qui seront commis pour cet effet, tenus aller au siége de la juridiction ecclésiastique. » Une autre ordonnance, celle de février 1678 intervint sur la matière, pour régler d'une manière définitive les formes de la procédure conjointe, et déterminer exactement, en ce point, l'étendue du privilége clérical, bien amoindri par toutes ces dispositions. Il y eut même des crimes d'une gravité exceptionnelle tels, que le crime de lèse-majesté, le crime de fausse monnaie, qui suspendirent cette jonction et purent être instruits et jugés sans le concours des juges de l'Église.

Nous n'avons pas à parler des juridictions d'exception qui, à côté des juridictions ordinaires, exerçaient, en certaines matières spéciales, mais en ayant toujours le caractère criminel, une compétence limitée comme elles. Nous avons parlé des « *prévôts de la maréchaussée* », comme de juges extraordinaires. Il y avait encore à côté d'eux, les « *lieutenants criminels de robe courte* » les « *vice-baillis et vice-sénéchaux*, institués en vue de certains crimes qui exigeaient une répression prompte et énergique. Citons enfin, comme juridictions encore plus exceptionnelles : le

« grand conseil », les « chambres des comptes », la cour des aides », les « cours des monnaies », les « maîtres des requêtes de l'hôtel », les « juges des eaux et forêts », ceux « des amirautés », ceux de « la connétablie », les « prévôts des marchands » et les « juges des élections, des greniers à sel et des traites. »

Il est temps d'en venir à la procédure d'accusation de cette dernière période de l'époque monarchique. Ici, le mot « accusation » n'est plus employé par nous dans le sens technique et spécial que nous avons connu jusqu'ici et que nous tenions du droit romain. Ce sens, auquel se rapporte Ayrault, lorsque, opposant l'accusateur à l' « Index » romain, il nous dit ; « faire information, produire et amener témoins, bailler faits pour interroger l'accusé, prendre conclusions et fournir aux frais, sont les offices de l'accusateur, » ce sens, dis-je, est encore applicable à ce moment, mais au seul cas où la partie lésée poursuit elle-même la répression du fait délictueux dont elle a souffert. Et, même dans ce cas, il n'y a plus « accusation », mais simplement ce qu'on appelle une « Plainte », expression, qui montre bien le rôle secondaire auquel est condamné la partie poursuivante dans l'économie de cette nouvelle procédure. Tel était le mode d'exercice de l'action criminelle qui se rapprochait le plus de l'ancienne accusation publique. Nous connaissons les deux autres, qui sont : la « dénonciation » et la poursuite d'office. » Mais, remarquons-le, ce ne fut pas là, de la part d'une jurisprudence si audacieuse, une simple modification de style et deux changements remarquables accompagnèrent naturellement l'introduction du nouveau système de poursuite, dont nous avons à parler maintenant. Une double observation amena ces deux changements : la première, c'est que la désertion, toujours plus funeste aux intérêts sociaux, du rôle d'accusateur, de la part de ceux qui pouvaient donner connaissance à la justice des crimes les plus atroces, désertion due à la crainte qu'inspirait là rigueur des peines empruntées au droit romain et la multiplicité de ces crimes, par suite de l'impunité qui en résultait, étaient deux faits d'expérience parfaitement avérés et contre lesquels nul ne pouvait s'inscrire en faux; la seconde, que cette rigueur n'était pas, d'autre part, encore suffisante pour prévenir les inconvénients dangereux qu'offrait cette faculté jusque-là indéfinie d'accuser, ouvrant une libre carrière à toutes les passions mauvaises si difficiles à comprimer. Aussi, et d'un côté, les lois criminelles en vinrent à laisser dans l'oubli ces formalités étroites et périlleuses de l'inscription, du cautionnement, de l'obligation de tenir prison, ces peines rigoureuses du sénatus-consulte Turpillien, ce redoutable talion, tout ce système de mesures préventives et de pénalités, si bien fait pour effrayer les moins timides. De l'autre, les mêmes lois bannirent absolument ces actions populaires, par lesquelles toutes sortes de personnes, jusqu'aux étrangers mêmes, étaient admises à accuser lorsqu'elles n'avaient d'ailleurs aucune des incapacités de droit que nous savons. Et ici, donnons la parole à un savant auteur du dernier siècle, Muyart de Vouglans, qui, dans son remarquable ouvrage des *lois criminelles de France* (liv. 1er, tit. 3, n° 4), s'exprime de la façon suivante sur ce point: « c'est-à-dire (il se rapporte à l'abolition des actions populaires), qu'il ne suffit pas parmi nous de n'avoir aucune incapacité légale pour accuser, mais qu'il faut, de plus, avoir un intérêt légitime à l'accusation que l'on veut former. Par « *intérêt légitime* », nous entendons parler de

Fabre. 21

celui qui se trouve fondé sur l'une ou sur l'autre de ces deux causes : savoir, ou sur « *l'avantage* » qu'en doit tirer le « *public* » par la réparation exemplaire du trouble et du scandale que le crime lui a causés, ou sur le « *dédommagement* » dû au « *particulier* » qui a souffert de ce crime, soit directement, dans sa personne, soit indirectement dans celle de ses proches et de ceux qu'il a en sa dépendance.

Or, comme l'un et l'autre de ces intérêts peuvent se rencontrer dans le même crime, voilà pourquoi nous ne connaissons aussi proprement que deux sortes d'accusateurs : l'un que nous appelons « *partie publique,* » parce qu'il est chargé spécialement de la vindicte publique, et l'autre, « *partie privée,* » parce qu'il n'a droit que de poursuivre des condamnations relatives à son intérêt particulier. Chacune de ces parties a des devoirs et des formalités à remplir. » C'est bien là la « plainte, » que Mugart de Vouglans appelle « *lato sensu,* » du nom « *d'accusation,* » et à côté de laquelle nous avons cité la « *dénonciation,* » et la « *poursuite d'office.* » Nous avons fait allusion à la première en parlant tantôt de l'abolition des actions populaires, ouvertes à tous, comme à Rome, et elle ressort encore indirectement du passage dont nous venons de nous autoriser ; car, l'action populaire, abolie comme action, comme poursuite publique et officielle, ne fut pas absolument déniée aux citoyens, mais, changeant de forme, se retrouva au fond de ce qu'on appella la « *dénonciation.* » Dès lors, ceux qui eurent connaissance d'un crime ne purent plus, en droit, lorsque ce crime ne les avait pas personnellement touchés, que le dénoncer au juge ; la poursuite ne leur appartint plus. Quant à la « *plainte,* » nous voyons, d'après ce même passage, qu'elle était le fait de la partie publique, ou de la partie privée ou

civile. On comprenait sous le nom de « *partie publique* »
tous « *officiers publics* » qui étaient chargés principalement du soin de poursuivre la vindicte publique, c'est-
à-dire de faire réparer, par des peines publiques, le trouble et le scandale que le crime avait pu causer à la
société. Nous savons déjà quels ils sont, et nous reviendrons, en terminant, sur ce sujet. La partie privée ou
civile, elle, nous est à peine connue par ce que nous
venons d'en dire. Ayrault, à propos des exemples fameux et bien rares de jugements romains rendus sans
requête de partie civile, ce qui signifie, pour ce temps-là,
sans la poursuite d'un citoyen, sans l'initiative d'un accusateur privé, nous apprend que le sens de cette expression technique a changé dans le vocabulaire de la jurisprudence moderne. « La partie civile, dit-il, est celle qui
se distingue, chez nous, du ministère public, c'est l'accusateur privé, et surtout « *intéressé*. » D'ailleurs, nous
verrons plus loin que toute personne privée, qui introduisait une plainte, n'était pas pour cela seul constitué
en fonctions de partie civile, mais pouvait demeurer dans
la situation beaucoup moins apparente de celui qui gardait le nom de « *plaintif*. » Ici, nous supposons toujours
que la partie privée est en même temps partie civile, et
c'est pour la mettre en parallèle avec la partie publique,
dont elle restreignait, à plusieurs égards, les droits privilégiés.

En effet, par suite des principes, encore hésitants et
imparfaits, d'une législation criminelle, qui avait emprunté à celle de Rome beaucoup de son génie, mais
aussi beaucoup de son insuffisance, à certains points de
vue de première importance, la partie publique, ce grand
pouvoir social institué pour être le nerf de la justice,

n'avait pas encore toute la liberté d'action indispensable
aux exigences de son rôle, et que notre organisation
moderne lui a reconnue. Cela vient, comme l'observe
justement M. Mangin, dans son *Traité de l'action publique*,
de ce que, à l'époque dont nous nous occupons, la délégation de l'action publique à la royauté n'était pas entière, et de ce que, à l'exemple de Rome, la législation
criminelle française distinguait les délits publics des délits privés, distinction qui donnait lieu à une répression
plus ou moins rigoureuse, suivant que le fait punissable
appartenait à la première ou à la seconde de ces deux
classes de délits. Les délits publics, en effet, étaient frappés de peines afflictives ou infamantes, et se trouvaient
sous le coup de la poursuite des officiers du ministère
public. Les délits privés, eux, étaient tous ceux qui n'en-
traînaient que des peines moindres, et qui demeuraient
sous le coup de la seule poursuite des parties offensées.
Alors, comme aujourd'hui, 'action de la partie publique
était fondée sur l'intérêt de . 'ordre social, qu'elle avait
mission de soutenir, et l'action de la partie civile sur son
intérêt privé, sur la lésion qu'elle avait éprouvée. « Ces
deux plaintes, soit séparément, soit concurremment,
ajoute M. Faustin Hélie, étaient portées devant le juge,
et le mettaient nécessairement en mouvement. » Mais
voici quels étaient les vices de ce système : si la législation romaine, conséquente avec elle-même, avait pris
soin d'établir la distinction nette et formelle des délits
publics et des délits privés, notre ancienne législation,
moins soucieuse d'une réglementation pourtant si indispensable à la bonne administration de la justice, avait
laissé, sur ce point capital, beaucoup d'incertitude et de
confusion dans son système répressif, en ne définissant

qu'un petit nombre de délits. Ajoutez à cela que le caractère pénal des actions répréhensibles et la mesure des
peines n'étaient souvent déterminées que par la jurisprudence, les parlements et l'opinion des criminalistes, et il
deviendra facile de comprendre quels déplorables effets
devait avoir souvent une pareille méthode. Ce n'était pas
tout, et voici qui dévoile encore mieux toute la faiblesse
du système que nous exposons. Donnons encore la parole
à M. Mangin : « La délégation de l'action publique par
le roi à ses officiers, pour la poursuite des délits publics,
n'était pas tellement exclusive que les parties lésées ne
participassent à son exercice; on tenait, il est vrai, pour
constant, qu'au ministère public seul appartenait de requérir l'application des peines; mais, lorsque le plaignant
se constituait partie civile, il pouvait obliger le ministère public de joindre son action à la sienne.» Et il cite
Jousse, à ce propos, lequel dit, tome Ier, p. 576 : « Lorsqu'il y a partie civile, et que le crime est de nature à
exiger la poursuite du ministère public, les procureurs
du roi ou fiscaux doivent intervenir et se joindre à la
partie civile. »

.ient là de funestes entraves imposées sans raison
sérieuse à l'action de la partie publique, réduite à dépendre en quelque sorte du caprice d'un simple citoyen; et
la vérité de ce langage apparaîtra tout entière, lorsque
nous aurons ajouté qu'il y avait plus encore, et que,
lorsqu'une partie civile se trouvait en cause, le principal
rôle était joué par elle, les poursuites se faisant à sa diligence, la direction de l'instruction lui appartenant, ainsi
que la recherche des témoins, tandis que la partie publique se tenait à l'écart, n'intervenant que pour contrôler ces actes et requérir les peines. L'ordonnance

criminelle de 1670 qui domine toute cette matière et qui réputait aussi « *accusation* », disons-le en passant, la « *plainte* » de la « *partie civile* », motivant une information, s'exprime ainsi à ce sujet, dans l'art. 8 du tit. 3 : « S'il n'y a point de partie civile, les procès seront poursuivis à la diligence et « *sous le nom* » de nos procureurs ou des procureurs de justice seigneuriale. » Ce qui fait dire à Jousse : « Dans le cas de jonction de la partie publique à la partie civile, cette dernière est toujours préférée pour la poursuite de l'accusation. » (v. t. 3, p. 71.) Néanmoins, les deux actions étaient parfaitement distinctes, et le même dit encore : « Comme la plupart des crimes offensent non-seulement la société civile, mais encore les particuliers, on peut considérer dans chaque crime deux intérêts différents : le premier, qui regarde le public, et le second les particuliers. » (v. t. 1er, p. 561.) Tous ces principes étaient déjà reconnus au XVIe siècle, du moins par les jurisconsultes les plus autorisés. Nous voyons Ayrault, entre autres, réfutant l'opinion vulgaire qui était alors : que le procureur du roi, en France, est la partie principale, montrer que c'est tout le contraire et que la partie civile, dont on présente les fonctions comme secondes et subsidiaires, est, au contraire, le vrai demandeur et accusateur, le procureur du roi n'étant que joint. Et, à ce propos, comme pour mieux affirmer son dire, il compare ingénieusement la partie à l'accusateur romain, et le procureur, à celui « qui *subscribebat, qui summissius agebat.* » « La partie civile, ajoute-t-il, a le principal droit et l'autorité la plus juste à la poursuite de la vindicte publique. Elle a le nom d'accusateur, qu'il faudrait lui ôter et ne lui donner qualité que de demandeur, si elle n'avait droit de conclure à

cette vindicte; car, c'est d'où vient la différence entre
action et accusation.... En second lieu, encore que, par
usance, la partie qui a fait ses preuves, ne conclue pas
précisément à telle ou à telle peine exemplaire, elle conclut à telle réparation publique qu'il plaira à la justice
d'ordonner. En troisième lieu, au cas de peine trop légère,
eu égard à la gravité du crime, quelque réparation pro-
fitable qui lui ait été adjugée, nous la recevons à en
appeler « à minimâ. » La suite de la citation nous montre
que, du temps d'Ayrault, la partie qui avait calomnié ou
prévariqué était encore frappée de peines corporelles,
circonstance qui est encore un puissant argument en
faveur de l'opinion qu'il cherche à établir. « Enfin, dit-il,
(et cela est important à noter) qui est cause que la partie civile est recevable, par l'ordonnance, à demander
que les gens du roi ne voient rien à son procès, jusqu'à
ce que ses preuves soient faites et que tout soit en état,
sinon qu'elle est maîtresse de la cause et le principal demandeur et vrai accusateur? Y a-t-il raison que les procureurs des seigneurs qui ont justice, mais néanmoins
tiennent lieu de privés, puissent conclure à réparation
publique, et que la vraie partie n'y soit admise? » Nous
venons de dire que certaines peines corporelles étaient
infligées à la partie qui avait calomnié ou manifestement
prévariqué. Mais cela n'était pas, comme à Rome, où la
liberté de l'accusation imposait de rigoureuses mesures
préventives, en vue de la mauvaise foi, une conséquence
directe du système de garanties exigées préalablement
de celui qui se portait partie poursuivante dans un procès
criminel. En effet, une pareille liberté, nous l'avons vu,
n'étant plus admise chez nous, on comprend qu'on n'ait

plus conservé toutes ces restrictions. D'ailleurs, ne l'oublions pas, la partie privée, quand elle agit comme partie civile, le seul cas où elle agisse véritablement (car, si elle s'en tient à la plainte seulement et provoque ainsi l'action de la partie publique ou, d'office, celle de la justice elle-même, elle n'a aucune qualité et demeure absolument en dehors de la cause), n'agit que pour juste douleur et offense reçue en sa personne ou celle des siens, suivant le style des anciens auteurs. Or, ceux-là, même en droit et à Rome, étaient excusés de calomnie et se désistaient facilement sans encourir les peines du sénatus-consulte Turpillien. La même indulgence ne pouvait manquer de leur être accordée dans le système bien plus facile de notre ancien droit, et il est probable que cette indulgence était plutôt excessive, car nous voyons Ayrault regretter qu'on n'ait pas au moins conservé l'usage du serment imposé aux parties. Il rappelle en même temps que les solennités romaines ont été réservées pour les deux seuls cas d'inscription en faux et d'accusation contre les magistrats et personnes illustres. Mais, même là, dit-il, il y a plutôt le mot que l'effet ; car, il n'y a ni inscription à peine du talion, ni caution. C'est encore lui qui nous apprend que, à l'époque dont nous nous occupons, on accusait parfaitement par procureur, et que l'accusé qui demandait que l'accusateur vînt en personne était débouté ; mais en même temps, il semble réserver le cas où cette présence serait nécessaire à la défense de l'accusé. Remarquons enfin que le même ne pouvait pas être accusé d'un même crime par-devant plusieurs juges différents (sauf ce que nous avons dit en matière de crimes privilégiés, concernant les personnes ecclésiastiques), et que, lorsqu'il y avait plusieurs accusateurs, au sens large que nous savons, ils étaient admis tous ensemble.

Au cas même où il s'agissait de plusieurs crimes, plusieurs accusations distinctes étant alors parfaitement admises, on n'admettait pas plusieurs poursuites simultanées devant des juges différents contre le même individu, ce qui eût porté atteinte à la liberté de la défense ; mais alors, les accusateurs devaient porter leur action devant une seule et unique juridiction, ce qui était possible alors, nos juges ordinaires étant pour la plupart, à la différence de ceux de Rome, capables de connaître de tous délits, et, si c'était le même accusateur qui agissait du chef de plusieurs crimes, il devait les joindre dans une seule et même instance, par-devant le juge qu'il avait saisi.—De même, quand il y avait plusieurs complices, un égal motif de commodité et de simplification avait fait admettre la procédure générale de connexité. L'instruction de la cause de plusieurs complices était une ; l'action et l'accusation diverses.

Nous avons dit que le système de garanties préventives, établi par les lois romaines en vue de la témérité ou de la mauvaise foi des accusations, et dont avait hérité notre vieille jurisprudence, tomba peu à peu en désuétude, à cause de sa rigueur même, devenue un obstacle à l'action répressive de la justice, et surtout par suite des modifications profondes introduites par la législation criminelle dans le rôle et la condition des parties poursuivantes. Muyart de Vouglans, qui écrivait à la fin du XVIIIᵉ siècle, parle, comme de vestiges déjà à peine reconnaissables, des traces que ce système avait laissées dans nos anciennes lois, et il se rapporte à une

ordonnance de Philippe IV, de 1304, qui renvoyait simplement le calomniateur au Sénéchal ou au juge pour le
punir, et dans laquelle nous trouvons encore exigée la
formalité de l'inscription. Il ajoute, en revenant à son
temps, qu'il reste même encore quelque chose de tout
cela dans les lois d'Allemagne, et il rappelle la disposition de l'ordonnance de Charles-Quint, à laquelle il fait
allusion, et qui est encore en vigueur. L'article 14 de cet
acte remarquable est ainsi conçu : « Lorsque l'accusateur
sera hors d'état de fournir la susdite caution, et qu'il
voudra néanmoins poursuivre la procédure criminelle,
il sera tenu de se constituer prisonnier avec l'accusé,
ou d'être mis en sûreté selon la situation des personnes
et les circonstances de l'affaire, jusqu'à la décision dont
il vient d'être parlé, on permettra tant à l'accusateur qu'à
celui qui voudra fournir ses défenses, de communiquer
avec les personnes qu'ils voudront employer, soit pour
servir de caution, soit pour avoir des preuves, comme il
a été dit... » D'ailleurs, ce serait une erreur de croire
que ces accusations calomnieuses et mal fondées ne
furent plus dès lors sujettes, dans notre droit criminel,
à aucunes peines, et l'ordonnance de 1670 est là pour
nous donner la preuve du contraire. Voici ce qu'établit
l'article 7 du titre 3 de cette ordonnance : « Les accusateurs et dénonciateurs qui se trouveront mal fondés,
seront condamnés aux dépens, dommages et intérêts
des accusés, et à plus grande peine, s'il y échoit : ce qui
aura lieu à l'égard de ceux qui ne se seront rendus parties, ou qui, s'étant rendus parties, se seront désistés, si
leurs plaintes sont jugées calomnieuses. »

Voilà pour la calomnie ou la témérité des accusations.
Nous avons à traiter une autre question qui suit naturel-

lement la précédente ; nous voulons parler du désistement
et de la transaction. D'abord, il est évident que, comme
à Rome, nul n'était contraint de se porter accusateur, de
se rendre partie. Les lois romaines, nous le savons,
avaient fait une exception à cette règle formelle et générale, et imposé aux héritiers et successeurs de l'homme
qui avait péri de mort violente la poursuite de son meurtrier. Nos anciens docteurs ultramontains, suivant l'expression de Papon, en son 2ᵉ *notaire*, 7ᵉ liv. sur l'abolition, affirmaient la persistance de ce droit, et allaient
même jusqu'à en faire, chez nous, une règle générale,
en matière criminelle, en enseignant que, au civil, l'exercice de l'action pouvait bien demeurer au gré d'un chacun, mais que au criminel, il n'en devait pas être de
même, « par suite du notable intérêt qu'il y a à la République de voir ainsi laissée la vindicte des crimes, et notamment d'un homicide demeurer sans poursuite des
héritiers et successeurs du défunt, qui recueilleront son
bien et obstinément feront instance et querelle de ce qui
lui a appartenu, pour s'en prévaloir, sans faire ni donner
semblant de se ressentir de l'injure et du tort qui lui a
été fait. » Malgré de si pressants motifs, Papon conclut
à la liberté pleine et entière de l'accusation, même dans
ce cas, attendu, dit-il, que « en France, n'a été advisé
à ce, et est ordinaire que non-seulement en homicide,
mais encore en toutes autres accusations criminelles,
peut l'intéressé, ou son successeur, quel qu'il soit déclarer ne vouloir faire partie : et, s'il a commencé, peut
désister, quand il lui plaît, sans danger. » Ayrault
affirme la même chose, et montre que, si un pareil système peut avoir des inconvénients, « les lois des divers
peuples y ont donné ordre en octroyant des accusations

ou délations publiques ; et encore, en établissant officiers, comme à Rome, des tribuns du peuple : en la Grèce, des orateurs : ès monarchies des procureurs et avocats fiscaux, lesquels, en défaut et négligence des personnes privées, fissent recherche et poursuite des crimes... et voilà pourquoi encore les ordonnances de nos rois enjoignent aux juges et officiers d'informer sans attendre les plaintes, doléances et accusations des parties. » Il résulte des derniers mots de la citation précédente empruntée à Papon que, si on n'était pas obligé d'introduire une action criminelle, on ne l'était pas davantage de poursuivre jusqu'au bout celle qu'on avait une fois introduite.

Le même auteur répète cela en plusieurs endroits, et il nous suffira de citer ces deux passages explicites : « Dans le droit ancien, l'accusateur ne pouvait se désister de sa plainte introduite ; aujourd'hui, et depuis que le fisc a eu un public accusateur, que nous nommons procureur du roi en toutes matières criminelles, a cessé la nécessité imposée à toutes personnes privées de persister à leur accusation ; ainsi, au contraire, peuvent désister librement et laisser toute poursuite criminelle, quitter leur intérêt, en composer et faire comme il leur plaira... Quant à l'accusateur public, le procureur du roi, il ne s'arrête à la composition ou département de la dite partie, mais suit toujours l'intérêt public et la réprimande du délit, laissant ce qui concerne la dite partie. » Et ailleurs, parlant des héritiers obligés, à Rome, de poursuivre le meurtre du défunt, «... ne seront-ils tenus de faire parties et soi nommer accusateurs, ni faire aucune poursuite, sans encourir peine ; et, qui plus est, s'ils ont dénoncé, et se sont plaints, ont fait

enquérir, poursuivre, etc., avec le dit procureur public
et général accusateur, peuvent néanmoins librement et
sans peine d'infâmie, etc..., désister, composer, transiger, etc., sans lettres ni autre provision d'abolition. » Et
Ayrault : « En France, il est d'autant plus libre de se désister, que le procureur du roi demeure toujours partie.
Il ne nous reste que cette seule formalité, que le consentement de l'accusé y est requis. Et nous avons cela de
supérieur aux romains, c'est que, chez nous, et pour ce
qui concerne le consentement de l'accusé, nous ne dis-
tinguons pas, comme ils le faisaient, si la cause est contestée ou ne l'est point ; il suffit qu'il y ait mandement
obtenu pour informer, ou informations mises à cour, n'y
eût-il point de décret, et ne fût-il point exécuté. En effet,
chacun, surtout une personne notable, se doit justifier. »
C'est cette faculté légale de se désister, qui explique
mieux encore que ceux qui poursuivaient civilement un
crime ne fussent plus tenus de s'inscrire comme autrefois. Il y avait cependant un cas spécial qui imposait
encore aux parties civiles la formalité de l'inscription :
c'était celui d'une accusation de faux. Aussi, ne pouvait-
on plus ici se désister après coup, sous peine de calomnie, et fallait-il exceptionnellement des lettres d'abolition, obtenues du prince, pour y être admis sans danger.
De pareilles lettres devaient être demandées par le
mari, qui voulait se désister, sur une accusation d'adultère, après avoir fait informer, avoir obtenu décret,
qu'il avait fait exécuter et, partant, avoir institué et
dressé sa poursuite criminelle.

Quoique plus grave que le simple désistement, et
moins excusable que lui, par suite du caractère de honteux trafic qu'elle revêt le plus souvent, la transaction

était aussi permise que lui. Par un singulier revirement d'opinion, cet acte qui à Rome avait, du côté de l'accusateur surtout, les plus funestes conséquences, se trouvait dans notre ancienne législation beaucoup plus nuisible à la personne de l'accusé. Une considération juridique aidait d'ailleurs déjà alors à comprendre cette nouveauté, et pouvait même l'excuser dans une certaine mesure : c'est que l'intérêt public, l'intérêt de la société étant spécialement l'affaire d'une magistrature particulière, qui lui était dévouée tout entière et à tous les instants, il ne restait plus à la partie privée qu'un intérêt propre, dans la poursuite de tout crime dont elle avait souffert, qui n'avait rien de commun avec le précédent, dont elle était absolument maîtresse et dont, par suite, elle pouvait trafiquer à son gré. C'est, en effet, ce que nous dit encore Ayrault: « En France, le procureur du roi ayant seul en main la vindicte publique, il n'y a infamie, perte, ni incommodité à la partie civile de transiger; car elle ne transige que de son intérêt, et que, tout au contraire, c'est pleine preuve contre l'accusé, tant capital soit le crime. » Ces derniers mots font allusion à ce que nous venons dire que chez nous la transaction nuit plutôt à l'accusé qui l'a faite, en ce qu'elle donne à la justice des armes contre lui, lorsqu'elle est constante. De plus, remarquons-le, la cession était nulle, comme contraire au bien public et aux bonnes mœurs, en ce sens que, outre bien entendu qu'elle n'avait aucun effet au regard de la poursuite de la partie publique, l'accusateur lui-même, qui y avait joué un rôle, pouvait, sans en tenir aucun compte, intervenir encore et reprendre son action contre l'accusé. C'était là un inconvénient pratique trop sérieux pour qu'on ne cherchât pas à y remédier en quelque façon. Un moyen fut trouvé dans le genre de ceux qui étaient si familiers à la jurisprudence romaine, toujours fertile en expédients, et qui, par une voie détournée, faisait obtenir le résultat qu'on s'était proposé. Laissons encore parler Ayrault : « Nos praticiens ont pensé, dit-il, trouver un remède par lequel, quand les parties seraient d'accord, l'accusateur ne pourrait plus agir ou ne pourrait être repris de prévarication et collusion, ni imputé à l'accusé qu'en transigeant, et se fut confessé et reconnu coupable. Ce remède est « *la cession de ses actions* » par l'accusateur à un tiers avec lequel accusé, colludant désormais, se peut justifier sans danger. » Il est inutile de dire que, avec son sens droit et l'esprit de zèle dont il est animé, en tout ce qui touche de près ou de loin à l'intérêt de la justice, Ayrault ne pouvait approuver une telle jurisprudence qui, en certaines circonstances était appelée à mettre en péril le principe d'ordre publique et d'intérêt général. Aussi s'élève-t-il avec force contre un pareil moyen qui, d'après ses propres expressions, se conçoit et s'accorde difficilement avec le caractère public de la poursuite, de la vindicte, et va-t-il jusqu'à appeler « *prévaricateur manifeste* » tout cessionnaire de ce genre. Et il ajoute, avec un accent non équivoque de regret : « Mais la prévarication n'est plus un crime chez nous, car le procureur étant toujours joint en cause, on présume que tout se passe solennellement, et que, s'il y avait de la tergiversation ou prévarication il y résisterait. » C'est ce qui explique encore que, chez nous et à cette époque, un autre ne pouvait plus, comme à Rome, être admis à accuser du même crime l'accusé absous, sous condition d'établir, au préalable, la prévarication du premier accusateur. Remar-

quons enfin que, au cas où l'accusation était reconnue
fausse, le cessionnaire était plus rigoureusement puni
que le simple accusateur, en ce qu'il n'échappait jamais
aux peines de la calomnie, toujours sans excuse quant
à lui.

Tout ce que nous avons dit jusqu'ici, à propos du désistement et de la transaction, n'a trait, il faut bien l'observer, qu'aux délits qualifiés de « *publics* » par notre
ancienne jurisprudence criminelle, et dans lesquels les
deux parties publique et civile pouvaient avoir joint la
poursuite de leur action. Mais, s'il s'agissait d'un simple
délit « *privé* », ou même d'un de ces délits publics, qui
regardaient principalement l'honneur et l'intérêt particulier des familles, et au sujet desquels nous aurons tantôt l'occasion de nous mieux expliquer, il est évident
que ce que nous avons dit de la séparation absolue des
deux actions publique et privée, et de leur indépendance
vis-à-vis l'une de l'autre, malgré leur jonction et leur
marche parallèle, n'était plus applicable. Dans cette seconde hypothèse, la partie civile, toujours par application du principe que chacun est maître absolu et seul
maître du sien, effaçait toujours la partie publique, absorbée pour ainsi dire en elle. Tout ce que faisait la première réagissait forcément sur l'action de la seconde;
aussi, que la partie offensée gardât le silence, qu'elle
transigeât ou se désistât simplement, chacun de ces actes
avait le même effet absolu, aussi bien quant à la partie
publique que quant à elle-même; le procès manquait de
naître ou tombait, sans que le ministère public pût agir
d'office ou continuer son action introduite. L'ordonnance
de 1670, à laquelle il faut toujours recourir en dernière
analyse, à propos de toutes ces règles spéciales, et qui

est comme le résumé de tout le système de notre ancien droit criminel, pose pour l'avenir la distinction nette et précise qui devra régir la matière, dans l'art. 19 de son titre 25, ainsi conçu : « Enjoignons à nos procureurs et à ceux des seigneurs, de poursuivre incessamment ceux qui seront prévenus de crimes capitaux ou auxquels il écherra peine afflictive, nonobstant toutes transactions et cessions de droits faites par les parties; et à l'égard de toutes les autres, seront les transactions exécutées, sans que nos procureurs ou ceux des seigneurs puissent en faire aucune poursuite. »

Il nous reste à faire connaître en peu de mots quelles étaient, à l'époque où nous sommes arrivés, les règles concernant la capacité civile d'accuser. Deux conditions légales étaient nécessaires pour pouvoir accuser : en effet, il fallait, d'une part, un intérêt particulier à l'accusation; de l'autre, les capacités requises par la loi à cet effet.

I. *Intérêt particulier.* — Il devait être direct, ce qui avait lieu quand on était atteint dans sa personne, son honneur ou ses biens; ou indirect, quand on l'était dans la personne, l'honneur ou les biens de ses proches ou de ceux qu'on avait en sa puissance. Il y avait trois sortes de proches : les parents, les alliés, et ceux auxquels on tenait par les liens de la reconnaissance. Les personnes en puissance étaient : les pupilles, par rapport à leurs tuteurs, les religieux, par rapport à leurs supérieurs, les domestiques, par rapport à leurs maîtres, les membres des communautés et corporations, par rapport à la communauté et corporation.

Fabre.   22

II. *Capacité légale.* — Comme à Rome, la règle qui dominait la matière était que tous ceux-là peuvent accuser qui n'en sont pas empêchés par la loi. Mais, trois sortes d'incapacités faisaient obstacle à la faculté d'accuser.

1° *L'incapacité tirée du défaut d'intérêt.* — C'était alors une maxime générale que, en l'absence d'intérêt public ou privé, il y avait cessation absolue du droit d'accuser, et cela aussi bien pour le ministère public que pour la partie privée. On peut citer comme exemples le cas d'un délit léger, en ce qui concerne le premier, ou bien encore celui d'un crime grave qui intéresse uniquement l'honneur et la fortune des particuliers, lesquels, par des raisons secrètes, ne jugent pas à propos de s'en plaindre : rapt de séduction, injures, adultère (du moins à une certaine époque), sévices des enfants envers leurs pères et mères. En ce qui concerne la partie privée, on peut citer les crimes qui n'intéressent que la société en général, les actions populaires ayant été abrogées. A plus forte raison, si cette même partie n'avait souffert aucun préjudice du crime, soit dans sa personne, soit dans celle de ses proches. Il y avait encore défaut d'intérêt, quant aux parents ou alliés plus éloignés. Pour les maîtres, il fallait que l'injure faite à leurs serviteurs eût réfléchi contre eux.

2° *L'incapacité légale.* — Elle était absolue quant aux personnes auxquelles les lois refusaient la faculté d'exercer personnellement aucune action en justice, telles que : les morts civilement, par profession publique de leurs vœux, comme les religieux; ou par l'effet d'un jugement de condamnation à quelques-unes des peines emportant mort civile, comme les galères ou le bannissement perpétuel; et encore quant aux incapables d'agir par eux-mêmes,

comme les pupilles, les insensés, les femmes, sauf le cas
d'intérêt propre et spécial et sous condition d'être autorisés par qui de droit. Elle était relative, entre certaines
personnes, entre lesquelles ne pouvait intervenir un procès criminel, par suite des liens étroits de la nature ou
de la reconnaissance qui les unissaient, et avait ici son
fondement sur de certains motifs de bienséance et d'hon-
nêteté publique. D'ailleurs, ici encore, l'incapacité cessait
à l'égard de certains crimes, qui avaient atteint plus directement la personne de l'offensé, ou dans certaines circonstances, qui créaient, pour cette même personne, un
intérêt pressant à se prévaloir de ce qu'elle avait souffert.

3° *L'incapacité tirée du fait de l'accusateur.* — Il s'agit
ici de la remise expresse par transaction, désistement, etc., ou tacite, par prescription de l'action criminelle, que fait de ses droits la partie intéressée. La prescription, remarquons-le, avait son effet du côté de l'accusateur public lui-même.

Nous avons eu spécialement en vue la partie dite civile dans ce qui précède, et nous n'avons parlé qu'ac-
cessoirement de la partie publique, unie trop intimement
à elle, dans la plupart des cas, pour pouvoir l'en séparer
tout à fait. Il nous faut revenir encore un peu sur cette
dernière, pour en mieux connaître les attributions, à
cette époque de notre droit français, et en préciser plus
nettement le rôle considérable. Nous savons déjà que ce
rôle s'exerçait d'une manière plus large dans la poursuite
des délits publics, que l'on reconnaissait aux pénalités
afflictives ou infamantes, dont ils étaient frappés, quoique,
même sur ce domaine, plus particulièrement le sien, la
partie publique dût souvent se voir reléguée au second

rang par l'accusateur privé, qui poursuivait le fait délictueux dont il avait souffert. C'est quand il s'agissait d'un
de ces actes coupables qui mettent plus particulièrement
en question l'ordre public et l'intérêt social, que le
ministère de cette haute magistrature s'affirmait dans
toute sa puissance, et que « lui était déférée et donnée,
suivant l'expression énergique des anciens auteurs, la
charge d'accuser, de poursuivre, conclure et requérir, et
autrement tenir la main ferme contre tous malfaiteurs sans
exception, et sans autre accusateur privé, ni partie civile;
qu'il ne devait attendre, ni partant s'arrêter, mais soudain que les forfaits étaient venus à sa notice, soi jeter à
la recherche et poursuite effectuelle d'iceux. » On trouve
confirmé, dans un grand nombre de coutumes, ce pouvoir d'action du ministère public, en cas de crimes qui,
par leur nature, appellent prompte et sûre justice, et
l'on voit qu'il tire ce pouvoir des hautes prérogatives
dont la société elle-même l'a revêtu, par l'entremise de
son souverain et pour la sauvegarde de ses intérêts les
plus chers. Voici ce que porte la coutume du Bourbonnais, ch. 8, art. 63 : « Le procureur d'office peut poursuivre les délinquants, avec information précédente décrétée par justice, soit qu'il y ait plaintif ou dénonciateur
ou non. Et quand il y a partie, se peut ledit procureur
joindre avec elle. » Et celle d'Auvergne, ch. 29, art. 10 :
« En cas d'excès, où il y a sang et plaie ouverte, ou autre
batture outrageuse, le procureur d'office est recevable à
poursuivre les délinquants, sans plaintif ou dénonciateur. » Seulement, comme, en matière aussi grave, les
lois sont toujours soucieuses de sauvegarder tous les intérêts, les intérêts individuels comme ceux de la société
qu'elles protègent, nous avons vu imposée au ministère

public la reconnaissance et comme la consécration préalable, par la justice elle-même, du droit redoutable qu'il se prépare à exercer. C'est pourquoi la coutume de La Bourt, tit. 19, art. 1, dit encore : « Pour crime ou délit, aucune personne, à la requête du procureur du roi, ni du procureur d'aucun seigneur justicier, ne doit être accusée en jugement, sans information précédente sur iceux délits, et qu'elles soient premièrement décrétées. » Mais le texte qui consacre le plus formellement ce droit des procureurs du roi d'exercer l'action publique, est l'ordonnance de Blois (mai 1579) dans son art. 184, qui porte : « Les procureurs généraux en cour de parlement et leurs substituts en chacun siége, et semblablement les procureurs fiscaux des seigneurs, sont tenus faire diligente poursuite et recherche des crimes, sans attendre qu'il y ait instigateur, dénonciateur ou partie civile. »

Si le ministère public pouvait ainsi agir d'office et poursuivre la répression des délits sans aide d'autre partie, il faut reconnaître que le plus souvent il n'en était pas ainsi, et qu'il exerçait son action concurremment avec celle de la partie civile, qui, nous l'avons dit, poursuivait son injure. Cela ressort des textes précités qui supposent possible ce concours d'actions, et nous savons que, dans ces cas, son rôle s'effaçait et devenait secondaire. Rappelons la dernière phrase de la susdite coutume du Bourbonnais : « Quand il y a partie, se peut le dit procureur joindre avec elle. »

Mais, même en cette situation, il pouvait intervenir telle circonstance, dont l'effet était de remettre en évidence la personnalité effacée des officiers du ministère public, et où ils retrouvaient toute l'importance de leur rôle. C'est lorsque la partie civile abandonnait la poursuite ou transigeait en quelque façon avec l'accusé, dans le but de la faire tomber. Ce qui était, de la part d'un individu, une faiblesse coupable, ou, du moins, une dangereuse indulgence ne pouvait préjudicier à tous et mettre à néant les droits souverains de la justice. Le ministère public prenait donc en main la défense de ces droits, et, demourant en la cause, y maintenait l'accusé jusqu'au jugement. « Nous aurons toujours un accusateur, écrit Papon, ores que partie civile se soit départie de sa plainte et dénonciation, ou du tout n'y ait voulu entrer. Ce sera un procureur du roi ou autre procureur d'office, dont le nom et le titre sont autorisés pour la correction et poursuite des délits. Il ne s'arrête à la composition ou département de ladite partie, mais suit toujours l'intérêt public et la réprimande du délit, laissant ce qui concerne ladite partie. » Et, non-seulement il se joignait à la partie intéressée dans l'action par elle introduite, mais encore il pouvait, s'adressant à elle, lorsqu'elle restait inactive, «la requérir qu'elle eût à lui tenir la main et faire son devoir, par tous moyens à elle possibles, sans être d'ailleurs tenue, pour cela, de faire partie et soi nommer accusateur, ni faire aucune poursuite. » Enfin, quand le ministère public agissait ainsi d'office et par devoir de sa charge, il n'avait rien à craindre, quelle que dût être l'issue de la cause, pourvu qu'il n'y eût de sa part ni excès de pouvoir, ni mauvaise foi : « peut le fisc seul et sans partie poursuivre, et est à ce recevable, sans crainte d'être chargé de dommages et intérêts, à son nom, pourvu qu'il n'excède le devoir de son état, ains y procède sans dol, fraude ou concussion. »

Quand le délit à poursuivre était public, comme il intéressait par sa nature la société toute entière, il était naturel que chacun de ses membres pût le dénoncer aux officiers institués pour en poursuivre la répression. Si le dénonciateur ne se bornait pas à requérir leur ministère, et s'il voulait prendre en mains propres la poursuite du délit en question, il n'y était admis qu'en justifiant d'un intérêt personnel et direct, qui lui donnait au procès la qualité nécessaire de partie en cause. Dans ce cas même, il ne pouvait seul, à l'époque à laquelle nous sommes arrivés, accuser et poursuivre son accusation, et faire condamner son malfaiteur, comme cela avait été anciennement permis. Mais, par suite des exigences de l'ordre public et de l'intérêt général, en vue desquels le ministère public avait été institué comme magistrature, il devait agir toujours de concert avec les officiers qui en exerçaient les fonctions : « Car, dit encore Papon, le procureur du roi, en tous siéges royaux, et le procureur d'offices, ès siéges non royaux, sont de coutume et usage créés « *publics accusateurs* » de tous crimes tant publics que privés, d'autant que le public par tels crimes est intéressé. Ne pourra sans iceux partie civile accuser et poursuivre procès criminel, seulement peut dénoncer, faire informer, et, après, avec le fisc faire la poursuite du reste de l'accusation. » Nous verrons tantôt que le procureur royal était parfois obligé de nommer ce qu'on appelait « *son délateur* », à l'accusé qui le requérait en justice. Mais, cela ne se présentait jamais en crimes publics, où le procureur était censé être toujours seule partie, et ne pouvait, en sa qualité de partie publique, être soumis à aucun recours ordinaire, de la part de celui qu'il poursuivait criminellement.

Quant aux délits privés, dont l'action tend principalement à la satisfaction de la partie particulièrement et civilement intéressée, pour en avoir souffert, ils avaient pu être fort anciennement poursuivis par cette partie, civilement et ordinairement; mais alors il n'en était plus ainsi; et la poursuite devait en être faite par elle, sur accusation, avec un procureur du roi, ou du seigneur justicier du lieu où tels cas avaient été commis ou étaient advenus, disent les vieux auteurs : et ce, criminellement et extraordinairement contre tous, desquels la partie civile aura été privement offensée et intéressée par crime privé, formel et complet. Un grand progrès avait donc été réalisé sur l'ancien système des délits et des peines, et un grand pas avait été fait dans l'intérêt de l'ordre public, lorsque la société, se déclarant atteinte par les délits privés aussi bien que par les véritables crimes, le particulier offensé s'était vu imposer par les lois criminelles, un mode d'action extraordinaire, et le ministère public avait dû intervenir dans la poursuite, au nom des intérêts sociaux et pour leur sauvegarde. Mais, si la partie civile et intéressée pouvait, seule et à l'exclusion de tous autres, poursuivre son action en délits privés concurremment avec le ministère public, il arrivait plus d'une fois que, soit qu'elle ne pût pas avancer les frais de la cause, soit qu'elle ne se souciât pas de prendre un rôle au procès et de se déclarer partie poursuivante, ce qui mettait à sa charge la preuve et toutes les formalités de la procédure, elle se contentait de « *dénoncer* » le fait délictueux à la partie publique, qui prenait seule et en mains propres la poursuite à fin de répression, le dénonciateur demeurant sans qualité et ne paraissant pas au procès. Dans ce cas particulier, si l'accusé le demandait, la partie publique était obligée de « *nommer son dénonciateur* », c'est-à-dire de lui faire connaître quelle était la personne qui, se prétendant lésée dans sa personne ou dans ses biens, avait requis de sa part la poursuite de l'acte coupable devant la justice répressive. Ce droit pour l'accusé est consacré formellement dans l'ordonnance des États d'Orléans, de 1560, dont l'art. 73 est ainsi conçu : « Les procureurs du roi ou les hauts justiciers sont tenus de nommer le dénonciateur, après que l'accusé aura obtenu arrêt et jugement d'absolution. » Et la suite montre bien que, quand il y a délit public, le ministère public, devant agir d'office et étant censé, comme nous l'avons dit plus haut, seule partie au nom de la société tout entière, il ne saurait y avoir lieu, en général, à la même satisfaction pour l'accusé, dont la poursuite est toujours réputée fondée, quelle qu'en soit l'issue : « En crimes notoires et publics par commune fame et renommée, si le procureur du roi a fait la poursuite de son seul office, n'est tenu de nommer délateur. » « Doit ledit procureur, si le crime est privé, être averti par certain dénonciateur, dit Papon : mais, en crimes publics, doit, sans attendre le dénonciateur, de soi-même faire informer, accuser, poursuivre et faire condamner les délinquants : qui est la cause, que les accusés de crimes publics ne sont ouïs à requérir aux juges qu'on leur nomme et déclare leurs parties civiles ; car, n'y en faut point, et suffit pour accusateur le procureur du roi, ou d'office seul. En privés délits, l'avocat, le procureur du roi, ou le juge d'office devront nommer à l'accusé qui le demandera le dénonciateur, instigant et plaintif, pour dommages-intérêts, s'il y a lieu. »

L'ordonnance de 1560 semble ne donner le droit à l'accusé d'exiger qu'on lui nomme son dénonciateur, qu'après le jugement d'absolution obtenu par lui ; mais, certains auteurs enseignent que ce droit existe dès l'ouverture du procès, par suite de l'intérêt qu'y a l'accusé, et il est probable que la pratique le confirma. Voici ce que dit Ayrault sur ce point: « Si les accusés se trouvent apertement innocents, le procureur du roi est tenu de nommer son délateur, à fin de dépens, dommages-intérêts pour la partie; autrement, il en répondrait sous son privé nom. Le procureur du roi doit nommer son délateur au commencement de la cause, car l'accusé y est intéressé. Par même jugement, il faut prononcer de la calomnie. »

Nous avons dit que, quant à la qualité des crimes que la partie publique était tenue de poursuivre par la charge de son office, c'étaient généralement tous ceux qui troublaient l'ordre et la tranquillité publique et qui méritaient, par conséquent, d'être punis par des peines publiques et exemplaires, et cela soit qu'il y eût ou non partie privée, et encore que celle-ci eût transigé à leur sujet. Nous devons ajouter qu'il y avait de certains crimes, tels entre autres que le rapt de séduction, l'adultère, la supposition de part, les mauvais traitements exercés par les enfants envers leurs pères et mères, et autres semblables, qui regardaient principalement l'honneur et l'intérêt particuliers des familles, lesquels quoiqu'étant de nature à donner lieu à des peines publiques, ne pouvaient néanmoins être poursuivis par la partie publique sans le concours et la volonté de la partie privée. Nous avons cité l'adultère : mais il n'en dut être ainsi pour lui que dans le dernier état du droit. A la fin du XVIᵉ siècle, par une suite sans doute de l'application persistante des principes de la législation romaine impériale, qui, nous nous en souvenons, en avait fait un délit public, l'adultère avait encore ce caractère. Papon nous en donne un témoignage irréousable, lorsqu'il dit : « Ores, que le crime d'adultère soit public, et soit permis à tous d'accuser ceux qui en seront chargés, néanmoins le mineur de vingt-cinq ans n'y est reçu ; seulement, peut déférer et accuser la faute et injure qui lui aura été faite en la personne de sa femme. Cette plainte, aujourd'hui reçue, servira d'accusation ; car, par là sera provoqué le procureur du roi, public accusateur, à dresser et poursuivre l'accusation et la vindicte du crime. »

Nous avons parlé de la plainte de la partie civile et de l'action du ministère public, ou partie publique. Il nous reste à dire quelque chose du troisième mode d'introduction de l'action criminelle : la « *poursuite d'office du juge* », née dans la jurisprudence romaine, recueillie par la pratique des juridictions des comtes, qui l'avait transmise elle-même aux justices féodales, cette forme de procédure était en pleine vigueur au XVIᵉ siècle. Nous la trouvons consacrée dans plusieurs actes législatifs. L'art. 122, du ch. 2 de l'ordon. du 30 août 1536 porte : «Sitost que les crimes et délits auront été commis et perpétrés, les juges ordinaires seront tenus en informer ou faire informer..... et n'attendront les juges qu'ils en soient requis par les parties civiles et intéressées. » Citons encore l'art. 145 de l'ordon. d'août 1539: «Et sitost, y est-il dit, que la plainte des dits crimes, excès et maléfices aura esté faite ou qu'ils (les juges) en auront autrement été advertis, ils en informeront ou feront informer bien et diligemment, pour, incontinent après informations faites, les communiquer à notre procureur et, vues ses conclusions, être décerné par le juge telle provision de justice qu'il verra être à faire ; selon l'exigence du cas. » L'art. 63 de l'ordon. d'Orléans, janvier 1560, est encore plus explicite : « Enjoignons à tous nos juges et hauts justiciers informer en personne et diligemment les crimes et délits qui seront venus à leur connaissance, sans attendre la plainte des parties civiles et intéressées. » Mais, remarquons-le, ce n'était que pour l'intérêt de justice et comme par extension de leurs fonctions judiciaires que les juges exerçaient ainsi l'action publique, confiée particulièrement aux officiers du ministère public. Aussi, la jurisprudence avait-elle limité leur pouvoir d'initiative et leur action d'office en cette matière, aux cas urgents et graves, tels que les cas de flagrant délit. Les auteurs confirment encore par leurs témoignages la légalité de cette poursuite d'office. Papon, entre autres, affirme d'abord que, à la seule dénonciation de ceux qui sont intéressés, le juge doit informer. Et il en prend occasion pour rappeler que les édits royaux, en plusieurs endroits, « pour la coërcition des crimes », provoquent et appellent toutes personnes à dénoncer, en proposant pour salaire, outre la dépense qu'ils y feront, le tiers des amendes qui en ressortiront, ce qu'il montre ne plus exister de son temps, grâce à l'institution d'une partie publique, laquelle enlève à ce moyen, peu digne d'une société civilisée, toute sa raison d'être.

De plus, que « aujourd'hui, suivant ses propres expressions, est observé pour règle certaine que, sans attendre l'accusateur ou dénonciateur intéressé, doit être procédé à informer, décréter et saisir par le juge, de son office, en tous cas, qui est chose fort utile pour l'instruction et la répression des crimes. » Et encore : « Autre édit enjoint à tous juges criminels de n'attendre pas que des crimes qui seront commis leur soit fait plainte et dénonciation : mais, soudain qu'ils en auront été avertis, d'eux-mêmes et de leur office, informent, et, à cette fin, se transportent sur les lieux, sans en être requis, soit par la partie intéressée, dénonciateur ou procureur d'office. A quoi s'accordent, ajoute-t-il, l'*Extravagant* de l'empereur Henri VII : « *Quomodo in læs. majest. crim. proced.*, » et le décret d'Innocent III, au chapitre : « *Qualiter et quando de accusation.* » C'étaient là les procès « *inquisitionels* », faits par les juges criminels ordinaires et extraordinaires, qui étaient les prévôts des maréchaux ou commissaires, sans attendre la réquisition et dénonciation d'aucun.

On retrouve le même principe, mais quelque peu res-treint, dans l'ordonnance de 1670 (v. l'article 1er du titre X; l'article 11 du titre VII et l'article 17 du titre XIV; enfin l'article 22 du titre X), desquels il résulte que le juge devait, dans tout le cours du procès, sauvegarder le droit de surveillance du ministère public, en lui com-muniquant tous actes de procédure et en prenant ses conclusions. D'ailleurs, l'ordonnance ne touchait pas au principe que le juge pouvait commencer seul et d'office la poursuite; elle voulait seulement qu'il ne pût désor-mais continuer l'instruction qu'avec le concours d'une partie.

Le moment est venu de résumer, dans un bref aperçu, comme nous l'avons fait pour les autres, la longue pé-riode que nous venons de traverser. Au début de l'ère nouvelle qui s'ouvrait avec elle et qui devait voir se fonder l'unité nationale, dans toutes ses parties constitu-tives, les institutions judiciaires, comme les institutions politiques étaient encore trop imprégnées de l'essence du système féodal, d'ailleurs en pleine décadence alors, pour offrir à un regard observateur quelque nouveauté remarquable, ou seulement pour faire pressentir les grands changements qui se préparaient. Ainsi, et quant au point de vue qui nous occupe, la juridiction criminelle, était toujours partagée entre les pouvoirs seigneuriaux et les cours d'église. Tout le système d'instruction criminelle des justices seigneuriales se résumait en ces quatre règles fondamentales : le droit d'accusation, l'instruction orale, la publicité des assises et le jugement par hommes féodaux. A cette dernière règle succéda bientôt celle des tribunaux permanents, que les justices ecclésiastiques avaient déjà appliquée et qui avait pris naissance dans la pratique des justices royales, qui s'organisaient partout, grâce à l'introduction dans leur sein des légistes et des praticiens. Quant aux cours d'église, après avoir, dans leur premier âge, appliqué les principes ordinaires de procédure qui dominaient alors, en général, l'organisation judiciaire, et qui se ramenaient tous au droit public d'accusation à la libre discussion des preuves et à la publicité des débats, elles n'avaient pas tardé à innover audacieusement, en cette matière, toutes les fois que les exigences de la discipline ecclésiastique ou les intérêts de leur influence extérieure, toujours salutaire d'ailleurs, leur en avaient fait un devoir. C'est ainsi que la voie nouvelle de la dénonciation était venue, dès le xiiᵉ siècle, se placer à côté de l'antique accusation, et avait bientôt fait son entrée dans le domaine séculier. Mais, un autre moyen de poursuite criminelle fut trouvé par l'Église, moyen qui portait en lui le germe d'une révolution complète dans les habitudes judiciaires et qui, passant, comme toujours, de son domaine dans celui de la justice ordinaire, arriva, par des phases successives, à consommer cette révolution. Nous voulons parler de la procédure par enquête, qui donna naissance au système inquisitoire et eut pour conséquence immédiate le secret absolu de la procédure.

Tel était l'état des choses quand s'ouvrit l'ère monarchique. Rien de remarquable à son début, nous l'avons dit, et le xiii° siècle, siècle de transition et d'attente, vit jusqu'à son déclin fonctionner presque le même, le vieux système que lui avaient légué ses devanciers. Le premier acte qui marque le mouvement de réforme, et qui ouvre, en même temps, la série des transformations successives, est l'édit royal de saint Louis, abolissant dans ses domaines le duel judiciaire. Cet usage tend bientôt à disparaître partout et la preuve par témoins lui est substituée. C'est alors que se montre ouvertement l'influence du système ecclésiastique; car, la preuve par témoins prend la forme de l'enquête, celle-ci, jugée plus commode et plus sûre, devient bientôt une forme ordinaire de procédure et donne naissance, dans le droit commun, comme elle l'a fait en matière ecclésiastique, à la procédure secrète. Dès lors, l'inquisition a sa place parmi les voies de poursuite criminelle, à côté de la dénonciation et de l'accusation. La poursuite sur dénonciation n'avait pas tardé à détrôner la poursuite sur accusation, les particuliers se désintéressant toujours davantage, par négligence ou timidité, de tout ce qui touchait aux intérêts sociaux, et, par là, l'action publique était passée après l'enquête, entre les mains des juges. Ce changement, qui laissait à ces juges un double rôle et augmentait d'autant leur pouvoir, explique le développement que reçut la voie de l'enquête en matière criminelle, la forme qui s'établit d'action d'office et l'usage toujours plus rigoureux du secret des procédures. « Ce changement fut encore singulièrement facilité, dit M. Faustin Hélie, par l'institution des procureurs du roi, qui, chargés de soutenir les droits du roi, furent naturellement portés à soutenir les intérêts de la sûreté publique, qui se confondaient avec les intérêts de la royauté. Ils exercèrent dès lors le droit que leur abandonnaient les parties, et Bouteiller les nomme avec raison les « *procureurs d'office.* » Cette citation nous rappelle au souvenir de ce qui s'était passé, à la même époque, dans une autre sphère, et nous ramène au grand fait politique et social du XIVe siècle, l'institution du ministère public. Nous savons que la royauté, s'émancipant du joug féodal, avait marché à grands pas dans sa nouvelle voie d'autorité et de centralisation. Tout en poursuivant cette unité politique et administrative, dont elle avait fait le but de ses incessants efforts, elle avait assuré son influence souveraine, dans la sphère de la justice criminelle, au moyen d'un haut et puissant patronage, qui couvrait tous les intérêts et tous les droits, et dont une magistrature nouvelle et spéciale fut l'instrument le plus actif. Le ministère public, constitué d'abord dans un intérêt particulier, usurpa le rôle considérable, qui semblait s'offrir de lui-même à son activité et à ses aptitudes, et bientôt organisé sur une large échelle, avec des attributions nettement définies, il prit sa place, dans le jeu du système judiciaire, à côté des juges eux-mêmes, avec lesquels il partagea l'exercice de l'action publique. D'un autre côté, et avec non moins d'autorité, les juridictions royales, qui s'affermissaient partout, développèrent cette influence souveraine, servie encore par la parole et par la plume des jurisconsultes et des légistes, en étendant autour d'elles leur compétence par le triple moyen des cas royaux, de la prévention et de la compétence « *ratione loci.* » Enfin, grâce au réveil des traditions romaines, les parlements instituaient en même temps l'appel, qui devaient porter le dernier coup aux justices seigneuriales, en leur enlevant leur souveraineté.

Le xvᵉ siècle avait qualifié d'extraordinaire cette procédure nouvelle dont les fondements étaient les tribunaux permanents, la voie de poursuite par inquisition du juge, ou sur la plainte de la partie publique ou de la partie privée, et l'instruction secrète, et que l'institution du ministère public avait puissamment servie. Ces règles, dont l'application, maintenue dans de sages limites, eût été salutaire aux intérêts de la justice, dépassèrent le but, et le xviᵉ siècle, allant encore plus loin, en fit les formes ordinaires du droit criminel. Les formes de l'accusation publique avaient cessé d'exister. La partie privée n'avait plus que le choix entre une simple dénonciation ou une plainte, si elle avait été offensée, et elle était devenue simple *partie civile*, ne soutenant plus, en effet, qu'un intérêt civil. L'exercice de l'action publique demeurait partagé entre le ministère public et les juges, et le pouvoir de ces derniers était sans bornes, car ils étaient les maîtres, pour ainsi dire, absolus de tout le procès, dont les trois phases distinctes étaient : l'information, le règlement extraordinaire et le jugement. Un système, en tout si arbitraire, ne pouvait que soulever l'indignation généreuse de tous ceux qui, comme Ayrault et Loyseau, proclamaient bien haut, à cette époque, les principes d'éternelle équité, l'inviolabilité des droits de la défense et la sainte mission de la justice. Mais il ne faut pas oublier qu'il fut l'œuvre des circonstances et peut-être une nécessité des temps, et s'il est une chose que l'on puisse justement reprocher au législateur d'alors, c'est seulement d'avoir maintenu des formes rigoureuses et exceptionnelles, tandis que le besoin ne s'en faisait plus sentir, que les circonstances ne les justifiaient plus, et qu'il y avait manifeste injustice à les continuer,

Nous voici arrivés, à travers les temps modernes, à une nouvelle phase historique, non moins remarquable au point de vue de l'étude de la législation criminelle qu'au point de vue de celle des événements. Nous allons nous trouver en face d'une grande transformation sociale, dont le contre-coup ne pouvait manquer de se faire sentir en cette matière, et nous verrons quelles furent ses conséquences importantes au point de vue qui nous occupe.

QUATRIÈME ÉPOQUE
Droit intermédiaire.

Le dernier état de la procédure criminelle, avant la révolution de 1789, était particulièrement fixé par l'ordonnance de 1670, dont nous connaissons les dispositions sur notre sujet. Une telle législation, nous l'avons vu, violait, d'une manière flagrante, les premières et les plus simples règles d'équité, dans tout ce qui touchait aux garanties dues à la défense. L'école philosophique du xviii° siècle, qui comptait dans son sein des hommes tels que Voltaire, d'Alembert, Diderot, n'avait cessé d'élever la voix pour proclamer la nécessité d'une réforme que les mœurs et les besoins sociaux rendaient toujours plus indispensable. Les jurisconsultes, eux-mêmes, s'étaient associés à cette pacifique croisade, dirigée par les esprits les plus généreux contre un passé devenu odieux, et nous avons déjà fait connaissance avec un de ceux qui servirent le plus efficacement la cause de la justice, dont le triomphe était prochain. Servan, dans un discours prononcé en 1766, devant le parlement de Grenoble, contribua puissamment à battre en brèche et à démolir le vieux système criminel des ordonnances. Deux années auparavant, en 1764, un livre avait paru, qui devait, par son autorité et son immense retentissement, hâter la réalisation si impatiemment attendue des premières et des plus pressantes réformes. Le livre des délits et des peines de Beccaria, plaidoyer chaleureux, écrit pour revendiquer les droits imprescriptibles de la défense, mais souvent injuste et partial dans ses attaques, dirigées contre le vieux système criminel, vint ébranler, jusque dans leurs fondements mêmes, les règles de la procédure secrète. Peu de temps après, Louis XVI fit faire à la législation criminelle les premiers pas dans la voie nouvelle d'une sage réforme, en abolissant la question préparatoire, par la déclaration du 24 août 1780, et la question préalable, par celle du 1er mai 1788.

Ce mouvement, qui d'ailleurs eût abouti sans doute aux mêmes résultats, en dehors du nouvel état de choses, qui se produisit, dut au moins à cette circonstance sa marche et ses progrès rapides. Nous n'avons pas à nous arrêter aux premiers actes législatifs qui marquèrent ces progrès, et qui furent plutôt le préambule du nouveau système criminel. Qu'il nous suffise de lire, en passant le décret des 4-11 août 1789, portant abolition des justices seigneuriales, et celui des 8 octobre et 3 novembre de la même année, sur la réformation de quelques points de la jurisprudence criminelle. Ce dernier décret-loi est remarquable en ce qu'il adjoignait des notables aux juges pour l'instruction des procès, et partageait toute la procédure en deux parties, ou phases bien distinctes : la première comprenant l'information préalable et maintenue secrète ; la seconde, prenant la procédure au rapport à l'audience et la conduisant publiquement, par les conclusions, le dernier interrogatoire, la défense et le jugement jusqu'à la fin du procès. Passons au fameux système que consacrèrent les lois criminelles de 1791.

« L'Asssemblée nationale, s'étant saisie du pouvoir constituant, dit M. Mangin, dans son *Traité de l'action publique*, donna à la France un gouvernement nouveau ; elle sépara, divisa, répartit tous les pouvoirs, et se trouva ainsi en présence de toutes les questions que soulève le droit d'accuser. Que ce droit soit un attribut nécessaire de la souveraineté, c'est ce qui ne pouvait être méconnu, et, par l'art. 3 de la déclaration des droits de l'homme, elle avait proclamé que « le principe de toute souveraineté réside essentiellement dans la nation. Nul corps, nul individu ne peut exercer d'autorité qui n'en émane expressément. » Ainsi, ce principe, dont on s'accorde généralement à reconnaître la vérité, et que nous avons vu appliqué dans toute son extension par une monarchie absolue, que le droit de forcer un individu à lutter, faible et isolé, contre les forces réunies de la loi et de ses ministres, ne peut être qu'un des attributs de la souveraineté, fut consacré une fois de plus par le législateur.

Mais le régime révolutionnaire, en déplaçant le principe de souveraineté qu'il faisait reposer sur la tête de la nation elle-même, avait déplacé, par une conséquence directe et forcée le principe d'investiture du droit d'accusation, lequel avait suivi naturellement le premier. Il eût été dès lors logique de permettre comme à Rome, « *cuilibet ex populo* », à tout citoyen actif l'exercice de ce

droit. Mais, quelque désir qu'on pût avoir de changer
en réalités pratiques toutes les théories nouvelles qu'inspirait un ardent esprit de réforme, on ne pouvait non
plus s'empêcher de reconnaître que de puissantes considérations exigeaient que la poursuite des infractions punissables, dans tout état constitutionnel, fût réservée à
des magistrats, exempts de passions et de faiblesses.
Aussi, la question s'étant posée de savoir si les accusations seraient populaires ou si le droit de les intenter serait délégué, c'est à ce dernier parti, le plus sage et le
plus raisonnable, qu'on s'arrêta. Il ne sera pas sans intérêt pour nous de nous arrêter quelques instants à cette
fameuse discussion, dont s'occupa l'Assemblée dans sa
séance du 4 août 1790. Le représentant Thouret, reconnaissant les inconvénients de l'accusation populaire, avait
accepté le principe de la délégation, mais il prétendait
que l'accusateur, l'homme du peuple, devait être un
fonctionnaire élu et nommé par le peuple. Comme on lui
objectait que l'Assemblée nationale avait, dans l'intérêt
du pays, délégué au roi le pouvoir exécutif, et que l'accusation publique était une fonction naturelle de ce pouvoir, il répondit par une distinction subtile et ingénieuse
sur les fonctions que le peuple devait déléguer à son représentant héréditaire, et celles qu'il devait se réserver
plus spécialement, en les déléguant aux représentants de
son choix : « Tenons-nous, disait-il en terminant, attachés au principe de la démarcation sévère des fonctions
entre le pouvoir exécutif et les représentants électifs du
peuple : en l'appliquant à l'accusation publique, nous
reconnaîtrons d'abord, par la nature de cette fonction,
qu'elle ne peut pas être une attribution constitutionnelle
de la couronne. » Comme on lui objectait encore qu'un

décret précédent avait délégué au roi le ministère public pour l'exercer par des officiers de son choix; que l'officier du roi devenait inutile s'il n'était pas constitué accusateur, il répondit, à la séance du 10 août, qu'il n'était pas besoin de leur attribuer ce rôle si d'ailleurs il n'était pas bon; qu'il leur restait assez de fonctions pour être des officiers utiles sans cela, et en même temps il revenait sur le caractère de droit, de fonction populaire de l'accusation, laquelle ne devait pas être déléguée au roi, qui en accroîtrait le pouvoir et l'influence de son agent. Thouret eut raison de toutes les résistances, et les articles 1 et 2, chapitre 5 de la Constitution de 1791, portèrent : « Le pouvoir judiciaire ne peut, en aucun cas, être exercé par le corps législatif, ni par le roi. La justice sera rendue gratuitement par des juges élus à temps par le peuple et institués par lettres patentes du roi, qui ne pourra les refuser. L'accusateur public sera nommé par le peuple. » Ainsi, on le voit, l'accusation publique qui, en principe, reposait sur la tête de la nation et appartenait, en droit, à chacun de ses membres, fut déléguée, dans son exercice, et ne put être exercée, en fait, que par un fonctionnaire public qui était, pour ainsi dire, l'homme, le représentant de tous et de chacun. Il y eut délégation, par l'effet de considérations puissantes qui s'étaient imposées au législateur, mais cette délégation émana directement du peuple, qui faisait exercer par son représentant un droit qui était un des résultats de sa souveraineté.

En consacrant par son vote, au profit d'une révolution naissante qui portait dans son sein tous les orages, ce droit pour un peuple à peine émancipé de toute autorité et libre de tout joug à l'exercice effectif et direct de ses prérogatives, dont elle lui rappelait avec opportunité le caractère inviolable, et en investissant de cet exercice, en son nom et pour sa cause, cette sombre magistrature des accusateurs publics, qui ne pouvait que se faire l'instrument de toutes les passions et la complice de tous les excès, l'Assemblée accepta devant l'histoire et la conscience humaine la plus large part de responsabilité, pour tout ce que promettait un avenir déjà trop certain !

Bientôt, en vertu de ce principe consacré par la constitution, un décret, celui du 16-29 septembre 1791, chargea de la poursuite des crimes et des délits : 1° les « *juges de paix* », qui devaient recevoir les plaintes, constater les faits, entendre les témoins, faire arrêter les prévenus ; 2° des « *accusateurs publics*, » chargés de soutenir devant les tribunaux criminels les accusations qui y étaient renvoyées par un jury, et, en outre, de surveiller les officiers de police de leur département ; 3° des « *commissaires du roi*, » simplement chargés d'assister aux débats, de requérir l'application de la loi d'après la déclaration du jury, et de faire exécuter les jugements.

I. Les « *juges de paix* » étaient des officiers publics chargés, dans chaque canton, des fonctions de la police de sûreté (v. tit. 1, art. 1 et 3). Ces fonctions se résumaient en ces trois attributions distinctes : la recherche, la poursuite et l'instruction. Ils agissaient, en effet, soit d'office, soit sur la plainte ou la dénonciation des citoyens (tit. 3, art. 5 et 6); de plus, ils procédaient à l'enquête ou information, et, dans cette double mission de poursuivre et d'informer, ils réunissaient, à l'exemple des juges de l'ancien droit, les deux rôles de partie publique et de juge (tit. 2, art. 1, etc., et tit. 4, art. 5). On voit par tout cela qu'ils formaient, dans la nouvelle organisa-

tion judiciaire, en quelque sorte un premier degré de ju
ridiction criminelle.

II. Les « *accusateurs publics* » n'avaient, en fait d'attributions actives, qu'à recevoir l'accusation admise par le
jury et à la soutenir devant le tribunal criminel. Voici,
en effet, ce que portait l'article 1er du titre 4 de la loi de
91 : « L'accusateur public est chargé de poursuivre les
délits sur les actes d'accusation admis par les premiers
jurés, et il ne peut porter au tribunal aucune autre accusation, à peine de forfaiture. » A proprement parler,
donc, il n'exerçait pas l'action publique, il la soutenait
seulement quand elle était déjà formée et qu'elle avait
été admise. Suivant la juste expression de M. Faustin
Hélie, il n'était que « *l'avocat de l'accusation.* »

III. Les « *commissaires du roi* », malgré le décret du
10 août 1790, qui commençait ainsi : « L'accusation publique ne sera pas confiée aux commissaires du roi »,
conservèrent jusqu'à un certain point le droit d'exercer
l'action publique. Nous avons dit ci-dessus que leur
principal rôle consistait à assister aux débats, à requérir
l'application de la loi, d'après la déclaration du jury, et
à poursuivre l'exécution des jugements. Mais là ne se
bornaient pas toutes leurs attributions, et les art. 25 et
26 du chap. 5 de la constitution du 3-14 septembre 1791,
leur reconnaissaient bien un droit de poursuite, un véritable droit d'exercice de l'action publique, lorsqu'ils
disaient : « Ils dénonceront au directeur du jury, soit
d'office, soit d'après les ordres qui leur seront donnés
par le roi, les attentats contre la liberté individuelle des
citoyens, contre la libre circulation des subsistances et
autres objets de commerce et contre la perception des

contributions, les délits par lesquels l'exécution des ordres donnés par le roi dans l'exercice des fonctions qui leur sont déléguées serait troublée et empêchée, les attentats contre le droit des gens, et les rébellions à l'exécution des jugements et de tous les actes exécutoires émanés des pouvoirs constitués. » Les art. 1, 2, 3 et 4 de la loi du 16-29 septembre 1791 leur donnaient le droit de se faire communiquer, dans tous les procès criminels, toutes les pièces et tous les actes, d'assister à toutes les parties de la procédure et de prendre toutes les réquisitions qu'ils jugeaient convenables. C'était donc bien là, en général, la délation d'une partie de l'action publique, et, à l'égard de certains délits, la délation de l'action publique toute entière.

Telles étaient les trois sortes de fonctionnaires que la législation criminelle de 1791 avec investis de l'exercice de l'action publique. Mais, dans un système politique et judiciaire qui avait consacré formellement les droits naturels et où la personnalité du citoyen était si en relief, comment aurait-on pu méconnaître cet autre droit de chacun, ce droit de poursuite de la partie privée, que les siècles mêmes d'absolutisme avaient respecté ! Aussi, à côté de ceux dont nous venons de parler et qui avaient un caractère officiel, faut-il placer les simples particuliers qui participaient à un certain degré à l'exercice de cette action. Au lendemain du mouvement révolutionnaire, un décret de l'Assemblée nationale, des 8 et 9 octobre 1789, sanctionné par le roi, était déjà venu confirmer ce droit de poursuite, en imposant toutefois à son exercice certaines sages garanties. Ce décret établissait, en effet, que : « Aucune plainte ne pourrait être présentée au juge qu'en présence de deux adjoints amenés par le plaignant, et par lui pris à son choix; que mention serait faite de leur présence et de leurs noms dans l'ordonnance qui serait rendue sur la plainte, et qu'ils signeraient avec le juge, à peine de nullité (art. 3); que les procureurs généraux et les procureurs du roi ou fiscaux, qui accuseraient d'office, seraient tenus de déclarer, par acte séparé de la plainte, s'ils avaient un dénonciateur ou non, à peine de nullité; et, s'ils en avaient un, ils devaient déclarer en même temps son nom, ses qualités et sa demeure, afin qu'il fût connu du juge et des adjoints à l'information, avant qu'elle fût commencée (art. 4). Quand la loi de 91 eut opéré la réforme entière de l'ordre judiciaire qu'elle avait promise dans le préambule du décret précité, et qu'un nouveau système de poursuites criminelles eut été introduit, comme nous venons de le voir, le droit d'action de la partie privée se retrouva intact et inviolable dans son économie, et même plus large qu'auparavant. Deux formes de dénonciation furent, en effet, reconnues : le droit de dénonciation du « *tort personnel* » ou de « *plainte* », et la « *dénonciation civique.* » Le premier, accordé à tout particulier qui se prétendait lésé par un délit et fondé sur le « *tort personnel* » éprouvé par lui; la seconde, permise, bien plus, imposée aux citoyens en général, qu'ils eussent été ou non lésés. La partie privée, qui présentait sa plainte, devait la présenter écrite et signée, et elle avait la faculté de s'en désister dans les vingt-quatre heures (v. tit. 5, art. 1, 5).

La « *dénonciation civique,* » elle, fut déclarée obligatoire, et le devoir fut imposé à tout citoyen qui avait été témoin d'un attentat, soit contre la liberté et la vie d'un autre, soit contre la sûreté publique ou individuelle, de saisir la justice, pour en provoquer la répression (v. l. de 1791,

1re partie, tit. 6). L'officier de police fut expressément astreint à l'obligation d'instruire et de décerner mandat d'amener ou d'arrêt, toutes les fois que le dénonciateur signerait sa dénonciation, ou la partie lésée sa plainte (v. *ibid.*, tit. 5, art. 6, et tit. 6, art. 3). Si l'officier de police refusait de délivrer un mandat d'amener ou un mandat d'arrêt, le plaignant, ou le dénonciateur lui-même, pouvait présenter directement son accusation au jury du district, institué par la législation criminelle de 91 pour décider sur la question de mise en jugement de la partie poursuivie.

Nous venons de voir l'exercice de l'action publique partagé entre les juges de paix et officiers de police qui les suppléaient, les accusateurs publics, les commissaires du roi et les parties privées, offensés ou citoyens, simplement témoins de l'acte criminel. Il n'est pas difficile d'apercevoir au premier abord les vices d'un pareil système. Sans parler d'une complication inutile qui, multipliant ses ressorts, divisait son action et lui enlevait, par suite, toute sa force, ce système avait le grand inconvénient de tenir dans une égale suspicion le pouvoir exécutif et la magistrature. Aussi, le premier était-il mis presque absolument en dehors de la poursuite des crimes et des délits, et la seconde, amoindrie et diminuée par l'attribution de ce pouvoir d'action au dernier de ses membres, n'était-elle plus représentée, dans ce grand rôle qu'elle avait si longtemps joué, que par les moins indépendants d'entre eux.

D'un côté les juges de paix, les seuls investis de ce pouvoir, outre qu'ils continuaient à réunir deux caractères incompatibles dans toute bonne législation, celui de partie poursuivante et celui de juge instructeur,

étaient revêtus d'une autorité discrétionnaire dangereuse, n'obéissant à l'impulsion d'aucun magistrat supérieur, car le droit de surveillance de l'accusateur public
n'emportait pas celui de les diriger ; de l'autre, fonctionnaires nommés par le peuple, ils devaient forcément abdiquer beaucoup de leur liberté, sous l'influence inévitable de la faveur ou de la passion populaire. Les accusateurs publics, nous l'avons vu, n'avaient l'initiative
d'aucune poursuite et demeuraient absolument étrangers
à la procédure si importante de l'information, ce qui
ramenait leur rôle à bien peu de chose. Quant aux commissaires du roi, non moins impuissants, sauf en certains cas spéciaux, ils n'étaient en somme qu'une super-
fétation, et bientôt la Convention nationale, par un décret
du 20 octobre 1792, les supprima en déclarant que les
commissaires nationaux près les tribunaux criminels seraient remplacés dans leurs fonctions par les accusateurs publics.

Le droit d'accuser, si intimement lié au jeu du système politique, subit toutes les variations de ce système,
qui se succédèrent avec tant de rapidité, dans le court
intervalle compris entre la Terreur et la restauration
monarchique, dans la personne du premier Napoléon,
époque où commencèrent les travaux préparatoires d'un
nouveau Code criminel. L'institution du tribunal révolutionnaire, de sinistre mémoire, transporta d'abord
l'action publique, au moins en matière politique, entre
les mains de la Convention elle-même : le décret du
10 mars 1793 établissait un comité de six membres auquel
toutes les dénonciations étaient renvoyées ; l'accusateur
public n'était que son agent. Le décret du 7 frimaire
an II étendit même à tous les tribunaux criminels, à

l'égard d'une catégorie de crimes, les formes expéditives et sommaires du tribunal révolutionnaire. Mais, la réaction ne se fit pas longtemps attendre, et le gouvernement du Directoire rétablit les commissaires nationaux (anciens commissaires du roi, appelés de ce nom après la déchéance de la royauté et la mort de Louis XVI). La constitution du 5 fructidor an III divisa donc de nouveau les fonctions du ministère public entre l'accusateur public et l'ancien commissaire du roi. Puis vinrent le code du 3 brumaire an IV, qui consacra cette distinction en la développant, et sous l'empire duquel ces fonctionnaires furent appelés « *commissaires du pouvoir exécutif*; » la loi du 22 frimaire an VIII, qui, elle, supprima l'accusateur public, dans son art. 63, ainsi conçu : « La fonction d'accusateur public près le tribunal criminel est remplie par le « *commissaire du gouvernement*; » enfin, la loi du 7 pluviôse an IX, qui investit ce commissaire, agent et délégué du pouvoir exécutif de la plénitude de l'action publique.

Nous n'avons fait qu'énumérer ces divers actes législatifs, fort importants d'ailleurs, parce que nous devons les reprendre un par un, pour en étudier en détail les dispositions qui nous intéressent. Mais auparavant, il nous faut revenir en arrière et présenter dans un tableau succinct l'organisation de la justice criminelle dans la législation de 1791, et les règles de la procédure accusatoire devant les tribunaux répressifs.

La loi des 4-11 août 1789, nous l'avons vu, avait supprimé les justices seigneuriales ; l'art. 4 contenait le texte formel de cette suppression, mais les officiers de ces justices furent maintenus dans leurs fonctions jusqu'à ce qu'eût été établi un nouvel ordre judiciaire. Cet ordre fut fondé par les lois des 16-24 août 1790, 10-15 mai, 19-22 juillet, 16-29 septembre 1791. Les basses et moyennes justices et les prévôts furent remplacés par des tribunaux de police municipale et des tribunaux de police correctionnelle; les hauts justiciers, les baillages et sénéchaussées, et même les chambres criminelles des parlements, par des tribunaux criminels. Il y avait encore deux hautes juridictions spéciales : 1° un tribunal de cassation, qui complétait l'organisation criminelle et qui était chargé d'examiner l'application de la loi dans les tribunaux criminels (v. l. 1er décembre 1790); 2° une haute cour nationale, chargée de juger les crimes que le corps législatif devait lui déférer, et qui ne fonctionna jamais (v. l. 10 mai 1791).

Les tribunaux de police municipale étaient composés de trois juges que les officiers municipaux de la commune choisissaient dans leur sein; ils connaissaient de toutes les infractions en matière de police, et les appels de leurs jugements étaient portés au tribunal de district (v. l. 16-24 août 1790, tit. 11, 6; 19-22 juill. 1791, tit. 1, 42).

Les tribunaux de police correctionnelle étaient composés d'un juge de paix et de deux assesseurs, ou de deux juges de paix et d'un assesseur, ou de trois juges de paix. Ils connaissaient de tous les petits délits qui, dans la législation antérieure, étaient poursuivis par procès ordinaire, c'est-à-dire civilement. Les appels de leurs jugements étaient portés également devant le tribunal du district (v. l. 19-22 juill. 1791, tit. 2, 46 et 61).

La procédure devant ces deux juridictions de premier degré était fort simple : elle comprenait l'instruction, faite tout entière à l'audience, laquelle était publique, l'interrogatoire du prévenu, puis celui des témoins à charge ou à décharge, qui déposaient en sa présence, la proposition des reproches et défenses, la lecture des pièces et la prononciation immédiate du jugement. Cette procédure expéditive, mais qui, on le voit, gardait une large place aux garanties naturelles dues à la défense, était la même devant le tribunal d'appel (v. l. 19, 22 juillet 1791, tit. 2, 58).

Il y avait un tribunal criminel dans chaque département, et cette juridiction supérieure avait ceci de particulier qu'elle réunissait deux éléments jusque-là distincts, les juges permanents et les jurés. En effet, elle était composée d'un président et de trois juges puisés à tour de rôle dans les tribunaux de district, d'un accusateur public, d'un commissaire du roi et d'un greffier. L'accusateur public et le commissaire du roi y jouaient le rôle distinct que nous savons : l'un remplissant les fonctions de partie poursuivante et soutenant l'accusation à l'audience, après qu'elle avait été admise par le jury d'accusation, l'autre surveillant tous les actes de la procédure et prenant toutes les réquisitions nécessaires pour l'application de la loi.

Nous avons dit que le juge de paix du lieu du délit était, de par la loi, investi du droit d'information, et qu'il pouvait l'exercer soit d'office, soit sur une plainte ou sur une simple dénonciation. Cette information était rectifiée et complétée par l'un des juges du tribunal de district, sous le nom de « *directeur du jury.* » Si le fait était de nature à être soumis au jury, c'est-à-dire s'il était passible d'une peine afflictive ou infamante, c'était à ce magistrat de décider, après examen, s'il y avait ou non lieu de suivre le procès. S'il jugeait la poursuite mal fondée, le tribunal de district, sur sa convocation, prononçait, en chambre de conseil, une ordonnance de non-lieu ; dans le cas contraire, il dressait un acte d'accusation, simple exposé exact et précis des faits, le communiquait au commissaire du roi avec les pièces à l'appui, pour qu'il pût apprécier le caractère du fait incriminé, et convoquait le jury d'accusation, qui, véritable tribunal, après lecture des pièces, interrogatoire des témoins et audition de la partie poursuivante, déclarait s'il y avait ou non lieu à accusation. Le jury délibérait hors la présence du magistrat et devait rendre son verdict à la majorité des suffrages. On voit quelle était, dans le jeu de cette procédure préparatoire, l'importance des attributions déférées par la législation de 91 au jury d'accusation, qu'il ne faut pas confondre avec le jury de jugement, qui nous est seul resté, et qui, alors, comme aujourd'hui, n'intervenait que dans la seconde partie de la procédure, dans la procédure « *in judicio*, » poursuivie devant le tribunal criminel qui avait prononcé le jugement. Ce jury d'accusation était une création de la Constitution du 3 septembre 1791, qui proclamait, à l'art. 9 de son ch. 5 : « que nul citoyen ne pourrait être jugé que sur une accusation reçue par un jury ; que, l'accusation admise, le fait serait reconnu et déclaré par des jurés ; que l'application de la loi serait faite par des juges. »

Nous savons que la partie privée était investie, elle aussi, de l'exercice de l'action publique, soit qu'elle dût s'en tenir à la simple dénonciation civique, par suite du défaut d'intérêt direct, soit que, par sa qualité d'offensé, elle en vînt à une plainte. Nous avons dit que, de sa part, ce pouvoir d'action était plus large, sous l'empire de la législation criminelle de 91, qu'il n'était auparavant. Voici en quoi : lorsque l'officier de police refusait, ce qui pouvait se présenter, de délivrer un mandat d'amener ou un mandat d'arrêt, le plaignant ou le dénonciateur pouvait, sans tenir compte de ce refus, présenter directement son accusation au jury du district (v. l. 16, 29 sept. 1791, 2ᵉ partie, tit. 1, art. 12). Si la procédure était renvoyée devant le directeur du jury, l'intervention de la partie continuait; l'acte d'accusation devait être *dressé de concert avec elle* (v. *ibid.*, art. 9); si elle ne pouvait s'accorder avec le directeur du jury, soit sur les faits, soit sur la nature de l'accusation, elle rédigeait séparément son acte d'accusation (v. *ibid.*, art. 10); enfin, si le directeur du jury ne trouvait pas le délit de nature à être présenté au jury, ou, pour quelque autre motif, refusait de poursuivre, elle pouvait seule dresser cet acte et saisir le jury (v. *ibid.*, art. 11). Son rôle ne se bornait pas là, et, dans la procédure « *in judicio*, » devant le tribunal criminel, elle avait toutes les attributions de la partie publique poursuivant une accusation; elle pouvait produire de nouveaux témoins et discuter les témoignages des témoins produits par l'accusé; elle pouvait encore prendre la parole, après la clôture du débat, pour soutenir l'accusation (v. *ibid.*, tit. 7, art. 18).

L'accusation une fois admise, la seconde partie du drame judiciaire commençait, et la procédure devant le tribunal répressif s'ouvrait par le renvoi de la cause et de l'accusé devant le tribunal. Vingt-quatre heures, au plus tard, après son arrivée et la remise des pièces de la procédure au greffe; il était entendu par le président, en présence de l'accusateur; il ne pouvait communiquer avec son conseil qu'après cet interrogatoire.

Le jury de jugement s'assemblait le 15 de chaque
mois. Le nombre des jurés, comme autrefois dans les
justices des communes, avait été jugé nécessaire pour le
former. Cette liste était établie sur un tableau de 200 citoyens, et, suivant l'usage romain, les parties avaient
un certain droit de récusation; l'accusateur public et
l'accusé pouvaient récuser chacun vingt jurés sans motifs; les récusations ultérieures étaient admises ou reje-
tées par le tribunal. Le jury était tiré au sort sur les
noms restants. Puis, on passait aux débats, que dirigeait
le président, assisté des juges. L'accusateur exposait le
sujet de l'accusation; l'accusé ne subissait aucun interrogatoire; les témoins étaient entendus; l'accusateur et
l'accusé avaient ensuite la parole; le président résumait
les débats et posait les questions. Les jurés faisaient leur
déclaration dans la chambre du conseil, en présence de
l'un des juges et du commissaire du roi; chacun d'eux
énonçait à haute voix son opinion; il fallait dix suffrages
pour condamner. Les juges appliquaient la loi sur cette
déclaration, en donnant également, mais publiquement,
leur avis à haute voix (v. l. 16, 22 sept., 2ᵉ partie, tit. 6,
7 et 8).

Quand fonctionna le tribunal révolutionnaire, toute
cette procédure fut étrangement simplifiée. Ce simulacre
sanglant de justice s'accommodait mal de lenteurs inutiles et qui étaient, en tout cas, inconciliables avec les
exigences toujours plus pressantes de ce qu'ils appelaient le salut public! Aussi, la procédure était-elle portée directement devant le jury, sans instruction préalable, sans renvoi du jury d'accusation; l'accusateur public
décernait les mandats d'arrêt et dressait les actes d'accusation. Les commissaires du roi, devenus les commis-

saires de la nation, avaient cessé d'exister, supprimés
par un décret de la Convention nationale, qui avait attribué leurs fonctions aux accusateurs publics. Comme aux
plus tristes jours de la Rome impériale, le droit d'accuser s'était changé en infâme délation, et nous savons que
c'était à un comité, pris dans le sein de la Convention
elle-même, que les délateurs de toute sorte avaient à
s'adresser ! Quant à l'accusateur public, ce pourvoyeur
attitré de l'échafaud, pendant tout le temps que dura ce
régime sans nom, qui tenait la France tout entière ha-
letante de terreur aux pieds de quelques hommes, tyrans
aussi audacieux que vils, nous savons avec quelle effroya-
ble impudence il trouvait, en faveur de chacune de ses
accusations, des arguments qui restaient sans réplique.
Le grand poète historien, Lamartine, dans son histoire
des Girondins, nous rapporte un trait saisissant de ces
sinistres annales judiciaires, écrites en lettres de sang, et
destinées à perpétuer dans la mémoire des hommes le
souvenir maudit des sombres juges qui tenaient à côté
de l'échafaud leurs permanentes assises. Il nous montre,
compris dans un lot d'illustres victimes, un pauvre
homme et sa femme, « coupables tous deux, disait l'accusateur public, de n'avoir pas fait éclater assez de joie,
à l'arrestation du citoyen qui avait tenté d'assassiner
Collot d'Herbois ! »

Nous avons dit que la réaction ne se fit pas longtemps
attendre. Le Code des délits et des peines du 3 brumaire,
an IV, décrété sous l'empire de la Constitution de l'an III,
conserva le système établi par la Constitution de 91 et
le décret des 16-22 septembre de la même année. Elle
rétablit, nous l'avons vu, les commissaires du roi, sous
le titre de *«Commissaires du pouvoir exécutif»* et aug-

menta beaucoup leurs attributions. La marche générale de l'instruction, en ce qui concerne la procédure, marche tracée par la loi du 16 septembre, fut strictement maintenue, mais le législateur revint, sur quelques points secondaires, au système de l'ordonnance de 1670. Spécialement en ce qui nous concerne, les règles qu'elle établit de l'action publique furent inspirées par la fameuse ordonnance criminelle. Les modifications portèrent principalement sur les attributions de la police judiciaire et sur les formes des jugements. Les juges de paix demeurèrent chargés de l'information, mais sous le contrôle plus direct et plus actif du directeur du jury, lequel eut seul le droit d'informer à l'égard des délits qui compromettaient la sûreté publique. L'action publique et l'action civile avaient été tout d'abord soigneusement distinguées (v. art. 4), et l'exercice de la première, ayant toujours pour objet la punition des atteintes portées à l'ordre social, ne fut permis qu'aux fonctionnaires spécialement établis à cet effet, et qui représentaient toujours le peuple (v. art. 5 et 6). Le rôle important attribué par la législation précédente aux particuliers qui exerçaient la poursuite, fut bien restreint, et l'initiative de la partie plaignante, effacée : « Les poursuites qui donnent lieu aux mandats d'amener, de comparution (nouveauté) et d'arrêt se font, porte l'article 8, ou sur une « *dénonciation officielle* », ou sur une « *dénonciation civique* », ou d'après une « *plainte*, » ou « d'*office*. » Ces poursuites d'office continuaient à être exercées par les juges de paix qui, chargés de toute la procédure préparatoire, d'information, la transmettaient au directeur du jury d'accusation, et devaient l'être désormais par ce dernier à l'égard des délits que nous savons (v. art. 82, 100, 101, 140, 141, 142).

Dans ces cas, l'instruction des affaires leur appartenait également (v. art. 148). L'action publique était soutenue devant les tribunaux de police et les tribunaux correctionnels par des commissaires du pouvoir exécutif, et devant le tribunal criminel par l'accusateur public, dont les fonctions n'avaient pas changé (v. art. 162, 186, 278). Celles du commissaire du pouvoir exécutif, au contraire, prenaient une grande importance; cet officier devait faire ses réquisitions pour l'application de la peine, se pourvoir contre le jugement ou donner des ordres pour son exécution (v. art. 292 et suiv.). Les parties civiles étaient admises, comme parties jointes et accessoires, à concourir à la rédaction de l'acte d'accusation dû à la seule initiative, au seul vouloir du magistrat qui intentait directement l'action (v. art. 226 et 227). Et même elles avaient conservé le droit de dresser elles-mêmes un acte d'accusation, si elles ne pouvaient s'accorder avec le directeur du jury; de produire leurs témoins aux débats et de prendre la parole à l'audience pour développer leur accusation (v. art. 227, 317, 370). Enfin, ce qu'il faut encore bien remarquer dans ce Code, c'est que l'article 4, en portant que : « tout délit donne essentiellement lieu à une action publique, avait proscrit toute distinction entre les délits publics et les délits privés.

Il y avait là, en ce qui concerne l'exercice de l'action publique et son exercice spécialement délégué à des fonctionnaires, et à des fonctionnaires relevant de la seule autorité supérieure, une réaction en faveur des anciens principes, réaction qu'avait déjà inaugurée franchement d'ailleurs la constitution de l'an III. Aux termes, en effet, de son art. 234, l'action publique, devant les tribunaux correctionnels, devait être exercée par un

« *commissaire du pouvoir exécutif, nommé et destituable par le Directoire* »; et, aux termes de l'art. 241, ce commissaire devait exercer les fonctions du ministère public auprès du directeur du jury, magistrat chargé de rédiger l'acte d'accusation et de faire délibérer le jury sur son contenu. Cette réaction, commencée par le Directoire au profit du pouvoir central, fut poursuivie par le gouvernement consulaire, lequel, monarchique par le fait, ne pouvait que marcher à grands pas dans cette voie nouvelle. Un premier acte législatif, la loi du 22 frimaire, an VIII, était venue supprimer l'accusateur public, transportant ses fonctions au commissaire du gouvernement. La loi du 27 ventôse, de la même année, confirma cette fusion des deux fonctions, et, dès lors, l'action publique tendit toujours davantage à se concentrer entre les mains du pouvoir exécutif, qui l'exerçait encore par l'organe des officiers de son choix. Les articles 41 et 63 de la loi du 22 frimaire an VIII portaient déjà que : « le Premier Consul nomme tous les juges criminels et civils; les commissaires du gouvernement près les tribunaux, et que la fonction d'accusateur public près d'un tribunal criminel sera remplie par le commissaire du gouvernement. » D'après cela, l'action publique n'était pas déléguée dans toute sa plénitude au chef de l'État, puisque le droit de poursuite, au moins pour la part principale, était encore exercé par une classe fort importante de magistrats, qui demeuraient en dehors de ce nouveau système de centralisation gouvernementale et continuaient à être élus par le peuple; nous voulons parler des juges de paix. Mais, d'un autre côté, cette centralisation avait fait un grand pas, grâce à la nouvelle extension des fonctions attribuées aux commissaires du gouvernement, qui restaient les agents directs du pouvoir exécutif. Ce pouvoir exerçait, par leur intermédiaire, une véritable surveillance sur les officiers de police judiciaire, et aussi, ce qu'il faut bien remarquer, il leur déléguait lui-même un droit qui, depuis la constitution de 1791, avait été directement délégué par le peuple, le droit de porter et de soutenir les accusations devant le jury. Il ressort clairement de tout ce système de réaction, que l'action publique poursuit sa marche en avant, dans la voie que lui a ouverte le Code de Brumaire, à l'égard des procès correctionnels et de simple police, et qu'elle ne tardera pas à se retrouver tout entière, cette fois, sauf la part des parties lésées, entre les mains des agents du gouvernement.

Vint la fameuse loi du 7 pluviôse an IX, qui, n'embrassant dans son économie que deux parties de la procédure, l'information préliminaire et la mise en accusation, consacra le grand principe, repris des anciennes règles de la séparation absolue du droit de poursuivre et du pouvoir de juger. L'exposé des motifs révèle en ces quelques lignes toute la pensée des auteurs du projet de loi : « Il faut, disait l'orateur du gouvernement, distinguer la poursuite d'avec le jugement et confier tout ce qui tient à l'une à l'un des agents du gouvernement, et tout ce qui tient à l'autre à des hommes qui en soient indépendants. Nous croyons cette distinction fondée sur la nature des choses et des principes les plus purs de la liberté. » Et, après avoir appuyé ce nouveau système des arguments qui lui paraissaient les plus concluants, il ajoute : « En confiant à un agent du gouvernement la recherche et la poursuite des délits, le projet constitue une véritable partie publique qui, élevée au-dessus de toutes les influences et de toutes les considérations locales, peut déployer tout le zèle et toute l'activité que demandent ses fonctions. Il constitue de même un véritable juge qui, placé entre la partie publique et le prévenu, peut mieux apprécier la poursuite de l'un et la défense de l'autre, et se décider avec la modération et l'impartialité qui doivent toujours caractériser le juge. » Il est facile de voir que le but du législateur, dans ce projet, ne tend à rien moins qu'à renverser le principe proclamé par l'Assemblée nationale : ce n'est plus du peuple que doit émaner la délégation de l'action publique, c'est du gouvernement. En effet, le droit de poursuite et le droit d'accusation est considéré désormais comme un attribut naturel du pouvoir exécutif; ce sera donc à lui qu'il appartiendra de les déléguer, et il ne pourra les déléguer qu'à ses agents. Le fondement de ce nouveau système est dans l'obligation imposée au gouvernement de veiller au maintien de l'ordre public, et le rapporteur de la commission du Corps législatif termine ainsi sa démonstration : « Le pouvoir poursuivant, qui rassemble tous les renseignements, qui fait toutes les réquisitions, et qui, par conséquent, sera par la loi constitué partie publique, doit être, par la nature de ses fonctions, un agent du gouvernement. Ainsi le veut l'intérêt de la chose publique. »

Voilà donc le droit de poursuite attribué exclusivement aux agents du pouvoir exécutif. Restait l'information préliminaire et tout ce qui se rattache à l'action du magistrat instructeur. A qui fut-elle confiée? La loi de Pluviôse, à cause de l'incompatibilité, qu'elle proclamait si haut, des deux fonctions de ministère public et de juge, que les juges de paix avaient cumulées, avait aboli leur juridiction (ce qui n'était pas nécessaire, puisque la séparation était consommée par l'attribution aux susdits agents du droit de poursuite, et ce qui prouve que ce fut plutôt par suite de l'impuissance de cette première juridiction et de son indépendance de l'action gouvernementale). Elle investit de leurs fonctions les directeurs du jury, qui devinrent de véritables juges d'instruction, avec pouvoir d'informer et de recommencer même les actes des officiers de police judiciaire. C'est dire que ces derniers officiers, magistrats du ministère public, avaient aussi le droit d'informer et d'instruire (v. une circulaire du ministre de la justice du 21 floréal an IX, sur les substituts du commissaire du gouvernement, ses préposés dans chaque arrondissement), et que la loi, inconséquente avec elle-même, replaçait les deux fonctions incompatibles de la poursuite et de l'instruction dans les mains de ceux qu'on appelait les « *magistrats de sûreté,* » avec la seule différence que ces derniers, au lieu d'être nommés par le peuple, étaient des agents du gouvernement. C'étaient ces magistrats de sûreté qui recevaient les plaintes ou les dénonciations, et il faut remarquer que les parties privées continuaient à concourir, jusqu'à un certain point, à la poursuite, en ce qu'elles prenaient part à la rédaction de l'acte d'accusation comme avant, et que, si elles ne s'accordaient pas avec le substitut, chargé par l'article 20 du projet de rédiger cet acte, elles conservaient le droit de rédiger à part le leur, droit qu'avaient consacré la loi de 91 et celle de Brumaire an IV, et que la loi nouvelle reconnaissait tacitement. Il est bon d'observer aussi que le rapporteur de la commission du Corps législatif, M. Thiessé, laissé aux juges de paix, concurremment avec les autres officiers de police judi-

ciaire, le droit de recevoir également les dénonciations
et les plaintes, sauf à les transmettre au magistrat de
sûreté. Enfin, et en ce qui concerne le rôle du jury d'accusation sous l'empire de la loi nouvelle, ajoutons qu'il
n'eut plus d'autres éléments de sa décision que l'instruction écrite; que la partie plaignante et les témoins ne
furent plus entendus, et qu'il jugea sur les seules pièces
de l'information.

Le ministère public ainsi établi, le législateur cou-
ronna son œuvre en lui imprimant ce caractère d'unité
qui est indispensable à tout fonctionnement régulier.
L'article 84 du sénatus-consulte organique du 16 thermidor an X vint disposer en ces termes : « Le commissaire du gouvernement près le tribunal de cassation surveille les commissaires près les tribunaux d'appel et les
tribunaux criminels. Les commissaires près les tribunaux
d'appel surveillent les commissaires près les tribunaux
civils. »

Il est temps de résumer tout ce que nous venons de
dire sur cette période intermédiaire, si remarquable par
l'activité législative que déployèrent, même aux plus
sombres jours d'alors, les assemblées qui se succédèrent,
et plus tard les différents pouvoirs constitués. La réaction, souvent trop violente, qui en marqua le cours, avait
été inaugurée par la loi des 8 octobre-3 novembre 1789
qui, portant sur les points les plus urgents de la procédure criminelle, avait partagé cette procédure en deux
parts bien distinctes : la première, comprenant l'information préalable, gardant son caractère secret; la seconde, que nous pourrions appeler la partie judiciaire
proprement dite, comprenant la communication du rapport, les conclusions, le dernier interrogatoire, le plai-

doyer de la défense et le jugement, et ayant lieu tout entière à l'audience, avec la plus grande publicité. Mais ce
n'était là qu'un essai, destiné à répondre aux besoins du
présent. La législation de 1791 vint bientôt fonder un
nouvel ordre judiciaire, qui exigeait de nouvelles et plus
larges formes de procédure. Il y eut deux classes de juridictions criminelles : les juridictions inférieures, qui
furent les tribunaux de police municipale et ceux de police correctionnelle, et les juridictions supérieures, formées, sans parler du tribunal de Cassation et de la Haute
Cour nationale, par les tribunaux criminels de district.
La procédure, beaucoup plus simple devant les premières, réunissait l'instruction et le jugement, poursuivies
sans interruption en audience publique, et il faut remarquer que, sur l'appel, les choses se passaient de la
même façon devant le tribunal supérieur. Quant à la
procédure des causes criminelles, déférées aux secondes,
elle maintenait le principe de la séparation de l'instruction préliminaire et du jugement. L'information était déléguée au juge de paix du lieu du délit, et complétée par
l'un des juges du tribunal de district sous le nom de
« *directeur du jury.* » Le jury d'accusation, institué par
la constitution du 3 septembre 1791, admettait ou reje-
tait la poursuite du fait délictueux, passible d'une peine
afflictive ou infamante, et, la poursuite admise, le procès
se continuait publiquement devant le tribunal criminel
du département, dont les juges faisaient l'application de
la loi, sur le verdict du jury de jugement.

L'exercice de l'action publique était partagé entre les
juges de paix qui l'exerçaient ou sur plainte ou dénonciation, ou d'office et par voie d'inquisition, comme autrefois; les accusateurs publics chargés seulement de soutenir

l'accusation, à l'audience ; les commissaires du roi, de provoquer l'application de la loi, sauf à l'égard de certains crimes, dont la poursuite leur appartenait ; enfin, les parties plaignantes ou simples dénonciateurs, qui intervenaient activement au procès, et souvent même en prenaient la direction.

Nous avons montré les vices de ce système qui divisait et affaiblissait, par suite, l'action publique. Les commissaires du roi, devenus les commissaires nationaux, un instant supprimés par la Convention, furent rétablis par le régime consulaire. Vint la loi de Brumaire, qui garda intacte la marche générale de l'instruction qu'avait tracée la loi de 91, et qui, établissant une théorie fort nette de l'action publique et de l'action civile, fut amenée à régler plus nettement aussi l'exercice de la première. Les juges de paix et les directeurs de jury, dont le rôle grandissait toujours, étaient investis concurremment du droit de poursuite et du droit d'information. Les fonctions de l'accusateur public et celles du commissaire du pouvoir exécutif, quoique mieux définies, se heurtaient et se gênaient réciproquement toujours ; mais ce dernier fonctionnaire voyait les siennes prendre, à leur tour, une grande importance. Quant aux parties privées, elles avaient toujours les mêmes prérogatives quant à la poursuite de l'accusation.

Cette législation avait aussi ses défauts ; le principal consistait toujours dans cette étrange et dangereuse réunion entre les mêmes mains des deux pouvoirs les plus incompatibles dans toute bonne organisation judiciaire : celui de poursuivre et celui de juger, réunion qui investissait une seule et même personne du double rôle de ministère public et de juge. Aussi, de ce moment, voyons-

nous le législateur manifester une tendance toujours
moins équivoque à poursuivre une séparation indispensable aux intérêts de la justice et de la société, séparation
qui devait être bientôt consommée. Le premier pas fut
fait par la suppression, cette fois, des fonctions de l'accusateur public, que la loi du 22 frimaire an VIII, réunit
à celle qu'exerçait déjà, sur une plus large échelle le commissaire du gouvernement. La loi du 27 ventôse an VIII,
confirma cette fusion des deux fonctions, et le pouvoir
central, au profit duquel s'opérait cette réaction, pour-
suivit sans relâche et de toutes ses forces son but manifeste, celui de concentrer entre les mains de ses seuls
agents l'exercice de l'action publique en matière criminelle. Il atteignit ce but dans la loi du 7 Pluviôse an IX,
qui posa d'abord en principe la séparation du droit de poursuite et d'accusation du droit d'informer, et en général,
de faire tous les actes qui rentrent dans le rôle du juge. Ce
premier point acquis, la loi posa en second principe que le
droit de poursuite et d'accusation était un attribut naturel du pouvoir exécutif ; dès lors, la conclusion restait
seule, à tirer et elle était claire : ce même pouvoir devait
avoir la faculté de déléguer ce droit à ses agents directs,
et il le délégua. La juridiction des juges de paix fut abolie ;
les parties conservèrent leur droit de plainte ou de dénonciation, et celui de rédiger à part leur acte d'accusation, quand elles n'avaient pas pu s'entendre avec la partie
publique ; mais leur rôle s'effaçait à mesure et était devenu secondaire dans la poursuite. L'exercice de l'action
publique se concentra entre les mains des magistrats de
sûreté, substituts du commissaire du gouvernement qui
faisait les fonctions d'accusateur public auprès du tribunal criminel de chaque département, institués près les

tribunaux d'arrondissement et ses subordonnés. Mais,
remarquons-le, le législateur tomba, avec ces magistrats
de sûreté, dans la même grossière erreur de droit, en
leur attribuant le droit de recherche et de poursuite, qu'ac-
compagna le droit d'information, tandis qu'il avait voulu
les séparer l'un de l'autre. Quant à l'instruction, elle était
placée dans les attributions du directeur du jury. Enfin,
le sénatus-consulte organique du 16 thermidor an X vint,
nous le savons, perfectionner l'œuvre du législateur, en
donnant plus de ressort et d'unité à l'action multiple
des nombreux officiers du ministère public, par l'établissement d'une étroite surveillance, que le lien hiérarchique
rendait naturelle, et par la consécration d'une autorité
commune qui dominait toutes les autres, celle du chef
du parquet de la première Cour.

CINQUIÈME ÉPOQUE

Législation du Code d'instruction criminelle.

Nous voici arrivés au dernier état de la législation criminelle. Suivant la méthode que nous avons suivie jusqu'ici, nous étudierons, dans deux sections distinctes, le
système d'organisation de la justice répressive et les
règles de la procédure, surtout au point de vue de notre
matière de l'accusation. Une troisième section contiendra l'exposé raisonné de quelques points particuliers,
qui se rattachent à notre étude et qui sont destinés à la
compléter. Il ne nous restera plus ensuite qu'à conclure
en montrant, dans une vue d'ensemble, tout le chemin
que nous aurons parcouru.

SECTION I. — ORGANISATION JUDICIAIRE CRIMINELLE.

Nous avons vu, dans la période précédente, la justice criminelle distincte de la justice civile et s'exerçant séparément, au moyen d'un système particulier d'organisation judiciaire. Lorsque le nouveau gouvernement eut reconnu la nécessité de préparer un nouveau Code criminel, et que le Conseil d'Etat fut appelé à adopter le projet de réorganisation judiciaire, la réunion des tribunaux civils et des tribunaux criminels, destinés à former de grands corps de magistrature, fut admise en principe dans sa rédaction ; mais la discussion de ce point ayant soulevé parmi les conseillers de sérieuses objections, tirées de la difficulté du jeu prompt et régulier d'un pareil système, on fut amené à allier la réunion des deux justices, admissible et sans inconvénient en ce qui concernait les juridictions inférieures, à un système d'assises pour la justice criminelle seulement, et applicable à une certaine classe de délits.

La division des faits punissables en trois catégories bien distinctes, division qui a son premier fondement dans la nature même de ces faits, mais à laquelle le législateur applique une terminologie technique, d'après le caractère des pénalités dont il les atteint, donna forcément lieu à trois juridictions correspondantes. Cette triple catégorie d'infractions réprimées par les lois, et qui comprend les contraventions, les délits et les crimes, est formellement établie par l'art. 1er du Code pénal, et, si nous nous rapportons au livre II du Code d'instruction criminelle, qui traite de la justice, nous trouvons la division correspondante des juridictions en tribunaux de police, tribunaux correctionnels et cours d'assises, déjà consacrée par la loi d'organisation judiciaire du 20 avril 1810.

Voici, en peu de mots, comment fonctionne ce nouveau système :

I. *Tribunaux de simple police.* — Ce sont ceux de la justice de paix ordinaire, qui ont leur siége dans chaque chef-lieu de canton, et qui sont composés, comme pour les affaires civiles, du juge de paix, assisté de son greffier et de ses huissiers. Leur compétence est établie par l'art. 138 du Code d'instruction criminelle, qui porte : « La connaissance des contraventions de police est attribuée au juge de paix et au maire, suivant les règles et les distinctions qui seront ci-après établies. » Et l'art. 137 nous apprend que « les contraventions de police simple sont les faits qui, d'après les dispositions du quatrième livre du Code pénal, peuvent donner lieu, soit à 15 fr. d'amende ou au-dessous, soit à cinq jours d'emprisonnement ou au-dessous. » L'art. 138 précité donne au maire une certaine compétence, en matière de simple police, et lui reconnaît un certain droit de juridiction qu'il exerce à cet effet, concurremment avec le juge de paix. Nous lisons, en effet, dans l'art. 166 : « Les maires des communes non chefs-lieux de canton connaîtront, concurremment avec les juges de paix, des contraventions commises dans l'étendue de leur commune, par les personnes prises en flagrant délit, ou par des personnes qui résident dans la commune ou qui y sont présentes, lorsque les témoins y seront aussi résidants ou présents, et lorsque la partie réclamante conclura pour ses dommages-intérêts à une somme déterminée, qui n'excédera pas celle de 15 fr..... » Quant à l'appel des jugements de police, il est porté à la juridiction supérieure, celle des tribunaux correctionnels d'arrondissement, ce que prévoit l'art. 174, ainsi conçu : « L'appel des jugements rendus par le tribunal de police sera porté au tribunal correctionnel... »

II. *Tribunaux correctionnels.* — Ce sont, d'après les termes mêmes de l'art. 179, « les tribunaux de première instance en matière civile, » et qui prennent en matière criminelle « le titre de tribunaux correctionnels. » Ces tribunaux, qui siégent au chef-lieu d'arrondissement, peuvent, d'après l'art. 180, « prononcer en matière correctionnelle, au nombre de trois juges » (v. aussi la loi du 20 avril 1810, art. 40). L'art. 179 trace encore les limites de leur compétence, quand il dit : « Ils connaîtront de tous les délits dont la peine excède cinq jours d'emprisonnement et 15 fr. d'amende. » Nous savons, de plus, qu'ils reçoivent les appels des jugements de police. En ce qui concerne l'appel de leurs jugements, l'art. 200 dispose que : « Les appels des jugements rendus en police correctionnelle seront portés des tribunaux d'arrondissement au tribunal du chef-lieu du département; que les appels des jugements rendus en police correctionnelle au chef-lieu du département seront portés au tribunal du chef-lieu du département voisin, quand il sera dans le ressort de la même cour impériale, sans néanmoins que les tribunaux puissent, dans aucun cas, être respectivement juges d'appel de leurs jugements » (v. l. du 20 avr. 1810, art. 40 et décret du 18 août 1810).

Et l'art. 201 ajoute : « Dans le département où siége la cour impériale, les appels des jugements rendus en police correctionnelle seront portés à ladite cour. Seront

également portés à ladite cour les appels des jugements
rendus en police correctionnelle dans le chef-lieu d'un
département voisin, lorsque la distance de cette cour ne
sera pas plus forte que celle du chef-lieu d'un autre département (v. déc. 18 août 1810). Ceci fut modifié plus
tard par le législateur qui, comprenant sans doute qu'il
y avait, dans ce système d'appel à un tribunal du même
degré, une violation flagrante du principe d'ordre hiérarchique, qu'aucun motif sérieux n'excusait, et voulant
imprimer à la justice répressive plus d'unité et plus de
force, transféra directement aux cours impériales, par
la loi du 13 juin 1856, la connaissance de tous les appels
correctionnels.

III. *Cours d'Assises.* — On appelle ainsi des tribunaux
criminels qui se distinguent des précédents en ce qu'ils
ne sont ni sédentaires ni permanents, et encore par le
caractère particulier de leur composition. Ici encore il
nous suffira de rappeler, sans commentaire, les articles
qui règlent la tenue et la formation de ces cours spéciales
de justice. Toute cette matière importante est contenue
dans le chap. 2, tit. 2, liv. 2 du Cod. instr. crim., chapitre qui porte pour rubrique : *De la formation des Cours
d'Assises.* — Nous y lisons, sous les articles 251, 258
et 259 :

« Il sera tenu des assises dans chaque département,
pour juger les individus que la cour impériale y aura renvoyés. — Les assises se tiendront ordinairement dans le
chef-lieu de chaque département. La cour impériale
pourra néanmoins désigner un tribunal autre que celui
du chef-lieu (v. l. 20 avril 1810, art. 17, 21. — La tenue
des assises aura lieu tous les trois mois; elles pourront
se tenir plus souvent, si le besoin l'exige (v. loi *ibid.,*

art. 19, 20, etc... » Les art. 252 et 253 établissent la manière dont elles doivent être composées : « Dans les départements où siégent les cours impériales, dit le premier, les assises seront tenues par trois des membres de la Cour, dont l'un sera président. — Dans les autres départements, dit le second, la cour d'assises sera composée d'un conseiller à la cour impériale, délégué à cet effet, et qui sera président de la cour d'assises, et de deux juges pris, soit parmi les conseillers de la cour impériale, lorsque celle-ci jugera convenable de les déléguer à cet effet, soit parmi les présidents ou juges du tribunal de première instance du lieu de la tenue des assises. » C'est là, on le voit, l'application du système nouveau, proposé par les auteurs du premier projet du Code d'instruction criminelle et qui tendait à la suppression des tribunaux criminels sédentaires de la période intermédiaire, et à l'institution de préteurs ambulants, qui, comme les anciens « *missi dominici* » des rois Francs, devaient parcourir une certaine circonscription en tenant successivement les assises dans l'étendue de ce ressort. Seulement, ce système n'a été adopté qu'après avoir subi quelques modifications de nature à en simplifier et à en régulariser le fonctionnement. C'est ainsi que les préteurs en question sont tout simplement des membres de la Cour impériale du ressort, laquelle, investie par la loi de la plénitude de la juridiction criminelle, comme nous le verrons plus tard, se contente, la plupart du temps, de déléguer un de ses conseillers pour présider toute la session judiciaire, qui s'ouvre dans chaque département. C'est ainsi encore que ces assises se tiennent simultanément, dans tous les départements du ressort de la cour d'appel, au lieu de se tenir successivement, comme le portait le projet, et que plusieurs membres de la cour sont délégués à la fois par elle pour en diriger les débats.

La compétence des cours d'assises est déterminée par la nature du fait punissable dont la répression est poursuivie. Il faut que ce fait soit un « crime », et l'art. 231 porte : « Si le fait est qualifié crime par la loi, et que la cour trouve des charges suffisantes pour motiver la mise en accusation, elle ordonnera le renvoi du prévenu aux assises. » Enfin, remarquons que la juridiction criminelle exercée par les cours d'assises est une juridiction suprême et sans appel. Le seul recours ouvert aux parties est la cassation, fondée sur la violation de la loi. « Les arrêts de la cour d'assises, porte l'art. 262, ne pourront être attaqués que par la voie de la cassation et dans les formes déterminées par la loi » (v. loi 20 avril 1810, art. 7, 17).

Après avoir montré l'organisation de la justice criminelle, il faut voir à quelles personnes appartient, dans ce système, l'exercice de l'action publique et, par suite, le droit d'accusation, qui n'est pour ainsi dire que le moyen par lequel se manifeste cet exercice : Le principe de la poursuite de l'action publique par un ministère public, introduit par la vieille monarchie et confirmé par le droit intermédiaire, comme un admirable instrument d'ordre et de justice, ne pouvait qu'être favorisé par un gouvernement dont ces deux mots semblaient être la devise politique. « Aussi, dit M. Faustin Hélie, se borna-t-on à rechercher la source de la puissance que cette institution exerçait, afin d'énoncer la délégation qui lui en était faite. Or, ce dernier point était considéré, à l'époque de la rédaction du Code, comme réglé; l'action publique appartenait, en thèse générale, au pouvoir exécutif, qui

la déléguait à ses agents. Il ne restait donc qu'à déterminer l'étendue et la mesure de leurs attributions. » En
effet, le sénatus-consulte du 28 floréal an XII, organique
de l'Empire, en déclarant, dans son art. 1er, que : « La justice se rend, au nom de l'Empereur, par les officiers qu'il
institue », avait, implicitement et par « a fortiori », consacré le principe de la même centralisation, en ce qui
concerne la poursuite de cette justice, centralisation qui,
d'ailleurs, était sur ce point complète, et allait jusqu'à
faire considérer l'action publique, ainsi placée entre les
mains des agents du pouvoir exécutif, désormais comme
une simple branche de ce pouvoir. Ce droit d'action dont
sont investis les officiers du ministère public, et le principe de délégation en vertu duquel ils l'exercent, ressortent clairement de la rédaction définitive qui a passé
dans l'art. 1er du Code d'instr. crim. « L'action pour l'application des peines, porte cet article : « n'appartient
qu'aux fonctionnaires », auxquels elle est confiée par la
loi. »

Ceci posé, voyons quels sont ces fonctionnaires auxquels la loi a confié cette action.

Nous trouvons en premier lieu et au sommet de l'é-
chelle hiérarchique (car nous n'avons pas à tenir compte
ici du ministre de la justice ni du procureur général près
la Cour de cassation, dont les attributions n'ont pas un
rapport direct avec notre matière), nous trouvons, disons-
nous, les procureurs généraux près les Cours d'appel,
lesquels sont investis, dans le ressort de chaque Cour,
de l'exercice et de la direction de l'action publique; tous
les autres membres du ministère public, soumis à leurs
ordres, et placés sous leur surveillance, ne sont que leurs

substituts. Plusieurs textes formels établissent cette haute juridiction.

C'est d'abord l'art. 6 de la loi du 20 avril 1810, qui porte que : « Les fonctions du ministère public seront exercées, à la Cour impériale, par un procureur général impérial. » Voilà pour les fonctions.

L'art. 45 de la même loi en développe le sens et l'étendue : « Les procureurs généraux, y est-il dit, exerceront l'action de la justice criminelle dans toute l'étendue de leur ressort ; ils veilleront au maintien de l'ordre dans tous les tribunaux ; ils auront la surveillance de tous les officiers de police judiciaire. » Et l'art. 47 : « Les substituts du procureur général exercent la même action dans les mêmes cas, d'après les mêmes règles, sous la surveillance et la direction du procureur général. »

Enfin, l'art. 42 du décret du 6 juillet 1810 répète encore : « Toutes les fonctions du ministère public sont spécialement et personnellement confiées à nos procureurs généraux. Les avocats généraux et les substituts ne participent à l'exercice de ces fonctions que sous la direction des procureurs généraux. » Encore une fois, on ne peut pas poser d'une manière plus nette et plus précise l'ancien principe constitutionnel de la délégation directe, par le pouvoir exécutif, de la charge du ministère public, ce qui fait dire à M. Mangin : « Donc, comme sous l'ancienne monarchie, l'action publique appartient au chef de l'État ; et elle est exercée, en son nom, par des fonctionnaires qu'il choisit et qu'il peut révoquer. C'est une conséquence juste et nécessaire du principe de notre gouvernement, car, où réside la puissance exécutive doit résider l'action de la justice criminelle, attribut essentiel de cette puissance, puisqu'elle n'est

que le droit de provoquer l'exécution des lois pénales. »
Cette centralisation de l'action publique entre les mains
d'un seul et même magistrat en assurait l'exercice constant et régulier, à tous les degrés de la hiérarchie judiciaire, par la force de cohésion et l'unité de mouvement
qu'elle lui imprimait. « Une disposition qui, sous le rapport de l'importance, dit M. Meyer (t. IV, p. 429 de ses
Institutions judiciaires), doit être regardée comme la première, réunit dans l'étendue de chaque Cour d'appel les
fonctions du ministère public entre les mains d'un seul
et même magistrat, du procureur général. Dans l'impossibilité qu'il les remplît toutes lui-même, la loi lui donna
un nombre suffisant de substituts, lesquels, à tous les
degrés, pussent suppléer à ce qu'il ne peut faire en personne, mais tous sous son inspection et en obéissant à
l'impulsion uniforme donnée par lui. »

Nous avons dit que les attributions du ministre de la
justice et du chef du parquet de la Cour suprême n'ont
pas un rapport direct avec la matière dont nous exposons
l'économie. Nous entendons par là que ces hauts magistrats ne sont investis, à aucun degré, de l'exercice de
l'action publique, mais nous ne voulons pas dire qu'ils
n'aient leur place marquée et leur rôle défini dans ce
système particulier d'organisation de la poursuite des
crimes. Comme c'est au nom du pouvoir exécutif que les
procureurs généraux exercent la plénitude de l'action
publique, il fallait bien rattacher à ce pouvoir ses agents
directs; d'autre part, par suite des exigences du lien
hiérarchique, ils ne pouvaient être soustraits à la surveillance de leur chef immédiat du haut parquet. C'est
ce qui fait dire encore à M. Meyer (*ibid.*, p. 430) : « Une
autre précaution de la loi fut de subordonner tous les pro-

cureurs généraux à l'action du ministère de la justice et à la surveillance de l'autorité centrale du ministère public près la Cour de cassation, avec lequel ils sont en correspondance directe. C'est par ce moyen que la marche de tous les procureurs généraux, et par conséquent de toute la partie active de la justice, est dirigée vers un seul et même but, et qu'on peut proclamer comme une vérité de fait ce qui n'était qu'une règle de droit, que le ministère public est un, »

Nous avons dit que le procureur général est investi de la plénitude de l'action publique. Cette action s'étend donc à tous les crimes, délits, et même aux simples contraventions qui sont commises dans son ressort. Sa surveillance s'exerce sur tous les officiers du ministère public et tous les officiers de police judiciaire, dont il a, en sa qualité de chef de cette magistrature, la direction supérieure.

Nous pouvons citer ici, comme consacrant l'application de ce principe de haute direction et de surveillance, les articles 275 du Cod. d'inst. crim., ainsi conçu : « Le procureur général reçoit les dénonciations et les plaintes qui lui sont adressées directement soit par la cour d'appel, soit par un fonctionnaire public, soit par un simple citoyen, et il en tient registre. » — 27, d'après lequel il reçoit des procureurs de la République, « avis de tous les délits aussitôt qu'ils parviennent à leur connaissance, » et leur donne « tous les ordres qu'il juge convenables relativement à tous les actes de police judiciaire. » — 274, d'après lequel le procureur général charge d'office les procureurs de la République de poursuivre les délits dont il a connaissance.— 202, d'après lequel « il peut interjetter appel des jugements rendus en matière correctionnelle, lors même que le procureur de la République y aurait acquiescé. » — 279, qui soumet à sa surveillance tous les officiers de police judiciaire, même les juges d'instruction. — 217, 250, 276, 271 et 273, d'après lesquels il saisit les chambres d'accusation, fait toutes les réquisitions, et prend toutes les conclusions que les procédures exigent, poursuit par lui-même les accusations admises, et requiert l'application de la loi. Voyez enfin les art. 479, 483 et l'art. 10 de la loi du 20 avril 1810, qui ne reconnaissent qu'à lui le droit de faire citer devant la cour d'appel certains fonctionnaires désignés.

En résumé, le procureur général revêt deux caractères distincts : il est l'agent direct du gouvernement, et il est en même temps le dépositaire absolu et responsable de l'action publique dans son ressort. Sous le premier rapport, il relève du pouvoir central et reçoit les ordres du ministre de la justice, organe, à son égard, de ce pouvoir, il exécute ses instructions et lui rend compte de tous ses actes. Sous le deuxième rapport, il est l'homme de la société à laquelle appartient, en définitive, l'action publique, et il ne relève que de sa conscience de magistrat. Cette distinction bien établie, prépare la solution d'une question grave et fort délicate qui fut agitée dans le sein du conseil d'Etat, à la séance du 24 vendémiaire an XIII (16 octobre 1804) : celle de savoir si le procureur général, qui a reçu l'ordre de poursuivre un délit, doit obéir à cette injonction supérieure, et si, après avoir entamé la poursuite, il demeure lié par cet ordre dans tout le cours de l'instruction, et tenu, par conséquent, de conclure à l'audience dans l'intérêt de la poursuite. On le voit, cette question est double; il faut lire la discussion à laquelle elle donna lieu au conseil, et l'on verra qu'il en ressort ceci : que le procureur général est tenu, comme agent du pouvoir exécutif, de se conformer aux ordres qu'il reçoit pour entamer des poursuites, le gouvernement, pouvant seul, comme l'avait dit M. Treilhard, au cours de la discussion, connaître ce qui convient à la sûreté publique, et le procureur général, n'ayant en aucune façon le droit de s'en rendre le juge. Mais que, ensuite, il devient, suivant les expressions du même M. Treilhard, l'homme de la justice, que nul ordre supérieur ne peut désormais enchaîner dans ses conclusions. Telle est la meilleure et la plus juste conciliation des doubles fonctions que réunit ce haut magistrat.

Il nous reste à faire observer que les « avocats généraux » et les « *substituts du parquet du procureur général,* » dont les attributions sont réglées par la loi du 20 avril 1810, et le décret du 6 juillet de la même année, n'ont pas d'autorité qui leur soit propre, et ne tiennent celle qu'ils exercent que de la délégation expresse ou tacite du chef du parquet. Les seconds sont, plus encore que les premiers, dépendants du procureur général, et placés pour tout ce qui concerne leurs attributions, sous sa surveillance et sous sa direction immédiate.

Arrivons aux fonctionnaires investis, au second degré, de l'exercice de l'action publique. Ce sont les procureurs de la République, lesquels, plus éloignés du procureur général, ont dû recevoir, en délégation, une part plus large de pouvoir et des attributions plus étendues que les avocats généraux et les substituts du parquet. L'article 6 de la loi du 20 avril 1810 les institue en termes explicites : « Le procureur général aura, dit cet article, des substituts pour le service des cours d'assises et pour les tribunaux de première instance ; ceux qui feront le service aux cours d'assises porteront le titre de « *procureurs impériaux criminels ;* » ceux établis près les tribunaux de première instance, le titre de « *procureurs impériaux.* » L'art. 47 ajoute que « les fonctions du ministère public seront exercées, dans chaque tribunal de première instance, par un substitut du procureur général, qui a le titre de procureur impérial. » Il résulte, de ces textes, que les procureurs de la République sont aussi les substituts du procureur général, et c'est ce que le rapporteur au corps législatif du projet de loi sur l'organisation judiciaire déclarait, en termes non moins explicites, lorsqu'il disait : « Le procureur général est le seul agent responsable du gouvernement dans le ressort de la cour impériale, en ce qui concerne la poursuite des crimes et des délits. Il aura pour auxiliaires des substituts : les uns..., les autres, sous le nom de procureurs impériaux, remplaceront les procureurs généraux dans les cours d'assises... »

A ce titre de substituts, les procureurs de la république sont nécessairement soumis à sa surveillance. Nous en avons une preuve dans l'article 47 précité de la loi du 20 avril 1810, auquel il faut ajouter l'article 279 du Cod. d'inst. crim.; dont nous connaissons déjà la disposition : « Tous les officiers de police judiciaire sont soumis à la surveillance du procureur général. » Nous avons vu, dans différents articles du Code, des conséquences directement tirées de ce principe de subordination. C'est d'abord l'article 27, d'après lequel les procureurs de la république doivent donner avis au procureur général de tous les délits qui parviennent à leur connaissance; puis l'art. 290, qui les charge de lui rendre compte de l'état de la justice criminelle dans le ressort qu'ils administrent; le même article 27, qui les oblige à exécuter ses ordres relativement à tous actes de police judiciaire; enfin, l'art. 274, qui les oblige à exercer toutes les poursuites qu'il les charge d'entamer. M. Treilhard a, dans l'exposé des motifs de la première partie du Code, caractérisé d'un mot le rôle des procureurs de la république dans le jeu du système judiciaire, lorsqu'il les a appelés « l'œil du procureur général, comme le procureur général est lui-même l'œil du gouvernement. » Mais, remarquons-le bien, si les procureurs de la république sont les subordonnés hiérarchiques et les substituts du procureur général, soumis, en cette qualité, à sa surveillance, et tenus d'exécuter ses ordres et de suivre sa direction, ils n'en sont pas moins investis, comme le procureur général lui-même, de l'action publique, seulement dans une moins large mesure. Comme à lui, l'exercice de cette action lui appartient « *en propre, personnellement,* » à la différence des avocats généraux et des substituts du parquet, qui n'y participent, nous l'avons vu, que par délégation et dans les limites qui leur sont tracées par le procureur général. C'est la loi elle-même qui investit directement les procureurs de la république du droit d'exercer l'action publique, et la délégation qu'ils en reçoivent est pleine et entière. C'est ce que consacre un texte important, l'article 22 du Code d'instruction criminelle : « Les procureurs impériaux, y est-il dit, sont chargés de la recherche et de la poursuite de tous les délits dont la connaissance appartient aux tribunaux de police correctionnelle ou aux cours d'assises. » Il en résulte que c'est à eux que les officiers ou fonctionnaires publics qui, dans l'exercice de leurs fonctions, acquièrent la connaissance d'un crime ou d'un délit, et que toute personne qui en a été témoin, doivent en donner avis (art. 29 et 30); que c'est encore à eux que les plaintes, dénonciations et proces-verbaux doivent être adressés (art. 31, 53, 63, 274); que ce n'est qu'en vertu de leurs réquisitions que le juge d'instruction, dans le cas de flagrant délit, peut agir et procéder à quelque acte de poursuite (art. 61); qu'ils sai-sissent les tribunaux correctionnels par le seul effet de la citation qu'ils donnent au prévenu (art. 182); qu'ils inter-jettent appel de leurs jugements (art. 202); qu'ils forment opposition aux ordonnances de la chambre du conseil (art. 135); qu'ils participent, même en matière de police, mais dans une mesure très-restreinte, à la poursuite des contraventions (art. 167, 177, 192); enfin, la loi leur a délégué la surveillance immédiate des officiers de police judiciaire de leurs ressorts (art. 289).

Les procureurs de la république sont donc investis par la loi, comme le procureur général, du plein et entier exercice de l'action publique. Par suite, et comme lui, ils sont revêtus du double caractère que nous savons, c'est-à-dire qu'ils sont, d'une part, les agents du pouvoir exécutif, puisqu'ils sont les substituts du procureur géné-ral, et qu'ils sont placés sous ses ordres, et que, de l'autre, ils sont les représentants actifs de la société, puisque l'action publique, qui lui appartenait, leur a été directement déléguée.

Nous avons montré, faisant le service des assises pour le procureur général, les procureurs impériaux crimi-nels, dans chaque département. Cette magistrature ne fut pas de longue durée, et la loi du 25 décembre 1815 vint la supprimer. Les fonctions du ministère public, qui étaient attribuées à ces procureurs criminels, furent exercées par les procureurs du roi près les tribunaux civils des chefs-lieux de département. Cette mesure fit disparaître un dernier vestige de la séparation des deux justices, et réunit entre les mêmes mains des attributions qui peuvent être aussi bien exercées, comme l'expérience l'a prouvé, par un seul magistrat.

Quant aux « *substituts du procureur de la république,* » ils sont placés sous la direction de ce magistrat et sont chargés des mêmes fonctions. Le premier point est sans contredit; mais le second n'est pas admis par tous les auteurs. Ainsi, le savant criminaliste, auquel nous avons eu souvent recours dans le courant de notre étude, M. Mangin, ne reconnaît pas aux substituts en question le pouvoir d'exercer directement et par eux-mêmes les fonctions du ministère public. Suivant lui, l'action publique appartient personnellement au procureur de la république, et les substituts ne l'exercent qu'en vertu de la délégation de ce magistrat, et lorsqu'ils le remplacent (v. tome Ier, n° 94, p. 185). Pour établir que les fonctionnaires du ministère public, autres que les procureurs généraux et les procureurs de la république, ne participent à l'exercice de l'action publique que sous leurs ordres, il renvoie au procès-verbal de la séance du 6 nov. 1804 et aux articles 42, 44 et 45 du décret du 6 juillet 1810. Il est probable que M. Mangin s'appuie sur les paroles suivantes du consul Cambacérés, lesquelles, prononcées au cours de la discussion, durent sans doute reparaître dans la rédaction du procès-verbal susdit. Voici ces paroles : « Le plan est de donner (il s'agissait de la formation du parquet du procureur général) toute l'intensité possible au ministère public; dans cette vue, le pouvoir de poursuivre les délits est confié « *au procureur impérial et au procureur général; les autres fonctionnaires ne l'exercent que sous leurs ordres,* » et, pour faire apercevoir cette subordination et mieux fixer le système, on a cru devoir employer la dénomination de substitut » (Locré, *proc. verb.* du 15 brumaire an XIII (6 nov. 1804), tome 24, p. 459).

Quant aux articles 42, 44 et 45 du décret du 6 juillet 1810, ils n'investissent, en effet, de l'action publique, parmi les fonctionnaires du parquet auxquels ils s'appliquent, que le seul procureur général dont parle l'article 42. A l'argument tiré des paroles de Cambacérès et du texte du correspondant du procès-verbal, nous répondons qu'il ne nous paraît pas qu'on puisse se prévaloir sérieusement de ce que, dans ces paroles et dans ce texte, les substituts du procureur de la République ne sont pas mentionnés à côté de ce magistrat. L'orateur, en effet, parlant de ceux qui ont le pouvoir de poursuivre les délits, à propos du débat sur la composition des parquets, n'a cité que le procureur général et le procureur impérial; parce que ces deux magistrats ont seuls occupé sa pensée, étant seuls chefs de parquet. De plus, le membre de phrase ainsi conçu : « ... *les autres fonctionnaires ne l'exercent que sous leurs ordres,* » qui semble faire un contraste étudié avec le précédent : « *le pouvoir de poursuivre les délits est confié au procureur impérial et au procureur général,* » n'a pas, selon-nous, le sens qu'on lui attribue peut-être, et d'après lequel les substituts du procureur de la République n'exerçant le pouvoir de poursuivre les crimes que sous les ordres de ce magistrat, ne sauraient en avoir l'investiture directe et personnelle de par la loi. En effet, si ce membre de phrase les vise, ce n'est qu'en ce sens que, fonctionnaires inférieurs et subordonnés, par l'effet du lien hiérarchique, au procureur de la République, dont ils forment le parquet, ils ne sauraient exercer le pouvoir de poursuivre les délits qu'en sous-ordre te à son défaut, et l'on ne pourrait sérieusement prétendre que cette subordination de l'action publique est la meilleure preuve qu'elle est déléguée, car il est bien évident, en droit, que ces deux caractères de subordination et de délégation ne sont pas forcément corrélatifs, mais peuvent exister l'un sans l'autre, et que, dans notre hypothèse, l'action publique n'est pas fatalement une action déléguée, par cela seul qu'elle s'exerce en sous-ordre. Quant aux articles précités du décret du 6 juillet 1810, il est plus évident encore qu'on ne saurait en tirer un argument en faveur de la doctrine que nous repoussons; car ils appartiennent à un acte législatif et sont placés sous une section qui traite uniquement de l'organisation et du service *des cours impériales* (v. la rubrique du décret et sa section IV), et ils ne s'occupent en aucune façon des fonctionnaires inférieurs des parquets des tribunaux, dont les attributions restent par suite, à ce moment, absolument en dehors de la pensée du législateur. L'opinion que nous soutenons a d'ailleurs pour elle deux textes formels, dont l'autre fait une complète abstraction. Nous voulons parler de l'article 43 de la loi du 20 avril 1810 et de l'article 9 du Code d'instruction criminelle, qui délèguent directement aux substituts, l'un les fonctions du ministère public, l'autre les fonctions de la police judiciaire, délégation légale qui rend évidemment toute autre délégation superflue. On a objecté l'article 22 du même Code, qui charge encore les procureurs impériaux de la recherche et de la poursuite de tous les délits, et l'article 26, qui veut, qu'en cas d'empêchement, ils soient remplacés par leurs substituts. Mais, encore une fois, on n'a pas entendu ici exclure davantage les substituts, l'article 22 ne faisant que définir les attributions de la fonction ; quant à l'article 26, il ne fait que consacrer la pratique que nous connaissons et qui est toute naturelle ; celle d'après laquelle les substituts ne peuvent exercer cette fonction, lorsque le chef du parquet est présent et n'est pas empêché, ce qui ne les empêche en aucune façon de tenir leur pouvoir de la loi. Voici le texte important des articles susdits et qui doivent lever tous les doutes dans cette discussion : L'article 43 de la loi du 20 avril 1810 s'exprime ainsi : « Les fonctions du ministère public seront exercées, dans chaque tribunal de première instance, par un substitut du procureur général qui a le titre de procureur impérial, et par des substituts du procureur impérial dans les lieux où il sera nécessaire d'en établir. » Ne résulte-t-il pas clairement de cette disposition que la loi investit des fonctions du ministère public les substituts, aussi bien que le procureur impérial ? Quant à l'article 9 du Code d'instruction criminelle, il leur délègue également, d'une manière directe, les fonctions d'officier de police judiciaire lorsqu'il dispose que : « La police judiciaire sera exercée, sous l'autorité des Cours impériales, par les procureurs impériaux et leurs substituts.

Enfin, cette opinion a pour elle l'autorité de la Cour de cassation qui, dans plusieurs arrêts solennels, l'a consacrée d'une façon formelle. A deux reprises différentes, elle a reconnu aux substituts le droit d'interjeter appel contre un jugement correctionnel, rendu dans des affaires où ils ont siégé : « attendu, dit-elle, que les attributions données aux substituts, lorsqu'ils remplacent les procureurs du roi, sont les mêmes que celles

qui appartiennent à ces magistrats ; que l'article 43 de
la loi du 20 avril 1810 investit les substituts du droit
d'exercer, comme les procureurs du roi, les fonctions
du ministère public que, dès lors, dans les affaires pour
le jugement desquelles les substituts ont remplacé le
procureur du roi, ils sont investis de l'attribution du droit
de déclarer l'appel, donné par le n° 4 de l'art. 202 à ce magistrat. (v. arr. de cass., 29 mars 1822 et 14 mai 1825.
Devilleneuve et Carrette, t. VII, p. 46 et t. VIII, p. 124.)

Deux autres arrêts sont intervenus dans une espèce
encore plus décisive, celle où le substitut qui avait formé
l'appel n'avait point porté la parole à l'audience, ce qui
ne laissait plus de place à la présomption d'un mandat
spécial de la part du procureur, comme dans la circonstance précédente. La cour suprême a jugé l'appel non
moins valable, en se fondant, dans l'un de ces arrêts, sur
ce que : « les attributions données aux substituts sont les
mêmes que celles qui sont données aux procureurs du
roi ; que les fonctions du ministère public sont indivisi-
bles, et que les substituts peuvent exercer toutes celles
qu'exerce le procureur du roi lui-même, sans qu'ils aient
besoin d'un mandat de ce magistrat » ; et, dans l'autre
arrêt, sur ce que : « Il existe entre tous les officiers qui
composent le ministère public dans un tribunal une
communauté de fonctions, de droits et d'obligations :
d'où il suit que l'acte d'un substitut du procureur du roi
a, aux yeux de la loi, toute l'autorité et tout l'effet d'un
acte même émané du procureur du roi. » (v. arr. cass. 19
févr. et 3 septemb. 1829. Dev. et Car. tom. 9, p. 236 et
868.) On peut tirer de cette jurisprudence parfaitement
établie une conclusion plus large encore que celle que
nous poursuivons. Non-seulement, en effet, il en résulte,

ce que nous voulons prouver, que l'exercice de l'action publique est directement délégué par la loi aux substituts du procureur de la République ; mais encore, nous devons conclure de ces dispositions si nettes que l'acte du substitut est régulier, le procureur de la République même présent et non empêché s'il n'est pas désavoué, à cause précisément de ce caractère d'indivisibilité et de cette communauté de fonctions qui existent entre tous les membres d'un même parquet.

En résumé, les substituts du procureur de la République ont aussi en eux-mêmes un double caractère : ils sont substituts, et, en cette qualité, soumis à la direction du chef du parquet, dont ils doivent exécuter les ordres dans tous les actes de poursuite et d'instruction qu'il leur prescrit ; mais, ils sont en même temps délégués de la loi, et, à ce titre, ils demeurent libres de suivre, dans l'exercice de leurs fonctions, dont ils sont chargés directement par elle, leur opinion personnelle, et de prendre les conclusions qu'ils jugent convenables. (v. M. Faustin Hélie, Instr. crim. tom. 1er, p. 591.)

Il nous reste à parler des fonctionnaires qui occupent le dernier degré de la hiérarchie du ministère public. Ces fonctionnaires sont : les commissaires de police, les maires et les adjoints. C'est dans l'art. 144 du Code d'inst. crim. qu'il faut chercher la disposition légale qui les investit d'une portion de l'action publique. Cet article est ainsi conçu : « Les fonctions du ministère public pour les faits de police, seront remplies par le commissaire de police du lieu où siégera le tribunal ; au cas d'empêchement du commissaire de police, ou s'il n'y en a point, elles seront remplies par le maire, qui pourra se faire remplacer par son adjoint. Les articles suivants ne sont, là encore, que les appréciations du principe de cette délégation dirécte de la loi. L'article 11 porte, en effet, que ces officiers «recevront les rapports, dénonciations et plaintes qui seront relatifs aux contraventions de police »; les art. 15, 20 et 21 établissent que c'est à eux que sont adressés tous les procès-verbaux et les renseignements qui concernent les mêmes faits; l'article 145, que les citations devant le tribunal de police sont faites à leur requête; l'article 155, que c'est à eux qu'il appartient de requérir l'application des peines; l'art. 172, que c'est encore à eux de se pourvoir, par appel, s'il y a lieu, contre les jugements. C'est donc en matière de simple police que les officiers du ministère public exercent leurs fonctions. On s'est demandé si, dans cet exercice restreint de l'action publique, ils doivent être considérés comme les substituts ou les délégués du procureur de la République du ressort. La jurisprudence de la Cour suprême a varié sur ce point. Dans un arrêt du 6 août 1824, dont les considérants seraient trop longs à rapporter, elle décide, en se fondant sur l'interprétation qui lui paraît la plus naturelle de l'article 177 du Code d'instr. crim. que les procureurs de la République n'ont aucune direction sur l'exercice de l'action publique devant les tribunaux de simple police, et que, par conséquent, les officiers du ministère public qui exercent leurs fonctions devant ces tribunaux, ne sont pas leurs délégués. (v. Dev. et Car. t. 7, p. 512.) Mais, deux arrêts, l'un du 27 août 1825, l'autre du 19 septembre 1834 sont venus établir des principes diamétralement opposés à propos de la question de savoir si l'on pouvait valablement signifier au procureur de la République l'appel d'un jugement de simple police. Ces arrêts ont déclaré : « que le ministère public est indivisible ; que les officiers qui l'exercent devant les tribunaux de simple police sont les délégués ou les substituts du procureur du roi du ressort comme celui-ci est lui-même le substitut du procureur-général ; que, dès lors, l'appel d'un jugement de simple police peut être utilement signifié au procureur du roi. » (v. *Journal du Palais*, tome 19, p, 852, et t. 27, p. 944.) MM. Faustin Hélie et Mangin combattent cette dernière jurisprudence et se refusent à voir dans les officiers du ministère public, en matière de simple police, des « *substituts* » du procureur de la République. « Cette assertion, dit le premier, que les officiers du ministère public près les tribunaux de simple police sont les substituts du procureur de la République, nous paraît dénuée de tout fondement. Aucune disposition de la loi, en effet, n'a établi entre les procureurs du roi et ces officiers les rapports d'autorité et de subordination qui lient ces magistrats et leurs substituts. Aucune disposition de la loi n'a investi les procureurs impériaux du droit de provoquer ou d'exercer l'action publique en matière de police. Ils ne peuvent donc revendiquer sur cette branche du ministère public, dans les limites étroites où elle s'étend, aucune autorité directe. Les commissaires de police et les maires ont reçu leur délégation de la loi ; ils ne sont les délégués d'aucun fonctionnaire ; ils exercent l'action publique en leur nom : ils en sont personnellement investis. » (v. Faust Hélie, inst. crim. t. 1er, p. 593 et 594). M. Mangin est du même avis, mais, d'après lui, « il serait vrai de dire que les fonctionnaires chargés du ministère public près les tribunaux de police sont substituts du procureur général, parce qu'à ce magistrat appartient la plénitude de l'action publique, même en matière de police. » (v.

Mangin, trait. de l'act. public. t. 1er, p. 207, n° 102).
Sur ce dernier point, les deux savants auteurs se séparent, et M. Faustin Hélie (*ibidem*), loin d'admettre pareille assertion, prétend y découvrir une double erreur.
Selon lui, les commissaires de police et les maires, cir-
conscrits dans leurs fonctions du ministère public, ne sont
d'abord pas plus les substituts du procureur général que
du procureur de la République. Il s'appuie sur ce que la
loi est également muette sur les rapports qu'ils devraient
avoir, dans l'exercice de ces fonctions, avec l'un et
l'autre de ces magistrats. Ensuite, toujours d'après lui,
au procureur général n'appartient point l'action publique en matière de police, par la raison qu'il ne peut
l'exercer, ce pouvoir n'ayant été délégué par la loi qu'aux
officiers désignés par l'article 144 du Code d'instruction
criminelle, et les compétences, qui sont de droit strict,
ne pouvant être étendues par induction. Mais, il nous
semble, à notre tour, que les allégations de M. Faustin
Hélie sont un peu téméraires, et son système ne nous
paraît pas très-fondé en droit. Remarquons d'abord qu'il
est tout entier fondé sur le simple fait de l'absence, d'a-
près lui, de textes formels et spéciaux sur le point qui
nous occupe. Or, ce défaut de textes n'est pas si évident
pour nous. Il est vrai qu'aucun article de loi ne donne
expressément aux officiers du ministère public près les
tribunaux de police, comme il est donné aux procureurs
de la République le titre de « *substituts du procureur général;* » mais, serait-ce que la reconnaissance, pour ainsi
dire officielle, de ce titre, fût indispensable à ces officiers, pour exercer les fonctions que la loi y a attachées,
et si on ne la rencontre pas dans la lettre de la loi, serait-ce qu'elle ne peut se découvrir dans son esprit? Telle

n'est pas notre manière de voir. Et d'abord, en effet, le
principe qui domine toute cette matière, et qu'on ne saurait méconnaître, est celui d'après lequel le procureur
général est investi de la plénitude de l'action publique.
Ce principe est incontestable et consacré par les textes
les plus formels, et il nous suffira de rappeler l'article 45
de la loi du 20 avril 1810, et l'article 42 du décret du
6 juillet de la même année. Cette plénitude de l'action
publique, qui fait de celui qui en est investi comme un
centre et un foyer unique, d'où rayonne de toutes parts
et jusqu'aux extrémités de sa sphère l'action de la justice criminelle, donne au même magistrat, le droit et
le pouvoir d'exercer par lui-même, personnellement,
cette action répressive, à tous les degrés de la hiérarchie judiciaire, et c'est parce qu'il a un pareil droit et
un pareil pouvoir que tous les autres officiers du ministère public, bien que participant d'une façon directe et
aussi personnelle, mais dans une mesure plus restreinte,
à ces mêmes attributions que la loi leur délègue, ne sont
que ses substituts et ses représentants. Rien de tout ceci
ne nous paraît contesté par M. Faustin Hélie; il donne
même à cette théorie l'adhésion la plus explicite, lorsqu'il écrit : « L'action du procureur général s'étend à
tous les crimes, délits et même *aux simples contraventions* qui sont commises dans son ressort; sa surveillance
s'exerce sur tous les officiers du ministère public et tous
les officiers de police judiciaire. Il a la direction *supérieure de l'action*; il est le chef de tous les magistrats qui
l'exercent. » (v. ins. crim. t. 1er, 576.) N'avons-nous
pas vu plusieurs articles du Code d'instruction criminelle qui ne sont que l'application naturelle de ce principe d'investiture pleine et entière, à tous les degrés ?

Faut-il rappeler ici l'article 275, d'après lequel « le procureur général reçoit les dénonciations et les plaintes qui lui sont adressées directement, soit par la Cour d'appel, soit par un fonctionnaire public, soit par un simple citoyen, et en tient registre. » L'article 250, d'après lequel il peut ordonner l'apport des pièces concernant même les procès de simple police, pour prendre les réquisitions qu'il juge utiles; les articles 178 et 249, d'après lesquels les procureurs de la République sont tenus de leur envoyer un compte sommaire de tous les jugements de police qui ont prononcé la peine d'emprisonnement, et une notice hebdomadaire de toutes les affaires criminelles, correctionnelles et de simple police qui sont survenues? Si donc l'action du procureur général s'étend *même aux simples contraventions*, peut-on prétendre que ce magistrat n'a pas le pouvoir d'exercer cette action en matière de police, par la raison que la loi n'a délégué ce pouvoir qu'aux officiers désignés par l'article 144 du Code d'instruction criminelle? Quelle est donc la disposition de cet article? Il établit que les fonctions du ministère public, pour les faits de police, seront remplis par le commissaire du lieu où siégera le tribunal, ou, à son défaut, par le maire ou son adjoint. » Mais les articles 22 et 23 du même Code n'investissent-ils pas des mêmes fonctions, et dans les mêmes termes, en matière de crimes et de délits, les procureurs de la République? Et cependant, on ne prétendra pas que ces officiers aient seuls le pouvoir d'exercer l'action publique et que le procureur général ne puisse se substituer à eux à cet effet. Si la loi du 20 avril 1810 ne donne comme substitut au procureur général, et quant à l'exercice de l'action publique, que les procureurs de la République, c'est qu'elle

s'occupe surtout de l'organisation de la justice criminelle dans les tribunaux d'ordre supérieur, et qu'elle
laisse de côté ceux du premier degré, beaucoup moins
importants, et au sujet desquels devait intervenir un acte
postérieur de réglementation, le décret du 18 août 1810.

Quant à l'argument tiré de ce que la loi est également
muette sur les rapports que les commissaires de police
et les maires devraient avoir dans l'exercice de leurs fonctions d' « *officiers du ministère public*, » avec le procureur
général et le procureur de la république, nous pensons
qu'il n'est pas plus fondé. Car, si, d'une part, ce silence
est tout naturel, en ce qui concerne les rapports de ces
officiers inférieurs, toujours considérés comme officiers
du ministère public, avec le procureur de la république,
par la raison que, comme nous l'avons établi en nous
appuyant sur l'autorité de M. Faustin-Hélie lui-même,
ces officiers ne sont nullement les substituts et les subordonnés du procureur de la république; d'autre part, le
même silence peut s'expliquer encore, ce nous semble,
en ce qui touche aux rapports d'autorité et de subordination, que nous prétendons, cette fois, exister entre les
commissaires de police, maires et adjoints, et le procureur général, dont ils sont les substituts sans en être
pour cela les délégués, par ce motif que ces fonctionnaires, exerçant leur action plus loin encore des regards du
procureur général dans des limites bien étroites et en
des matières d'une importance beaucoup moins grande,
la loi n'a pas dû les avoir en vue, comme les procureurs
de la république, dans la réglementation des rapports
hiérarchiques, et aura cherché plutôt à étendre leur liberté d'action et à favoriser leur initiative, sans danger
d'ailleurs pour les intérêts de la justice ou des individus,

par suite de la surveillance et de l'inspection permanentes auxquelles ils sont soumis, en leur qualité d'officiers de police judiciaire, et même comme fonctionnaires du ministère public, sur quelques points spéciaux. En effet, et c'est ce qui nous reste à dire à leur sujet, les commissaires de police et les maires, commes officiers de police judiciaire, sont soumis à l'autorité du procureur général et du procureur de la république, même en ce qui concerne la constatation et la recherche des contraventions de police. De plus, les art. 144 et 167 du Code d'instruction criminelle donnent à ces deux magistrats, dans deux hypothèses distinctes, le droit de désigner entre plusieurs l'officier qui doit remplir les fonctions du ministère public au tribunal de police; et si ce choix, comme l'observe fort justement M. Faustin-Hélie, n'est accompagné d'aucune délégation de pouvoir, il constate néanmoins la hiérarchie et établit la suprématie du magistrat qui fait la désignation. Enfin, les art. 178 et 249, en ordonnant que la notice des affaires de police passe sous les yeux du procureur de la république et du procureur général, à cause des questions de compétence et d'appel qu'elles peuvent soulever, comme toute affaire contentieuse, consacrent, de la part de ces magistrats, un droit de surveillance, un pouvoir d'inspection, sinon sur tous les actes du ministère public des tribunaux de police, au moins sur l'appréciation qu'il donne à certains faits et sur les limites qu'il attribue à sa compétence.

Nous avons vu quels fonctionnaires sont investis de l'exercice de l'action publique. Jusqu'ici nous avons supposé que cette action s'exerçait dans le domaine du droit commun. Mais il est certains délits, certaines contraventions d'un genre particulier qui donnent lieu, de la part du législateur, à un système de poursuite un peu différent. Nous voulons parler des délits et contraventions en matière de contributions indirectes et de douanes, et des délits forestiers et de pêche fluviale. Sans nous arrêter à des matières qui sont étrangères à notre sujet, nous pouvons dire, en ce qui touche à la poursuite de ces délits et contraventions, seul point de vue qui nous intéresse, que l'exercice de l'action publique est ici partagé entre les administrations publiques interessées et les officiers du ministère public. Cette délégation partielle de l'action publique à des fonctionnaires de l'ordre administratif, qui a son fondement surtout dans l'intérêt du fisc, a dû, remarquons-le, autant parce qu'elle constitue en elle-même une véritable règle de compétence, que parce qu'elle crée une exception au droit commun, être formellement consacrée par la loi, et la conséquence en est qu'on ne saurait l'étendre au-delà de ses termes. De plus, il est évident que cette action d'un ordre particulier doit être soumise, dans le cercle restreint où elle s'exerce, aux règles générales qui régissent l'action publique. C'est ainsi que la Cour de cassation a décidé que le décès du prévenu produit, en matière de contravention fiscale, quant à l'action publique, le même effet extinctif qu'en toute autre matière (v. arr. cass. 30 nov. 1821, *Journal du Pal.*, tom. XVI, p. 984, et Dev. et Car. arr. du 9 décembre 1819, t. IV, p. 484).

Il nous reste, pour compléter cette première section, à montrer la part que les corps judiciaires prennent, dans notre législation actuelle, à l'exercice de la justice criminelle par rapport à la poursuite des délits et des crimes. Dans la monarchie, nous les avons vus exercer eux-mêmes l'action publique, et c'était là l'une des règles fondamentales de notre ancien droit. Le législateur moderne n'a pas répudié le principe de l'intervention de cette haute magistrature dans ce que l'on peut appeler la branche exécutoire de la justice, principe consacré par tant de siècles, mais il l'a restreint dans son application. Aujourd'hui, les cours d'appel, auxquelles la loi reconnaît expressément, nous le verrons tout à l'heure, ce droit d'intervention, n'ont plus l'exercice, mais seulement la surveillance de l'action publique. Cette surveillance, d'ailleurs, n'est pas bornée à un rôle purement passif, et elle peut se traduire par une initiative dont le fondement est encore dans la loi, et qui tend à provoquer l'exercice de cette action. Ce concours des grands corps judiciaires, dans la mise en mouvement de l'action publique, est une suprême garantie donnée aux intérêts sociaux, qu'expliquent assez la haute situation et le caractère d'indépendance qui les distinguent. En somme, les Cours d'appel sont investies, par la loi, de la délégation directe de l'action publique; elles en sont les dépositaires au même titre que les membres du ministère public, mais ces derniers l'exercent seuls, et la suprême direction leur en est laissée.

C'est là la doctrine de la Cour de cassation qui a reconnu : « que la suprême direction de l'action publique, pour la punition des crimes et des délits, est expressément confié aux cours royales par l'art. 9 du code d'instruction criminelle, que l'art. 11 de la loi 20 août 1810 donne à ces cours le droit de mander les procureurs généraux et de leur enjoindre de poursuivre les crimes et les délits; qu'en confiant ainsi à des corps indépendants la surveillance de l'action publique, qu'en les autorisant à la mettre en mouvement, ces lois ont créé en faveur de

la liberté civile, une de ses plus fortes garanties « (v. arr.
cass. 22 déc. 1827, Dev. et Car., t. 8, p. 732.). » D'après
cet arrêt, nous savons déjà comment les cours d'appel
exercent leur haut pouvoir de provocation consacré par
l'art. 11 de la loi de 1810. Il faut citer encore les articles 9 et 235 du code d'instruction criminelle dont le
premier pose nettement le principe de la suprématie des
cours d'appel en cette matière. Il déclare, en effet, que
la police judiciaire est exercée « *Sous l'autorité des cours
d'appel* » et l'art. 235 est ainsi conçu : « Dans toutes les
affaires, les cours impériales, tant qu'elles n'auront pas
décidé s'il y a lieu de prononcer la mise en accusation,
pourront d'office, soit qu'il y ait ou non une instruction
commencée par les premiers juges, « *ordonner des poursuites, se faire apporter des pièces, informer ou faire informer*,
et statuer ensuite ce qu'il appartiendra. »

Remarquons que l'attribution générale que ces textes
établissent pour les cours d'appel se divise en deux branches distinctes : l'une, que l'art. 11 de la loi de 1810 attribue aux chambres assemblées, lesquelles peuvent entendre
les dénonciations des crimes et délits qui leur seraient
faites par un de leurs membres, et mander le procureur
général pour lui enjoindre de poursuivre, ou pour entendre le compte qu'il leur rendra des poursuites com-
mencées. C'est dans ce cas surtout qu'elles exercent leur
haute initiative, traduisant en quelque sorte devant elle
le chef du ministère public, mettant en mouvement l'action publique sous leur direction, saisissant la justice
(v. arr. cass., 12 juil. 1861, bulletin n° 147.). — L'autre,
attribue à la chambre d'accusation seulement, par l'article 235 du Code d'instruction criminelle, et qui est
moins large, car cette chambre ne peut qu'étendre les

poursuites dont elle est saisie aux faits qui s'y rattachent, et aux personnes qui y sont impliquées ou bien ordonner une information, lorsque, dans l'exercice de ses fonctions, c'est-à-dire en examinant quelque procédure dont elle est saisie, elle découvre les traces d'un crime ou d'un délit; ou bien enfin soit d'office, soit sur les réquisitions du ministère public, évoquer l'instruction des affaires dont sont saisis les juges inférieurs. « Ces pouvoirs, dit M. Faustin Hélie ne sont que la conséquence de la haute surveillance que les chambres d'accusation doivent exercer sur l'instruction des procédures et du devoir qui leur est imposé de compléter les informations dont elles sont saisies. La loi a voulu leur donner, suivant l'expression de M. Faure, tous les moyens nécessaires pour empêcher qu'aucun crime ne reste impuni. »

Nous avons dit, enfin, que le procureur général près la *cour de cassation* et le ministre de la justice ont, en cette matière, certaines attributions d'un caractère particulier. Le premier, en effet, a sur tous les nombres du ministère public un pouvoir de surveillance, non point sur l'application de l'action publique elle même, mais sur la manière dont le ministère public se conduit dans l'exercice de ses fonctions; cette surveillance, chez lui, a pour but l'application des règles de la jurisprudence et le rappel aux prescriptions oubliées de la loi. Tout cela résulte de la disposition légale et réglementaire de l'art. 84 du sénatus-consulte organique du 16 thermidor, an X, d'après lequel le procureur général près la cour de cassation « *surveille les commissaires près les tribunaux d'appel et les tribunaux criminels.*» Le second dignitaire, qui est le chef de tout l'ordre judiciaire, ne participe pas sans doute à l'exercice de l'action publique, mais surveille également et dans la plus large mesure, cet exercice de tous les jours. Il tire le pouvoir de suprême surveillance de son caractère de représentant du pouvoir exécutif, et, de plus en sa qualité de chef hiérarchique, il a le droit de transmettre ses instructions à tous les officiers du ministère public, obligés de s'y conformer, et, au besoin de provoquer des actes de poursuite de leur part. On le voit, la surveillance exercée par le ministre de la justice est essentiellement administrative, à la différence de celle exercée par le procureur général près la cour de cassation qui est plutôt judiciaire, et son but direct est le maintien de la discipline et la bonne administration de la justice. C'est ce qu'établissent plusieurs textes, tels que l'art. 5 de la loi du 27 avril, 25 mai 1791, 3°, l'art. 3 de la loi du 10 vendémiaire, an IV, et l'art. 81 du sénatus-consulte organique du 16 thermidor, an X, qui les résume tous et porte que: « Le ministre de la justice a sur les tribunaux et sur les membres qui les composent le droit de les surveiller et de les reprendre » et encore les articles 60 et 61 de la loi du 20 avril 1810, qui renouvellent les mêmes règles de surveillance disciplinaire; enfin, l'art. 274 du Code d'instruction criminelle qui dispose que le procureur de la République est tenu, *par les ordres du ministre de la justice*, de poursuivre les délits qu'il lui signale, et les articles 441, 443 et 486 du même Code, d'après lesquels le procureur général près la cour de cassation est également obligé, lorsque le ministre de la justice lui en donne l'ordre, de saisir la Cour, dans les différents cas qu'ils ont prévus.

SECTION II. — De la procédure d'accusation.

Nous sommes arrivés à l'étude des règles d'après lesquelles s'exerce, sous l'empire de notre législation criminelle actuelle, le droit de poursuite du ministère public en matière de crimes et de délits. Ces règles sont celles qui dirigent l'accusation, soit dans cette première phase d'action, où elle se prépare et se constitue, soit dans celle qui la suit et la complète, où, jouant son rôle de partie devant le juge, elle s'affirme en s'exerçant. Il est évident qu'ici, comme dans tout le cours de notre travail, nous devons nous arrêter surtout à cette partie de la procédure qu'on pourrait appeler la partie préparatoire de l'instance criminelle, parce qu'elle est pour nous la plus importante, et glisser rapidement sur tout ce qui touche à l'autre, dans laquelle l'action du ministère public, quoique toujours et bien plus alors considérable dans son objet, se réduit, en ce qui concerne la procédure, à quelques formes strictement déterminées. Mais, avant d'aborder cette étude, il nous paraît utile de la dégager de tous les éléments qui lui sont étrangers et en chargeraient le cadre restreint, et de préciser nettement ce qui en fait l'objet.

Il y a deux choses qu'il faut bien distinguer dans l'économie de la procédure criminelle, car elles ont chacune un objet spécial et différent. Ces deux choses sont la police judiciaire et l'action publique. La police judiciaire recherche les délits et en recueille les indices et les preuves; l'action publique, nous le savons assez, apprécie le caractère des faits, d'après les charges recueillies, et, s'il y a lieu, saisit le juge et requiert soit une

instruction, soit l'application des peines légales. La séparation de ces deux fonctions est une règle de notre
organisation judiciaire, et on la trouve consacrée dans
plus d'un article du Code d'instruction criminelle. Il
suffit de rapprocher, pour la voir apparaître dans toute
son évidence, les art. 1 et 8 de ce Code qui les définis-
sent. L'art. 1er porte que : « L'action pour l'application
des peines n'appartient qu'aux fonctionnaires auxquels
elle est confiée par la loi. » L'art. 8, que : « La police
judiciaire recherche les crimes, les délits et les contraventions, en rassemble les preuves, et en livre les auteurs aux tribunaux chargés de les punir. Ce sont encore les articles suivants qui attribuent le pouvoir
d'exercer cette police à des fonctionnaires publics de
tout ordre judiciaire, exécutif et même administratif,
dont le plus grand nombre n'a d'ailleurs, en aucune
façon et à aucun degré, l'investiture de l'action publique.
Le projet du Code ne faisait pas assez nettement la distinction entre les deux choses. L'article 22 du projet représenté au Conseil d'Etat en 1808 attribuait, en effet,
aux procureurs impériaux et à leurs substituts des
fonctions de police judiciaire à côté de celles dont ils
étaient déjà investis, en leur qualité d'officier du ministère public. Cette confusion, funeste à tous les intérêts
sociaux, fut énergiquement attaquée, par la raison :
« qu'il est difficile que l'homme qui poursuit conserve
son impartialité quand il s'agit d'instruire ; que la différence qui sépare le ministère public et les officiers de
police judiciaire, c'est que le premier est partie poursuivante ; que tous les citoyens devraient trembler s'ils
voyaient dans le même homme le pouvoir de les accuser et celui de recueillir ce qui peut justifier son accu-

sation; enfin, que la première instruction ne doit pas
être abandonnée aux lumières et souvent aux passions
d'un seul homme. » Tous ces motifs puissants firent
consacrer le principe de séparation de ces trois choses
qui ressortent des textes et des discussions dont nous
venons de donner un aperçu : la recherche, l'instruction et la poursuite. Pour affirmer encore plus nettement cette séparation et en assurer davantage dans la
pratique tous ses effets, on confia chacun de ces actes de
procédure criminelle à une classe distincte d'officiers
publics, et si quelques-uns furent admis à cumuler les
différentes fonctions auxquelles ces actes donnent lieu,
ce ne fut que par exception et sur des motifs détermi-
nants. En ce qui nous concerne, les officiers du ministère public sont le plus remarquable exemple de ce
cumul exceptionnel. Leurs fonctions, en effet, renfer-
ment une triple attribution : la police judiciaire et l'action publique, et, extraordinairement, l'instruction elle-
même. « Le ministère public, comme investi de l'exercice de la police judiciaire, dit M. Faustin Hélie, est
chargé de la recherche des faits punissables (v. art. 22
et suiv. Code d'inst. crim.); il est chargé, en outre, par
une attribution extraordinaire et exceptionnelle, de
procéder sommairement à des actes d'instruction, dans
les cas de flagrant délit (v. *ibid.*, art. 32 et suiv.).
Comme partie publique, il représente l'intérêt public,
il poursuit la cause de l'ordre social devant les tribunaux; il requiert, au nom de la société, dont le pouvoir
exécutif n'est que le délégué, l'instruction des affaires
criminelles; il demande la punition des délinquants; il
prend ses conclusions pour l'application des peines; il
surveille l'exécution des jugements. « Or, de ces trois at-

tributions, une seule, celle qui le constitue partie poursuivante au nom de la Société et dans le but de la punition de l'acte coupable, rentre directement dans le
domaine de notre sujet. Nous laisserons donc de côté
la recherche et l'instruction, dont nous ne sommes
amenés à parler, pour ainsi dire, que par accident, et
nous nous attacherons à l'étude des règles d'après
lesquelles s'exerce le droit de poursuivre et d'accuser.
Pour introduire dans cette étude plus de méthode et de
clarté, nous adopterons ici encore notre division familière, et d'ailleurs toute naturelle, et nous exposerons
la procédure d'accusation : 1° devant les tribunaux de
simple police ; 2° devant les tribunaux correctionnels ;
3° devant les cours d'assises.

§ Ier. — *Procédure d'accusation devant les tribunaux de police.*

Nous savons que l'accusation est poursuivie devant le
premier degré de juridiction criminelle par les commissaires de police, ou, à leur défaut, par les maires ou
leurs adjoints, tous officiers du ministère public en matière de simple police. Voyons d'après quelles formes
de procédure a lieu cette poursuite, en observant d'abord
que cette étude mérite toute notre attention et que l'intérêt qu'elle offre est plus grand que ne semble le com-
porter la matière ; car, nous retrouverons la plupart de
ces formes dans la procédure des tribunaux correctionnels, et alors cet intérêt grandira encore en proportion
de l'importance du sujet.

Nous supposons constatée par les officiers de police
judiciaire la contravention qui donne lieu à la pour-

suite du ministère public devant le tribunal de police.
Cette constatation peut être le fait des mêmes fonctionnaires qui vont exercer la poursuite, c'est-à-dire du
commissaire de police, du maire ou de l'adjoint ; car,
nous savons qu'ils réunissent en eux-mêmes les doubles
fonctions d'officiers de police judiciaire (v. art. 9, Cod.
inst. crim.) et d'officiers du ministère public. Les procès-
verbaux qui forment, avec les pièces et les renseignements à l'appui, comme le dossier de l'affaire, ont été
dressés, soit sur les recherches et la découverte opérées,
soit sur les rapports, dénonciations et plaintes reçues,
par ces officiers ou par eux-mêmes. Dans le premier
cas, ce dossier est transmis, suivant la disposition de
l'article 15, dans le délai de trois jours au plus, y compris celui où le fait a été reconnu, à l'officier par qui
doit être rempli le ministère public près le tribunal de
police. Si c'est cet officier qui a procédé lui-même à la
recherche ou à la constatation, il est légalement en
possession des pièces du procès. Alors commence le rôle
du ministère public, car, d'après le principe général
qui domine toutes nos juridictions, aussi bien pénales
que civiles, et d'après lequel les juges n'ont pas qualité
pour se saisir eux-mêmes des faits punissables, le ministère public est constitué par la loi elle-même en demeure d'agir et de mettre en mouvement l'action publique. Il agit donc et met en mouvement cette action
en saisissant par un acte qu'on appelle, en langage technique, une « *citation* », la juridiction du juge de paix,
compétente en pareille matière. L'article 145 du Code
d'instruction criminelle porte, en effet : « Les citations
pour contravention de police seront faites à la requête
du ministère public, elles seront notifiées par un

huissier ; il en sera laissé copie au prévenu.» Mais, comme
il faut que le prévenu ne soit pas surpris par cette sommation qui le met aux prises avec la justice et qui engage jusqu'à sa personne elle-même, et qu'il est juste
qu'il puisse préparer sa défense, nous retrouvons consacré, dans cette circonstance, comme dans toutes les
autres où nous avons vu et où nous verrons en jeu les
intérêts de cette défense, le principe de sauvegarde
d'après lequel des délais sont accordés par la loi à celui
qu'elle traduit devant la justice répressive. Seulement,
ces délais sont calculés par elle, selon la gravité de la
situation et les besoins de la défense, et on comprend
qu'ils soient ici renfermés dans d'étroites limites. « La
citation, dit l'article 146, ne pourra être donnée à un
délai moindre que vingt-quatre heures, outre un
jour par trois myriamètres, à peine de nullité, tant de
la citation que du jugement qui serait rendu par défaut.
Néanmoins, cette nullité ne pourra être proposée qu'à
la première audience, avant toute exception et défense.
Dans les cas urgents, les délais pourront être abrégés
et les parties citées à comparaître même dans le jour,
et à l'heure indiquée, en vertu d'une cédule délivrée par
le juge de paix. » Quoique ce texte n'ait pas besoin
d'explications, nous devons nous y arrêter un instant
pour en observer les points saillants. Et d'abord, il prononce la nullité, tant de la procédure que du jugement
rendu par défaut. C'est la sanction la plus efficace du
principe de sauvegarde dont nous avons parlé plus haut,
et dont cette mesure rigoureuse nous fait apprécier toute
l'importance aux yeux de la loi. De plus, nous apprenons
qu'une condamnation peut intervenir même en l'absence du prévenu, ce qu'établit d'ailleurs en droit un

des articles suivants, l'article 149, ainsi conçu : « Si la personne citée ne comparaît pas au jour et à l'heure fixés par la citation, elle sera jugée par défaut. » Nous n'avons pas à nous occuper des moyens de recours que les articles suivants, 150 et 151, mettent entre les mains du condamné par défaut. Une troisième observation à faire sur le texte de l'article 146, c'est le droit reconnu à la partie publique de faire citer le prévenu à bref délai et même dans le jour, lorsque des motifs graves, de nature à excuser cette dérogation aux règles du droit commun, sont mis en avant par le ministère public. D'ailleurs, la loi, par une sage précaution, qui tempère la rigueur de cette mesure exceptionnelle, veut qu'elle soit autorisée par l'aveu formel d'un pouvoir supérieur et impartial, celui-là même qui connaît de l'affaire et doit en juger, et c'est pour cela qu'elle exige, de la part du ministère public, l'obtention d'une cédule, ou permis d'assigner, que doit lui délivrer le juge de paix lui-même.

La formalité d'une assignation solennelle n'est pas essentielle; l'article 147 permet, en effet, de saisir le tribunal non-seulement par une citation, mais même par un simple avertissement. Seulement, remarquons que, dans ce cas et si le prévenu ne comparaît pas, cet avertissement ne tient pas lieu de citation et n'engage pas l'instance, nonobstant l'absence de la partie poursuivie, comme l'aurait fait un acte d'huissier en règle. Il serait donc impossible de la condamner par défaut, comme dans le cas de l'article 149, et il faudra lui donner une citation régulière.

La présence du prévenu n'est pas exigée par la loi qui, eu égard à l'importance bien moins considérable du procès et des intérêts qu'il engage, ne la juge pas indispensable. L'article 152 consacre, en matière de police, une faculté qui n'appartient au prévenu que sous certaines distinctions, en matière correctionnelle, celle de se faire représenter par un fondé de procuration. Le Code n'a pas reproduit, à cet égard, les dispositions peu raisonnables des lois antérieures, qui défendaient de se faire représenter en simple police par un homme de loi.

L'article 153 consacre, à son tour, le grand principe de publicité des débats, qui est un des fondements de notre procédure criminelle, et il établit, comme sanction de ce principe, la nullité de l'instruction que le juge aurait faite de l'affaire en dehors de cette suprême garantie. Remarquons, à ce sujet, que la loi peut employer ici à bon droit ce terme d' « instruction, » quoique d'ordinaire, nous les avons, cette partie préliminaire, préparatoire des procès criminels qu'on appelle de ce nom, demeure secrète jusqu'au jour de l'audience, par la raison que, en matière de simple police, l'instruction, entendue dans ce sens, ne se rencontre pas, le caractère de légèreté du délit n'en exigeant ni les lenteurs ni les garanties, et le procès devant s'instruire et se juger dans une seule et même procédure sommaire, sur la lecture des procès-verbaux, l'audition des témoins, s'il y en a, la défense du prévenu et les conclusions du ministère public. Nous avons dit que nous n'avions pas à nous étendre sur la procédure d'audience, dont les formes sont d'ailleurs toujours les mêmes et très-peu nombreuses. Le rôle du ministère public, dans cette seconde partie de la procédure criminelle, se résume dans l'attention qu'il doit prêter à l'interrogatoire du prévenu et des témoins, pour tirer parti des réponses et témoignages ou les contredire, et dans le prononcé de ses conclusions.

Enfin, le ministère public a un dernier devoir à remplir, qui est comme le complément de tous les autres et par lequel il termine son rôle, c'est celui de poursuivre l'exécution du jugement intervenu, comme le porte l'article 165.

Nous avons dit que, dans certaines circonstances et sous certaines conditions, les maires des communes non chefs-lieux de cantons peuvent, concurremment avec le juge de paix, exercer une juridiction de simple police. L'article 166 nous apprend qu'il s'agit des contraventions commises dans l'étendue de leur commune, par les personnes prises en flagrant délit, ou par des personnes qui résident dans la commune ou qui y sont présentes, lorsque les témoins y sont aussi résidants ou présents, et lorsque la partie réclamante conclut pour ses dommages-intérêts à une somme déterminée, qui n'excède pas celle de 15 francs. Nous n'avons rien à dire au sujet de l'accusation par-devant cette juridiction, sinon qu'elle y est poursuivie par l'adjoint au maire ou, à son défaut, par un membre du conseil municipal, qui est désigné à cet effet par le procureur de la République, pour une année entière; que les citations peuvent être faites par un simple avertissement du maire, qui annonce au défendeur le fait dont il est inculpé, le jour et l'heure où il doit se présenter (art. 169); enfin, que la procédure dont nous venons d'exposer la marche sommaire, à l'audience, est ici absolument la même (art. 171).

§ 11. — *Procédure d'accusation devant les tribunaux correctionnels.*

Nous aurons peu de choses nouvelles à dire sur ce second paragraphe ; car, comme nous l'avons annoncé, les formes de cette procédure sont, en matière correctionnelle, identiques à celles que le Code a établies en matière de simple police. Les officiers du ministère public sont auprès des tribunaux correctionnels les procureurs de la République et leurs substituts. L'article 22 du Code d'instruction criminelle consacre leur double rôle d'officiers de police judiciaire et d'officiers du ministère public. Il n'est pas inutile d'en rappeler la disposition formelle : « Les procureurs de la République, dit-il, sont chargés de la « recherche » et de la « poursuite » de tous les délits dont la connaissance appartient aux tribunaux de police correctionnelle ou cours d'assises. » Encore une fois, nous n'avons pas à nous arrêter à leur rôle d'officiers de police judiciaire, et, ici encore, nous suposerons le délit connu ou constaté. La constatation a pu, nous le répétons, en être faite par tout officier investi de la police judiciaire, ou même par le procureur de la République ou ses substituts, dans le cas particulier de flagrant délit, et lorsque le fait est de nature à entraîner une peine afflictive ou infâmante (v. art 9, 26, 32). Lorsque la constatation aura été faite par un officier de police judiciaire autre que le procureur de la République ou ses substituts, cet officier devra, d'après l'article 53, renvoyer, sans délai, les procès-verbaux et autres actes par lui faits dans les cas de sa compétence, au procureur de la République. Si c'est le juge d'instruction qui, en sa qualité d'officier de police judiciaire (v. art. 9), est appelé à constater le délit, ce qu'il ne peut faire également que dans les cas réputés flagrants délits, il pourra requérir la présence du procureur de la République, sans aucun retard néanmoins des opérations qui lui sont prescrites par la loi comme à ce magistrat (v. art. 59). Enfin, la connaissance du délit a pu être acquise par une dénonciation ou par une plainte adressée soit à un des officiers de police judiciaire, soit au ministère public lui-même (v. art. 30 et 48). Au premier cas, les pièces de constatation ou le procès-verbal de dénonciation seront également renvoyés au procureur de la République. Au second, si ce magistrat a fait lui-même la constatation comme dessus, et en vertu des articles 32 et 46, il est légalement en possession des pièces du procès. Alors commence le rôle du ministère public; mais, remarquons que, par suite du caractère plus ou moins grave que peut présenter le fait à poursuivre, ce rôle peut être plus ou moins considérable; il peut se faire que nous retrouvions ici les deux phases dans lesquelles se résume toute la procédure du grand criminel : l'instruction et le jugement. Dans ce cas, le rôle du ministère public commencera avec la première, avant même la première, puisque c'est sur son initiative qu'elle s'ouvrira la plupart du temps.

La première chose à faire est donc de déterminer dans quelles circonstances le rôle du ministère public s'élargit avec les proportions du procès et de se placer d'abord pour suivre son action, dans l'hypothèse où, par suite de la gravité du fait délictueux, se rencontrent dans la procédure à laquelle il donne lieu, les deux phases distinctes ci-dessus désignées. Or, en général, cette série d'instructions préparatoires, ces opérations de la police judiciaire, et surtout ces formes longues et compliquées de l'instruction par le juge, ne doivent être employées pour les délits que dans les cas où un caractère de gravité viendrait s'ajouter à des difficultés assez sérieuses. En dehors de ces cas, la loi ne voit pas la nécessité de procéder à une instruction préparatoire en matière de simple délit et d'appeler le juge d'instruction ou la cour à statuer préparatoirement sur des faits de cette nature. Nous avons donc à supposer, pour commencer par l'hypothèse la plus compliquée, qu'il s'agit, dans l'espèce, d'un de ces délits au caractère plus grave et qui rend nécessaire, pour son instruction préalable, cette longue filière d'opérations. Comme lorsqu'il s'agissait des simples contraventions, nous supposons déjà faits les premiers actes de police judiciaire. Voyons ce qui va se passer.

Le délit est, en effet, constaté; les pièces à l'appui sont entre les mains du procureur de la République. Le moment est venu de mettre en mouvement l'action publique, et, comme c'est aussi celui où se séparent et se distinguent nettement les attributions du juge et du ministère public, du magistrat qui informe et du magitrat qui poursuit, le procureur de la République, investi des secondes, se renferme dans leurs bornes en accomplissant son premier acte de poursuite, la réquisition du juge à fin d'instruction.

L'article 60 porte que : « Lorsque le flagrant délit aura déjà été constaté, et que le procureur de la République transmettra les actes et pièces au juge d'instruction, celui sera tenu de faire, sans délai, l'examen de la procédure; » l'article 64 que : « Les plaintes qui au-

raient été adressées au procureur de la République seront par lui transmises au juge d'instruction avec son
réquisitoire; celles qui auraient été présentées aux officiers auxiliaires de police seront par eux envoyées au
procureur de la République, et transmises par lui au
juge d'instruction, aussi avec son réquisitoire; » enfin,
l'article 47, prévoyant le cas d'une simple dénonciation
qui ne donne lieu à aucune constatation préalable de la
part de celui qui la reçoit, que : « Hors les cas énoncés
dans les articles 32 et 46, le procureur de la République, instruit, soit par une dénonciation, soit par toute
autre voie, qu'il a été commis dans son arrondissement
un crime ou un délit, ou qu'une personne qui en est
prévenue se trouve dans son arrondissement, sera tenu
de requérir le juge d'instruction, d'ordonner qu'il en
soit informé, même de se transporter, s'il est besoin,
sur les lieux, etc.... » (v. aussi l'art. 45).

Le premier acte du ministère public, agissant en
cette qualité, a donc été de saisir l'autorité judiciaire
dans la personne du juge d'instruction. Son rôle va se
poursuivre maintenant sans interruption et jusqu'au
terme de la procédure. Comment, par le seul fait d'avoir
mis en mouvement l'action publique dont il est investi,
il s'est constitué partie au procès, et partie poursuivante, aucun acte de cette procédure ne doit lui demeurer étranger et il doit être toujours en mesure de
faire les réquisitions que peut exiger l'intérêt de la poursuite, qu'il exerce au nom de la société toute entière.
« Hors les cas de flagrant délit, dit l'article 61, le juge
d'instruction ne fera aucun acte d'instruction et de
poursuite qu'il n'ait donné communication de la procédure au procureur de la République. Il la lui communi-

quera pareillement lorsqu'elle sera terminée, et le procureur de la République fera les réquisitions qu'il jugera convenables, sans pouvoir retenir la procédure plus de trois jours » (v. aussi l'art. 62).

L'affaire est instruite et prête à passer devant la juridiction correctionnelle. On se demande, ici encore, comment le tribunal compétent est investi de la qualité nécessaire pour connaître du délit en question ; car ce tribunal, pas plus que celui de simple police, quoi qu'il soit institué pour réprimer et pour punir les délits, ne peut les réprimer et les punir d'office. Le délit doit donc, comme la simple contravention, être porté à sa connaissance, être soumis à sa répression, et l'article 182 nous apprend que cela peut avoir lieu de plus d'une manière. Voici le texte de cet article important : « Le tribunal sera saisi, en matière correctionnelle, de la connaissance des délits de sa compétence, soit par le renvoi qui lui en sera fait d'après les articles 130 et 160 ci-dessus, soit par la citation donnée directement au prévenu et aux personnes civilement responsables du délit par la partie civile, et, à l'égard des délits forestiers, par le conservateur, inspecteur ou sous-inspecteur forestier, ou par les gardes généraux, et, dans tous les cas, par le procureur de la République. »

Nous n'avons pas à nous occuper des cas de renvoi dont parle ce texte. Le premier est celui que prévoit spécialement l'article 130, et d'après lequel le tribunal correctionnel est saisi par l'ordonnance du juge d'instruction, renvoi fondé sur ce que le fait établi dans l'instruction ne présente que les caractères d'un délit. Le second est prévu par l'article 160 ; mais nous devons observer que l'indication de la loi est ici fort inexacte, comme le montre très-bien M. Boitard, dans ses leçons sur la procédure criminelle, sur l'article 182 : « Il n'est pas vrai, dit-il, que le tribunal correctionnel soit saisi par un renvoi, aux termes de l'article 160 ; cet article suppose une prétendue contravention portée devant un juge de paix, et le juge de paix découvrant dans le fait les caractères d'un délit, doit renvoyer le délit et le prévenu, non pas devant le tribunal de police correctionnelle, mais bien devant le procureur de la République; c'est là ce que décide l'article 160. Ainsi, dans le cas de l'article 160, le renvoi aura lieu devant le procureur de la République, et ce sera à ce magistrat de saisir la police correctionnelle par une citation qu'il fera donner en son nom au prévenu. Dans ce cas, la police correctionnelle sera saisie non pas par le renvoi du juge de paix, comme le supposent les premiers mots de l'article, mais bien par une citation donnée, soit à la requête du ministère public, soit à la requête de la partie civile. Ainsi, l'article 160 doit disparaître de cette première partie du texte. » Le professeur continue en faisant remarquer que, à l'inverse, un autre cas de renvoi assez important, est omis dans l'article 182 et doit y être ajouté; c'est celui prévu dans l'article 230, celui où une cour d'appel, chambre des mises en accusation, appelée à statuer sur la prévention d'un crime, ne trouverait plus dans ce fait que les caractères d'un délit, et le renverrait directement devant un tribunal de police correctionnel. Selon lui donc, il vaudrait mieux lire ainsi le texte de l'article 1832 : « *d'après les articles* 130 *et* 230. »

Voilà donc la première manière dont est saisi le tribunal correctionnel : Le renvoi du prévenu prononcé par le juge d'instruction ou par la chambre des mises en accusation de la cour d'appel. C'est la plus compliquée et la moins fréquente, car elle n'est employée que dans les cas où le délit présente, nous l'avons dit, un caractère exceptionnel de gravité. Ce renvoi suppose qu'on s'est livré à raison du fait délictueux, à la série d'instructions préparatoires qui font la matière du premier livre du code d'instruction criminelle, c'est-à-dire aux opérations de la police judiciaire. Passons à la seconde manière de saisir le tribunal correctionnel, la plus simple, la plus ordinaire et qui a lieu dans les délits de peu d'importance ou simples délits. Nous voulons parler de la citation, et seulement de celle qui est donnée à la requête des officiers du ministère public; car, nous n'avons pas à nous occuper de la citation donnée dans une matière spéciale, celle des délits forestiers, par les agents de l'administration forestière, et, quant à celle qui vient de la partie civile, nous nous réservons d'en parler en dernier lieu, quand nous traiterons de l'action civile.

Dans cette seconde hypothèse d'un simple délit et en supposant réunies entre les mains du ministère public les preuves plus ou moins convaincantes du fait punissable préalablement constaté, toute la procédure se borne, en ce qui nous occupe, à l'exercice de l'action publique par devant le tribunal compétent. Ici, la marche à suivre est beaucoup plus simple et beaucoup plus expéditive. C'est, comme le dit l'art. 182, par la « *citation donnée directement au prévenu par le procureur de la république*, » que la mise en mouvement de l'action publique

a lieu, et cette citation saisit le tribunal correctionnel
de la connaissance du délit poursuivi.

Nous retrouvons ensuite les mêmes dispositions que
nous avons vues établies par la loi dans les matières de
simple police. Ainsi, dans l'intérêt de la défense, un
certain délai est fixé par l'art. 184. Mais, remarquons
qu'ici la sanction n'est pas, comme dans le cas de l'article 146, la nullité tout à la fois de la citation et du jugement. La première demeure valable, et ce n'est que
la condamnation, qui pourrait être rendue contre le
prévenu par défaut, qui est déclarée nulle. L'article 185
admet également que le prévenu puisse se faire représenter par un avoué, dans les affaires relatives toutefois à des délits qui ne sont pas de nature à entraîner la
peine d'emprisonnement. Mais, observons-le, la latitude
laissée au prévenu sur ce point n'est pas si grande
qu'en matière de simple police. Car ici, dès qu'il peut
y avoir emprisonnement, comme à raison de sa durée,
il peut avoir une gravité bien plus considérable, la loi
ne permet plus au prévenu de se faire représenter, il
peut sans doute se faire assister, si bon lui semble, mais
il doit comparaître en personne. De plus, même au cas
où, le délit n'entraînant pas l'emprisonnement, le prévenu peut se faire représenter, la loi lui *impose* un man-
dataire spécial, un avoué. D'ailleurs, le tribunal peut
toujours, quand il le jugera nécessaire, ordonner sa
comparution en personne. Enfin, au cas ou le prévenu
ne comparaîtrait pas, dit l'article 186, il sera jugé par
défaut, et l'on fait remarquer sur cet article, que comparaître, ce n'est pas seulement comparaître en personne, mais c'est se défendre. Les articles suivants
consacrent les moyens d'attaquer le jugement rendu

par défaut ou contradictoirement, mis par la loi, ici
également, entre les mains de ceux qui ont été condamnés. Il nous reste à faire remarquer en passant
l'article 190 qui, après avoir établi le principe de publicité de l'instruction, c'est-à-dire de la procédure
d'audience, à peine toujours de nullité, dresse pour ainsi
dire le programme de cette procédure, en rappelant le
rôle du ministère public, qui consiste à exposer l'affaire, au début de l'audience, et à la résumer, à la fin,
puis à donner ses conclusions avant le jugement. Ce
rôle du ministère publique, nous le savons, ne se termine pas là, et il lui reste à poursuivre l'exécution du
jugement rendu (v. art. 197). Ce n'est pas tout encore;
l'article 198 ajoute : « Le procureur de la république
sera tenu, dans les quinze jours qui suivront la prononciation du jugement, d'en envoyer un extrait au
procureur général près la cour d'appel. » Cet article
n'est qu'une application du principe dont nous nous
souvenons, et qui, investissant le procureur général
près la cour d'appel de la plénitude de l'action publique
dans toute l'étendue du ressort de cette cour, lui attribue un droit de surveillance immédiate et de direction effective sur tous les officiers du ministère public
près *les tribunaux* correctionnels, qui sont ses subtituts
et ses représentants.

Nous avons supposé jusqu'ici, le ministère public
exerçant l'action publique dans les affaires de la compétence directe des tribunaux de simple police ou de
police correctionnelle, jugeant les uns et les autres en
premier ressort. Mais, l'appel peut avoir lieu, nous le
savons, en matière de simple police, aux tribunaux
correctionnels, et, en matière correctionnelle, à la cour

d'appel. Quel sera sur cet appel le rôle du ministère public. Il est fort simple lorsqu'il s'agit de l'appel d'un jugement de simple police. Le ministère public qui le formera (v. art. 172), devra le faire dans les délais légaux de l'article 174, au moyen d'une assignation à la partie ou d'une déclaration au greffe du tribunal qui a rendu le jugement (v. art. 203, par analogie); il enverra les pièces du procès, à l'officier du ministère public, près le tribunal qui doit en connaître, lequel soutiendra l'accusation avec les mêmes droits et dans les mêmes formes que la loi a établies sur l'instance du premier degré (v. art. 175 et 176). S'il s'agit de l'appel d'un jugement correctionnel, les formes sont, au fond, les mêmes, quoique un peu plus compliquées. Les articles 199 et 202-4°, reconnaissent d'abord au ministère public, le droit d'interjeter appel. Nous avons déjà cité l'article 203, d'après lequel cet appel, quand il est interjeté par l'officier du ministère public, qui a été partie poursuivante, doit être introduite par déclaration faite au greffe du tribunal qui a rendu le jugement attaqué, et dans les délais légaux. Nous avons dit aussi qu'il peut être introduit par une assignation au prévenu, et c'est le cas prévu par l'art. 205. Mais, remarquons-le bien, il s'agit ici du droit d'appel exercé, non plus par l'officier du ministère public près le tribunal qui a rendu le jugement attaqué, de l'officier qui a été partie au procès et qui a joué le rôle de poursuivant, mais par l'officier du ministère public près le tribunal ou la cour qui doit connaître de l'appel, lequel, sur le vu des pièces du procès et du jugement rendu par la juridiction inférieure, peut, s'il le juge convenable, prendre les devants et faire ce que l'officier

inférieur ne fait pas. Ce droit est explicitement consacré par le 5° de l'article 202 qui dit que « la faculté
d'appeler appartiendra ! 5°, au ministère public près le
tribunal ou la cour qui doit prononcer sur l'appel.
Voyons maintenant le texte de l'article 205 : « Le ministère public près le tribunal ou la cour qui doit connaître de l'appel, y est-il dit, devra notifier son recours, soit au prévenu, soit à la personne civilement
responsable du délit, dans les deux mois à compter du
jour de la prononciation du jugement, ou, si le jugement lui a été légalement notifié par l'une des parties,
dans le mois du jour de cette notification; sinon, il sera
déchu» (v. aussi l'art. 202, 4°). Ce droit reconnu par la
loi aux officiers du ministère public du degré supérieur
d'interjeter appel sur un jugement où ils n'ont pas été
partie, s'explique par le caractère particulier d'indivisibilité que nous avons reconnu à l'action publique, du
moins dans son principe, et du droit formel de surveillance et de direction effective, créé par le lien hiérarchique qui relie les uns aux autres ces divers officiers.
Si l'appel est le fait de l'officier du ministère public qui
a été partie poursuivante et a joué son rôle au procès,
voici quelle en est la procédure préparatoire : « La requête, porte l'article 207, si elle a été remise au greffe
du tribunal de première instance, et les pièces seront
envoyées, par le procureur de la République, au greffe
de la cour à laquelle l'appel sera porté, dans les vingt-
quatre heures après la déclaration (ou la remise de la
notification d'appel)... » S'il y a jugement sur défaut,
lequel défaut, on le comprend, ne peut venir que du
prévenu, l'opposition est ici également ouverte (art. 208),
dans les mêmes formes et dans les mêmes délais que

ci-dessus, et, pour tout ce qui concerne la procédure
d'audience, l'article 210 nous apprend qu'elle est identique, dans sa forme et dans l'ordre de sa marche, à
celle dont nous venons de parler et que l'article 190
consacre par devant les tribunaux correctionnels (voir
aussi l'article 211). Enfin, la voie de la cassation est
ouverte, s'il y a lieu, au ministère public, comme au
prévenu, d'après l'article 216; nous n'avons pas à nous
arrêter sur ce point.

§ III. — *Procédure d'accusation devant les cours d'assises.*

La procédure d'accusation, sommaire et expéditive,
nous l'avons vu, quand il s'agit de poursuivre devant
la justice répressive une contravention ou un simple
délit, devient plus longue et plus compliquée lorsqu'il
est question d'un délit exceptionnellement grave et surtout d'un délit que la loi pénale qualifie de crime.
Ainsi, ses règles se multiplient et deviennent en même
temps plus étroites, ses formes s'étendent et se compli-
quent en proportion de la gravité des faits punissables,
dont la poursuite et la répression constituent son objet
et son but. Et les motifs de cette nouvelle méthode,
dont le législateur fait l'application surtout aux matières proprement criminelles, ne sont pas difficiles à
saisir. D'abord, en effet, l'inconvénient qui résulte pour
l'accusé, quant à la situation qui lui est faite par l'accusation, des lenteurs de cette procédure, est beaucoup
moins à considérer, si l'on songe à la gravité de la
peine encourue la plupart du temps et à la longueur
du temps pendant lequel elle devra être subie. De plus,
le caractère de difficulté que présente le plus souvent

l'instruction des affaires qui doivent être portées devant la Cour d'assises, fait assez comprendre la nécessité de toute cette filière d'opérations par laquelle elle passe. Enfin, l'intérêt même de la défense commande ces lenteurs, et tout ce système de garanties de la procédure criminelle, afin qu'un prévenu ne soit pas engagé à la légère dans une situation dont son honneur aura toujours à souffrir, quelque puisse être d'ailleurs l'issue du débat engagé. « Aussi, dit encore à ce sujet M. Boitard, dans ses leçons de procédure criminelle sur l'article 217, partout où cette distinction des matières correctionnelles, ou des pénalités légères, avec les matières criminelles, ou des pénalités plus graves, a été admise, et surtout partout où l'on a consacré le principe de la procédure par jurés et de la publicité des débats, on a pris soin de faire précéder l'ouverture de ces débats d'une espèce de jugement préalable qui élevât déjà un préjugé grave pour la culpabilité de celui qu'on y soumet. »

Ces premières réflexions faites, voyons quelle est, en ce qui concerne la procédure d'accusation en matière proprement criminelle, la marche suivie par la partie publique. Une troisième fois nous supposons terminées les opérations préalables de la police judiciaire. L'instruction préparatoire a eu lieu, le dossier de l'affaire est en état. La Chambre du conseil, aux termes de l'article 133 et 134, sur le rapport qui lui a été fait par le juge instructeur, estimant que le fait est de nature à être puni de peines afflictives ou infamantes, et que la prévention contre l'inculpé est suffisamment établie, a décerné contre lui une ordonnance de prise de corps. Remarquons, en passant, que la loi du 17 juillet 1856 a supprimé dans les tribunaux les chambres du conseil et on a transporté les attributions aux juges d'instruction qui, connaissant à fond l'affaire qu'ils ont instruite, peuvent, sans inconvénient et sous la garantie de leur caractère, décider seuls de la poursuite qui doit en être faite. Là s'arrête son rôle, et c'est au tour de la partie publique de reprendre le sien pour le pousser désormais jusqu'au bout. Le même art. 133 nous apprend en effet que, après tout ce qui vient d'être fait, les pièces d'instruction, le procès-verbal constatant le corps du délit, et un état des pièces servant à conviction, en un mot la procédure entière, doivent être transmises sans délai par le procureur de la République au procureur général près la Cour d'appel du ressort. C'est ce magistrat qui, prenant lui-même en mains dans cette circonstance, à raison du caractère particulièrement grave du fait punissable, l'exercice de l'action publique, est chargé par la loi de suivre en son nom la procédure accusatoire. Son premier devoir est tracé par l'art. 247 ainsi conçu : « Le procureur général près la cour d'appel sera tenu de mettre l'affaire en état dans les cinq jours de la réception des pièces qui lui auront été transmises, en exécution de l'art. 133 ou de l'art. 135, et de faire son rapport dans les cinq jours suivants, au plus tard. » Le délai de dix jours est donc expressément assigné au procureur général à partir de celui où les pièces sont arrivés à son parquet, pour faire, par lui ou ses substituts, rapport de cette procédure, rapport de l'affaire criminelle à la Chambre des mises en accusation de la Cour. C'est là la seconde phase, la phase décisive de la procédure, toujours quant à la question de poursuite du procès, et qui a un caractère tout particulier, en ce qu'elle se rapproche, sur plus d'un point, dans ses formes, beaucoup plus encore que celle qui se passe devant le juge d'instruction, de l'ancienne procédure par enquête de la période monarchique. Le secret le plus absolu est, en effet, la première condition de son opération, et c'est encore la procédure écrite qui en forme, comme autrefois, la base essentielle. Donc, cette Chambre entend le rapport du ministère public, prend lecture de toutes les pièces, de toute la procédure écrite, mais elle n'entend ni le prévenu, ni la partie plaignante, ni les témoins de l'un ou de l'autre; enfin elle délibère et statue à huis-clos. On a compris que la rigueur excessive d'une pareille procédure devait être au moins tempérée par une certaine faculté reconnue au prévenu dans l'intérêt de sa défense et pour contrebalancer dans une certaine mesure l'action du ministère public. Aussi la fin de l'article 217 lui réserve-t-elle la faculté de faire remettre à la Cour tels mémoires qu'il jugera convenable. Le rapport fait et connaissance prise des pièces de l'instruction, la section de la Cour devra prononcer à bref délai sur les réquisitions de la partie publique (art. 218 et 219). L'examen des juges doit porter sur le fait de l'existence contre le prévenu ou de la non-existence des preuves ou indices exigés par la loi, pour que l'acte coupable, qualifié crime par la loi, donne lieu à la mise en accusation (art. 224). Si, sur cet examen, la Cour trouve charges suffisantes d'un fait qualifié crime, elle ordonne la mise en accusation; elle renvoie le prévenu devant la Cour d'assises compétente (art. 231).

L'arrêt de mise en accusation est rendu; cet arrêt oblige le procureur général à dresser immédiatement, en vertu de son prononcé, l'acte important qui doit servir de base à l'action du ministère public devant les juges de la Cour d'assises. Cet acte rappelle, dans sa forme extérieure et jusque dans le style consacré de sa rédaction, l'antique libelle d'accusation souscrit à Rome par le citoyen qui se portait contre une autre partie poursuivante, dans ce qu'on appelait un jugement public. Si nous avons encore présentes à la mémoire, au moins dans leur ensemble, les formes légales du libelle romain, il ne sera pas sans intérêt, pour mieux faire encore la comparaison, de rapporter ici le texte de l'article 241 du Code d'instruction criminelle, qui établit non moins formellement celles que doit revêtir notre acte d'accusation. Voici le texte de cet article : « Dans tous les cas où le prévenu sera renvoyé à la Cour d'assises, le procureur général sera tenu de rédiger un acte d'accusation. — L'acte d'accusation exposera : 1° La nature du délit qui forme la base de l'accusation ; 2° le fait et toutes les circonstances qui peuvent aggraver ou diminuer la peine ; le prévenu y sera dénommé et clairement désigné. — L'acte d'accusation sera terminé par le résumé suivant : « *En conséquence, N… est accusé d'avoir commis tel meurtre, tel vol, ou tel autre crime, avec telle et telle circonstance.* » Nous devons observer, ne l'ayant pas fait plus haut, après ce que nous avons dit de l'arrêt de mise en accusation, qu'il est absolument interdit au procureur général de poursuivre, devant une Cour d'assises, à peine de dommages-intérêts et de prise à partie, une personne contre laquelle un arrêt de mise en accusation n'aurait pas été décerné. C'est ce que porte l'art. 271, et il est facile de comprendre la sévérité de la loi à cet égard. Comme

elle a pris un soin minutieux de partager les attributions de la justice répressive entre les divers fonctionnaires du corps judiciaire, suivant leur rôle et leurs
pouvoirs, et que les règles de la procédure criminelle
sont destinées à garantir les intérêts les plus sacrés, le
moindre abus dans l'exercice de ces pouvoirs, la violation de la moindre de ces règles déclarées essentielles,
serait une véritable forfaiture de la part du magistrat
qui s'en rendrait coupable, forfaiture qui l'exposerait
au recours en indemnité de la partie lésée, et, s'il y
avait lieu, aux dernières rigueurs de la loi. D'ailleurs,
remarquons-le, la première et la plus efficace sanction
de la loi serait, en pareille circonstance, la nullité
absolue de l'accusation, nullité que prononce ledit
article 271.

L'arrêt de renvoi est rendu, l'acte d'accusation est
dressé, et celui qui en est l'objet n'en a pas encore la
connaissance officielle. Le moment est venu de la lui
donner et c'est, aux termes de l'art. 242, par le moyen
ordinairement employé dans la pratique contentieuse,
que la partie publique, partie poursuivante, devra le
faire. Ce moyen est la signification par ministère
d'officier public à ce préposé : « L'arrêt de renvoi et
l'acte d'accusation, porte l'art. 242, seront signifiés à
l'accusé, et il lui sera laissé copie du tout. » Ajoutons
que la loi impose au procureur général une autre obligation, celle de donner avis de l'arrêt de renvoi à la
Cour d'assises, tant au maire du lieu de domicile de
l'accusé, s'il est connu, qu'à celui du lieu où le délit a
été commis (art. 245.)

Nous arrivons à la seconde partie de la procédure,
celle qui se passe devant la Cour d'assises. Tout un

chapitre du Code d'instruction criminelle est consacré par le législateur à établir les règles de première importance, d'après lesquelles sont formées les Cours d'assises. Une seule section de ce chapitre, la section II, nous intéresse, parce qu'elle traite des fonctions du ministère public devant la Cour et de son rôle dans les débats. Tout ce qui se rapporte à la manière dont le président des assises convoque les jurés, constitue le jury de chaque affaire par la voie du sort, dirige les débats et exerce la police de l'audience, tout cela est étranger à notre sujet, et nous le laisserons absolument dans l'ombre. Tenons-nous en donc à ce qui rentre directement dans le domaine de notre étude, et voyons comment s'exercent ces fonctions dévolues par la loi aux officiers du ministère public.

L'article 272 fait d'abord une injonction générale au procureur général ou à ses substituts, quant aux soins qu'ils doivent apporter, en leur qualité de fonctionnaires ayant la direction de l'action publique, à ce que les actes préliminaires soient faits aussitôt qu'ils sont en possession des pièces de procédure, et que tout soit en état pour que les débats puissent commencer à l'époque assignée pour l'ouverture de la session d'assises. Ce n'est là, on le voit, qu'une disposition générale de la loi, qui semble même n'avoir qu'un rapport indirect avec le sujet que nous traitons, et qui a pour but de stimuler l'activité des magistrats sur lesquels repose l'intérêt public représenté par l'accusation, et d'exciter leur zèle dans l'accomplissement de ce premier devoir, dont l'objet est la préparation et la mise en état des affaires destinées à être portées devant la juridiction criminelle. Ceci posé, et les débats venant à s'ouvrir devant la cour d'assises, quel sera, à l'audience, le rôle du ministère public? Certes, ce n'est pas au moment où ce rôle grandit encore et apparaît dans sa plus belle manifestation, que la loi pourrait apporter des entraves ou imposer des bornes à l'exercice de ses droits et de ses devoirs. Aussi, une large part lui est-elle faite dans tous le cours de ces débats publics où se joue la suprême partie engagée entre la Société et le coupable, et son pouvoir d'action n'a-t-il d'autres limites que celles que lui assignent à la fois le devoir de haute impartialité, qui doit être le premier devoir de la justice, et le respect des droits inviolables de la défense. Le ministère public qui, de par sa fonction naturelle, s'est constitué partie poursuivante du jour où il a saisi l'autorité judiciaire dans la personne du juge d'instruction, et qui a pris officiellement au procès criminel la qualité de demandeur, au nom des intérêts de la société lésée, en dressant de sa main l'acte d'accusation, le ministère public, disons-nous, a sa place marquée aux débats, et il doit l'occuper jusqu'au bout. Son rôle tout entier, depuis le moment où s'ouvre l'audience jusqu'à celui où le jugement sera prononcé, lui est tracé en quelques mots par la disposition de l'art. 273, qui résume toutes ses fonctions dans cette seconde phase de la procédure. Cet article, supposant que l'affaire doit être jugée dans le lieu où siége la cour d'appel, et attribuant naturellement au chef du parquet de cette cour le rôle de la partie publique, porte : « Il (le procureur général) assistera aux débats, il requerra l'application de la peine, il sera présent à la prononciation de l'arrêt. » Mais ce n'est pas tout, et, comme des incidents, des faits imprévus, certaines circonstances enfin peuvent se présenter, de nature à intéresser l'accusation ou à influer sur l'issue de l'affaire, et que, dans tous ces cas, le ministère public est le seul juge de la conduite à tenir, dans l'intérêt de la poursuite, et le souverain appréciateur de ses moyens, la loi consacre en sa faveur un privilége spécial et remarquable, autant par la latitude qui lui est laissée dans son exercice, que par la gravité des résultats qu'il peut amener. Ce privilége est écrit dans l'art. 276 qui, parlant toujours du procureur général, ajoute : « Il fait, au nom de la loi, toutes les réquisitions qu'il juge utiles, la cour est tenue de lui en donner acte et d'en délibérer. » D'ailleurs, remarquons-le, il ne s'agit pas seulement ici des incidents, des faits imprévus qui peuvent se produire au cours des débats, à l'audience de la cour d'assises. La portée de l'article précité est plus large, et les termes mêmes dans lesquels il est conçu, la généralité de ses expressions, l'emploi du mot « Cour » pris évidemment ici dans le sens de « Corps judiciaire », de « Cour d'appel », et enfin la distinction faite par l'article suivant, tout cela prouve d'une manière certaine que la loi, dans son intérêt propre, qui est en même temps celui de la société toute entière, a mis entre les mains du magistrat qui, dans chaque ressort, centralise l'action publique et en dirige l'exercice, une arme puissante dont il peut et doit se servir dans toutes les circonstances où l'intérêt de cette action l'exige. L'art. 408 n'est lui-même qu'une application de ce principe de droit criminel, que le ministère public a le droit et le devoir de requérir, au nom de la loi, tout ce qu'il juge utile ou nécessaire. Il suppose que l'accusé a subi une condamnation et que, soit dans l'arrêt de renvoi émané de la cour d'appel, soit dans l'instruction et la procé-

dure qui ont eu lieu devant la cour d'assises, soit dans
l'arrêt même de condamnation, il y a eu violation ou
omission de quelques-unes des formalités prescrites
par le Code d'instruction criminelle, sous peine de nullité; et il consacre, pour le ministère public, le devoir
de poursuivre l'annulation de l'arrêt de condamnation
et de tout ce qui l'a précédé, à partir du plus ancien
acte nul. Il en sera de même, toujours d'après cet article, dans les cas d'incompétence, et lorsqu'il aura été
omis ou refusé de prononcer sur une ou plusieurs réquisitions du ministère public tendant, dit le texte, à
user d'une faculté ou d'un droit accordé par la loi, bien
que la peine de nullité ne fut pas textuellement attachée à l'absence de la formalité dont l'exécution aura
été requise. D'ailleurs, dans tous ces exemples de violation de formalités essentielles, d'incompétence ou
d'abus de pouvoir que contient l'art. 408, les droits de
la défense sont égaux à ceux de l'accusation, et la partie condamnée peut poursuivre par les voies de droit la
nullité de la procédure, ou des actes de procédure accomplis en violation de la loi.

Quand il y a lieu à une de ces réquisitions de la part
du ministère public, elle doit être signée de lui, et, si
elle est faite dans le cours d'un débat, porte l'art. 277,
elle doit être retenue par le greffier sur son procès-
verbal et également signée par la partie poursuivante.
Il nous reste à observer que ce droit, exercé par le ministère public, n'entrave en aucune façon la liberté
d'action de la justice, qui demeure toujours le suprême
arbitre de sa conduite. Elle peut donc, sans tenir compte
des réquisitions qu'il a cru devoir faire, passer outre
aux actes de la procédure de mise en accusation ou de

la procédure d'audience et même prononcer l'arrêt, sauf à la partie publique à se pourvoir ensuite contre ce qui a été fait par les voies de droit que la loi lui ouvre. C'est ce qu'établit nettement l'art. 278, qui est ainsi conçu : « Lorsque la cour (l'article suppose toujours que c'est la cour d'appel qui est saisie au criminel, dans l'hypothèse où l'affaire doit être jugée, dans le lieu où elle siége, et d'ailleurs, ce n'est jamais que d'elle qu'il peut être question dans toute la partie préparatoire de la procédure, qui est celle de la mise en accusation), lorsque la cour, disons-nous, ne déférera pas à la réquisition du procureur général, l'instruction ni le jugement ne seront arrêtés ni suspendus, sauf après l'arrêt, s'il y a lieu, le recours en cassation par le procureur général. »

Jusqu'ici, nous avons supposé les débats ouverts au siége de la cour, et le procureur général, auquel cette fonction revient de droit, prenant en main et poursuivant jusqu'au bout l'exercice de l'action publique. Mais ce n'est là, en ce qui concerne le point que nous traitons, c'est-à-dire l'exercice de cette action devant les cours d'assises, qu'une situation exceptionnelle, car il y a des sessions d'assises ouvertes à différentes époques de l'année, dans chaque département du ressort de la cour d'appel, et cette cour n'exerce pleinement et directement ses attributions criminelles que dans le département où elle siége. Dans les autres, nous savons qu'elle se fait représenter par un de ses membres qui est désigné par elle pour aller prendre la session et diriger les débats de toutes les affaires qui y seront jugées. Le procureur général, qui ne le pourrait guère, d'ailleurs, on le comprend, n'est pas obligé d'exercer ses fonctions devant les cours d'assises dans les départements. Il a des substituts qui sont destinés à le remplacer et qui occupent pour lui le fauteuil du ministère public. Avant la loi du 25 décembre 1815, ces substituts étaient les procureurs impériaux au criminel, dit l'art. 284, placé sous le § 3 des fonctions de ces magistrats, dont plusieurs dispositions sont sans objet depuis cette loi, les a spécialement en vue lorsqu'il dit : « Le procureur impérial au criminel, dont il est parlé en l'art. 253 (modifié d'abord dans le texte publié officiellement le 9 septembre 1816, puis par la loi du 4 mars 1831), remplacera près la cour d'assises le procureur général, dans les départements autres que celui où siége la cour impériale, sans préjudice de la faculté que le procureur général aura toujours de s'y rendre lui-même pour y exercer ses fonctions. » Depuis la loi du 25 décembre 1815, qui a supprimé les places de substituts des procureurs généraux, faisant fonction de procureurs criminels dans les départements, ces fonctions sont remplies par ceux qu'on appelait alors « *procureurs civils* » et qui sont nos procureurs de la République d'aujourd'hui. L'art. 2 de cette loi porte : « Les fonctions du ministère public, qui étaient attribuées à nos procureurs au criminel, seront exercées par nos procureurs près les tribunaux de première instance des arrondissements dans lesquels siégeront les cours d'assises, ou par leurs substituts. »

Maintenant, comment ces magistrats inférieurs remplissent-ils le rôle du ministère public près les cours d'assises sous la surveillance et la direction du procureur général ? Ils l'exercent avec les mêmes pouvoirs et la même latitude que le chef du haut parquet, car, encore une fois, ils tiennent sa place, et d'ailleurs, la situation n'a pas changé : les intérêts engagés sont aussi graves, et les exigences de la loi aussi pressantes. Nous n'avons rien de nouveau à dire ici sur la procédure d'audience ; elle est absolument identique à celle qui a eu lieu dans les affaires portées au siége de la cour. Le seul art. 291 doit être cité par nous ; il dispose que quand l'accusation aura été prononcée, si l'affaire ne doit pas être jugée dans le lieu où siége la cour d'appel, le procès sera, par les ordres du procureur général, envoyé, dans les vingt-quatre heures, au greffe du tribunal de première instance du chef-lieu du département ou au greffe du tribunal qui pourrait avoir été désigné, que, dans tous les cas, les pièces servant à conviction qui seront restées déposées au greffe du tribunal d'instruction, ou qui auraient été apportées à celui de la cour d'appel, seront réunies dans le même délai au greffe où doivent être remises les pièces du procès.

Remarquons enfin les deux art. 307 et 308, qui donnent encore un certain droit au procureur général, dans la double circonstance prévue par la loi. Le premier dispose que, lorsqu'il aura été formé à raison du même délit plusieurs actes d'accusation contre différents accusés, le procureur général pourra en requérir la jonction, et le président des assises pourra l'ordonner, même d'office ; d'après le second, lorsque l'acte d'accusation contiendra plusieurs délits non connexes, le même procureur général pourra requérir que les accusés ne soient mis en jugement quant à présent, que sur l'un ou quelques-uns de ces délits, et le président pourra également l'ordonner d'office.

Tout ce qui suit immédiatement dans les dispositions de la loi, concerne l'examen, le jugement et son exécu-

tion (v. le chap. IV, art. 310 et suiv.). Nous pouvons
énumérer, dans leur ordre méthodique et sans commentaire, les actes successifs de cette procédure, qui s'ouvre
par la comparution de l'accusé et se termine au jugement.

Ces actes sont : l'interrogatoire de l'accusé, l'admo-
nition du défenseur, le recours aux jurés et leur serment, la lecture de l'arrêt de la Cour d'appel portant
renvoi à la Cour d'assises, et de l'acte d'accusation, Ici,
ouvrons une parenthèse avec l'article 315, qui remet
en avant le ministère public et ouvre la série des actes
auxquels il va prendre une part active et directe. Il
s'agit d'abord dans cet article de l'exposé que le procureur général (ou son substitut) doit faire du sujet de l'accusation. « Le procureur général, y est-il dit, exposera le
sujet de l'accusation... » Or, on ne voit, dans la plupart
des cas, aucune utilité à cet exposé, qui n'apprend rien à
l'accusé, car il est déjà assez édifié sur les charges qui
pèsent sur lui, pour avoir entendu coup sur coup la
double lecture de l'arrêt de renvoi et de l'acte d'accusation, et qui surcharge assez inutilement, dit-on, cette
partie déjà si longue de la procédure. D'ailleurs, ajoute-
t-on, ces deux actes étaient depuis longtemps entre ses
mains, avant qu'il en entendît la lecture, car on avait
dû les lui signifier, à peine de nullité, avant l'ouverture
des débats. Aussi, l'exposé du procureur général, ou de
l'officier du parquet qui le remplace, n'est-il fait que
dans les affaires d'une nature importante et compliquée.
Enfin, il faut encore remarquer qu'il est assez dans
l'intérêt de l'accusé, selon une juste observation de
M. Boitard (leçon de procéd. crim., sur l'art. 315),
que le premier rôle dans les débats, ne soit pas aussi
constamment attribué à l'accusation, et qu'un exposé,

Fabre. 20

qui est nécessairement à la charge de l'accusé, vienne encore aggraver dès ces premiers moments, les préventions que la double lecture, dont nous venons de parler, a pu faire naître contre lui. « C'est donc, conclut le savant professeur, avec raison, je crois, qu'on n'applique guère l'art. 315, que dans les cas où la complication et l'importance de l'affaire peuvent rendre nécessaire d'appeler plus spécialement sur certains détails l'attention des jurés et celle de l'accusé. Nous pouvons ajouter que le système de la procédure criminelle sur ce point n'est pas partout aussi rigoureusement conçu contre l'accusé, et qu'il est certains pays dans lesquels on nous paraît mieux comprendre les devoirs de la véritable équité. C'est ainsi qu'en Allemagne l'intérêt de la justice n'enlève rien au droit sacré de la défense, et que, après la lecture de l'acte d'accusation par le ministère public, la parole est donnée à l'avocat de l'accusé pour y répondre et présenter une première et véritable défense. Nous sommes heureux de pouvoir rappeler, à ce sujet, l'exemple qui vient de nous être fourni fort à propos par le fameux procès du comte d'Arnim, qui a causé une si vive émotion dans tout le monde politique. L'article continue en disposant que, après cet exposé, le procureur général présentera la liste des témoins qui doivent être entendus, soit à sa requête, soit à la requête de la partie civile, soit à celle de l'accusé, et, comme mesure de garantie réciproque, que cette liste ne pourra contenir que les témoins dont les noms, profession et résidence auront été notifiés vingt-quatre heures au moins avant l'examen de ces témoins à l'accusé, par le procureur général ou la partie civile, et au procureur général par l'accusé; qu'enfin, le procureur général, aussi bien que l'accusé, pourra, en conséquence, s'opposer à l'audition d'un témoin qui n'aurait pas été indiqué ou qui n'aurait pas été clairement désigné dans l'acte de notification, que la Cour statuera de suite sur cette opposition.

Revenons à notre énumération : c'est le tour de l'interrogatoire des témoins, qui intéresse au plus haut degré le ministère public comme la défense. Aussi l'écoutent-ils l'un et l'autre avec la plus grande attention, et la loi leur reconnaît-elle, à plusieurs reprises, le droit d'y intervenir dans les formes qu'elle a pris également soin de régler. L'art. 318 porte d'abord que «...Le procureur général et l'accusé pourront requérir le président de faire tenir les notes des changements, additions et variations qui pourraient exister entre la déposition d'un témoin et ses précédentes déclarations.» L'article 319, que: «... Le procureur général aura la faculté, en demandant la parole au président, de demander au témoin et à l'accusé tous les éclaircissements qu'il croira nécessaires à la manifestation de la vérité;» l'article 321, que : «... Le procureur général pourra faire citer à sa requête les témoins qui lui seront indiqués par l'accusé, dans le cas où il jugerait que leur déclaration pût être utile pour la découverte de la vérité. » Cette disposition de la loi, nous sommes heureux de l'affirmer en passant, est une des preuves les moins équivoques du devoir de haute impartialité que la société impose, par son moyen le plus puissant et le plus efficace, à l'officier du ministère public qui la représente dans la poursuite des actes dont elle a souffert, et elle montre bien en même temps jusqu'où doit être poussée par lui cette impartialité. L'officier du ministère pu-

blic est, avant tout, l'organe de la loi, le poursuivant
de la justice, l'homme de la vérité. Aussi, au nom de la
loi, la même pour tous, et qui veut que les droits de
l'accusation et ceux de la défense soient égaux devant
elle, recherche-t-il cette justice et cette vérité par tous
les moyens qui sont en son pouvoir, et va-t-il jusqu'à
fournir à l'accusé contre lui les armes que celui-ci négligeait, ou dont quelques obstacles l'empêchaient de se
servir! Ce sont encore l'article 326, qui reconnaît à l'accusé comme au procureur général « la faculté de demander, après qu'ils auront déposé, que ceux des témoins qu'ils désigneront se retirent de l'audience, et
qu'un ou plusieurs d'entre eux soient introduits et entendus de nouveau, soit séparément, soit en présence les
uns des autres; » l'article 328, d'après lequel « pendant
l'examen, le procureur général pourra prendre note de
ce qui lui paraîtra important, soit dans les dépositions
des témoins, soit dans la défense de l'accusé, pourvu
que la discussion n'en soit pas interrompue. » Les articles 330 et 331, ainsi conçus : « Si, d'après les débats,
la déposition d'un témoin paraît fausse, le président
pourra, sur la réquisition, soit du procureur général,
soit de la partie civile, soit de l'accusé, et même d'office, faire sur-le-champ mettre le témoin en état d'arrestation.

Le procureur général et le président ou l'un des
juges par lui commis, rempliront à son égard, le premier, les fonctions d'officier de police judiciaire; le
second, les fonctions attribuées aux juges d'instruction
dans les autres cas. Les pièces d'instruction seront ensuite transmises à la Cour d'appel, pour y être statué
sur la mise en accusation; » et, « dans ce cas, le procu-

reur général, la partie civile ou l'accusé, pourront immédiatement requérir, et la Cour ordonner même d'office, le renvoi de l'affaire à la prochaine session; » enfin, l'art. 335 : « A la suite des dépositions des témoins et des dires respectifs auxquels elles auront donné lieu, la partie civile, ou son conseil, et le procureur général seront entendus, et développeront les moyens qui appuient l'accusation. — L'accusé et son conseil pourront leur répondre. — La réplique sera permise à la partie civile et au procureur général, mais l'accusé ou son conseil auront toujours la parole les derniers. — Le président déclarera ensuite que les débats sont terminés. »

La clôture des débats a été prononcée; l'affaire entre dans sa dernière phase, le rôle des jurés va commencer. Retraçons, au courant de la plume, les traits saillants de cette procédure qui touche à sa fin. Le président résume les débats et pose ensuite aux jurés la question qui résulte de l'acte d'accusation, dont les formes nous sont connues. Voici, d'après l'art. 337, dans quels termes elle est posée : « L'accusé est-il coupable d'avoir commis tel meurtre, tel vol, ou tel autre crime, avec toutes les circonstances comprises dans le résumé de l'acte d'accusation? » Le président ajoute : « L'accusé a-t-il commis le crime avec telle ou telle circonstance? » lorsqu'il résulte des débats une ou plusieurs circonstances aggravantes non mentionnées dans l'acte d'accusation (v. art. 338 et art. 339 et 340) sur certaines particularités qui modifient encore la position de la question. Tout ce qui suit se rapporte à la délibération du jury, à son vote, à la proclamation de son verdict par le président des jurés, au jugement que doit requérir le ministère public sur la culpabilité déclarée et, d'après l'art. 362, ainsi conçu : « Lorsque l'accusé aura été déclaré coupable, le procureur général fera sa réquisition à la Cour pour l'application de la loi. » Enfin, remarquons l'art. 373 qui donne au condamné et au procureur général le droit de se pourvoir en cassation contre l'arrêt rendu par la Cour d'assises ; l'article 376, d'après lequel la condamnation doit être exécutée par les ordres du procureur général, et l'art. 379, d'après lequel le procureur général doit surseoir à l'exécution de cet arrêt au cas où, par suite de circonstances qui se sont produites dans le courant des débats, un second procès est à faire au condamné, sur des charges plus graves que celles qu'on vient de lui opposer et qui ont donné lieu à l'arrêt de condamnation que la Cour vient de prononcer.

SECTION III. — EXPOSÉ DE QUELQUES POINTS PARTICULIERS RELATIFS A L'ACCUSATION PUBLIQUE.

Nous allons étudier, dans une troisième et dernière section, destinée à compléter notre long travail, trois points importants qui se rattachent étroitement à la matière que nous venons de développer. Le premier a pour objet le rôle, sous l'empire de notre législation criminelle et quant à ce qui concerne l'exercice du droit d'accusation de la partie privée, à côté de celui de la partie publique, que nous connaissons maintenant. Le second consiste dans la question de savoir quand et comment l'action publique est dépendante de celle qu'exerce la partie privée. Le troisième a trait à l'irresponsabilité du magistrat accusateur.

Premier point. — Rôle de la partie privée en matière d'accusation.

La France révolutionnaire, s'inspirant des traditions des vieilles républiques, dont elle prétendait faire revivre les mœurs et les institutions, avait un instant songé à rendre à tous les citoyens le droit d'accuser, presque annihilé entre leurs mains, nous l'avons vu, dans la législation criminelle de la monarchie, par l'institution de la grande magistrature du ministère public. Parmi toutes les discussions auxquelles donna lieu, au sein de l'Assemblée constituante, le projet de réforme générale adopté par elle avec tant d'enthousiasme, celle qui eut pour objet la nouvelle réglementation de l'exercice de ce droit fut une des plus sérieuses et en même temps des plus passionnées. Plusieurs orateurs remarquables prirent la parole dans la mémorable séance des 9 août 1790, pour exposer leurs théories sur cette importante matière. Mais, les uns, comme M. Brevet, après avoir proclamé comme un principe fondamental du droit criminel la liberté des accusations, laissée aux citoyens, reconnaissaient que dans l'état de nos mœurs cette liberté était impraticable ; les autres, au contraire, tiraient résolûment la conclusion pratique de cette manière de voir, et disaient avec M. Beaumetz : « La nation française n'est pas indigne de la liberté : elle est prête à consommer ce qui lui reste encore de sacrifices à faire ; je demande donc que chaque citoyen ait le droit d'exercer l'accusation publique ; c'est le meilleur moyen de détruire les accusations sourdes. » D'autres enfin, proposaient un système de transaction consistant dans l'établissement d'un censeur public auprès de chaque tribunal de district, ou dans la création de deux accusateurs, l'un nommé par le roi, l'autre par le peuple, et dont les deux actions devaient concourir au même but.

Cette dernière proposition, soutenue par M. Bouchotte, se résumait dans les termes suivants : « Les commissaires du roi doivent intenter les accusations publiques. La société a aussi le droit de nommer des accusateurs particuliers. Les plaintes seront faites à la requête du commissaire national et du commissaire royal. Celles qui seront communiquées à l'un devront aussi l'être à l'autre. Le commissaire du roi ne pourra se désister que de l'avis du commissaire national. » Ce système était celui qui avait le plus de chances de faveur auprès de l'Assemblée, parce qu'il favorisait davantage ses tendances marquées d'éclectisme. Cependant, il ne fut point adopté dans toute son économie, et nous savons que, si la double magistrature des officiers du roi et des commissaires nationaux fut consacrée en principe et trouva sa place dans le jeu de la nouvelle organisation judiciaire, celle qu'exerçaient les agents du pouvoir exécutif fut assez restreinte dans ses attributions, en ce qui touchait à l'accusation publique. Nous avons vu quel fut le sort de cette double magistrature, sous les diverses formes de gouvernement qui suivirent le mouvement révolutionnaire et qui constituent ce qu'on appelle la période intermédiaire. Le pouvoir central, qui reprenait peu à peu toute son énergie en retrouvant son unité, revendiqua bientôt pour lui et pour lui seul le droit d'exercer au nom de tous, l'action publique, qu'il prétendait lui être déléguée par un effet direct et naturel du parti social, et au point où nous sommes arrivés, c'est-à-dire sous l'empire de la législation du Code, cette action était en effet entre les seules mains des fonctionnaires du ministère public, agents du pouvoir exécutif. Par ces derniers mots, nous n'entendons pas que les simples particuliers n'y eussent aucune part, car nous allons voir tantôt le contraire; mais, nous voulons dire que le ministère public est, de par la la loi, seul investi aujourd'hui de la plénitude de l'action publique et que, s'il est bien permis aux particuliers, dans certaines circonstances et sous certaines conditions, d'y participer à un certain degré, ce n'est, au fond, qu'en provoquant le rôle officiel du ministère public ou en mettant en mouvement l'action publique, dans les cas dont nous parlerons. C'est précisément la part faite, dans notre droit criminel actuel, à la partie privée, en matière d'accusation, qui constitue l'objet de notre présente étude.

La loi des 16-29 septembre 1791 avait reconnu, nous le savons, aux parties lésées et même aux citoyens en général le droit de participer à un certain degré à l'exercice de l'action publique. Le droit des premières était fondé sur le fait du tort personnel qu'elles avaient éprouvé ; les autres, qu'ils fussent ou non lésés, avaient le devoir de saisir la justice, lorsqu'ils avaient été témoins d'un attentat, soit contre la liberté et la vie d'un autre homme, soit contre la sûreté publique ou individuelle. Le Code du 3 brumaire an IV ne changea rien à ce système, et plusieurs de ses articles n'en sont, au contraire, que la confirmation solennelle. Voyez, par exemple, sur le droit des parties plaignantes, les articles 227, 317 et 370. Le principe d'intervention de la partie privée dans l'exercice de l'action publique fut également consacré par le Code d'instruction criminelle. « Cette intervention, dit M. Faustin-Hélie, tome Ier, p. 549, fut considérée par les rédacteurs du Code comme une règle essentielle dont la discussion était sans objet; ils l'avaient trouvée dans la législation, ils se bornèrent à la maintenir. » Mais, on sentait le besoin de faire, au point de vue pratique surtout, une distinction bien nette, bien marquée entre les divers rôles que la partie privée est appelée à jouer dans la poursuite d'un fait délictueux devant la justice répressive, afin de bien établir le caractère de son action et de déterminer d'une façon exacte la mesure de l'influence qu'elle devait avoir sur celle du ministère public. M. Cambacérès avait déjà dit, à ce propos, dans la séance du Conseil d'Etat du 11 juin 1808 : « La plainte ne peut être confondue avec la dénonciation. On doit sans doute laisser le procureur impérial libre de poursuivre ou de ne pas poursuivre un délit qui lui est dénoncé par un homme qui, n'en étant pas blessé, n'a pas le droit d'en demander la réparation; mais lorsqu'un offensé se plaint, lorsqu'il se porte partie civile, il ne faut pas que le procureur impérial puisse le paralyser par un refus de poursuivre. La justice veut que, dans ce cas, on permette à la partie plaignante de recourir au juge instructeur. » (v. Locré, tome XXV, p. 147). Ces paroles, qui établissent une distinction raisonnable entre la plainte de la partie lésée et la simple dénonciation du premier citoyen venu, montrent aussi que le législateur reconnaissait le droit de la partie lésée de provoquer et de mettre en mouvement l'action publique. Mais, le système de la loi sur ce point n'est pas aussi nettement défini qu'il serait désirable, et il faut en consulter avant tout l'esprit pour tirer de l'ensemble de ses dispositions la conclusion la plus logique et la plus voisine de la vérité. Dans ce travail d'interprétation les plus savants auteurs se sont trouvés en désaccord. Les uns ont pensé que les dénonciations et les plaintes doivent avoir pour effet nécessaire de mettre en mouvement l'action publique et que le ministère public ne peut, en conséquence, s'abstenir de requérir une instruction sur toutes celles qui lui sont adressées. Il serait trop long de développer tous les moyens de cette première opinion qui rallie beaucoup d'esprits très-distingués, parmi lesquels on peut citer MM. Carnot (de l'instr. crim., t. Ier, p. 295, 303 et 306). Legraverend (Législat. crim., t. Ier, p. 7), et Bourguignon (Jurisprud. des Cod. crim., t. Ier, p. 166). Disons seulement qu'elle s'appuie sur les textes de la législation intermédiaire, et sur ceux du Code d'instruction criminelle lui-même.

Parmi ces textes on peut citer l'art. 6 du titre 5 de la loi des 16-29 sept. 1791, ainsi conçu : « L'officier de police qui aura reçu la plainte « recevra » également la déposition des témoins produits par l'auteur de cette plainte; il « sera » aussi « tenu » d'ordonner que les personnes et les lieux seront visités et qu'il en sera dressé procès-verbal; » l'art. 20 et l'art. 12 du tit. 1er, 2e p., d'après lesquels le plaignant, nous l'avons vu, peut présenter directement son accusation au jury d'accusation; l'art. 3 du tit. 6, qui donne à la dénonciation civique les mêmes effets : « Si le dénonciateur, y est-il dit, signe la dénonciation et l'affirme, l'officier de police « sera tenu » d'ordonner aux témoins qu'il indiquera de venir faire devant lui leur déclaration. »

Voyez aussi l'art. 7, qui ouvre un recours contre l'inaction de l'officier. Dans le Code de Brumaire, nous trouvons l'art. 4, dont la règle générale : « Tout délit donne essentiellement lieu à une action publique, » enlevait déjà au ministère public toute faculté de délibérer; l'art. 90, qui dispose : « Si le dénonciateur signe sa dénonciation, le juge de paix « *est tenu* » de décerner sur-le-champ un mandat d'amener contre le prévenu ; » l'art. 97, qui ajoute : « La plainte, quoique signée et affirmée par le plaignant, ne peut seule, et sans autre preuve ou indice, autoriser le juge de paix à décerner un mandat d'amener contre le prévenu, mais « *il est tenu d'entendre les témoins,* » indiqués par le plaignant, et de faire, tant pour constater le délit que pour en découvrir l'auteur, toutes les perquisitions, visites et procès-verbaux nécessaires. » En cas de refus du juge de paix, le plaignant pouvait se pourvoir devant le directeur du jury. Le Code d'instruction criminelle semble avoir confirmé ce principe et imposé une obligation identique au juge d'instruction, qui y remplace le juge de paix. L'exposé des motifs disait en effet : « Le procureur impérial, « *dans tous les cas,* » transmet les pièces aux juges d'instruction et requiert de lui tout ce qu'il estime convenable. Si nous passons aux articles du Code, nous trouvons l'art. 47 qui nous est connu et porte que : « hors les cas énoncés dans les art. 32 et 46, le procureur du roi instruit, soit par une dénonciation, soit par toute autre voie, qu'il a été commis dans son arrondissement un crime ou un délit, ou qu'une personne qui en est prévenue se trouve dans son arrondissement, « *sera tenu de requérir le juge d'instruction d'ordonner qu'il en soit informé;* » l'art. 64, que : « *Les plaintes* qui auraient été adressées au procureur du roi « *seront par lui transmises* au juge d'instruction avec son réquisitoire;* » enfin, l'art. 70, que : « le juge d'instruction compétent pour connaître de la plainte « *en ordonnera* » la communication au procureur du roi, « *pour être par lui requis* » ce qu'il appartiendra. » Ce premier système, on le voit, s'appuie surtout sur la lettre de la loi, et il pourrait à ce point de vue tirer encore un puissant argument du nombre des textes qui semblent lui donner raison. Mais, ces dispositions n'ont pas paru décisives à tous, et des auteurs se sont trouvés, tels que MM. Mangin et Faustin Hélie, qui l'ont combattu avec avantage et ont montré sous son véritable jour le point de droit qui fait l'objet de cette controverse.

Une première observation justement faite par M. Mangin, c'est que dans la discussion des art. 47, 64 et 70 au Conseil d'Etat, on ne s'était nullement préoccupé du droit des parties lésées dans ses rapports avec le droit de la partie publique, mais bien du rôle à attribuer aux deux magistrats qui devaient, le plus souvent, se trouver en concurrence d'action dans cette première phase de la procédure, l'officier du ministère public et le juge instructeur. En second lieu, on ne peut pas prétendre que les textes de la loi imposent rigoureusement au ministère public le devoir de suivre sur toutes les plaintes; car, si nous rapprochons ces textes de ceux de la législation intermédiaire que nous venons de citer, nous voyons que ces derniers ajoutaient une sanction formelle à l'obligation d'informer qu'ils imposaient, sanction, consistant dans le recours du plaignant ou du dénonciateur, soit devant le jury d'accusation, soit devant le directeur du jury, et qu'il y avait

là pour les parties un droit véritable avec ses conditions
d'exercice, tandis que rien de semblable ne se rencontre
dans notre Code, lequel n'a fait qu'indiquer la marche
à suivre par le ministère public, le mode d'exercice de
ses fonctions, ne liant ses actes par aucune sanction. Il
y a plus! dans notre législation criminelle actuelle, le
ministère public n'est pas même astreint, comme dans
le droit antérieur, à donner acte de son refus d'agir, et
il reste le souverain appréciateur de sa conduite. Cette
liberté d'action n'a rien que de fort naturel, et elle est
en parfaite harmonie avec l'ensemble des règles qui
constituent le nouveau système criminel inauguré par
notre Code. Les motifs décisifs en sont nettement dé-
duits dans un réquisitoire intéressant pour nous, celui
de M. Mourre, sur lequel est intervenu un arrêt de cassation, du 8 décembre 1826 (v. Dev. et Car., t. 8,
p. 479). « Le législateur, y est-il dit, n'a pas voulu
astreindre les officiers du ministère public à diriger
des poursuites d'office et sans l'intervention des parties
civiles, sur toutes les plaintes même les plus légères et
les plus insignifiantes, sur des plaintes qui n'intéressent point directement l'ordre public, et qui souvent
n'ont d'autre but que de satisfaire des passions ou des
haines particulières, des intérêts de vanité ou d'amour-
propre, ou de procurer aux dépens de l'Etat et sans aucune espèce d'utilité pour l'ordre social, la réparation
de quelques torts légers éprouvés par des particuliers. »

On peut ajouter encore, avec M. Faustin-Hélie, que
l'institution du ministère public ayant eu pour but la
défense des intérêts généraux et les lois criminelles
ayant incessemment tendu à dégager les poursuites

des mains des particuliers, pour les centraliser entre celles des magistrats du parquet, il en résulte, entre autres, cette conséquence que les plaintes et les dénonciations, si elles n'apportent aucun témoignage, aucune garantie de leur sincérité, et si elles n'ont pour objet aucun fait qui se rattache à l'ordre, ne doivent pas mettre nécessairement en mouvement le ministère public, car il est précisément chargé de faire prédominer la cause des intérêts généraux sur celle des intérêts privés ! Le même conclut en disant, après avoir rappelé les paroles remarquables prononcées sur ce point dans le rapport fait au Corps législatif, dans la séance du 17 novembre 1808, sur le premier livre du Code : « Ainsi donc, l'esprit du Code est que le ministère public ait la faculté de délibérer sur les dénonciations et les plaintes qui lui sont portées, et d'apprécier l'opportunité et le fondement des poursuites, et les articles que nous avons cités ne s'opposent pas d'une manière absolue à l'application de cette règle. »

Du reste, tout ce que nous venons de dire ne concerne que les dénonciateurs et les plaignants. Or, nous savons que les uns et les autres ont en somme et au point de vue qui nous touche, un rôle fort restreint et fort effacé, signalant au ministère public les faits dont ils ont eu à souffrir ou dont ils ont été les témoins, sans s'intéresser autrement à leur poursuite, qu'ils lui abandonnent tout à fait, ils demeurent absolument étrangers à la procédure, et ne formant aucune demande n'encourent aucune espèce de responsabilité. Il est donc facile de concevoir que le seul fait de leur dénonciation ne suffise pas pour mettre nécessairement en mouvement l'action publique. Mais, à côté d'eux, il

y a une troisième classe de personnes privées qui, ne se
contentant pas de ce rôle effacé et prenant à la poursuite une part active et directe, ne peuvent manquer,
par suite, d'avoir quelque influence sur la conduite de
la partie publique, en ce qui concerne cette poursuite.
Nous voulons parler des parties civiles, qui se constituent, au procès et à l'égard de celui qu'elles poursui-
vent, véritables adversaires, malgré le fondement privé
et le but pécuniaire de leur action ; qui accusent et
fournissent des preuves à l'appui de leur accusation ;
qui sont, en un mot, les auxiliaires du ministère public, agissant à leurs risques et périls, en ce qui concerne la responsabilité des frais de la procédure et des
dommages-intérêts, s'il y a lieu (v. art. 66, 135, 136,
194, 358, 359 et 368). Parmi ces articles, l'article 66
est à remarquer, en ce qu'il établit à quelles conditions les plaignants sont réputés parties civiles ; ils ne
sont réputés tels, d'après le texte, qu'autant qu'ils le
déclarent formellement, soit par la plainte, soit par acte
subséquent ; ou qu'ils prennent, par l'un ou par l'autre,
des conclusions en dommages-intérêts. D'ailleurs, la
loi ayant égard à la condition onéreuse dans laquelle
elle les place elle-même, leur accorde la faculté de se
désister pendant vingt-quatre heures (v. Ordon. de
1670, tit. 3, art. 5). Après ce délai, elles figurent
comme parties jusqu'à la fin du procès, et, à ce titre,
sont soumis aux formalités préalables de l'art. 68.

Voilà donc la partie civile constituée. Nous sommes
amenés à nous demander quelle est la part qu'elle va
prendre à l'exercice de l'action publique. Nous nous
souvenons que le législateur avait reconnu, en principe, le droit de la partie lésée de provoquer et de

mettre en mouvement cette action. (Séance du Conseil d'État du 11 juin 1808, paroles citées de M. Cambacérès.) Le Code, suivant la tradition législative sur ce point important, distingua la matière correctionnelle et la matière criminelle. En matière correctionnelle (et de simple police), la citation de la partie civile saisit le tribunal compétent de l'action publique en même temps que de l'action civile, et l'on peut bien dire, par suite, que la partie exerce en quelque sorte l'action publique, ou du moins qu'elle la met nécessairement en mouvement, puisque les juges peuvent prononcer une peine, lors même que le ministère public ne l'aurait pas requise. C'est ce qui ressort, quant aux matières de simple police, de l'article 145 du Code d'instruction criminelle, qui met sur le même rang la citation de la partie publique et celle de la partie civile et leur attribue, par suite, le même effet. « Les citations pour contravention de police, y est-il dit, seront faites à la requête du ministère public ou de la partie qui réclame (v. aussi les art. 148, 153, 156).

Pour ce qui touche proprement au correctionnel, nous lisons dans l'art. 182 : « Le tribunal correctionnel sera saisi de la connaissance des délits de sa compétence, par la citation donnée directement au prévenu et aux personnes civilement responsables du délit par la partie civile. » Deux arrêts de la cour suprême sont venus reconnaître formellement ce droit attribué par la loi à la partie civile. Le premier est un arrêt du 27 juin 1811 (Dev. et Car. tom. 3. p. 370); le second, du 23 janvier 1823, dispose explicitement : « que le tribunal correctionnel est saisi par la citation directe de la partie civile; que, par cette citation, il est saisi soit de l'action

Fabre   30

publique, soit de l'action civile » (v. Dev. et Car., tom. 7, p. 186, et 17 décemb. 1824, *ibid.*, p. 598).

En matière criminelle, le droit de la partie lésée ne va pas si loin, et il ne lui reste plus que celui de plainte. Le législateur a sans doute pensé que, dans les cas plus graves de prévention de crime, il serait dangereux de laisser entre les mains d'un simple particulier, quel qu'intéressé personnellement qu'il pût être d'ailleurs, une arme aussi puissante contre quiconque aurait, en portant atteinte à sa personne ou à ses biens, mis en même temps en péril les intérêts de la société tout entière, et que, en pareille occurrence, par suite de la gravité des faits et de leurs conséquences probables, il ne pouvait appartenir qu'à la magistrature instituée spécialement en vue de la défense de ces intérêts et de la poursuite sérieuse de ces actes coupables, de mettre celui qui s'en serait rendu l'auteur aux prises avec les forces combinées de la loi et de ses ministres, et de le forcer à lutter, faible et isolé, contre tout cet appareil redoutable. Ce n'est pas à dire, d'ailleurs, que la partie lésée n'ait ici aucun rôle à prendre et aucune influence à exercer sur la marche de l'action publique. Car, bien au contraire, elle peut, en se constituant, comme plus haut, partie civile, donner une impulsion au ministère public, devenir partie nécessaire au procès, et exercer ainsi une grave influence sur le sort de l'accusation (v. les art. 135, 217, 315, 319, 330 et 331, 335). Mais, remarquons-le, ce rôle et cette influence ne s'exercent que lorsque la juridiction criminelle a été préalablement saisie, et ici le droit de la saisir n'est plus reconnu qu'aux officiers du ministère public. Seulement, l'action publique, que la partie privée ne saurait exercer au criminel, peut être mise en mouvement par elle, dans la personne même de ces officiers qui, obligés de répondre à cette sollicitation, que nous pourrions appeler légale, sous peine de voir peut-être leur inaction qualifiée de déni de justice, restent, bien entendu, les seuls appréciateurs de leur conduite dans l'action exercée et gardent, quant à ce point, leur indépendance entière. Il s'agit toujours évidemment de la partie privée qui s'est constituée partie civile et qui, à ce titre et en considération des garanties qu'elle a dû donner à la justice pour y être admise, a obtenu d'elle la reconnaissance d'une pareille prérogative, n'étant plus suspecte, à ses yeux, de légèreté ou de passion dans le but qu'elle poursuit. La plainte de la partie civile force donc la main à l'officier du ministère public qui l'a reçue et lui impose l'obligation de donner ses conclusions sur son objet. La voie régulière, dans ce cas, est la communication de la plainte, avec des conclusions quelconques, au juge d'instruction. Et, cette communication, fait judicieusement observer M. Faustin Hélie (Ins. crim, t. 1er, p. 620), était tellement dans la pensée du législateur, qu'il a donné à la partie civile le droit de saisir directement le juge d'instruction. En effet, voici ce que porte l'art. 63, cod. inst. crim : « Toute personne qui se prétendra lésée par un crime ou délit, pourra en rendre plainte et se constituer partie civile devant le juge d'instruction. » Et le même auteur fait remarquer que c'est bien là provoquer directement une information préalable du juge d'instruction, ou du moins l'appeler à statuer sur sa plainte. « A la vérité, continue-t-il, le juge d'instruction ne peut, aux termes de l'art. 61, procéder à aucun acte d'information sans avoir communiqué la plainte au procureur de la république. Mais la loi déclare que ce magistrat « fera les réquisitions convenables, sans pouvoir retenir la procédure plus de trois jours ; » et ces réquisitions, quelles qu'elles soient, et soit quelles tendent à une information, soit à ne donner aucune suite à la plainte, suffisent pour que le juge d'instruction puisse statuer, dans les limites de son pouvoir, sur l'exercice de l'action publique, dont il se trouve saisi. Le procureur de la république peut prendre toutes les conclusions qu'il juge convenables, mais il ne peut s'abstenir de donner ses conclusions, car il ne lui appartient pas de dessaisir le juge d'instruction et de suspendre une action régulièrement introduite en justice. Le juge, soit qu'il procède ou non à une information, et sauf le recours du ministère public par voie d'opposition, doit prononcer sur la prévention. »

C'est donc, dans le système du savant auteur précité, le droit de provoquer une information, ou, du moins, de faire apprécier sa demande par le juge d'instruction, que la loi a voulu assurer à la partie civile, et, quand nous avons dit ci-dessus que, au criminel, le droit de saisir la juridiction compétente n'appartient plus à cette partie, mais seulement aux officiers du ministère public, on a dû l'entendre du droit de saisir les juges, mis en demeure par là de prononcer leur sentence et de condamner ou d'absoudre, droit reconnu à la partie civile en matière correctionnelle, et il n'y a aucune contradiction à lui attribuer ensuite celui de saisir le juge d'instruction ; car, en ce faisant, elle ne tend, nous dit-on, qu'au simple fait de soumettre sa demande à l'appréciation du juge d'instruction, et si, rigoureusement parlant, il est vrai de dire que la juri-

diction criminelle est saisie par la plainte, dans la personne du juge d'instruction, cette juridiction n'est saisie
que de la question préalable de compétence, et, de plus,
et surtout, nous fait-on bien observer, elle demeure parfaitement en droit de rejeter la requête qui tend à
l'examen de cette question. Il ne faut pas oublier enfin
que cette faculté légale, reconnue sur ce point à la partie
civile, n'est que la conséquence rigoureuse de l'art. 3
du Code, qui ouvre à l'action civile la juridiction criminelle. Car, puisque la partie civile est autorisée à porter
son action devant cette juridiction, il ne peut pas lui
être interdit de la saisir, dans la mesure où cette
action doit s'exercer.

Pour nous, nous nous rallions complètement à ce
système, qui nous semble le plus raisonnable et le plus
en harmonie, en même temps, avec le texte et l'esprit
de la loi. Bien plus, nous appuyant sur les observations judicieuses que nous venons de présenter, nous
allons plus loin que M. Faustin Hélie, et, poussant jusqu'au bout la rigueur du principe admis, nous en ti-
rons toutes les conséquences, sans sortir en aucune façon de la logique ou de l'équité, et nous déclarons qu'il
nous paraît impossible de ne pas reconnaître à la partie
civile le droit de former opposition, comme le ministère
public lui-même, à l'ordonnance du juge d'instruction,
ou celui de se pourvoir en cassation contre l'arrêt intervenu de la chambre des mises en accusation. Car,
encore une fois, si on reconnaît à la partie civile le
droit de mettre, au criminel, l'action publique en mouvement, il faut aller jusqu'au bout et lui donner tous
les moyens légaux de l'exercer. C'est ici le cas de rap-

peler cet axiome aussi vrai en matière de droit qu'en matière de morale : qui veut la fin veut les moyens.

Disons un mot, en terminant, des simples dénonciateurs. Plusieurs articles du Code parlent de leur rôle en matière criminelle et des mesures que le législateur a cru devoir prendre contre eux, dans l'intérêt des accusés. Ainsi, l'article 323 établit que : « les dénonciateurs, autres que ceux récompensés pécuniairement par la loi, pourront être entendus en témoignage ; mais le jury sera averti de leur qualité de dénonciateurs. » L'article 358, que : « l'accusé acquitté pourra obtenir des dommages-intérêts contre ses dénonciateurs, pour fait de calomnie, et que le procureur général sera tenu, sur la réquisition de l'accusé, de lui faire connaître ses dénonciateurs. » (v. aussi l'art. 359 sur les demandes en dommages-intérêts formées par l'accusé contre ses dénonciateurs, qui doivent être portées à la Cour d'assises). On le voit par ces quelques dispositions, la loi a tâché de concilier les intérêts sacrés de la justice, à l'action de laquelle toute personne doit participer dans la mesure de ses forces et dans la sphère de son activité propre, avec le devoir de protection non moins sacré que lui imposait cette même justice, à l'égard de celui qu'elle livrerait à son action puissante et redoutable. Aussi, c'est à tort que Filangieri, dont les sages et judicieuses réflexions se sont si souvent exercées sur ces questions d'un intérêt toujours actuel, accuse, au livre III, chapitre 3 de ses œuvres, la législation moderne d'injustice, à l'égard de son nouveau système d'accusation publique. Son principal argument sur ce point est précisément tiré du sujet qui nous occupe en ce moment, et il le présente sous cette forme hardie qui lui est si familière : « Pour être persuadé, dit-il, de l'injustice de la législation à cet égard (le retranchement du droit d'accusation), il suffit d'observer que, dans le même temps où l'on a aboli la liberté d'accuser, on a établi la liberté de dénoncer. » Benjamin Constant consacre un chapitre de son commentaire sur l'ouvrage du savant criminaliste italien à la réfutation de cette opinion outrageante pour le législateur et montre que, s'il y a ici quelque chose d'injuste, c'est bien la critique amère et sans fondement du célèbre publiciste. Tout en reconnaissant avec lui les inconvénients de la délation, il établit, avec une grande justesse de sens et de raisonnement, que la liberté de dénoncer ne saurait être interdite. La punir, en effet, ce serait, suivant ses expressions énergiques : « faire de tous les citoyens une nation de sourds et d'aveugles volontaires. » La repousser, ce serait forcer le magistrat chargé de la poursuite de tous les délits à fermer les yeux sur ceux dont il aurait souvent la connaissance la plus exacte et la plus positive. Exiger que le dénonciateur se porte accusateur, ce serait, comme il en avait déjà fait l'observation, « imposer silence à tous les membres d'une société qui n'aspire qu'au repos et à l'exercice paisible de toutes les facultés, et où personne n'est disposé à courir des risques, à subir des interruptions de travail ou de plaisir, etc... » On ne peut se dissimuler que les passions mauvaises peuvent se faire les auxiliaires de cette liberté de dénoncer. « Mais, ajoute Benjamin Constant, c'est à la prudence du magistrat auquel la dénonciation s'adresse à diminuer la masse de ces inconvénients par sa prudence et son impartialité. » De plus, il a raison de faire observer que la dénonciation ne constate rien,

ne prouve rien, mais avertit seulement qu'il y a quelque
chose à examiner et laisse donc entière l'action impar-
tiale de la justice. « Ce que Filangieri aurait dû flétrir,
dit-il encore, de la réprobation la plus énergique, ce
sont, d'une part, les récompenses destinées à encourager, de l'autre, les menaces employées à commander
les dénonciations ! »

Il nous reste à faire une dernière observation, c'est
que le Code a consacré, dans un article spécial, ce vieux
principe de droit criminel, sauvegarde de la justice
et de la liberté individuelle, d'après lequel l'accusé
qu'un jugement légal a renvoyé absous, n'a plus rien
à redouter désormais de l'action du pouvoir social, du
chef du même fait qui l'y avait soumis. Cet article est
le 360e, et dispose que : « toute personne acquittée
légalement ne pourra plus être reprise ni accusée à
raison du même fait. » Nous savons que ce n'est que
par le plus étrange des abus de ce pouvoir social, et
grâce à la plus funeste aberration du sens moral, que
nous avons pu voir cette grande maxime d'ordre public
ouvertement violée, à certaines époques de l'histoire
du droit criminel.

Second point. — *Quand et comment l'action publique est-
elle dépendante de celle qu'exerce la partie privée.* — L'é-
tude que nous poursuivons, et au terme de laquelle
nous touchons presque, est avant tout l'étude des
grands principes et l'exposé pratique des règles générales qui régissent l'accusation publique. Aussi, n'a-
vons-nous pas à aborder toutes les questions de détail,
dont l'examen d'ailleurs, à défaut de cette raison, nous
forcerait à élargir encore les proportions déjà si vastes

de ce long travail. Il eût été sans doute intéressant de rechercher, par exemple, quels obstacles légaux peuvent
s'opposer à l'exercice du droit d'accuser dans notre
législation actuelle, et dans quelle mesure ils peuvent
s'y opposer; de connaître quelles causes de suspension
peuvent avoir, à cet égard, une influen 3 calculée et
légitime, influence dont le fondement et la raison d'être
se trouvent dans la nécessité absolue de sauvegarder
des intérêts aussi graves que ceux que peut représenter
l'action publique. Mais, encore une fois, c'eût été sortir
de notre cadre d'étude et donner à notre sujet des développements que ne comportent pas les limites raisonnables et ordinaires de ce genre de travail. Sans exposer donc la théorie des causes de suspension de l'action
publique, qui sont de deux sortes, temporaires ou perpétuelles, et laissant absolument de côté toutes celles
qui rentrent dans la seconde catégorie, telles que le
décès du prévenu, l'omission des formes qui, à l'égard
de certains délits, sont la condition de la poursuite,
l'exception de la chose jugée, la prescription, l'amnis-
tie, etc., nous nous attacherons à celle des trois de la
première catégorie qui nous offre le plus d'intérêt,
parce qu'elle se rapproche le plus de notre sphère
d'observations et de la matière de nos recherches. Les
deux causes de suspension temporaire que nous négli-
geons, ici encore, sont basées, l'une sur la nature des
faits, comme celle qui consiste dans les questions pré-
judicielles qui s'opposent, jusqu'à ce qu'elles soient
jugées, à la formation même de l'action ; l'autre, sur
la qualité des prévenus, comme celle qui consiste dans
la nécessité d'obtenir l'autorisation de poursuivre, lorsque la personne qui est l'objet de la poursuite ne peut,

à raison de sa qualité, être mise en cause avant que cette autorisation soit intervenue. Il reste celle qui consiste dans le défaut de plainte de la partie lésée, lorsque le délit est du nombre de ceux qui ne peuvent être poursuivis que sur cette plainte, et c'est elle que nous voulons étudier dans un aperçu rapide.

Nous connaissons le grand principe qui domine toute la matière de l'accusation publique et d'après lequel le ministère public a le droit et le devoir de l'exercer, en général, à l'encontre de tout fait punissable qui lui est dénoncé, ou dont il acquiert la connaissance, nonobstant le silence des particuliers ou même des intéressés. Telle est la règle; mais elle n'est pas absolue, et il est des circonstances où, dans l'hypothèse même d'une infraction grave, la rigueur en fléchit devant des considérations d'un ordre particulier et que le législateur, soucieux de tous les intérêts, ne saurait méconnaître. Nous ne pouvons mieux faire, pour mettre ceci en pleine lumière, que de rapporter ces quelques lignes de M. Faustin Hélie (tome II, p. 228, de son Traité de l'instruction criminelle), qui nous font pénétrer jusqu'au cœur de la question : « Il s'agit, dit-il, d'infractions qui, par leur nature même ou par les circonstances dans lesquelles elles sont nées, ne peuvent être abandonnées à la libre action du ministère public : ces infractions, soit parce qu'elles se mêlent à la dignité de la famille ou à l'honneur des personnes, soit parce qu'elles ne concernent que des intérêts privés, soit parce qu'elles ne sont susceptibles d'aucune preuve sans le concours des parties, ne doivent point être dévoilées par la poursuite, à moins que les personnes qu'elles ont lésées n'y aient consenti.

Ce n'est pas que de graves motifs d'ordre ne puissent quelquefois solliciter leur répression ; mais une raison non moins grave enchaîne l'action publique et la subordonne à la condition de la plainte, c'est l'intérêt du repos et de la tranquillité des familles, c'est le danger des poursuites, plus à craindre souvent que l'impunité même du délit. Il faut ajouter toutefois que cette réserve ne peut avoir pour objet que des faits qui n'ont pas une haute gravité, qui compromettent les intérêts particuliers plutôt que l'intérêt public, et qui n'appellent pas impérieusement l'exemple d'une punition.»

Il est fait allusion, dans cette citation, à plusieurs infractions punissables, mais qui n'ont cependant pas une haute gravité et qui compromettent des intérêts particuliers plutôt que l'intérêt public. Nous ne parlerons que de la plus grave, qui est en même temps et par malheur la plus commune et la moins réprouvée par nos mœurs en décadence, nous voulons dire l'adultère. Ce délit (car l'adultère n'est, chez nous, qu'un délit), est le premier de ceux que la loi a explicitement prévus et énumérés, en les plaçant, par une disposition formelle, en dehors de la règle générale, et en subordonnant leur poursuite à la plainte des parties lésées. Le principe criminel se renverse donc en cette matière, et le ministère public ne peut agir, l'action publique ne peut être exercée que sous le bon plaisir des personnes qui ont souffert de l'acte coupable. C'est ainsi que l'article 336 du Code pénal veut que l'adultère de la femme ne puisse être dénoncé que par le mari.

Voilà donc le principe posé. Il faut examiner maintenant suivant quel mode doit se produire la plainte qui est le fondement de l'action publique, en matière d'adultère, et quels en sont les effets. Et d'abord, il paraît évident, suivant la remarque judicieuse faite sur ce point par M. Faustin Hélie, que, puisque la poursuite puise toute sa validité dans la plainte, cet acte, base unique de l'action, doive être régulier; il est nécessaire qu'il constate la volonté formelle du plaignant, et il ne peut en fournir la preuve que par l'accomplissement des formalités exigées par la loi. « Ainsi, continue le savant criminaliste, aux termes des art. 30, 48, 50 et 63 du Code d'instruction criminelle, les plaintes ne peuvent être remises qu'au procureur de la République ou à ses auxiliaires et au juge d'instruction. Ainsi, aux termes des art. 31 et 65 du même Code, elles doivent être rédigées par les plaignants, ou par leurs fondés de procuration spéciale, ou par le magistrat qui les reçoit, s'il en est requis. Elles sont signées par le magistrat et par les plaignants ou leurs fondés de pouvoir, à chaque feuillet; et, si ceux-ci ne savent pas signer, mention doit en être faite. » Et il conclut à bon droit que l'omission de ces formalités entraîne la nullité de la procédure, la plainte étant le principe de toute cette procédure, et sa régularité, par suite, devant être démontrée. De plus, la plainte peut être évidemment remplacée par la citation directe devant le tribunal correctionnel, la partie lésée saisissant à la fois, dans ce cas, le tribunal par cette citation de l'action civile et de l'action publique, et cet acte constituant alors réellement la plainte (v. un arrêt confirmatif de la Cour de cassation, du 25 févr. 1830, *Journ. Pal.*, nouv, édit., t. 23, p. 263).

Quels sont maintenant les effets de la plainte ainsi formée? Ces effets consistent à remettre le ministère public dans sa situation normale vis-à-vis de tout délit, en général, c'est-à-dire à lui rendre sa pleine et entière liberté d'action, qui ne sera plus désormais soumise à aucune influence étrangère. Une sorte d'interdiction pesait sur cette action; le seul fait de la plainte intervenue la lève, et le magistrat public redevient, nous le répétons, absolument libre, et retrouve la faculté que la loi lui a attribuée d'agir ou de ne pas agir, suivant l'inspiration de sa conscience et l'appréciation qu'il fait du délit qui lui est dénoncé. Ce qu'il importe d'observer ici, c'est ce que, dans un délit dont la poursuite est subordonnée à l'intervention des parties lésées, et quand l'intérêt privé est le principal élément de cette poursuite, cet intérêt doit lever toute hésitation de la part du ministère public, et déterminer son action coopérative, dès lors qu'il a été lésé et qu'il réclame une légitime satisfaction. D'ailleurs, au cas improbable où le ministère public, méconnaissant ses véritables devoirs, refuserait de donner suite à la plainte, la partie lésée, ne l'oublions pas, n'est pas condamnée pour cela à l'inaction, et elle a toujours entre ses mains, de par la loi, le droit et les moyens, sinon d'exercer elle-même l'action publique, du moins de la mettre en mouvement, et cela forcément. Elle n'a, en effet, pour arriver à ce résultat, qu'à employer le moyen, qui nous est déjà connu, de la citation directe du prévenu devant le tribunal correctionnel, conformément à l'article 182 du Code d'instruction criminelle. Une autre voie s'ouvre à elle, aussi légale et aussi sûre : qu'elle se constitue partie civile devant le juge d'instruction, conformément à l'article 63 du même Code.

Le ministère public, régulièrement provoqué par la

plainte, a introduit l'action publique. On se demande
s'il demeure le maître de cette action, en ce sens qu'il
n'ait plus besoin, pour l'exercer, du concours du plaignant. On ne peut décider le contraire, car ce n'est là
que l'application de la règle générale, du grand principe de droit criminel, que le ministère public est seul
juge de sa conduite, souverain appréciateur de la manière dont il doit agir. Pour mieux saisir le jeu de ce
système particulier, il faut bien établir la ligne de démarcation qui sépare, en ce point, l'action de la partie
privée de celle de la partie publique, et préciser exactement les limites dans lesquelles chacune d'elles s'exerce.
La partie privée a, par exception et grâce à une faveur
spéciale de la loi, faveur fondée sur de sérieux motifs,
un privilège considérable en cette matière, qui va jusqu'à lier les mains au magistrat qui représente les intérêts sociaux. Elle peut, en effet, à son gré et même
n'écoutant en cela que son caprice, ne pas porter plainte
et procurer, par suite, l'impunité au coupable; mais,
là s'arrête son droit. Si elle formule sa plainte, on peut
dire que par cela seul elle épuise son pouvoir et qu'elle
n'exerce plus aucune influence au-delà. « Le premier
acte de la poursuite, dit encore M. Faustin Hélie, ne
peut s'accomplir que sous une impulsion, mais cet acte
entraîne après lui tous les actes de la procédure, sans
qu'il soit besoin d'une impulsion nouvelle. Le ministère public peut agir sans aucun concours, sans aucune assistance. Il importe peu que le plaignant, après
avoir dénoncé le délit, ne s'associe pas à la poursuite;
il importe peu qu'il déserte la cause et demeure à
l'écart : l'action qu'il a provoquée ne lui appartient pas;
le ministère public, dès qu'il en est saisi, l'exerce seul

et ne doit consulter que les intérêts de l'ordre qui lui
sont confiés. » Il suit de là que le ministère public, maître absolu de l'exercice de son action, a parfaitement le
droit d'interjeter appel, si, sur un premier jugement
intervenu, le plaignant garde le silence. La Cour suprême a consacré cette jurisprudence par deux arrêts
parfaitement motivés (v. arr. Cass., 13 avril 1820.
Journ. Pal., tome XV, page 916, et 5 juin 1845. *Bulletin*,
n° 190). Une autre conséquence incontestable est que le
désistement de la partie lésée, ou l'acte par lequel elle
retire sa plainte, soit par suite d'une transaction, soit
par suite d'une simple renonciation à son action, ne
saurait avoir aucun effet sur l'action publique, ce qu'a
encore confirmé la Cour de cassation, dans un arrêt du
23 janvier 1813, (v. *Journ. Pal.*, tome XI, page 70)
et dans un autre du 31 juillet 1830 (*ibid.*, tome XXIII,
page 734.) Certains auteurs admettent ceci seulement
au cas où le désistement n'intervient qu'après la mise
en mouvement de l'action publique, et accordent un
effet extinctif au désistement, quant à l'exercice de
cette action, lorsque, au contraire, il précède cette
mise en mouvement. Mais, c'est à tort, et nous nous
rallions complètement à l'opinion de ceux qui, comme
M. Faustin Hélie, jugent cette opinion trop absolue,
en ce sens que le ministère public peut bien, si cela lui
paraît utile et plus avantageux à l'intérêt général, ad-
hérer à ce désistement et ne pas mettre en mouvement
l'action publique, mais il n'y est pas obligé, et cette adhésion n'a rien que de facultatif de sa part. Et la raison en est que, d'une part, le droit du ministère public,
enchaîné jusqu'au dépôt de la plainte, a repris sa liberté
d'action au moment même où cette plainte a été reçue

au parquet, et que, de l'autre, ce droit acquis ne saurait être paralysé par la volonté de la partie, d'après les termes mêmes de l'article 4 du Code d'instruction criminelle, qui dit expressément que la renonciation à l'action civile ne peut ni « *arrêter* ni *suspendre* » l'exercice de l'action publique. Mais, remarquons-le, ce que nous disons ici, à propos des délits exceptionnels, auxquels s'appliquent les règles établies dans le présent paragraphe, cesse d'être vrai à l'égard précisément du délit d'adultère, que nous visons spécialement. Quant à lui, le désistement de la partie lésée, de quelque manière qu'il se produise et à quelque point qu'on soit de la procédure, exerce une influence directe et fatale sur l'action publique. L'article 337 du Code pénal déclarant, en effet, que le mari de la femme convaincue d'adultère reste le maître d'arrêter les effets de la condamnation, en consentant à la reprendre avec lui, la jurisprudence en a induit qu'à plus forte raison il devait pouvoir arrêter la poursuite par son désistement.

Jusqu'ici nous avons posé les règles générales du droit exceptionnel qui régit les délits d'une certaine nature, et nous savons qu'elles sont applicables, sauf exception formelle, à tous ces délits que la loi a pris le soin de prévoir et d'énumérer. Il est temps de faire brièvement l'application de ces règles à la matière spéciale de l'adultère, comme nous l'avons annoncé.

L'art. 336 du Code pénal, déjà cité, porte : « L'adultère de la femme ne pourra être dénoncé que par le mari. » Le mari seul peut donc, par la plainte qu'il adresse aux magistrats compétents, provoquer une poursuite à raison du délit dont il a souffert. Les mêmes conditions sont exigées pour cet acte, comme pour tous

ceux qui doivent servir de base à une poursuite, c'est-à-
dire que l'acte doit émaner du mari et exprimer sa ferme
volonté de provoquer une poursuite, à raison du délit
qu'il dénonce. La plainte étant formée, quels sont les
droits du mari ? Les auteurs sont divisés sur ce point, et
l'insuffisance des textes de la loi a laissé le champ libre
à la discussion. Les uns, investissant le mari de toutes
les prérogatives du ministère public, lui ont attribué l'action publique toute entière. Ils se sont fondés, pour arriver là, sur le texte des art. 336, 337 du Code pénal et
309 du Code civil. Mais, il faut le remarquer, le premier
de ces articles n'est qu'une application pure et simple,
au cas d'adultère, de la règle exceptionnelle, qui concerne les délits spéciaux dont nous avons parlé, et d'a-
près laquelle le droit exclusif de porter plainte et de
provoquer, par là, l'action publique, enchaînée jusqu'alors, est attribué, par la loi, à la partie lésée. Ici,
c'est le mari, et il n'a, sur ce premier point, pas d'autre
droit que les parties lésées dans les autres délits d'exception. Ce droit se développe, il est vrai, dans les deux
articles 337 du Code pénal, et 309 du Code civil, et la
faculté légale d'arrêter les effets de la condamnation
prononcée y est ajoutée ; mais, il ne saurait résulter de
ce que le mari a au procès, un rôle si important, un
rôle souverain, peut-on dire, et qui absorbe presque
celui du ministère public, que ce même mari exerce en
réalité l'action publique. « Le ministère public, dit
M. Faustin Hélie, ne peut ni saisir la justice sans une
plainte, ni continuer la poursuite après le désistement.
Mais, entre ces deux actes, il conserve la plénitude de
l'action publique, et il l'exerce librement en faisant
toutes les réquisitions qu'il croit utiles. Sa puissance
est restreinte par le double privilége dont jouit le mari ;

Fabre. 31

mais la règle générale, quoique reserrée entre ces deux exceptions, continue de régir la poursuite. » Et il continue en disant qu'il faudrait au moins un texte formel pour justifier cette attribution extraordinaire, qui conférerait au mari, simple personne privée, un pouvoir qui ne peut être exercé que par un fonctionnaire public dans un intérêt social, et que ce texte n'existe nulle part. Mais, il va plus loin encore, et montre que, si ce texte existait, on ne pourrait lui trouver des motifs plausibles; car, on peut expliquer le droit exclusif de former la plainte et le droit de l'abandonner, par la considération d'un intérêt supérieur à celui de la répression du délit, mais on ne comprendrait pas que le mari pût, pour suivre lui-même le délit, en qualité d'accusateur, recourir, par l'appel, à une juridiction supérieure, sur un premier jugement qui l'aurait déclaré mal fondé dans sa plainte, conclure enfin, non-seulement aux dommages-intérêts, mais encore à l'application des peines. Les peines du délit, suivant une juste observation, ne sont point établies dans un intérêt de vengeance et au profit du mari, mais dans un intérêt de justice et au profit de la société. Si l'adultère est un délit, ce n'est pas parce qu'il blesse les droits du mari, c'est parce qu'il contient la violation d'un devoir social, violation dont la poursuite et le châtiment ne sauraient donc appartenir qu'au ministère public. Aussi, n'est-il pas nécessaire que le mari se porte partie civile au procès; et sa dénonciation suffit elle, la poursuite rentrant dans les attributions naturelles des fonctionnaires institués à cet effet (v. arr. Cass. 22 août 1816. *Journ. Pal.*, t. 13, p. 606. et 25 août 1848; *Bullet.* n° 227. — Arr. Cour de Pau, 30 janvier 1835. Devill, 1836, 2, 54). Une autre application, du même principe, consiste en ce que le seul appel du mari, après un premier jugement, ne peut saisir le tribunal d'appel que de l'action civile, et ne l'autorise ni à prononcer les peines du délit, lorsque ces peines n'ont point été prononcées en première instance, ni à aggraver les peines encourues. Mais cette solution est vivement contestée dans la jurisprudence (voy. Faustin Hélie, t. 2, p. 275 et suiv.). Une troisième application du même principe, qui en est une conséquence nécessaire, c'est que le ministère public peut appeler, « a minima, » lors même que le mari n'appelle pas du jugement intervenu sur la plainte. La jurisprudence ne s'accorde pas davantage sur ce point (v. arr. Caen, 13 janvier 1842; Devill., 1842, 2° part., p. 523 et Paris, 13 mars 1847; Devill., 1847, 2° part., p. 179; *contra*, cassat., 31 août 1855; *Bull.*, n° 308 et 5 août 1841 ; *Bull.*, n° 232).

Enfin, il faut déduire du principe, comme dernier corollaire, que le mari ne peut, dans l'intérêt de l'action publique, se pourvoir en cassation contre l'arrêt de la Chambre d'accusation, qui a déclaré n'y avoir lieu à suivre sur sa plainte (v. arr. Cass. 26 juill. 1828, Bull. n° 222.)

Nous avons annoncé deux systèmes absolument opposés, et nous connaissons le premier. Le second ne reconnaît au mari que les droits d'une partie civile ordinaire et lui dénie même la faculté du désistement. Il ne nous est pas difficile d'en constater toute la faiblesse et nous n'avons pas à y répondre, car sa réfutation ressort de ce que nous venons de dire. Oui, le mari n'est, au fond, qu'une partie civile, mais ses droits sont plus entendus que ceux de la partie civile ordinaire. D'une part, en effet, la poursuite ne peut être commencée que sur sa plainte, et de l'autre, il peut sans cesse l'arrêter par son désistement. Nous nous rallions à ce système intermédiaire dont la théorie snr ce sujet se résume, en somme, dans cette proposition bien simple et bien claire : le mari est au procès d'adultère une partie civile, mais une partie civile privilégiée, et tout son privilége, dans le cours de la procédure, consiste dans la double exception que nous savons, et dans laquelle il est circonscrit.

Nous n'avons pas à entrer dans l'examen des questions de détail qu'on pourrait rattacher encore à ce point, ni à nous occuper du complice de la femme adultère, pas plus que des droits de la femme au cas d'adultère du mari. Notre but a été de montrer, dans ce paragraphe, comme exemple du droit exceptionnel qui régit l'exercice de l'action publique, eu égard à certains délits spéciaux, le cas remarquable où il s'agit de la poursuite de l'adultère de la femme par son mari. Ce but est atteint, et il ne nous reste plus qu'à passer au troisième et dernier point que nous avons annoncé et qui doit terminer cette longue étude.

Troisième point. — Irresponsabilité des magistrats du ministère public dans l'exercice ordinaire de leurs fonctions. — Ce dernier point ne nous arrêtera pas longtemps, mais il importe d'abord de le bien fixer et de déterminer d'une façon précise sous quel rapport nous envisageons cette irresponsabilité qui, à la prendre toute entière et à tous ses points de vue, ne saurait être renfermée dans d'étroites limites. Nous n'entendons pas parler ici des crimes, des abus de pouvoir, des fautes graves que ces magistrats peuvent commettre dans leurs fonctions. La loi a consacré, pour ces cas exceptionnels, dans l'intérêt des parties lésées dans leur liberté ou dans leur hon-

neur, un rigoureux moyen de recours dans la prise à
partie que lui a léguée l'ancien droit. Nous voulons
dire seulement quelque chose sur la question de savoir
s'ils encourent également, en dehors des cas prévus de
prise à partie, quelque responsabilité dans l'exercice
ordinaire, quotidien, de leur ministère d'accusateurs.
Le législateur, toujours sage et prévoyant, a pris de
sérieuses et efficaces mesures pour prévenir les abus ou
les faiblesses coupables, mais déjà bien moins graves
dans leurs conséquences, et jusqu'aux erreurs possibles
dans l'exercice d'une magistrature sans cesse agissante.
Il a compris quel redoutable pouvoir et quelles armes,
à l'occasion dangereuses, il avait placés entre les mains
de ceux qui seraient investis de cette magistrature, et
toute sa sollicitude s'est portée sur les moyens à prendre pour contrebalancer ce pouvoir et pour garantir
les citoyens de ses excès et de ses vexations. M. Mangin
dit fort justement à ce sujet : « De tous les droits que
la société a confiés à la puissance publique, le plus important peut-être est celui de provoquer contre les citoyens la vengeance des lois. » Et il montre des garanties puissantes dans le lien hiérarchique qui relie les
uns aux autres tous les fonctionnaires du ministère public, dans le droit de surveillance et de direction qu'il
crée pour les uns d'une part, et de l'autre dans le devoir positif et perpétuel qu'il impose aux autres de cor-
respondre presque à tout moment avec leurs supérieurs
et de leur demander leurs ordres, quant à la conduite
à tenir ; enfin, dans le serment solennel qu'on leur fait
prêter avant leur entrée en charge. Si nous arrivons
maintenant à la question que nous venons de nous poser, il n'est pas difficile d'apercevoir que le législateur,

par des motifs d'intérêt supérieur dont l'influence dé-
terminante ne saurait être méconnue par un esprit réfléchi, a posé d'une façon certaine et sur les plus larges
bases possibles le principe général d'irresponsabilité
du ministère public dans l'exercice ordinaire de ses
fonctions. Hors des cas d'une gravité exceptionnelle et
qui donnent ouverture à la prise à partie, il ne veut
pas que la partie publique puisse être entravée, arrêtée, tenue en défiance dans la poursuite journalière de
son rôle indispensable au bien général. Toute la doctrine s'accorde à reconnaître ce principe d'ordre public, et nos auteurs favoris s'expriment à cet égard de
la manière la plus explicite : « Tant que les officiers
du ministère public, dit M. Faustin-Hélie, tome II,
page 46, n'agissent que pour l'exécution des prescription de la loi, pour obéir à leur mission légale, pour
remplir, en un mot, leurs fonctions, les erreurs qu'ils
commettent, les excès dans lesquels leur zèle les entraîne, les poursuites téméraires ou vexatoires qu'ils
intentent sont des fautes, sans doute, mais ces fautes
ne motivent aucune peine, parce qu'elles ont pour principe une fausse intelligence d'un devoir plutôt qu'une
intention nuisible, une mauvaise direction plutôt qu'un
abus de la fonction. »

Et M. Mangin, dans son traité de l'action publique :
« Délégués de la couronne, les officiers du ministère
public sont placés auprès des tribunaux comme ministres du souverain, et c'est au gouvernement seul qu'ils
doivent compte de leur conduite.... Le ministère public
ne peut être recherché pour ses erreurs, mais seulement
pour ses prévarications. » La Cour de cassation a plusieurs fois consacré le système de la loi sur ce point

(v. Cass. 27 fructid. an IV; Devill .et Car. t. 1, p. 56 et arr. Cass. 17 sept. 1825, Bull. p. 509).

Nous devons, en terminant, dire un mot du système digne de remarque qui s'est produit, il y a quelques années déjà, sous le patronage et l'autorité d'un nom illustre, venu plus d'une fois sous notre plume, dans le cours de notre travail. Nous voulons parler du système de Benjamin Constant sur la responsabilité du ministère public dans l'exercice ordinaire de son rôle d'accusateur. Le célèbre publiciste, au chapitre vi° de la III° Partie de son Commentaire sur l'ouvrage de Filangieri, où il prend pour texte de sa critique ces lignes du criminaliste napolitain : « S'il y a dans l'État une seule personne qui puisse me calomnier impunément, ma liberté est en danger : la protection des lois n'est plus suffisante pour la défendre, » Filangieri (Œuvres, liv. 3, ch. 4, p. 296), pousse la rigueur beaucoup plus loin que ne le font la législation et la doctrine, au sujet de cette grave question de la responsabilité des magistrats du parquet, et développe une théorie nouvelle et originale, mais d'une application pratique difficile et dangereuse. Après avoir reconnu la justesse de l'observation de Filangieri et montré que « le ministère accusateur, affranchi de toute responsabilité, serait une dictature plus redoutable qu'aucune dictature politique, car elle frapperait en même temps l'honneur et la liberté de ceux qui seraient les objets de sa haine ou de sa vengeance, » ce que personne ne songe à contester, il s'autorise de ce qu'un pareil état de choses est reconnu, sinon de fait, du moins de droit par la législation de la plupart des pays civilisés, pour proposer un système destiné à prévenir des abus possibles et à donner aux droits les plus chers du citoyen une garantie positive et efficace. Avant d'en venir au système en question, il nous paraît impossible de ne pas protester, du moins en ce qui concerne notre législation française, contre une assertion qui nous paraît audacieuse, pour ne pas dire autre chose, et contre les reproches injustes adressés à l'état actuel de choses, qui a d'ailleurs été le même autrefois. Nous ne saurions admettre le point de départ de la thèse soutenue par Benjamin Constant; car il n'est pas vrai de dire que le ministère accusateur soit, chez nous, affranchi de toute responsabilité et puisse dégénérer jamais en une dictature d'un tel genre, l'ensemble des sages mesures prises par le législateur et les sérieuses garanties qui en sont la conséquence devant toujours s'y opposer, et, si l'on est obligé d'avouer que certains inconvénients existent et que des abus sont possibles, il faut bien reconnaître que ces inconvénients et ces abus, dont on s'exagère le nombre et la gravité, ne sauraient être évités dans tout autre système et ne sont que les résultats forcés d'un ordre de choses institué pour le plus grand bien de tous. D'ailleurs, remarquons-le bien, le magistrat prévaricateur dont parlent Filangieri et Benjamin Constant, ne lancera jamais impunément, du haut de son tribunal, ses foudres inviolables sur l'innocence inculpée et réduite au silence, et il nous paraît étrange qu'on n'ait pas vu qu'un pareil magistrat serait le premier à tomber sous le coup des dispositions rigoureuses que la loi a introduites dans son économie, en consacrant au profit des intérêts privés le puissant et redoutable moyen de la prise à partie. N'est-il pas évident, en effet, que ce serait ici le cas ou jamais d'appliquer l'article 505 du Code de procédure qui, on s'accorde à le reconnaître, vise aussi bien les fonctionnaires du ministère public que les juges, et peut-on douter que la prévarication ne soit prévue, entre tous autres crimes des officiers de l'ordre judiciaire, par le 1° de l'art. 505 qui établit que ces officiers peuvent être pris à partie: « S'il y a dol, fraude ou concussion, qu'on prétendrait avoir été commis par eux dans l'exercice de leurs fonctions? » D'ailleurs, tel n'est pas le point de vue auquel Benjamin Constant s'arrête dans sa critique, et, après avoir fait allusion aux dangers possibles de la prévarication, de la part des officiers du ministère public, il se place sur un terrain plus pratique, où nous le suivons aussi plus volontiers.

Ayant en vue, nous le répétons, l'exercice ordinaire, journalier, de ses redoutables fonctions, il pose en principe de législation criminelle la responsabilité nécessaire, suivant lui, du magistrat accusateur, sinon quant à la vérité, du moins quant à la légitimité de l'accusation. Il prévoit l'objection qu'on peut lui opposer tout d'abord, et qui consiste à dire que, soumettre à une responsabilité aussi périlleuse les hommes chargés de poursuivre les crimes au nom de l'État, c'est décourager leur zèle, bien plus, les forcer à ne remplir qu'en tremblant leur mission sévère, et, par cette marche incertaine et réservée qu'on leur impose ainsi, multiplier le nombre des coupables, en multipliant les chances d'impunité. Tout en reconnaissant que ce raisonnement n'est pas sans quelque force, il le réfute avec habileté, au moyen de la distinction à laquelle nous venons de faire allusion, distinction qu'il établit entre la vérité et la légitimité de l'accusation. « Une accusation, dit-il, peut être à la fois fausse et légitime, c'est-à-dire des circonstances malheureuses peuvent avoir entouré celui est soupçonné d'un délit, de probabilités assez grandes pour que la raison commune, d'après laquelle les instruments du pouvoir social doivent se diriger, soit frappée de ces vraisemblances, et réclame une scrupuleuse investigation... Si l'individu qui est l'objet de cette investigation et de ces premières poursuites, se trouve innocent, victime de l'erreur du magistrat, il a droit à des dédommagements, parce que sa souffrance a été injuste, mais il n'a pas le droit d'attaquer le magistrat, auteur innocent et irréprochable de l'erreur dont il a souffert. Si, au contraire, l'accusation n'est appuyée d'aucune vraisemblance, et que le magistrat ne puisse alléguer que l'excès du zèle et l'empressement de l'activité, ce n'est plus un simple dédommagement que la société doit à l'inculpé : elle lui doit la punition exemplaire du magistrat trop léger, trop crédule ou trop zélé. » Et, comme il se demande comment il est possible de constater juridiquement la légitimité d'une accusation, il conclut en ces termes : « Ici, j'en conviens, la question est purement morale ; il est impossible que la loi fixe des bases. Aussi, ne voudrais-je pas la soumettre à un tribunal astreint à prononcer d'après la lettre d'une loi. Toutes les fois qu'une question morale doit être résolue, elle est de la compétence des seuls juges qui puissent n'écouter que leur conscience, et qui n'aient de règle que leur conviction : je veux indiquer par là les jurés. C'est devant eux que seraient portées de pareilles causes ; ils prononceraient si le magistrat traduit à leur barre a eu des motifs suffisants pour commencer une poursuite et pour exposer un citoyen à la honte, aux dommages, à la détention, à la douleur,

résultats inévitables d'une accusation, même écartée
par une absolution qui est toujours tardive. » C'est là
sans doute une belle théorie, mais nous pensons qu'il
ne serait pas utile aux intérêts sociaux de la faire passer dans le domaine des faits. A l'époque, déjà éloignée
de nous, où son auteur la livrait à la publicité, sous la
garantie de son remarquable talent, les esprits généreux pouvaient être encore séduits par les illusions
trompeuses d'un avenir inconnu et plein de promesses,
et espérer que cette grande institution du jury, aussi
vieille que les sociétés, et qu'une ère nouvelle de liberté
avait relevée de ses ruines, serait-la sauvegarde la plus
sûre des droits de chacun et de tous. Mais, depuis, le
temps a marché, et l'expérience nous a appris qu'il
fallait nous défier de cette justice nationale qui ne s'accorde pas avec le tempérament moral de tous les peuples, et qui, chez quelques-uns, emprunte trop souvent
sa règle de conduite aux idées et aux passions du moment. Nous savons trop que les hommes peuvent faire
quelquefois le pire usage de la meilleure chose, et,
d'ailleurs, même en écartant ces considérations si puissantes, nous serions encore disposés à repousser de toute
notre énergie le moyen proposé par Benjamin Constant,
comme portant, par cette surveillance étroite et ce contrôle de tous les instants, une trop dangereuse atteinte
à l'indépendance et à la dignité de cette grande magistrature, qui, malgré ses erreurs possibles, doit avoir
toute la confiance de la société qu'elle représente et
défend, et relever avant tout de sa conscience, dans
l'exercice de ses hautes et redoutables fonctions.

CONCLUSION.

Notre œuvre est terminée. Il nous reste à montrer, dans une rapide et dernière vue d'ensemble, tout le chemin que nous venons de parcourir. Après avoir défini le droit d'accusation, fait connaître son caractère essentiellement public, et montré le but auquel tend son exercice, nous avons été amené, par l'étude de la société à son origine, et de ses progrès continus, à nous demander quel rôle a joué ce droit, aussi vieux qu'elle, puisqu'il a dans l'état social son fondement et sa raison d'être, dans le fonctionnement de cette société primitive et encore imparfaitement organisée. Il est à peine possible de lui assigner quelque place au sein du régime patriarcal, à la sphère d'application trop étroite et au caractère d'autorité trop absolu, pour consacrer autre chose que le despotisme domestique. Mais la formation des familles en tribu, en étendant les rapports individuels, et surtout en créant le pouvoir social, par le consentement tacite des unités constitutives du nouveau groupe, donna naissance au véritable droit d'accusation dont la loi naturelle de la défense et la raison sociale investirent chacun des membres de l'association collective. Enfin, quand, plus tard, du rapprochement et de la fusion des tribus sortirent la peuplade et la cité, le même droit trouva sa large place dans la législation positive, née des besoins d'une civilisation plus ou moins lente, mais toujours progressive. A cha-

cune de ces trois phases successives et nettement marquées de l'état social correspond, il faut le remarquer,
un caractère différent dans les infractions punissables
qui donnent ouverture au droit d'accusation, et en res-
treignent ou en élargissent la sphère d'action. Le principe théocratique, dans lequel s'absorbe toute la forme
patriarcale, fait des seules infractions possibles dans
un milieu aussi étroit et avec des mœurs aussi primitives, des offenses contre la divinité, de véritables péchés. Ce sont là, si on peut s'exprimer ainsi, les crimes
religieux. Avec le régime de la tribu, qui marque le
premier pas de l'humanité dans sa voie naturelle, l'idée
sociale remplace l'idée religieuse, comme règle des rapports humains, et, la sauvegarde des intérêts collectifs devenant, pour tous et pour chacun, la loi suprême, le
pouvoir consacré par la commune volonté, réprime tout
acte directement attentatoire à ces intérêts, ou de nature
à les mettre en péril immédiat. Tel est le délit public, le
seul qu'une coutume grossière punisse alors de châtiments barbares, et que l'accusation de chacun défère à
une justice répressive sommaire et expéditive. Ce système persiste d'abord, au sein de la nouvelle forme de
société qui sort du groupement des tribus jusqu'alors
séparées; mais, avec les progrès incessants d'une civilisation qui fait de la peuplade et de la cité un petit État
souverain, plus ou moins bien organisé, la conscience
développée du bien public et une appréciation plus
juste, faite par un pouvoir plus fort, de la loi morale et
des intérêts sociaux, finissent par soumettre à la sanction pénale que consacre ce pouvoir cette autre classe
nombreuse de délits qui en était restée complètement
indépendante, n'offrant d'autre moyen de satisfaction

que celui résultant de l'action personnelle et toute puissante de la partie lésée. Nous voulons parler des délits
privés, ainsi appelés, par opposition aux précédents,
parce qu'ils atteignent d'abord les intérêts individuels
et n'engagent qu'indirectement ceux du corps social
tout entier. Dès lors, la conception du « *crime* » est véritablement réalisée, et le législateur peut comprendre
sous cette appellation commune les délits, tant publics
que privés, dont la répression est pour lui un droit et
un devoir. A partir de ce moment, toute l'histoire de
l'accusation peut se partager en trois périodes bien distinctes, à chacune desquelles correspond un nouveau et
meilleur mode d'exercice de ce droit, quant à la poursuite
des crimes et des attentats contre l'ordre général. Nous
empruntons cette division systématique à notre savant et
si regretté maître, M. Ortolan, lequel s'exprime ainsi
dans l'introduction de son ouvrage *Du ministère public
en France* : « Il peut être pourvu à la poursuite de ces
crimes et de ces attentats de trois manières : ou bien
en donnant à la partie lésée ou à chaque citoyen,
comme intéressé à la sûreté publique, le droit d'exercer
les poursuites, — ou bien en attribuant ces fonctions au
juge lui-même, — ou bien, enfin, en confiant cette mission à un magistrat qui y soit spécialement consacré. »
Caractérisons maintenant d'un mot avec lui chacun
de ces trois modes, présentés dans l'ordre de leur progrès naturel, nous dirons que le premier est celui qui
a dû s'offrir d'abord dans les sociétés ; que le second est
une amélioration aux institutions judiciaires, les citoyens devant trouver plus de garanties dans la sagesse,
la modération, d'une part, l'activité et l'intégrité, d'autre part, du juge devenu doublement le vengeur de la

société; que le troisième, enfin, en est le perfectionnement achevé, comme donnant la meilleure satisfaction
aux exigences les plus opposées. C'est dans la première
de ces époques historiques que se présente à nous, dans
sa manifestation la plus entière, ce droit public d'accusation, cette prérogative inviolable du citoyen, dont
les républiques de l'antiquité nous offrent un parfait
modèle. Alors, cette arme défensive puissante atteint
toujours son but entre les mains de quiconque s'en sert
en vue du bien de tous, et les dangers d'une licence que
l'on ne peut prévoir ne sauraient entrer en balance
avec les sérieuses garanties offertes par un moyen
dont rien encore n'a diminué le prestige et l'efficacité.
Avec la seconde, le système inquisitorial, dont héritera
plus tard notre monarchie, nous montre, à côté de ses
avantages, des vices incontestables, nés d'une fâcheuse
concentration de pouvoirs et du cumul, toujours dangereux sur la même tête, des deux fonctions d'accusateur et de juge, incompatibles dans une bonne organi-
tion judiciaire. Le dernier pas a été fait, et ces vices
ont disparu avec la grande et belle institution du ministère public, œuvre des temps modernes et magnifique
résumé des attributions les plus nobles dans une magistrature unique et spéciale, destinée à représenter
la société devant la justice et à lui parler au nom de
la loi.

On le voit, malgré les différences d'application pratique qui nous apparaissent dans les diverses phases
par lesquelles il a dû passer, le droit d'accusation n'a
jamais perdu et ne pouvait pas perdre son caractère
essentiel de droit public. Que nous remontions aux
temps où il est effectivement exercé par tous les citoyens,

comme à Rome et à Athènes, ou par une seule classe, au nom de toutes les autres, comme chez les peuples de la branche hindoue; que nous le prenions à son dernier état et alors que son exercice est le privilége d'une magistrature spéciale, représentant le corps social tout entier, ou même à l'époque intermédiaire où, ainsi que nous l'ont montré le système impérial romain et la législation criminelle de notre monarchie française, les tendances d'une centralisation alors nécessaire et les exigences de l'intérêt social méconnu le font passer entre les mains des juges eux-mêmes, qui le joignent à leurs attributions naturelles, ce droit est partout et toujours le même, et son exercice seul subit des modifications, suivant les besoins, les temps et les milieux. Et la raison en est que le droit d'accusation, à l'exemple de tant d'autres, tels que le mariage, la puissance paternelle, la tutelle, est un de ces droits mixtes, qui ont leur fondement dans la loi naturelle, mais doivent, quant à leur application, recevoir du législateur une réglementation positive. Aussi, et c'est par là que nous terminons, les critiques adressées aux différents systèmes qui semblent s'éloigner trop ouvertement du type idéal de l'accusation populaire, perdent-elles beaucoup de leur justesse et de leur autorité aux yeux de celui que la connaissance de la nature humaine et les leçons de l'histoire ont instruit, et qui est obligé de conclure de ce double enseignement, qu'il est souvent plus utile à l'homme de n'être pas le maître d'exercer les droits mêmes dont il se montre le plus jaloux!

ERRATA

Paris — Typ. A. PARENT, rue Monsieur-le-Prince, 31.

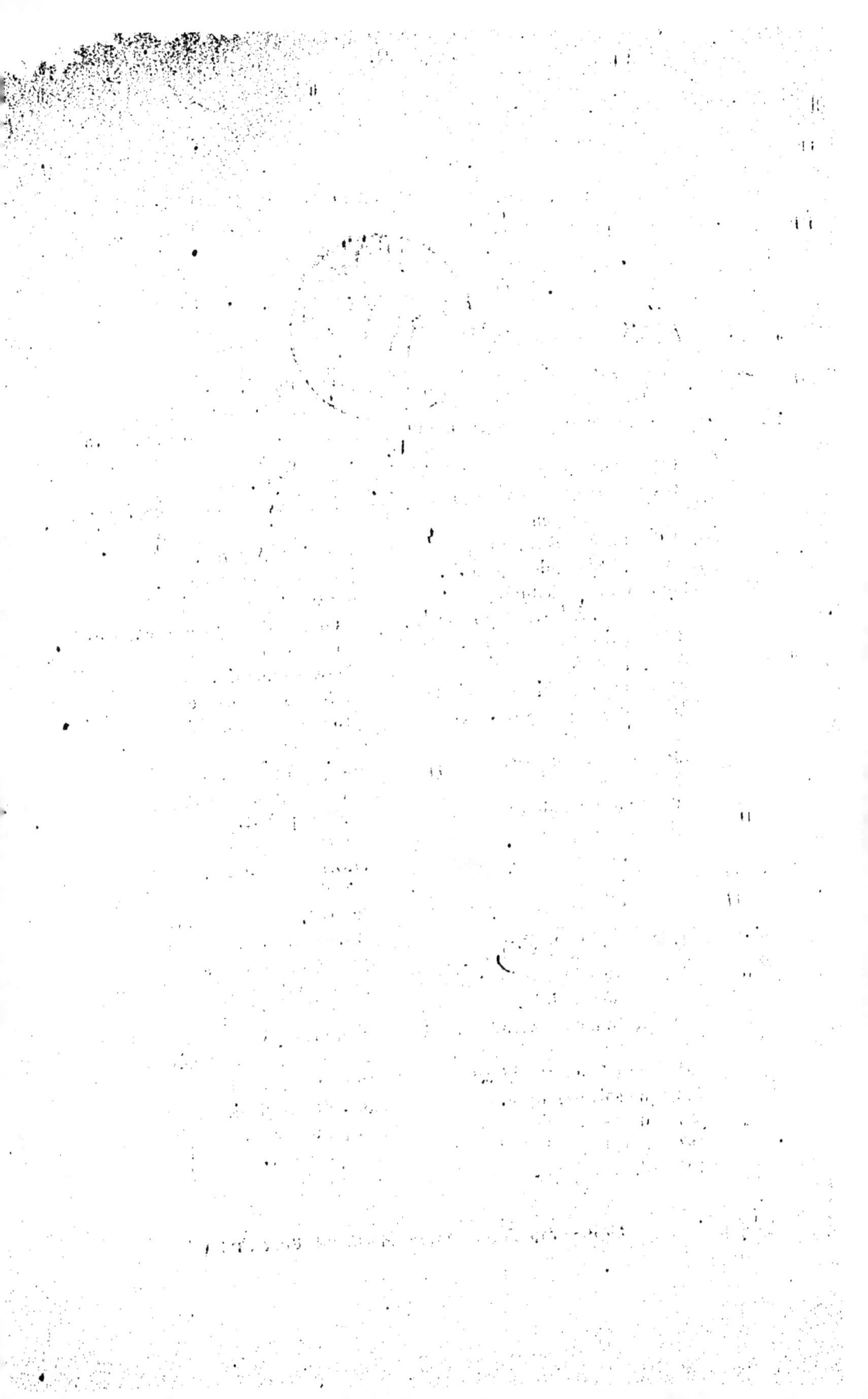

TABLE DES MATIÈRES

SECONDE PARTIE

Exposé théorique des règles du droit public d'accusation

CHAPITRE PREMIER

Règles et dispositions générales en matière d'accusation publique.

CHAPITRE II.

Règles et dispositions spéciales à certaines accusations.

V. DE L'ACCUSATION PUBLIQUE DANS LE DROIT FRANÇAIS

PREMIÈRE ÉPOQUE.

ÉPOQUE BARBARE.

SECONDE ÉPOQUE,

AGE FÉODAL.

TROISIÈME ÉPOQUE.

PÉRIODE MONARCHIQUE.

QUATRIÈME ÉPOQUE.

DROIT INTERMÉDIAIRE.

Juridiction criminelle et Procédure d'accusation.

CINQUIÈME ÉPOQUE.

Législation du code d'instruction criminelle.

Paris. — Typ. A. PARENT, rue Monsieur-le-Prince, 29 et 31.

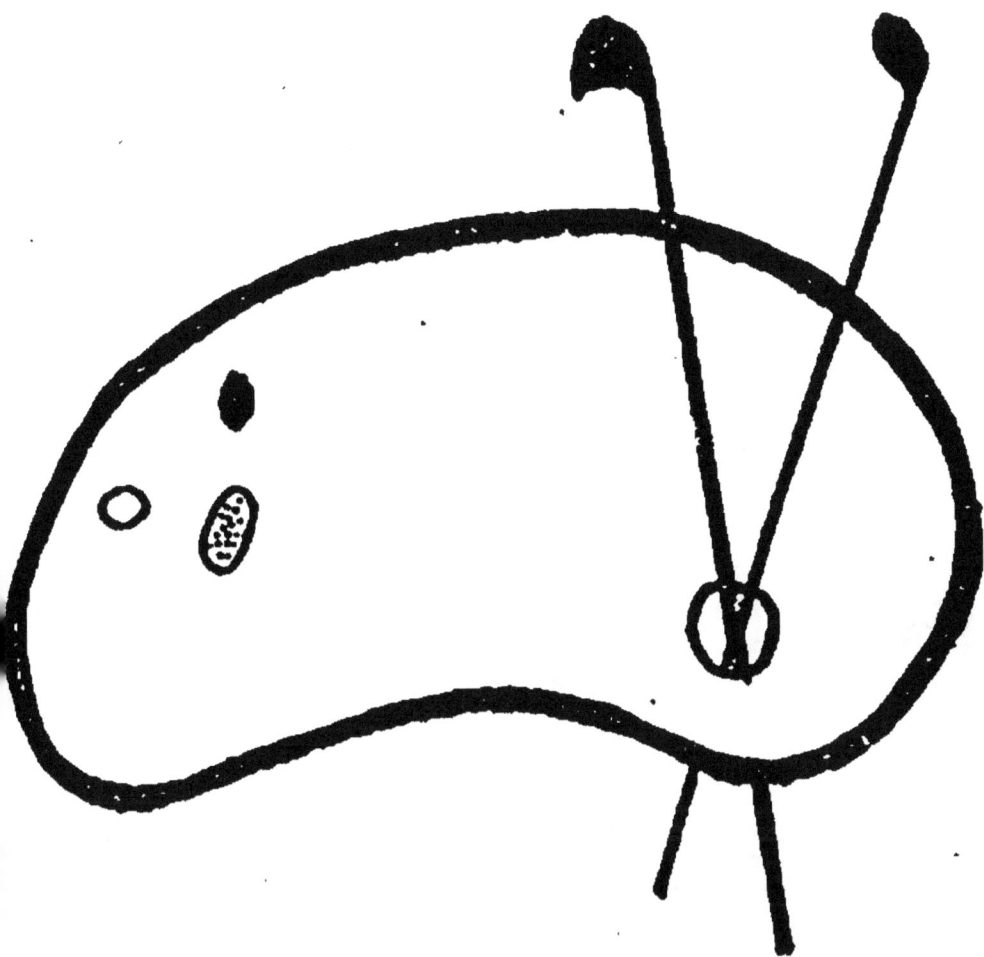

ORIGINAL EN COULEUR
NF Z 43-120-8

www.ingramcontent.com/pod-product-compliance
Lightning Source LLC
Chambersburg PA
CBHW060927220326
41599CB00020B/3045